ディドロの唯物論

群れと変容の哲学

大橋完太郎

法政大学出版局

序

ディドロを読むという行為は、現在どのようにその意義を位置づけられるだろうか？　一つの主要な態度として、近代市民革命の萌芽、あるいは間接的な誘因を彼の思想内に読みとるというものがあげられる。一九三三年に出版され、フランス革命と当時の知的情勢の関係を論じた古典的な著作であるD・モルネの『フランス革命の知的起源』のなかでは、十八世紀の同時代に受容されていたディドロの姿とフランス革命の原動力との関係が考察されている。モルネによれば、当時のディドロは『百科全書』の編集長として、また、戯曲『一家の父』や『私生児』の著者としてもっぱら知られていたのであって、ラディカルな唯物論的視座を含んだ哲学的著作はほとんど読まれてはいなかった。同時代において、ディドロはキリスト教的な宗教権力を否定した世俗的な人道主義を提唱し、それによってもたらされる徳の姿を戯曲などの文学作品を通じて表現した人物として考えられていた(1)。もちろん本論の眼目であるディドロの思想の核、すなわち唯物論的一元論の思想とそこから導き出される自然的道徳の観念は、当時未刊行の著作を参照することができる今日では、同時代に公表されていた著作中にもそれに照応する箇所を十分な割合で認めることができる。きわめて概括的な言い方をするならば、身体的同質性に基づいた自然権の擁護と新しい幸福概念への希求がそこにはある(2)。だが、単なる抒情的な、あるいはロマン主義を先取りした文人の肖像にとどまらないディドロの姿を見出すのには実際には多くの時間を必要とした。その主たる原因を当時のディドロ受容の経緯のなかに見出すこともできよう。

西ヨーロッパ近代の思想史において、とりわけドイツ・フランス両国の関係のなかで（あるいはもう少し後の時代のロシアにおいて）、ディドロの著作は複雑な経緯のなかで発見され解釈されてきた。ディドロの思想それ自体の一貫性は、近年の、とりわけ一九五〇年代以降新しく発見された草稿や作品をもとに着手された専門的なディドロ研究においては認められ、解釈の前提として保持されている。(3) とはいえ、思想史におけるディドロ読解の系譜のなかに、この一貫性が必ずしも十全な仕方で反映されているわけではない。その原因の一つとして、ディドロの著作や思考が時間的にも空間的にも散らばったものとして発見されてきたことがあげられる。一七四九年に発表された『盲人書簡』が原因でヴァンセンヌに投獄された結果、ディドロは自らの思想を書籍の公刊といった形で公表することを差し控えた。ディドロはその後、主たる活動の場を『百科全書』の編纂とフランス外の知識人に向けた『文芸通信』への寄稿などに限定したとされる。

別の理由として、ディドロの思想それ自体が散逸的な性格を有していたという点もあげられるだろう。それはディドロ個人の性格に起因しているところも大きい。『一七六七年のサロン』冒頭にある有名なくだりのなかで、ディドロは自己自身の性質が一つの同じところにほとんどとどまるものがないということを述べ、ヴァン・ルーが描いた自身の肖像画を非難している。

私は、とある日には、私が感じたものにしたがって、百もの多様な表情をしていたときがあった。私は静謐で、もの悲しく、夢見がちで、柔和で、猛々しく、情熱的で、熱狂的であった。［…］私は芸術家を欺く仮面を持っている。あまりにも多くの物事が混じり合って存在しているからでもあるし、私の魂における印象がきわめて素早く次々と継起し、表情の上に描かれていくからでもある。画家の目はある瞬間と別の瞬間に私に同じものを認めることはできないから、画家の仕事は画家自身が思っているよりもきわめて困難なものとなる。(4)

ディドロの思考はとどまることがない。それはしばらくたつと別の対象へと向きを変えたり、あるいは全く異なるスタイルを用いるようになる。ディドロの思考が体系的な一連の著作としては完成されることなく、むしろジャンルや対象が異なった様々な形式のなかに散りばめられているという事実は、こうして、彼自身がおかれた歴史的な状況や、それの原因あるいは帰結でもあった個人的な資質という二つの側面から整合的に解釈される。ディドロに付随するきまぐれな思想家という形象が、ディドロの思考を一貫したものとして読み解くことを妨げてきている。

哲学史的な意味でディドロに一定の重要性を与えたヘーゲル、ひいてはマルクスやエンゲルスもまた、ディドロの思想をある限定的な仕方で受容したにとどまっている。その理解は、基本的には『ラモーの甥』という作品に対するものに限定されている。『ラモーの甥』は、一八九四年に出版されたエンゲルスの『反デューリング論』第三版の冒頭で、近代的な唯物論者の代表としてルソーの『人間不平等起源論』と共に名を挙げられている。このとき、第二帝政下で出版され革命の原動力として提示されていたディドロの作品はこの『ラモーの甥』一冊にとどまっていたという事実がある。エンゲルスは、哲学的な著述形式とはいささか異なる対話体小説『ラモーの甥』を「本来の哲学のそと」[5]にあるものだとしながらも、近世哲学における弁証法的思考の傑出した現れであることを認めている。J・プルーストはこうした状況について、「マルクスやエンゲルスは、不幸なことに、『ダランベールの夢』も、『生理学要綱』も知らないでいた」[6]と述べている。卓越したディドロ研究者であるプルーストのこの発言は、『ダランベールの夢』や『生理学要綱』といった著作がマルクスやエンゲルスの思想に寄与しえた可能性があることを暗黙の内に示している。

マルクスやエンゲルス、あるいは彼らの読解を準備したヘーゲルが、ディドロの思想を部分的にしか理解していなかったということをことさらに指摘したいわけではない。そうではなく、彼らの影響のもとで、ディドロの思考の可能性が、アクチュアルなものして汲み尽くされることがないまま、「哲学のそと」と言われる場所へ追い込まれてしまったのではないかという点を指摘したい。ディドロの哲学者としての思考、つまりディドロの「哲学」は、厳密な思想的吟味を被ることのないまま乗り越えられてしまった、あるいは少なくとも乗り越えられたと考えられてしまったのではないか。その原因が、それが「哲学」ではなかったからという理由にすぎないとするならば、それは「哲学」という形式の一つの不十分さを示すものでしかない。ディドロの思考が、もはやすでに、過去の一分野に対する学問、すなわち一つの「十八世紀学」の対象にすぎないものとなってしまっているのだとしたならば、それは結局のところディドロの思考が（本来の）「哲学のそと」に位置するものでしかなかったと見なされてきたからであろう。「哲学」によるディドロの軽視、いわば「哲学者 Philosophe」たるディドロの軽視は、そのまま、今日まで続くディドロの思想の評価しがたさの原因となっている。

そもそも、ディドロはその同時代において、「哲学者 Philosophe」の代表的存在として認められていた。もともとディドロはヴァンセンヌの獄中で執筆した書簡のなかで自らを「オネットム honnête homme」と称していたが、その後獄死した哲学者ソクラテスになぞらえられ、より一般的な概念である「哲学者」として認知される。十八世紀における「哲学者」という語は、大学における専門的な学問である哲学を修めたものを指すのではなく、哲学の原義である「知を愛する者」という一般的な意味を有していた。十七世紀以前にはギリシャ哲学におけるさまざまな態度（プラトン主義、懐疑主義、ストア主義）を総称していた「哲学者」という用語は、十七世紀に誕生したデカルト的合理主義やロックの経験論などの影響を受けて、自由思想家、つまり、常識的な理性 bon sens に基づいて判断する者を意味するようになる。この意味で、十八世紀における「哲学者」は、十七世紀における「オネットム」とほとんど同じ意味で用いられていた。当時大きな発展の最中にあった自然科学上の発見や成果も伴い、権威や伝統から解放されたあらゆる知の獲得を目指す傾向は「哲学的精神」と名づけられてもいた。こうした経緯を背景に、ヴォルテールやダランベール、ディドロなど、『百科全書』刊行に参与した中心人物たちは、『百科全書』に含まれる反権威的な内容によって、「哲学者」の代表として扱われた(7)。

「哲学者」というこの観念がディドロの思想において独自の固有な機能を果たしていたという解釈もある。ディドロが自己自身に与えた多様な姿に関しては先述したが、Y・ベラヴァルは、こうしたディドロの多様性は、ヴァンセンヌへの投獄以降、ディドロが仮面 persona をまとった人格 personnage を演じ始めたことに起因していると主張する。ディドロは無限の仮面をかぶること、すなわち知的な多様性を身にまとうことこそが「哲学者」の役目だと考える。つまりディドロにとって「哲学者」という役柄は伝承された正統な学説を保持し伝えるものではなく、知性によってあらゆる新しい考えを作り出し、それを公共のものとすることにほかならない。ベラヴァルは「哲学者」としてのディドロの特徴を、「ディドロにとって、思考するとは創出することであり、創出されたものを共有することである。伝達することであり、通じ合うことなのだ」と述べている。(8)「哲学者」たるディドロにとっての哲学とは、それゆえ、真理への意志を歴史的に発展させ完成させる理念にではなく、発展したものを共有する具体的な行為の内にある。言い換えれば、ディドロの思考は、自己を絶対的なものへと高めてその絶対性へと再び回帰することにではなく、むしろ自己の多様性を様々な形で共約可能性へと開くことにその本質がある。その具体的な結実が、テーゼとしての唯物論的一元論であり、書物あるいは作品としての『百科全書』や『ラモーの甥』、あるいはその他の著作であると言えよう。連続的に、あるいは断続的に織りなされるディドロの思考は、それゆえ、一つの精神の段階的な発展を目指すものではない。ディドロの知はつねに具体的な記述の傍らに散りばめられ、方々で共振しながら潜在的に一つの体系を形づくっている。特徴的なこの知の布置は、ある種の周辺的なものと呼ぶことができるかもしれない。隙間に位置するこの知は、その周縁において果たす共有可能性が高度に完成されたとしても、一見したところ空虚なものであるかのような印象を与える。そこにおいてヘーゲル的な精神はもはや存在しえない。自己意識は拡散し、物質と物質的な力の帰結のみが、いかなるロマン主義的アイロニーも伴わずに世界に充満する。ディドロの思考は、観念論的合理論とは異なる位相で作動している。

本論文は、こうした意味で「哲学のそと」にあると見なされてきたディドロの思考のアクチュアリティを、もう一度——その哲学的な実効性をも再度考慮した上で——浮き彫りにしようと試みる。それはディドロ自身の錯綜しもつれ合った思考の様々な局面を追いかけながら、ディドロの思考の力を復元させることでもある。本論の分析領域は、それゆえ必然的に多岐にわたらざるをえない。大きな問題系に則って展開される本論は、それぞれの章や部が小説や自然哲学、あるいは『百科全書』の項目や絵画批評などを分析の対象としているが、そうした考察の末に一つ一つ、ディドロの思考の形や特徴といったものが現れてくる。最終的に見出されるディドロの思考を一つの「群れの哲学」と名指すことは、近代的な合理性のオルタナティヴとしての「ディドロ哲学」の姿を素描することになるのではないだろうか。

かくして本論の構成は五部に分かれた体裁をとる。第一部は、ディドロの代表作とも言える『ラモーの甥』と、その意義を近代において決定づけたヘーゲルの『精神現象学』における解釈を分析対象にし、ヘーゲルによるディドロ理解を把握するとともに、ヘーゲルの理解をはみ出していたディドロの思想的内実を明らかにしたい。第二部は、『盲人書簡』および『聾唖者書簡』という二つの著作を対象にして、ディドロの感覚論と唯物論的一元論との関係を分析する。第三部は『百科全書』における編集知の様態と具体的な項目「中国(人の哲学)」の構成をとりあげ、次いで『一七六七年のサロン』を分析する。表象秩序と記述の秩序、および現実性と表象との関係がそれによって問い直される。第四部はディドロの化学的思考を扱う。ディドロの唯物論的一元論形成の一つの主要な要因として化学的思考を捉え、その側面を明らかにすることで、異質なものの混合や協働という現象をディドロがどのように考えていたのかが明らかになるであろう。第五部は「自然史=博物学」の領域を扱う。当時の偉大な博物学者ビュフォンの博物学体系との対比において、ディドロが自然において見出していた「怪物性」という概念の重要性が析出される。怪物が充満する世界における道徳の可能性もそこでは問題とされる。本論の企図は、これらすべてにおいて、そうしておそらくは本論で取り上げたこれら以外の著作においても作動している、ディドロの唯物論的世界制作(ポイエーシス)の手法を明らかにし、その意義を問うことにある。

目次

凡例

1　本論文で底本として用いたディドロの著作は、エルマン社から発行された『ディドロ全集』（*Œuvres Complètes de Diderot*, éd. H. Dieckmann et J. Varloot, Hermann, Paris, 1975-）を使用している。とりわけ下記の著作に関しては特に断りのない限りエルマン版全集からの出典を指示している。この場合、本文中での出典は著作名とページ数とによって指示される。該当著作は以下の通り。

Lettre sur les aveugles, éd. Robert Niklaus, in *Œuvres Complètes de Diderot*, t.IV, 1978.

Lettre sur les sourd et muets, éd. Jacques Chouillet, in *Œuvres Complètes de Diderot*, t.IV, 1978.

De l'interprétation de la nature, éd. Jean Varloot, in *Œuvres Complètes de Diderot*, t.IX, 1981.

Cours de Chimie de Rouelle, éd. Jean Mayer, in *Œuvres Complètes de Diderot*, t.IX, 1981.

De la poésie dramatique, éd. Jacques Chouillet et Anne-Marie Chouillet, in *Œuvres Complètes de Diderot*, t.X, 1980.

Le Neveu de Rameau, éd. Henri Coulet, in *Œuvres Complètes de Diderot*, t.XII, 1989.

Principes philosophiques sur la matière et le mouvement, éd. Michel Delon, in *Œuvres Complètes de Diderot*, t.XVII, 1987.

Le Rêve de d'Alembert, éd. de Jean Varloot et Georges Dulac, in *Œuvres Complètes de Diderot*, t.XVII, 1987.

Éléments de physiologie, éd. Jean Mayer, in *Œuvres Complètes de Diderot*, t.XVII, 1987.

Réfutation suivie de l'ouvrage d'Helvétius intitulé L'Homme, éd. Roland Desné et al., in *Œuvres Complètes de Diderot*, t.XXIV, 2004.

Salon de 1767, éd. Else Marie Bukdahl et al., Hermann, Paris, 1995.（*Salon de 1767*, in *Œuvres Complètes de Diderot*, t.XVI, 1990 の改訂版新版）

2　上記にあげた著作以外でエルマン版全集（*Œuvres Complètes de Diderot*, éd. H. Dieckmann et J. Varloot, Hermann, Paris, 1975- ）からの引用を行う場合は、慣例に則った略号であるDPVという表記を用い、略号表記と巻数とによって出典を指示する。

3　『百科全書、あるいは学問、芸術、工芸の合理的辞典』*Encyclopédie, ou Dictionnaire raisonné des sciences, des arts, et des métiers, par une société de gens de lettres* からの出典に関しては、リプリント版（*Encyclopédie, ou Dictionnaire raisonné des sciences, des arts, et des métiers, par une société de gens de lettres*, Readex Microprint Corp., New York, 1969）を使用する。ディドロが執筆した項目に関しては前述のエルマン版『ディドロ全集』を用いる場合がある。この場合は右の凡例2にしたがう。

4　日本語文献からの参照に関して『 』内は書名を示し、「 」内は論文名を示す。欧米語文献に関しては、書名はイタリック体で表し、論文名を指示するのにはギュメ« »を用いる。

5　引用は「 」で示している。引用中の［ ］は簡単な訳注を示し、［…］は中略を示す。

ディドロの唯物論——群れと変容の哲学

第一部　弁証法の手前側

――ヘーゲルによる『ラモーの甥』読解に関する考察

第一部では、ディドロの思考が孕んでいた内実をある仕方で一義的に還元した歴史的な読解、つまりヘーゲル『精神現象学』における『ラモーの甥』の読解とその機能を確認した上で、近代のロマン主義以降の観念論的な解釈において看過されたディドロの思考の賭金を確認する。「分裂と抵抗」と題された第一章においては、ディドロの対話篇『ラモーの甥』が、どのような形でヘーゲルの『精神現象学』において受容され、ヘーゲルの思考を形成する要因となったのかという点について分析する。財富と言語、意識の分裂をめぐる解釈がそこでは問題となる。第二章においては、ヘーゲルも参照した『ラモーの甥』中の一場面、ベルタン邸の食卓を構成している諸要因を分析することで、『ラモーの甥』において寄食者の位相が果たす独自の機能を指摘したい。第三章は、ヘーゲルによる解釈では重要視されることがなかったパントマイムと身体性という側面に注目して『ラモーの甥』の構造を分析することを試みる。『ラモーの甥』以外の著作からの考えも援用しながら、ヘーゲルの解釈には反映されることがなかったこの二つの要素がディドロの思考において果たしていた決定的な役割を指摘することを試みる。

第一章　分裂と抵抗――ヘーゲルによる『ラモーの甥』解釈

1　『ラモーの甥』の構造とヘーゲルによるその読解の特徴

ディドロによる対話篇『ラモーの甥』は、現代にいたるまでディドロの代表的な作品と見なされている。だが、一七六〇年代の初めに（別の説によっては一七七〇年代半ばに）執筆されたこの作品は、ディドロが生きている間に発表されることはなかった。『ラモーの甥』は、翻訳された上でドイツ語の書物として最初に公表された。一八〇五年にゲーテによるドイツ語訳『ラモーの甥』*Rameaus Neffe* が公刊され、その後で一八二一年にそのフランス語訳が公刊されるという経緯を経ている。信頼できる手稿、すなわちディドロによる直筆の『ラモーの甥』が発見されフランス語オリジナルの全貌が明らかになるのは一八九一年のことであって、今日研究で用いられる校訂版もこの手稿をもとに構成されている(1)。

刊行上のこうした経緯から、『ラモーの甥』という作品は、その最初の同時代的影響力をもっぱらドイツにおいて行使していた。ディドロの死後、サンクト・ペテルブルクのエルミタージュ図書館には、ディドロの娘ヴァンドゥイユ夫人がエカテリーナ二世に送るために用意していたディドロの蔵書や草稿が保管されていた。女王の死後管理態勢が緩くなった手稿群は、徐々にその存在が一般に知られるようになる。そこに保管されていた『ラモーの甥』の手稿がシラーの興味を引き、ゲーテへの翻訳依頼がなされる。こうした経緯を経て、一八〇五年にゲーテによるドイツ語版『ラモーの甥』が出版された。この翻訳はゲーテの周辺にいた文人を中心に受容されるのだが、[2]とりわけこの翻訳から大きな影響を受けたドイツの哲学者としてヘーゲルの名を挙げることができる。一八〇七年に刊行されたヘーゲルの『精神現象学』において、『ラモーの甥』は、具体的な作品名が言及された唯一の作品として参照されている。ヘーゲル哲学の体系内に批判的に組み込まれることを通じて、『ラモーの甥』のテクストには一つの「歴史的な」解釈が与えられた。すなわち、一人の作者によって書かれた哲学者と寄食者との対話は、啓蒙精神における分裂の一つの代表となり、精神の歴史的発展における不可避な分裂段階を証言するものとして解釈された。端的に言うなら、『ラモーの甥』は、弁証法の萌芽を示すものとしての機能をヘーゲルによって与えられる。

ヘーゲルによる解釈の詳細を検討する前に、『ラモーの甥』という作品の一般的な特徴と構成を簡単に指摘しておこう。この作品は、当時実在した音楽家ジャン＝フィリップ・ラモーの甥である「彼 Lui」と哲学者である「私 Moi」との二人の対話によって構成されている。対話の主題は多岐にわたるが、音楽に才能のある芸術家でありながらも無職でボヘミアン的な生を過ごす甥ラモーと美徳と真理を重んじる哲学者との対立が対話の根本を規定している。すなわち、寄食者である芸術家ラモーと正しい哲学者という両存在によって行われる対話は、芸術と哲学、音楽と言語、貧者と富者などの対立項を様々な形で構成しながら、人がいかに生きるべきかという問題と、人間にとって芸術とは何であるかという二つの大きな問題をその両極として示している。つまり『ラモーの甥』は、ディドロにとっての道徳と美学の諸概念や両者の関係が対話を通じて示された実験的な作品だと言うことができる。

哲学者と甥ラモーとの対話の進行は決して単線的なものではなく、言うなればそれは「螺旋を描いて」[3]進行している。音楽について、天才について、あるいは道徳や教育について等、対話は多様なテーマに向かって次々と開かれつつ、たびたび同じテーマに舞い戻り、変奏されて別のテーマに接続される。対話の背景となる具体的な状況やエピソードを単純に説明すれば次のようになる。人々がチェスを対局して遊んでいるカフェ・レジャンスで、哲学者である

「私」は、ベルタンの家を追い出されて飢えた寄食者である甥ラモー、すなわち「彼」に出会う。叔父である大作曲家ラモーとはあまりに異なる境遇に嘆いている「彼」との対話は、寄食者の論理に関する話題から始まり、天才や道徳法則についての話を経て、教育の話へといたる。かつての寄食先であった見世物小屋めいたベルタン家についての描写が再びなされた後、甥ラモーは非道徳的な自らの立場を発展させて、社会的な掟を放棄していると述べ、崇高な罪という自己の理論を説明し、アヴィニョンの背教者の物語を語る。甥ラモーの非道徳に激怒した「私」は、会話を音楽に関するものへと転じる。甥ラモーはそこで一人でオペラの芝居全部をマイムによって演じ、「私」は甥ラモーの才能に驚嘆する。甥ラモーは自らの卑しさも才能もともに生得的に決定されたものだという決定論を主張するが、それと同時にパントマイムによって、その自然性が卑しい社会のなかで屈従せざるをえない様子を表現する。欲望から逃れる自由を説く哲学者と欲望に従うことを決意する甥ラモーとの対立は解決を見ないまま、両者が別れて対話は終了する。(4)

ヘーゲル『精神現象学』内において、『ラモーの甥』への言及は、主に「精神」の項目のB「自己疎外的精神、教養」の箇所に集中している。そこでは『ラモーの甥』本文を長く引用し丁寧に解釈するという形ではないものの、『ラモーの甥』本編の筋立てと綿密に結びついた形でヘーゲルの思考が展開されている。ヘーゲルによる『ラモーの甥』の参照箇所を具体的に列挙するなら次のようになる。(1)「自己疎外的精神、教養」と題された章の冒頭部「教養とその現実の国」において、甥ラモーの台詞中に現れる「輩＝種 l'espèce」という概念の引用が見られる。(5) (2)ラモーと同様の寄食者が集まるベルタン家での夕食に関する描写から、豊かさと客、汚辱との関係が述べられる。(3)甥ラモーが行う音楽を表すパントマイムにおいて分裂した言語という契機が指摘され、それによって、現実世界を一度に倒錯させるような操作の可能性が述べられる。(4)甥ラモーと哲学者の対話的＝弁証法的 dialectique 関係において、甥ラモーが自己を疎外する精神であり、哲学者の立場よりも優れた教養の精神を示していると見なされる。(5)イエズス会によって他の宗教の偶像が落とされてしまうという『ラモーの甥』中のエピソードから、迷信に対する純粋透見の戦いなき勝利が解釈され、宗教と啓蒙との関係が考察される。

ヘーゲルが『ラモーの甥』読解を経由して自らの『精神現象学』で参照することになったこれらの問題系に関しては、ハルバートやヤウス、あるいはゲアハルトらによっていくつかの観点から分析が施されている。(6) 一九八〇年代中盤にかけて盛んとなったこれらの研究においては、主として『ラモーの甥』の対話が構成する対話的＝弁証法的構造の機能が問題とされてきた。これらの分析は基本的に、ヘーゲルによる解釈が有する一つの大きな特徴に基づいている。その特徴とは、端的に言うならば、ヘーゲルが『ラモーの甥』の読解において、登場人物である甥ラモーの「彼」、あるいは哲学者「私」といった存在を、絶対へと向かう精神の弁証法的発展における一つの段階だと規定している点に見出される。ヘーゲルは哲学者を肯定的な形式とし、甥ラモーを否定的な形式とすることによって、疎外された精神が回復へと至る弁証法の道筋を明らかにしようとする。『ラモーの甥』の登場人物は『精神現象学』内においては意識の様態として形式化されているのであって、そこにおいては、弁証法的な対立は、やがて目的論的に統合されるに違いないという仮定法的な形式のもとで精神へと関わらざるをえない。意識の形式的な分裂というこの観点はヘーゲルの独創の一つであり、『精神現象学』全体に関わるきわめて支配的なものであって、前述の研究においても前提として認識されていた。ヤウスの言葉で言うならば、それは精神において意識の相矛盾する機能を「上演」する、言い換えれば対立の場を構成する「劇場化」の機能を有していた。それゆえ、ヘーゲルとディドロとの違いを弁証法における目的設定の有無に帰せるハルバートの議論や、ソクラテス的な弁証法を近代的なものとして展開させたディドロの分裂をヘーゲルが精神的なものの統一を目的とする上で一つの指針としたと結論づけるヤウスの指摘、あるいは『ラモーの甥』における意識の分裂は美的なものと真なるものとの間の必然的な分裂を意味するものであって、ヘーゲルの美学において予見されていた問題を先取していたものだと結論づけるゲアハルトの見解は、こうした形式化の問題が前提とされた上で展開されている。

しかしながら、まさにこのヘーゲルによる形式化＝精神化のプロセスそのものの内に、形式化を被る以前のディドロ哲学とヘーゲル哲学の根本的な相違が見出されるのではないだろうか。ヘーゲルによる『ラモーの甥』の形式的還元は、確かに『ラモーの甥』の構造の基本的な要素をかなりの程度正確に把握している。だが同時にそれは、ディドロの思想における本質的ないくつかの要素を見逃しているところに成立しているのではないだろうか。ヘーゲルがディドロ読解においてなしですませたこの要素を、例えば「身体」と名づけることもできる。ヘーゲルは観念を対話＝弁証法の舞台上に乗せようと試みた。けれども、ディドロの思考において舞台に上がるべきものは観念ではない。『劇詩論』や『俳優に関する逆説』を持ち出すまでもなく、舞台に上がるべき存在は人間にほかならない。そうして、ディドロにとって人間とは、物質論に基づいた生理学的原理に則って動く身体なしで考えることはできない。こうした考えは『ラモーの甥』においても例外ではない。例えばマリアン・ホブソンは、『ラモーの甥』のテクストを『俳優に関する逆説』と『生理学要綱』という二つの「身体論」へと関係づけることで、甥ラモーの身体性が持つ社会－生物学的 socio-biologique な特徴と俳優のパントマイムが綿密に関係していることを示している。[7] 一方向的な理性的統一へと還元不可能な身体の諸相がそこでは強調されている。

これに対して、『精神現象学』におけるヘーゲルの意図自体は、次に述べる引用が明確に示すように、精神の向きを再び超越性へと向かわせて、いわば天との回路を構成することにある。

> かつて人々は広く豊かな思想と形象を備えた天界を認めていた。存在するすべてのものの意味は、自分を天国へと結びつけてくれる光の糸のうちに在った。この糸を辿ってまなざしは、この現在に止まるのを止め、現在を超えて神的なものに、いわば彼岸的現在の方に向けられていた。だから、精神の目は無理やりに地上のものに向けられ、地上のものにしばりつけられねばならなかったのである。超地上的なものだけがもっていたあの明るさが、此岸的なものの意味であるとされていた無気味と乱雑のなかにも満ちるように力をつくし、在る通りの現在のものに、経験と呼ばれるこの注視に興味をもち、意味を見つけるようになるまでには、長い時が必要であった。だがいまはこれとは反対

のことが必要であるように思われる。つまり人の心は地上のものに固く根をおろしすぎているので、人の心を、地上を超えたものに高めるのには、天国を地上に引きおろしたのと同じだけの、無理やりの力がいるほどである。(8)

ヘーゲルは「経験」という語によって、天上の光がもつ明るさを地上のものへと向けた人間の傾向性を示している。ルネサンス、およびそれに続いて起こった啓蒙主義の時代が「経験」の時代と見なされる。そこではベーコンからロックを経て百科全書派にいたる哲学的潮流が超越から経験へと目を転じたものとして含意されている。ベーコンの学問論から影響を受け『百科全書』を構想し編集したディドロも当然この潮流のなかに含まれている。経験的と言われるこうした時代は、ヘーゲルにとってある種の行き過ぎを意味していた。フランス革命という帰結を生んだ啓蒙という時代はいわば、地上のものに拘泥するあまり天上を見失ったものと見なされる。啓蒙が転倒させた地上と天上との秩序を、いわばもう一度転倒させ天上へと戻すことに『精神現象学』の目的と務めとが存している。とはいえ、そもそもディドロによって提唱された啓蒙の実践が、肥大した宗教権力と権威とを無効化させることにあったことを考えるならば、ヘーゲルの観念論は、啓蒙によって転倒された超越的な権威をもう一度転倒させ、それを理性的な絶対性の名の下に近代的かつ合理的な国家として打ち立てようとする試みにほかならない。端的に言えば、ヘーゲルの観念論の体系とディドロの唯物論とはいわば逆立ちした関係にある。ディドロの思考が見出していた身体的な秩序を観念化し、いわば逆向きに再度引き揚げて統一したところに、矛盾したものの統合を推進するヘーゲル的弁証法の本質がある。現代においてディドロを再読する意義は、このいわば強引な理念化のプロセスにより捨象されてしまったものをむしろ問いなおすことにある。『ラモーの甥』をヘーゲルの視線を意識しながら微視的に読解していくという行為は、弁証法の暴力を明るみに出し、理性的なものへと統合される運命を余儀なくされてしまった思考や身体の持つ野蛮さをその根源的な可能性においてもう一度開くことでもある。歴史と名づけられた合目的な垂直性へと否応なく統合されたかのように見なされてきた異端の身体性の秩序を回復させる時に、ディドロが想定していた、例えば「百科全書」的、あるいは「折衷主義的」と名づけられた知的営みの批判的意義がその原理的な細部において浮き彫りになる。

2 寄食者という位相

ヘーゲル『精神現象学』において、『ラモーの甥』中で対話を行う哲学者と寄食者甥ラモーの関係は別個の人格の相容れない対立として扱われているわけではない。すでに述べたように、両者の分裂は合目的的な統一を結末においた形式的なものでしかなく、いわばそれは「純粋自我自身の絶対的な分裂」と考えられていた(9)。ヘーゲルの企図に従うならば、対話の果てに想定される綜合においては、分裂した人格は理念的な精神へと統合され絶対的なものとなるだろう。その意味で二人の対話は相容れない相互に疎外的な人格性を止揚する弁証法の表出にほかならない。ヘーゲルによるこうした読解は、とはいえ、ディドロが『ラモーの甥』を通じて提示しようとした人格性の概念とは根本的に相容れないように見える。甥ラモーにとって、相異なり相容れない人物を関係づけるのはただ富の配分と権力でしかない。つまり、『ラモーの甥』とは、甥ラモーという寄食者の形象を通じて、権力関係のなかで分離を余儀なくされる他者の構造を浮き彫りにしようと試みた著作だと考えることができる。さらにその意味で、『ラモーの甥』という作品がさらに複雑なものとして読解されうる要因として次のような点をあげることができる。すなわち、そのような構造の暴き役であると同時にその犠牲者でもある甥ラモーの存在自体も、決して一枚岩的な批判性を帯びているわけではない。甥ラモーとは、きわめて融通無碍な、変転する人物として描かれている。『ラモーの甥』冒頭部で述べられている次のような描写から、甥ラモーの性格づけを知ることができる。

この男〔＝甥ラモー〕ときたら、高邁と低劣との、良識と非理性との化合物だ。まじめなものとふまじめなものとの想念が彼の頭の中では奇妙にこんがらがっているに違いない。というのは、彼は自然から与えられた長所の部分をなんの衒いもなく示すばかりでなく、また自然からさずかった短所の部分をもなんの恥じらいもなく示すからだ。［…］また、彼ほど姿の変わりやすい奴もいない。時には結核末期の患者のように蒼白くやせ細っていることもある。両頬をすかして歯が数えられそうだ。幾日も食わずにすごしたか、それともラ・トラップの修道院から出てきたばかりとでもいえそうだ。ところが翌月になると、彼は脂ぎり、肥え太って、まるで金融家の食卓を離れたことがなかったか、でなければ聖ベルナールの修道院に閉じこめられていたかのようである。［…］彼の暮らしはその日その日で変わる。憂鬱になるのも陽気になるのも、その日その日の事情次第だ。(10)

甥ラモーは、自らの存在を変幻自在のものにしておくことによってのみ、既存の固定した身分制度や秩序への批判を可能にしているようにさえ見える。自己の実在を空虚にするという寄食者のアイロニカルな特性が、肉体における変転として具現化している。すなわち、彼が行うパントマイムとは、肉体を通じて他人へと変化する技巧にほかならない。甥ラモーが「怪物」であるというしばしばなされる指摘もこうした性質に立脚している。甥ラモーは特定の本質を表現するものではなく、つねに何かの「化合物」でしかなく、つねに何かとは「別のもの」でしかない。甥ラモーの身体は我有化不可能な他者性のせめぎあう場にほかならない。この身体論は、ヘーゲルが自らの体系のなかに措定した身体と激しく抵触する。甥ラモーのパントマイムは自己の自己性をひたすら逃れさせる。以上のことを踏まえるならば、自己所有と我有化から逸脱するパントマイムの諸相をヘーゲルにおける理性的な身体論と比較することで、『ラモーの甥』の意義を考えることができるのではないだろうか。

3　精神の発展における「啓蒙」の役割

J・イポリットの注釈をもとに、ヘーゲルが『精神現象学』で展開した啓蒙期の精神の特質を素描することから始めよう[11]。そこでは主に二つの概念、すなわち教養 Bildung と外化 Entäusserung とが問題とされている。両者はヘーゲル『精神現象学』の体系内では、個別的な自己が普遍性を獲得するために必要不可欠な一連の運動を示している。ヘーゲルの解釈に従うならば、普遍的な自己は、フランス革命において獲得された絶対的な自由として歴史的に成立したとされる。この自由は実践としては未完成で両義的なものではあるものの、市民革命によってもたらされた自由が普遍的な自己を体現していることに疑いはない。近世から啓蒙にかけての時代の特質は、結果的にこの革命を準備することになった「教養（あるいは文化）」の成立にあるとヘーゲルは考える。『精神現象学』の体系のなかでは、この教養という概念と〈自己〉の外化という概念は相関的な関係にある。というのも、教養とは、端的に言って「直接的自己」を外化する運動、およびその運動の帰結にほかならないからだ。教養と化した世界は、それゆえ、精神が自己自身と調和し適合しうるようなひとつの全体ではない。精神が自分自身を疎外した結果現れるのが実体的な教養の世界なのであって、その意味でその世界は分裂したものでしかない。精神は直接的な統一性を失い、自らの外部に分裂し教養となった自己自身を見出す。より詳細に吟味するならば、この過程のなかで、教養は精神における二重の運動を意味している[12]。すなわち、外化された精神によって自己は普遍的な基盤を獲得するが、他方で構成されたこの外的な現実は〈自己〉の本質を放棄することEntwesung であって、すなわち〈自己〉を否定する貧しさでもある。この段階では精神における〈自己〉と本質とは疎遠なままであって、そこにおいて生じた人格は、否定された自己の本質が放棄されたまま外化されているのを目の当たりにし、「世界の悲惨」を自覚するにとどまる。人間は自分自身のそとに存在することに甘んじる。

こうした段階を経て、世界における精神の分裂とそこから由来する不幸なる意識とが、近代から啓蒙にかけて生じた問題としてヘーゲルによって提起される。この分裂において、教養は、疎外された精神がそこから発して〈自己〉の本質を形成していく動因をなす。〈自己〉が本質的に形成していくこの契機にとって、〈自己〉とは実体的なものではない。〈自己〉とは「たんに、さまざまの契機に生気を与え、それぞれの契機をたえず他なるものたらしめる内的な否定性に過ぎない」[13]。諸契機はつねに自己の外部にある可能的な自己でしかなく、それは現実的には自己の他者にほかならない。これが教養の精神的世界における根本的な弁証法の構図であって、そこでは精神的世界は「諸契機の外在性と相対性」とによって構成される。また、異なる契機相互の対立は、ヘーゲルによって「善・悪」の対立として措定される。ここで言われる「善・悪」は倫理的な絶対的価値基準を示す指標ではなく、精神的世界が被る根源的な分裂と、そこにおいて見出される両極的な傾向性を表している[14]。つまり善と悪とは固定した絶対的価値ではない。むしろ根源的に分裂したある極の位相が反対のものへと移行していくことに弁証法的運動の本質がある[15]。その意味で善と悪とは二つの極性に付された名前でしかない。『精神現象学』の論理においては、意識が自分自身の本質と等しいものを見出すことが善なのであり、不等を見出すことが悪ということになる。

善と悪とのこのような位置づけは、国家権力と財富との関係から高貴な意識と卑劣な意識とが発生する構造を明らかにしている。国家権力と財富とを自分の本質と考え、自らに等しいものだと考えること、すなわち国家権力と財富を善だと見なす意識が高貴な意識であり、反対に、意識が両者を悪と見なしそれらに対して背信を抱く場合それは悪しき卑劣な意識となる[16]。高貴な意識と卑劣な意識との対立はそれゆえ、同じものの表と裏とから発している。イポリットによれば、このことは、権力と財富に関して個人が二重の体系内に置かれていることを示している[17]。すなわち、第一の体系において、個人は民族全体の共同の統一のなかに自己の本質を表現する。個人の行動の原理はそこにおいては普遍的な法や統治であって、逆に財富の偏差において、個人は副次的に意識せられた自己自身を発見することになる。この第一の体系においては、善とは全体の統一であり、政治生活への参与であって、逆に財富は個人を分離し、互いを対立させる要素となる。第二の体系においては逆に、権力が悪となる。個人が服従しなければならない法は最低限に留められるべきであって、財富のうちに真の善が見出されなければならない。この第二の体系は十八世紀の個人主義的思想に対応しているとされている。財富はむしろ万人に恩恵を施すものなのであって、そこにおいて各人が富裕であることを求めることによって、万人に対して善を実現することが可能となる。国家権力と財富とを両極とする善と悪の運動が、かくして意識の分裂を生じさせる。この分裂は、革命以前の貴族の精神状態としての高貴な意識と、既成の権力にひそかに反逆を企てる反抗の意識たる卑劣な意識との分裂でもある。[18] 両者の対立は有名な主人と奴隷の弁証法と構造的に一致するものであり、ヘーゲル哲学の革命的性格を物語る重要な要素を構成している。革命前の精神の分裂、すなわち啓蒙期の分裂はこうした形でヘーゲルによって定式化される。そうしてヘーゲルがこの分裂や対立、あるいはその前‐革命的性質についての描写を見出した重要な作品こそディドロによる『ラモーの甥』にほかならない。ルイ十四世時代の絶対王政以降に王権が凋落し、重商主義の発展をもとに財富の重要性がいや増したときに、革命的な精神の可能性の条件として、善と悪あるいは高貴なものと卑劣なものの分裂が姿を現す。これがヘーゲルによって与えられた「啓蒙」への見通しであると同時に、『ラモーの甥』に見出された問題点でもあった。

4 身体の経済——弁証法の二つの賭金としての身体と財富

『ラモーの甥』本編において本来弁別された別々の人物によって行われている対話は、『精神現象学』においては具体的人物の詳細にかかわらず「精神化」されてしまう。甥ラモーと哲学者という異なる人物は、精神における分裂の様態として回収されてしまう。ヘーゲルは、「精神化」のプロセスを通じて、絶対性へと至る弁証法の道筋を読み込み、分裂を正当化する。この「精神化」の手続きにおいては、人間においてその動物性を疎外し財富へと変容させる一つの弁証法が働いている。「精神化」の基盤となるこの過程を検証することによって、ディドロの唯物論的体系との差異をより明らかにすることができると思われる。ここでは、まず第一に、その弁証法がもっとも明確に描き出されている『法哲学講義』の一節を検討し、ヘーゲルとディドロの差異を検討する足がかりとしたい。『法哲学講義』における議論は、『精神現象学』のそれを引き継ぎながらも、ヘーゲルの問題の展開をより明解な仕方で示している。それゆえ、『精神現象学』における幾分錯綜をはらんだ身体論を検討する前に、大きな見取り図として『法哲学講義』

において展開されているいくつかの論点を参照することも有効だと考えられる。

a　身体と財富(1)　欲求と動物性——『法哲学講義』から

ヘーゲルは、晩年に行われた『法哲学講義』のいくつかの箇所で、人間における動物性の問題、ひいては人間と動物との根本的な差異について論じている。『法哲学講義』第一部第一章「財産」、および第三部第二章「市民社会」において展開されるこうした議論においては、動物の疎外を経た上で、それが人間における財富の所有へと関係づけられる行程が示されている。いわば、ヘーゲルにとっては、動物性の克服が共同体構成のために必要とされる課題であったと言えるだろう。

まず最初に、ヘーゲル『法哲学講義』第一部第一章「財産」を参照することから始めたい。そこではまず第一に、肉体が人間によって直接所有されている財産として規定されている。ここに動物的身体と財富との明確な結びつきが存在している。とはいえ人間にとって肉体を所有するだけではそれを財産とするのに十分ではない。肉体は意志によって統御されねばならない。いわば「私の権力が肉体におよび、私が生きる意志を持つかぎり」において、はじめて肉体は人間の財産となる(19)。動物は人間と異なり、その魂が肉体を所有しているものの、生きる意志を持たないがゆえに生存の権利を持たないとされている。生きる意志なき存在には、生きる権利も、ひいては財産も存在しえない。意志とはヘーゲルにとって自由の実現を可能にするものであって、意識に純粋な反省を促しながら他と自己を境界づけ、またそれによって自己を他へと開いていく個体化の契機として働いている。さらに具体的に言うなら、意志による肉体の所有とは、肉体を自分のものとして訓練することを意味している。それは「教養の長い歩み」と呼ばれ、肉体に与えられる単純な感覚から始まり高度な視聴覚を身につけていく過程のことを指している。意志によるこうした自己獲得の過程を通じて、肉体が人間個人個人に与えられた最初の財富を形成する。身体の物象化の側面がここに存在している。

また、物象化を被ったあらゆるものは、つねに他の同様な使用価値を持ったものとの間の比較計量可能性のうちにおかれる。物にはつねに使用価値と交換価値との二側面が認められるのだが、人間においてもこのことは例外ではない。肉体的・精神的な技能がある種の産物となったり、特定の時間的な幅をもって使用に供されることで、人間の技能は物象化し、交換価値を帯びる。人間におけるこうした物象化の出来事は「内面が外的な形をとる」と言われ、そこにおいてその産物を譲渡したり売買したりする可能性が認められる。[20] もちろんこれは特殊な物象化であり、ヘーゲルは人間においてはただ労働によってのみ心身の技能や活動を具現化できると考えている。さらにこうした自己の能力の譲渡の仕方において、奴隷と雇われ人という立場の違いも区別される。奴隷とは自らの生のすべてを売り渡し譲渡する存在である。いわば奴隷の自己の内面は全面的に他人に所有されている。他方で雇われ人は、時間単位で自己を犠牲にする存在なので、内面的な自由を全面的に譲渡することはない。労働を通じて人間は自分の能力を部分的に価値の階梯に乗せ交換価値へと変換することができるが、その権利を全面的に他人に譲渡するならば意志の自由を全面的に妨げることになる。労働を通じた肉体の商品化は、原理的には、内面の自由を担保できる仕方で制限されなければならない。

人間能力の物象化、および内面の外化というこのプロセスにおいて、人間所与の自然性はつねにある種の制約を被らざるをえない。ヘーゲルの法哲学の体系においては人間の本来的な素質や能力とは「さしあたり自然に備わったものに過ぎず」、純粋に主体的なものとして自己に一体化しているわけではない。[21] そうした自然的所与は、「私や、私の知や意志と一体化せず。私の支配下にもなければ、私の所有物でもなく、私の外にあって、私が所有しなければならない」ものでしかない。[22] 意志とは身体および精神の運動に関わる支配力であって、この支配を通じて精神は純粋な意識の外部にある身体を「飼いならし」、我有化するにいたる。内在的な地平に見出された動物的身体は、こうして意識の外部へと措定されることになる。純粋で自由な自己意識として数えられているのは例えば「宗教心や良心」であり、動物性およびそれを自然本性上含み込んでいる身体性はむしろそうした純粋性の外部にあって所有される運命にある。そうして、最初に述べたように、ここにおいてはじめて、自己の肉体は自らの財産となる。動物、あるいは人間における動物的なるものは意識の不純な残余として措定され、財産として外部化され、その所有を通じて再我有化される。（さらに付言するならば、芸術家もこうした所有に関して例外的な存在ではなく、むしろこのようにして獲得・所有された技術を自由に行使する能力を持つものとして考えられている。）

第三部第二章の「市民社会」においては動物と人間の差異は欲求の差として規定されている。動物の欲求は限定されており、それを満たす手段も限られている。人間はそうした動物的で個別的な欲求を持っているのみならず、一般的・共同的な欲求を持つという点で動物から区別される。人間の欲求において見出されるこの一般性は、欲求と手段の多様化と、欲求の特殊化と抽象化という二つの側面によって特徴づけられる[23]。前者は欲求の種類が他の欲求との相互関係のなかで多種多様なものへと増加していくことを意味し、後者は相互の欲求が抽象化されて一般的な欲求となり、それが社会的な欲求へと変化していくことを意味している。ヘーゲルはそれゆえ、欲求が相互関係のなかで多様化することも、また欲求を共有することによってそれが抽象化されることも、共に共同性の現れと見なしている。欲求の多様化は贅沢を生み出し、それは結果的に「無限の抵抗をなす物質――自由意志の所有物だという特殊な性格を帯びた外的手段[24]」を人間が所有するという事態を招来する。つまりヘーゲルにとって贅沢とは人間が自然から離れた結果生じた欲求の多様化の必然的な帰結となる。人間はすでにもはや自然のままではなく、贅沢は人間に備わった変容した本性的必然として認められる。増大する欲求は富の多様化とその流通の活性化を引き起こし、そこから自然の搾取・所有と貧富の格差が発生する[25]。過度な財産と過度の貧困とを引き起こす欲求のこうしたメカニズムには適度というものが存在しない。ただ主観の特殊性のみがそれを適度におさめうる力を持っている。ヘーゲルはその力を労働に求める。ヘーゲルにとって労働とは、主観が適切さを求める際に頼りにする活動にほかならない。労働とはその意味で欲求を満たす媒介的な行為を意味している。人間は労働によって自然を変形することで、別の誰かの所有物となっているものを獲得することができる、言い換えれば自分の欲求を満たす手段を手にすることができる。こうした状況が進む中で、労働もまた、手段や欲求と同様に抽象化していく。労働における細かい差異が際立つことによって分業が発生し、一労働者の担当する労働は全体の一部分しか占めなくなるが、それと同時に生産性も上昇する。こうして部分的な労働しか担当しない労働者は機械と置換可能な存在まで抽象化＝縮減されてゆく。ヘーゲルを直接引用するならば、「生産の抽象化は労働をますます機械的なものにし、そしてついには、人間がそこから押しのけられ、かわりに機械が据えられる」ことになる。[26]こうした過程を経て、労働の種類によって区別された諸階層による共同体の構築が説明される。市民社会の共同性がこれらの概念を基盤に組織化される。個人は市民社会的共同体において、一市民として、すなわち「社会生活を営み、一定の職業につき、特定の欲求の一つにもっぱらかかわりをもつことによって」現実的な存在として認められることになる。[27]こうして、人間独自の欲求の存在はその一般化可能性として表現され、それを法的人格性、および市民的労働の義務と折り合わせることによってヘーゲルの共同体論が基礎づけられる。欲求は「自然の必然性にしたがうものではあっても、自然の必然性にしたがう絶対的なものではない」[28]以上、人間においては法、とりわけ所有の法（これをヘーゲルは「正義」とも言い換える）を立てることによって、市民社会における欲求の偶発性を抑止することができる。偶発的な欲求とはいわば人間における動物性の帰結であり、それは自然における目的性のなさを示しているものである以上、人間においては克服されねばならない。ヘーゲルは上記のような仕方で動物性の克服が可能だと考えた。すなわち市民社会と工業化が成立した後の段階で、共同体の目的を労働を媒介にした主体による欲求充足の合法化という形で据えることによって、欲求を市民的なものへと還元し、それを解消可能なものとして合理化＝概念化したと言えるだろう。

こうした検討を通じて、『法哲学講義』に見られるヘーゲルの共同体論の根幹を支配する動物性のエコノミー化（経済化）を次のように要約することができる。まず人間は、身体の動物性を疎外し克服した上で、身体を再獲得することによって人間たりうる。具体的にはこの動物身体の人間化においては、意志による身体の統御や、感覚の訓練という契機が認められる。このとき身体は知性の対象としてその所有物となり、物象化され、人間の財富となる。また、触発される身体から不可避的に生じる欲求のなかに、ヘーゲルは人間の共同体形成の必然性と可能性を同時に見出す。人間の欲求は、動物のそれとは異なり、多様性と抽象性とを備えている。細分化された多数の欲求が差異の体系を織りなし、差異が差異を生んで増殖していく。これと同時に、多様な労働の間に共約可能性を見出すことによって欲求の一般化も生じる。多様化は贅沢を生み出し、一般化は社会的な労働を生み出す。自己の資本となった身体を用いて所与の自然を加工し、別のものへと変える労働という媒介的な行為を、人間は自己の欲求を満たす手段とする。様々な個人がもつ欲求はお互いに物象化され交換可能なものとなり、相互の欲求を充足させる仕組みとしての経済的な共同体が成立する。個々人は労働という日々の実践によって自己を現実化することになる。これは自らに対して市民社会の共同性を媒介として挿入することでもある。自己という財富と労働による価値の産出は、結果として市民社会と国民国家といった共同体の合理性の内に組み込まれる。こうして、身体の疎外とその克服が人間の合理化の端緒にあることが理解される。身体の我有化、意志によるその統御の可能性こそが、ヘーゲル的合理化の出発点であり、そこにおいて行使される動物的身体の経済化というモメントは、共同体の構成と発展すべてを保証する一つの源として機能している。

b　身体と財富(2)　貧富の抽象化――『精神現象学』から

ヘーゲルによる『ラモーの甥』読解のなかでも、財富とその分配に関する議論は、『ラモーの甥』という作品そのものの一つの本質的構造を言い当てている。『精神現象学』内の「精神」の章B「自己疎外的精神、教養」における、「疎外ないし教養の現実性としての言葉」に関する考察の一節「分裂の辞」という箇所でのヘーゲルの分析がとりわけそれに該当する。[29] そこでは『ラモーの甥』における意識の分裂と財富との関係がきわめて圧縮した形で解釈されている。より具体的に言うならば、卑劣な意識と高貴な意識とが貧しさと豊かさとに変容していく過程がその箇所において語られている。イポリットの見解に従って説明するならば、ヘーゲルによるこうした分析の背景には、アンシャン・レジーム後期から進展した社会体制の腐敗が存在していた。特権階級である貴族の精神性が腐敗し、財貨を集めるという動機が強くなるにつれて、国家とは貴族にとって財貨を獲得するための手段となる。貴族は徳を守り国家のために命を賭ける存在ではなく、国家を利用して財貨を求める存在へと変容する。[30]『ラモーの甥』の背景となる時代にあっては、貴族はもはや財富を収奪する存在でしかない。そこではすでに高貴さは豊かさへと変貌してしまっている。

『精神現象学』本文の記述はこの仕組みをさらに抽象的な仕方で述べている。財富はまず第一に本質を犠牲にすることによって獲得される。それはいわば「放棄された本質」と見なされる。[31]ところが、他者に対してこの財富が分与される際には、この財富は与える者の自己性を力として持つことになる。つまり財富を他者へと分与することは、ある他者に対して、その他者を支配する力を与えることを意味する。その結果、他者は財富を与える者の自己によって支配される。というのも、財富とは独立した専制的なものであるのだが、同時に財富が疎外された他者の自己であるということを受け取る側は意識するからだ。[32]こうした構造をヘーゲルは、「財富はその保護を受けた人間とともに卑劣さを共有している」[33]と総括している。そこにおいて、与える者の傲慢さと、受け取る者の反抗という分裂が生じる。同時にこれは、反抗の契機を見ようとしない主人の傲慢さをも意味している。与える者は他人の自我を屈服させたかのように思いこみ傲慢な態度をとるが、だがこの傲慢さはまた、貧しき者の反抗を見逃すことにもつながるとヘーゲルは考えている。富める者の傲慢さは貧しき者の反抗の裏返しであって、両者はいわば鏡像的な関係と言えよう。こうして、財富は卑劣さと分裂とを与える契機となる。財富は所有者の自我の物象化であり、施された者に対して支配権をふるう。財富と貧者は一見独立して自存した存在であるように見えるが、実際は他者の（とりわけ富める者の）自我に拠って成立している。両者はそれゆえ、ヘーゲル、および彼を解釈したイポリットの言い方を借りるならば、どちらもともに「卑劣さ abjection」を有した存在にほかならない。このような過程を経て形成された分裂は「富者＝主人＝傲慢／貧者＝奴隷＝反抗」という二分法によって表される。財富と貧者、両者は共に卑劣であるがゆえに、奴隷の反抗によって止揚されねばならない。

ヘーゲルによる財富と意識の分裂とに関するこうした解釈が『ラモーの甥』の読解から生まれたということに関してはイポリットによって具体的に分析がなされている。イポリットは「財富は、極度に深い奈落に直面しており、あらゆる支えと、実体の消えうせた底なしの深淵とに、直面している」という『精神現象学』の一節を解釈して、[34]『ラモーの甥』に登場する権力者ベルタンの姿に、自己意識と自分自身とが完全に分裂している富者の形象を見るヘーゲルの考えを抽出している。主人＝富者の精神はこうした分裂の結果、もっぱら卑俗な楽しみを享受するにとどまる。しかも富者の精神は表層的なものでしかない。[35]他方で貧者＝従属者の精神はこれとは異なる。イポリットは、貧者の可能性を「かれ〔＝従属者〕は、頽廃と屈辱のなかで、なお自分を〈自己〉意識にまで高めることができるからである。ところが、富者は、不同なる契機を統合することもできなければ、外化の世界を意識するにもいたらないのである」と述べ、自己を高める貧者の資質を認めている。[36]

このように、ヘーゲルおよびイポリットが行った財富と意識の分裂に関する考察は、『ラモーの甥』における登場人物間の分裂を意識における分裂の一般的な二様態として解釈することで成立している。ヘーゲルによって解釈された『ラモーの甥』においては、ベルタンや甥ラモーといった実在の人物に由来する作中人物から一切の実存的個別的な指標が抹消され、精神における様態としてのみ解釈され体系のなかで機能している。ところが実際には、ベルタンや甥ラモー、あるいはユスやブーレなどといった登場人物たちは、ディドロと同時代に権勢や評判を誇り——ディドロが『ラモーの甥』で述べていることを誇張だと考えるとしても——様々な現実的な権力体系のなかで自らの力を行使していた。いわばディドロにとって彼ら彼女らは生きた身体を備えた存在として思考されていた。このことをさらに言い換えるならば、彼ら彼女らは法的人格や概念的人物としてのみならず、肉体を備えた自然的存在者として描かれていた。「自動人形」あるいは「首振り人形」といった譬えは、むしろそうした人物の肉体が社会的あるいは状況的な必然性に強いられて歪められ空虚なものとなったことを含意したものにほかならない。このことは、あらゆる人間がこの世の中ではなにがしかの姿勢を強いられているという『ラモーの甥』最後部で示されるテーゼとも一致している。自然的秩序と経済＝社会的秩序の裂け目を生きる甥ラモーのパントマイムがこうした問題系から必然的に発生する。

5　何が自己性を語るのか？——甥ラモーの混乱に関するヘーゲルの考察

『ラモーの甥』の描写に従うならば、権力にまつわる構造が身体を変質させるということがむしろ問題にされねばならない。だが、実際のところ、『ラモーの甥』におけるこうした解釈の可能性にヘーゲルが目を向けることはない。ヘーゲルは、ディドロによって呼び起こされようとしていたパントマイムの萌芽を、音楽という秩序のもとで中性化してしまう。本節では、ヘーゲルによる身体の中性化の手続きを、『精神現象学』における「分裂の言葉」についての記述に基づいて分析することを試みる。

すでに詳述したように、『精神現象学』における啓蒙の役割は、教養として疎外された自己性を再度獲得する手続きの内にある。この手続きが、『精神現象学』「六　精神」の章内にある「B　自己疎外的精神、教養」節中の1の2節「疎外ないし教養の現実性としての言葉」のなかで「分裂の辞」という見出し語のもとで述べられている。高貴さと卑劣さという意識の分裂を絶対的な分裂として捉え、卑劣な意識に可能性を見出すヘーゲルにとって、卑劣さが媚びへつらいという言語を有しているだけでは十分ではない。確かに媚びへつらいの言葉は、媚びるものの自己性がすでに自らのものではないということを表明し、讃辞の対象となる権力者に個別的な妥当性を与える。(37) すなわち権力者は追従者の媚びへつらいによって名前を獲得し、それを普遍的に妥当する通名とする。権力者はその名前によって、自らの一般的威力を自己自身に備えた現実態となる。媚びへつらいのこうした基本的構造は、権力の成立と存在を説明するものではあるが、自分自身の内部における対立を説明するものではない。ヘーゲルの言い方を借りるならば、

「この意識［＝へつらいの言葉の意識］にとって、対象は、同時に、自分自身の自己そのものではない」[38]。それゆえヘーゲルにとっては、媚びへつらいの言葉ではなく、「分裂の言葉」こそが、自己自身を無媒介に語る言葉となりうる。媚びへつらいの言葉と対照的な機能を有するこの分裂の言葉についてヘーゲルは次のように定義している。

これに対し分裂の言葉こそは、教養の世界全体を完全に語っており、その全体が真に現存する精神である。自分の卑劣を投げ返す反抗をもっているこの自己意識は、そのまま、絶対的分裂における絶対的自己相等性であり、純粋自己意識の、自分自身との純粋な媒介である。[39]

疎外された教養の世界を完全に語ることができるこの分裂の言葉によって、絶対的分裂にまで至った自己自身は再び自らを取り戻す。疎外され外化された結果生じたこの教養の世界においては、権力や財富、あるいはそれらの本質と対応した善と悪が見出され意識されることになる。けれどもこれらは結局のところ自己自身の反対にあるものであって真理とは見なされない。卑劣さと結びついた抵抗が、疎外された自己自身を再び回復させる。この段階においてヘーゲルは、分裂の二極を奴隷と主人のそれとは異なるものへと変換する。分裂は寄食者と富者との間にではなく、甥ラモーと哲学者との間、すなわち倒錯者と哲学者との間において見出されるものとなる。ヘーゲルは、意識の分裂の場を、富めるものと貧しきものとの分裂、すなわち高貴なものと卑劣なものとの分裂から、卑劣な意識と真なる精神との相克へと移動させる。卑劣なものの抵抗が対立する自己とそれ以外のものとの統合へと転換していくこの経緯においては、『精神現象学』本文中では明言されてはいないものの、『ラモーの甥』において展開される次のような対話が契機になっていると考えられる。

私——僕の才能なんかどうでもいい。君の才能に戻ろう。

彼――私があなたのように自分の考えを言い表すことができればなあ！　もっとも、私は、半分は社交界や文人の、半分は市場の変なでたらめをしゃべりますがね。

私――僕は話し下手だよ。真実をしゃべることしかできないんだ。しかも、それが、君が知っているように、いつもうまくいくとは限らない。

彼――ところが、あなたの才能を私がうらやましがるのは、真実を述べたいからではなくて、反対に、上手に嘘をつきたいからなんです。私が、もし、物を書いたり、本をでっち上げたり、題辞文をひねくりまわしたり、馬鹿がしでかしたことを褒めて得意がらせたり、女たちに取り入ったりすることができればどれほどよいか。(40)

金が道徳を決定するという甥ラモーの諧謔的な主張に反対して哲学者が自らの善良さを述べるこの箇所において、哲学者の誠実さが問題となる。甥ラモーは哲学的誠実さが孕んでいる一つの矛盾を暴き立てることによって、その誠実さが表面的なものでしかない可能性を明るみに出す。真実と「社交界や文人」「市場」といったものは、一見して相対立しているもののように哲学者によって措定されているが、甥ラモーにとってその対立は決して自明のものではない。引用された箇所に続く部分で、哲学者は、自らが「富という物をこの世でいちばん貴重とは見なさない人物(41)」であることを自認している。すなわち哲学者にとって重要なものは財富ではなく真理だと哲学者自身は考えている。だが甥ラモーは、真実を述べようと試みる哲学者の才能が同時に嘘をつくことにも適していることを指摘する。甥ラモーにとっては、真理を目指す技術と媚びへつらいによって財富を獲得する技術とは根本的に通底したものであって、両者の違いはその目的においてしか存在していない。甥ラモーは「真実を述べる才能」と媚びへつらいの才能が同じ自然本性から発していると述べ、目的における両者の相違は自然本性的なものではなく、それを方向づける教育の差異にあるということを述べる。両者の違いは、それが富の獲得を目的として技巧化されるか、あるいはそうではないものを目的とするかという点にのみあるのであって、後者においては物質的幸福を求める自然本性が疎外されていると甥ラモーは指摘するに至る。哲学者はこの甥ラモーの言葉に反対することができない。哲学者は「僕は君の意見にもう少しで賛成するところだ」(42)と告げ、話題を転じていく。

こうした哲学者の話題転換、言い換えれば沈黙は、哲学者の言葉が同時に富者の言葉であり、財富を獲得する手段としても機能しうることが否定できないことを示している。哲学者の言葉はその意味で両義的なものにほかならない。『ラモーの甥』における上記の議論をおそらくは踏まえた上で、ヘーゲルは誠実さを装いながらも自己の危うさを理解していない哲学者の思考が、自然本性を理解していないという点において自己を欺いているものだと結論づける。それは「教養なき無思想」だと断定される(43)。

ヘーゲルにとって、哲学的誠実さのこうした空疎さを免れるものこそ、甥ラモーの転倒せる分裂、すなわち「分裂した言葉」にほかならない。分裂した言葉は、哲学的誠実さがもつこうした自己および自己と反対のものを同時に引き受け、「自己なき両極の自由な現実」をあまねく現存させることができる。分裂した言葉による判断とは自己を解体させる自己自身の働きであって、それは真でないものを転倒させることによって真の精神の働きとして判断を構成し、分離した思想を統合することを可能にする。この分裂した言葉の典型を、ヘーゲルは甥ラモーの「音楽家の錯乱」(44)のなかに見出す。他の著作からの引用がほとんど存在していない『精神現象学』という著作のなかで、『ラモーの甥』からの引用は直接なされているという事実も、この箇所の重要性を示している。

かくて精神が自己自身によって語られ、自己自身について語るときの内容は、あらゆる概念と実在とを転倒させ、自己自身と他人をあまねくだます。だから恥じらいもなくだますことこそ最高の真理である。この語らいは「イタリア語やフランス語の、悲劇また喜劇の、あらゆる種類の三十もの歌曲を、積み重ねたり混ぜ合わせたりして、あるときは最低音で、地獄の果てまで歌いあげ、またある時は、喉をすぼめ、裏声を出して、高く空気を引き裂き、物狂おしく、物静かに、強いるが如く嘲るが如く、代わる代わるに歌う」音楽家の錯乱である(45)。

『ラモーの甥』においては甥ラモーが音楽の演奏やオペラのシーンなどを真似る場面がいくつか挿入されているが、ヘーゲルが引用した節は、そうした甥ラモーがアリアとパントマイムによって様々な音楽を表現する場面のうちでももっとも長い箇所のなかにある。それは、甥ラモーの芸術的熱狂が最高潮に達した場面でもある。甥ラモーは美しいアリアに圧倒されながらも、単にそれを美しいものとして模写するのみならず、身体、とりわけ発声上の様々な技術を用いて、歌曲を完全に一人で再現することを試み成功している。ヘーゲルの解釈に従うならば、この場面において錯乱した言語は音楽として現れる。これが「音楽家の錯乱」と呼ばれる。そこでは、精神が自己自身について語る内容においてあらゆる概念と実在との転倒が生じていること、またそこにおいて自己自身も他人も共に欺かれてしまっているということが、甥ラモーの錯乱せる言語によって示されている。引用された箇所からも分かる通り、ヘーゲルがここで強調するのは、旋律や音が極端に分散した状態であって、それは哲学者がもっている平静な意識から見れば、賢さや愚かさ、あるいは正しさと誤りとが入り交じった混乱したものだと見なされるほかない。

ヘーゲルの考えに従って論を進めるならば、甥ラモーが表現したこの分裂を混乱の一語ですませることは陳腐な総括でしかない。哲学者は自らが分からないもの、真とも善とも判断のつかないものに混乱という名称を与えているにすぎない。こうした態度は「単一な意識」[46]と呼ばれ、そこにおいて哲学者は、現実的な事物の存在に基づいた価値判断を行うにとどまる。この判断においては、自分自身とは異なったよく分からないものに対して悪や卑劣という名が冠されることになる。その意味で哲学者の「単一な意識」は、現実的なものの変革とはなりえない。単一なものの外部にあると見なされる悪や醜悪さも、結局のところ単一なものでしかなく、単純な地平において区分されているにすぎない。単一な意識においては、意識の基底を疑い転倒へと導く徹底性が欠けている。逆に甥ラモーが体現する分裂した意識は、自分自身の混乱・分裂を意識し、それらを嘲笑することから始まっている。それは「あらゆる現実と、あらゆる一定の概念の空しさを、自分自身で聞きとる」ことを意味している。[47]ヘーゲルにとってはこの分裂こそが出発点となる。所与の世界を否定しつつ、世界によって空しいものであると否定された自己を肯定しようとすることから自己復帰が始まる。そこにおいてはまず、現実的な実在である権力や財富、そうしてそれに従って立てられ社会的通念と化した「善／悪」や「高貴／卑劣」という判断における矛盾が語られなければならない。すべてのものから疎外されていることを知っている自己は、逆にすべての一般的な秩序が現実的に転倒されたものであることを認識することによってその疎外を克服する。転倒した意識から発せられた分裂の言葉は、こうした自己自身が不可避に被る「不統一」と「対抗」とを語りうる最初の唯一の手段であって、ただこの手段によってのみ、自己は財富と権力関係によって疎外された自己を回復することができる。「反抗する自己意識である場合だけ、自己は、自分自身が分裂していることを知る。そしてかく分裂を知るとき、自己は、そのまま分裂を超えて高まっている」(48)とヘーゲルは述べる。分裂は自己を回復させる必要条件と見なされる。ヘーゲルによるこうした読解を通じて、甥ラモーの分裂した言語が権力体系への反抗の萌芽として認識される。この分裂の言葉は、ヘーゲルによれば、甥ラモーによる音楽の再現によって表されていた。

第二章　ラモーは自己疎外的な精神たりうるか？
――『ラモーの甥』における「ベルタン邸の食卓」部を中心に

1　転倒とアイロニー

前章の分析で明らかになったことを確認した上で、『ラモーの甥』のテクストへと立ち戻り、ヘーゲルの議論の妥当性を検討したい。イポリットの図式に従うならば、『精神現象学』のなかで解釈された哲学者と甥ラモーとの対話は、来たるべき革命を準備する弁証法的性質を有しているものとして解釈される。すなわち、『ラモーの甥』とは、「この分裂した意識（すなわち革命前の魂の状態）の叙述」にほかならない(49)。『精神現象学』において、この解釈は二つの相連関し錯綜した試みとして表明されている。

第一に『ラモーの甥』を自己意識の分裂として読もうとする態度がある。ヘーゲルは、革命という出来事を歴史的必然として考慮する上で、善なる哲学者と悪である甥ラモーの関係を転倒させ、それによって分裂せる悪しき自己の善性を肯定的に捉え返そうと試みる。考察のこの段階において、ヘーゲルは甥ラモーという寄食者の言動をとりあげ、ベルタン邸を背景に展開される主従の関係と財富の分与のあり方が、意識における善悪の転倒と関係を有していることを示そうとする。甥ラモーはそこでは、ヘーゲルによって、主人と奴隷の弁証法を暗示した存在だと見なされている。

第二に、この転倒の様態の具体的証左となる言語の問題がある。ヘーゲルは、精神が自己自身について語るときに必然的に生じる転倒を、甥ラモーが語る「音楽家の錯乱」のなかに見出そうとする。そこでは錯乱した言語によって表される「醜い」内容でさえ音楽的な調べに乗って中和される。このような意味において、甥ラモーの錯乱は下劣な意識を高貴な意識へと止揚する弁証法的運動の一つにほかならないと見なされる。つまり、財富や国家権力によって所有されつつそれを所有している自己意識は、この運動を通じて徹底的に無化され（エイロネイア）、純粋な自我へと止揚される（＝自己復帰する）。そこでは甥ラモーによる自己無化（＝アイロニー）の様態が問題となるであろう。こうしたヘーゲルの解釈の妥当性を検討するために、まずディドロによって描かれた『ラモーの甥』において表現されている甥ラモーやベルタン、あるいはその他の主要人物について考察し、各人物の役割やそれを構成する概念装置について考察を施してみる必要がある。

2　ラモーとベルタン、ユスというモデル

先述したように、『ラモーの甥』は実在の人物をモデルにした作品として知られている。『盲人書簡』における盲目の哲学者ソンダーソンや、あるいは『ダランベールの夢』における数学者ダランベールや医師ボルドゥあるいはレスピナス夫人などに見られるように、ディドロの作品においては、当時の実在する人物が登場することは珍しいことではない。甥ラモーやベルタンといった『ラモーの甥』の登場人物は、今日ではあまり知られている存在とは言えないが、当時においては著名な人物であった。『ラモーの甥』という作品においては彼らの具体的な職業や功績が少なからず問題とされている事情を鑑みて、まずは甥ラモーとベルタンという二人の主要な登場人物の実像に関して少々説明を付記しておきたい[50]。

『ラモーの甥』の主人公とも言える甥ラモーは、当代の著名な作曲家ジャン＝フィリップ・ラモー Jean-Philippe

Rameau の甥である実在の人物、ジャン＝フランソワ・ラモー Jean-François Rameau をモデルにしている。彼も叔父と同様音楽家として活動したが、それほど成功を収めたわけではない。ジャン＝フランソワは一七一六年の一月にディジョンで生まれ、父親の再婚が契機となって二十歳の頃に家を出、ポワトゥの連隊に二年間入隊する。その後神学校に入り剃髪し、聖職者の資格を得る。とはいえ彼は聖職に就いたわけではなく、「半ば聖職者、半ば俗人」の状態で、様々な街で楽器や音楽を教えることによって暮らしていた。一七六二年に舞踊教師組合の監督管理官に任命されるが、これはさほど実質のある仕事ではなかったようで、また、一七六四年に叔父ラモーが死んだ後も遺産に与ったわけでもないことから、実際の暮らしぶりもそれほど豊かではなかったと推測される。一七六六年に五曲からなる詩篇『ラメイッド』*La Raméide* を発表する。また同年、友人であるカゾット Cazotte によって『新ラメイッド』*Nouvelle Raméide* が作曲される。これは窮乏にあった甥ラモーのためにカゾットが書いたものだが、作中に登場するラモー氏なる人物は、友愛をもってというよりは、むしろ諷刺の対象として描き出されている。ディドロが甥ラモーのモデルとして採用したのがこのカゾット作品におけるラモーだということは、H・クーレによって指摘されている。両作品の間には、疱瘡による傷痕や嘲笑的な笑い、あるいは食卓に半熟卵をつねに欠かすことがない叔父の頑固さの詳細など、ラモーの人物造形を物語るエピソードにおいて多くの類似性が見られる。(51) 対して、ジャン＝フランソワ・ラモー自身によって書かれた『ラメイッド』に登場するラモーは、父を愛し、妻や友人を尊重し、パトロンであるベルタンたちへの変わらぬ感謝を抱き、ルソーの非難に対して偉大なる叔父を擁護する人物として描かれている。このラモー自身によるラモーにおいては、他にも、良き音楽家になるための純粋な野心や卑劣さへの嫌悪、あるいは運命を抵抗なく受け容れる従順さといった資質が見出され、その性格はディドロが甥ラモーに与えたものとは大いに異なっている、ラモー自身によるラモーとディドロによるラモーはむしろ正反対の印象を与える。以上のことから、諧謔的で反抗的な『ラモーの甥』中の甥ラモーは、実在したラモーの甥、ジャン＝フランソワ・ラモーとは異なり、カゾット、あるいはディドロといった周囲の人物による誇張を通じてつくり出された人物像であったことが分かる。

甥ラモーのパトロンだった人物として『ラモーの甥』中に登場するベルタンは、本名をオーギュスト＝ルイ・ベルタン・ド・ブラニィ Auguste-Louis Bertin de Blagny と言う。彼に関するまとまった資料はなく、生年や没年は知られていないが、一七九〇年頃までは活動していた記録が残されている。シロンやリヨンの経理長官、警察長官、会計監査長官、外務大臣などを歴任した従兄（一説には遠い親類とも言われている）アンリ＝レオナール＝ジャン＝バティスト・ベルタン Henri-Léonard-Jean-Baptiste Bertin（一七一九―九二）の妹と結婚したベルタン・ド・ブラニィは、政治家である義兄の威光も手伝って、売官税を管理する官職に就き、その後一七四二年に国王個人資産管理官に就任する。順調に資産を増やしたベルタンは一七四九年に碑文アカデミー l'Académie des inscriptions et belles-lettres の会員に選ばれ、アカデミー会員として売官制度に関する論考の執筆なども行っていた。また、ディドロやその他の哲学者たちへの攻撃を主題とし、一七六〇年に刊行された戯曲『木偶の哲学者』*Les Philosophes de bois* に協力している。この戯曲への協力がディドロの反感を買い、『ラモーの甥』中では従僕の意見に決定を下すだけの首振り人形として扱われることになる。

当時のベルタンはまた、愛人のユス嬢 Adélaïde-Louise Hus との関係でも知られた人物であった。一七三四年にレンヌで生まれたユスは、女優として一七五一年七月二十六日にデビューし、一七五三年にテアトル・フランセの正式な女優となる。ヴォルテールやディドロと親しかったコメディー・フランセーズの女優クレロン嬢 Clairon（一七二三―一八〇三）とはライバル関係にあり、哲学者を揶揄したパリソ Palissot による喜劇『哲学者たち』の上演をめぐっても両者は対立している（結局ユスがクレロンの反対を押し切って『哲学者たち』を上演させることに成功している）。喜劇女優として人気を博したユスだが、一七八〇年にクレロンに敗れて主役の座を失い失脚する。愛人関係にあったベルタンとユスには同時代の大きな注目が寄せられ、それに伴い多くの醜聞が発せられたが、二人の間柄は一七六一年頃には破局していたと考えられている。『ラモーの甥』では、二人の名前を合わせたベルチニュス Bertinhus という人物が登場している。ベルチニュスに関する言及は一カ所だけではあるが、ベルチニュスが不真面目な性格で、ならず者を取り巻きに集め、醜聞が絶えない人物として描かれていることからも、当時のディドロがこの二人に対して抱いていた反感を読みとることができる(52)。

3　寄食者の自然

甥ラモーが寄食先のベルタン邸を追い出された直接の原因は、正客であったラ・ポルト神父に対して彼が吐いた暴言が、主人であるベルタンの気に障ったことだと作中で述べられている。寄食者であり道化でもある甥ラモーは、日頃は皮肉や風刺、暴言を吐くことによって主人宅から食を供されていたにもかかわらず、ラ・ポルトに対して述べた次のような台詞が主人の機嫌を激しく損ねてしまう。

私は彼［＝ラ・ポルト神父］に言いました、なんと、あなたが上座に座っておられるのですね？　今日のところはそれは、大変結構なことです。でも、よろしいですか、明日は席次を一つ下っていただきますよ。あさってはもう一つ下座へ。そんな風にして、右へ左へと一つずつ席を下ってもらいましょう。最後には、私はあなたが来る前にいちど掛けたことがある席、私の次にはフレロンが一度、フレロンの次にはドラが一度、ドラの次にはパリソは一度掛けたことがあるその上座の席からずっと下って、あなたは私の横で末席に停滞する stationnaire ことになるでしょう。私は、あなたと同じく、哀れでけちな野郎なのですから。ココニ私ハ座ル、二ツノ金玉ノ間ニアル生気ニ満チタ巨匠ノヨウニ qui siedo, sempre comme un maestoso cazzo fra due coglioni(53)。

このようなびろうな言い方で上客であった聖職者をこき下ろした甥ラモーは、主人ベルタンによって邸宅からの退出を命じられ、街中を放浪する羽目になる。甥ラモーが述べたこの台詞に関しては、J・スタロバンスキーが卓越した分析を施している。[54] スタロバンスキーの解釈によれば、ベルタン邸の食卓という空間は人間の地位を象徴している。ラ・ポルト神父以前に、かつてそこで、ラモーを含めた四人もの人間が上席から徐々に下降してきたという事実は、席次の下降、すなわち地位の下降がこの象徴空間における自然法則のようなものだということを示している。そこでは地位あるものすべてはゆるやかに下降し、下部においてのみ停滞としての落ち着き stationnaire を見せる。上座に誰が座るかということは問題ではない。上座にいた人物はすべからく末席に向かって下降していく。引用した台詞の最後にあるイタリア語の語句が示しているように、権威ある者も結局のところ、性的な下半身が含意する下劣さへと還元される。社会的な権威に基づく位階は自然的な無秩序へと変容していく。甥ラモーはベルタン家の食卓をあらゆる文化・社会的な権威が転倒を余儀なくされる場だとして示している。甥ラモーにとって、彼が行った指摘は「私の観察による真理であり、私の比較考量による適切さ」の帰結にほかならない。そこではパリソやドラといった作家や神父ラ・ポルトといった同時代の著名人たちが持っていた権威がいわば自然的な秩序によって中性化される。甥ラモーが示した転倒の一つの本質は、社会的なものを再度自然的文脈のなかに置くことによって既存の制度の秩序を解体しようという試みにほかならない。

スタロバンスキーは、寄食者の持つ自然性という観点に関してそれほど綿密な議論を施しているわけではない。そこで、自然性というこの観点から、改めてベルタン邸の状況を吟味してみることにしよう。寄食者が集まるベルタン邸での出来事を述べる対話のなかで、甥ラモーは、寄食先であったベルタン邸の情景を台詞や身振りで再現しているが、彼が見出すベルタン邸に集う人々の姿はきわめて人間離れしている。ベルタン邸を「動物小屋 ménagerie」と名指し、寄食者たちがパトロンに寄食する様子を描写しているくだりはその典型だと言えよう。[55]「動物小屋」というこの単語は、タンサン夫人のサロンにおいて実際に使用されていた婉曲的な言い回しで、夫人が来客を「動物たち Bêtes」と呼んだことから端を発している。タンサン夫人による表現はサロンの来客に対する多少の茶目っ気が認められるものだが、ディドロによって転用されたこの比喩はそれよりも凄惨な印象を与える。[56] ベルタン邸に集まった寄食者たちは、様々なところから集められた見世物的珍獣と言うよりは、むしろ互いを貪り合いかねない飢えた猛獣たちの群れになぞらえられている。

私たちは陽気そうに見えるけれども、心の底ではみな不機嫌で大いに腹を空かせているんです。狼だって私たちほど飢えてはいません。虎だって私たちほど残忍ではありません。私たちは、地面が長い間雪に覆われていた時の狼のように貪り食うのです。私たちは、成功した者すべてを虎のように引き裂くのです。(57)

寄食者たちは飢えた動物の群れと異なるものではない。甥ラモーの言葉を信じるならば、むしろ彼らは野生の獣たち以上に飢えた存在でもある。彼らは資産家の食卓へ出向き、道化の芸を行うことによって食事や寝床にありついて、生存に必要な欲求を満たしている。さらに、虎の譬えが述べている残忍さは、彼らの芸が当時の著名な人物を貶める類のものであることを示している。そのことが悪であるということも甥ラモーは気づいている。そこには富める者からの財産の分与という善に対して悪でもって報いるという寄食者のエコノミーが存在している。ラモーはこのエコノミーについて次のように述べる。

私たちのような人間と一緒に暮らそうと思いたつ人が、普通の常識を持っているならば、多少のよくないことがあるだろうぐらいは覚悟しておかなくてはなりません。私たちを自分の家に入れるからには、私たちがどんな人間なのかについて、また、私たちのさもしくて卑劣で信用できない魂 des âmes intéressées, viles, et perfides については、私たちのことを知っているんではないですか？　私たちのことを知っているならば、万事うまくいくのです。人が私たちに善を施し、私たちは遅かれ早かれその施された善に悪を返すという暗黙の契約 un pacte tacite があるのです。この契約は、人間とその人が飼っている猿や鸚鵡との間にもあるのではないでしょうか？(58)

甥ラモーはこの「暗黙の契約」を主張することで寄食者たちの保護者を批判する。「卑劣な魂」からの悪行は「暗黙の契約」に基づく正当な報いであり、その原理は、人間と猿や鸚鵡、すなわち人間とその模倣を行う動物との間に存在しているものと変わるものではない（模倣という行為もまた、寄食者である甥ラモーの性格と深く結びついているが、その点は後述する）。悪による報いを保証するこの契約は、いわばホッブズ的な意味での自然状態の肯定だと言える。「暗黙の契約」を説明する次の引用に、そのことはさらに正確に示されている。

もし、田舎から出てきた若者がヴェルサイユの動物園に連れてこられて、虎か豹の檻の格子に手を突っ込もうという馬鹿げた気持ちを起こしたとして、この若者が獰猛な獣の口に腕を置いてくるようなことがあったとしたら、間違っているのは誰になるのでしょう？　そのことはみな、暗黙の契約のなかに書いてあります。それを知らないでいたり忘れたりしている人が悪いんです。私は、この普遍的で神聖な契約によって、世の中で悪人だと非難されている人々をどれだけ正当化したいと思っているか。[59]

「暗黙の契約」が「普遍的で神聖な契約 pacte universel et sacré」と言い換えられることで、その正当性はさらに強調される。甥ラモーにとって、寄食者による富の搾取は「万人による万人の戦争」という自然状態の定義によって肯定される。世の中で認められている社会的な善悪ではなく、その底部に位置している自然状態こそが善悪を決定する基準をなしている。悪と言われている存在は、存在論的には必ずしも悪ではない。それは自然状態の一つの帰結であり、自然におけるエコノミーを構成している。甥ラモーは善悪を定める一般的な法と自然の法とによるこの二重性を「二人の検事総長 deux procureurs généraux」という表現によって語っている。

検事総長が二人います。一人は、あなた方の家の入口にいて社会に対する犯罪を罰します。もう一人は自然です。こちらは法の網をかいくぐるすべての悪事を知っています。あなた方が女性との性的放蕩に身を委ねたとすると、水腫にかかります。酒を飲み過ぎて身を持ち崩すと肺病になるでしょう。ならずもの達に門戸を開いて彼らと一緒に暮らすとしましょう。すると、裏切られ、悪口を言われ、軽蔑されるでしょう(60)。

社会に対する罪は自然に対する罪ではない。けれども「法の網をかいくぐる」ような悪事でさえ、自然において報いを受けることを免れえない。富や名声ある者に対する寄食者たちの放蕩や無礼は、身体の過剰な使用が病気を引き起こすのと同様に、自然状態における正当な報いだと解釈される。悪しき寄食者たちは自然の秩序の代弁者であり、彼らのなす悪は罰を受けないで存続している社会の悪を相殺する。社会的悪が自然の善となるという倒錯がここには存在している。寄食者たちは自然の代理にほかならない。そうして、この自然による社会の是正は、寄食者による富の収奪という形で行われる。ピアノや音楽の家庭教師をして糊口をしのいでいた甥ラモーは、教育によって他者の財産を自らの手に入れることを「生徒から金を盗む」と表現し、その行為を次のような形で正当化している。

親たちは、どうして手に入れたのかは知りませんが、かなりの財産を持っていました。宮廷人とか、金融家とか、大商人とか、銀行家とか、事業家といった人たちです。私は、そうして、私と同じように彼らに使われていた人たちは、彼らが不当に得たものを払い戻させる手伝いをしたのです。自然界ではあらゆる種が互いを貪りあっています。社会ではすべての身分が食いあっています。私たちは、法律をそこに関わらせなくとも、互いに応酬しあっているのです Nous faisons justice les uns les autres, sans que la loi s'en mêle(61)。

不当なものを払い戻させることを目的とした寄食者による富の収奪の論理は、結局のところ、形を変えた「正義

justice」だということが判明する。正義をなすこととは、不当な仕打ちを償うこと faire justice でもあり、それはひいては復讐を行うこと se faire justice でもある。そうして、寄食者によるこの正義＝復讐は、社会的な法なしで、自然の次元のみにおいても遂行されうる。

自然における正義の定義として、ディドロの考えた自然法の原則、すなわち「正義とは、各人のものを各人に返す義務である」という原則を挙げることもできる。この原則が記されている『百科全書』第五巻に掲載された項目「自然法 droit naturel」では、自然の持つこの正当性は人間における一般意志 volonté générale の問題として措定されている。ディドロにとって、個別的な意志の善悪とは異なり、一般意志とはつねに善良なものであって、それは「あらゆる文明諸国の成文法の諸原則」、「野蛮未開諸民族の社会的行動」、「人類の敵同士の間の暗黙の合意」の内に置かれている。のみならず一般意志はまた、社会的法や公共の復讐によっては裁くことのできない欠如のなかに、すなわち自然に発生する「憤怒と怨恨という情念」の内にさえも存在している[62]。つまり、ディドロにとっての一般意志とは、人類すべてに見出される共通性への希求だと考えることができる。J・プルーストに従って、それを「種が各個体に対してそうであるように、個別意志に対してそれよりも以前にあって優越しているもの」と言うこともできるだろう[63]。つまり、諸国の成文法どうしの間に共通するもの、野蛮な諸民族の社会に共通するもの、敵同士にさえ共通する合意のなかに、各人を各人たらしめつつ、同時に各人を他の万人と等しくさせている権利がすでにそれに優越する形で存在しているということになる。こうした権利を、人類の共通の目的である「幸福」[64]の基盤とすることにディドロにとっての一般意志の本質がある。自然法は、「幸福」という共通の一般利益を基礎づける。そこでは、思想の志向と共通の一般利益との一致、各人と同胞との一致が要請される。不平等から生じる怨恨や憎悪は、むしろ社会においてこの共通性への配慮が欠けていることの徴にほかならない。ディドロはさらに、こうした類の憎悪を動物にさえ見出すことができると考えている。純粋に動物的な次元で考えられてきた情念の内でも、とりわけ憎悪や怨嗟といった負の情念は、単純な機械論的な生理学のレベルで考察されうる問題ではなく、むしろ社会の欠陥がそこに反映された副次的なものとして考えられる。ディドロにおける悪しき情念とはいわば自然において生じた否定性だと言えるだろう。この自然に対する否定性は、制度や文化といった人為的なものの正当性を括弧に入れ、それに「応酬する se faire justice」、あるいはそれを「裁く faire（rendre）justice」ものとして機能している。

ここでひとまず、『ラモーの甥』において描写された徴税官ベルタンの屋敷についてまとめるならば、ベルタン邸という空間を、アレゴリカルな意味での「自然的空間」と考えることができる。これに関しては、社会的な法を司る検事総長が家の戸口にいたのに対して、自然の検事総長がいる場所は明記されていなかったということを想起することもできる。社会的な法は、いわばベルタン邸の外部にあって、ベルタンや他の寄食者との関係を制度的に定めている。ベルタン邸はその意味で、社会的な法の外部に置かれた別の空間であって、そこでは社会的な法とは異なる内部秩序が支配している。ベルタン邸という社会的な法の外部のなかで、食卓を中心とする家政＝エコノミー économie の空間が象徴的に演出される。そこでは寄食者たちの自然的欲求の相互性が前景化する。「動物小屋」を貫いている自然性によって、身分や制度的な位階が転倒を被り、あらゆる高貴なものが自然法則に則るかのごとく下劣なものへと変容し、下降していく。だがこれは単なる法外な空間ではない。この自然的空間は転倒した正義の空間でもある。そこでは、寄食と盗み、嘲笑と罵詈雑言によって、社会において構築されてきた不公正が是正される。ある意味で甥ラモーとは、悪しき習慣とされている寄食や風刺によって、権威によって奪われたものを取り返す転倒した正義の代表的な形象にほかならない。

4　権力者の像

甥ラモーのパトロンであったベルタンの肖像を検討することで、ラモーによってなされた批判対象の特徴をさらに鮮明に浮き彫りにすることができる。パトロンである資産家ベルタンの位相を考えるために、まずは先述したスタロバンスキーの解釈をもう一度援用してみることから始めよう。

スタロバンスキーによれば、ベルタンの特異性は、甥ラモーがラ・ポルト神父をこき下ろしたときに一人だけ笑わず、むしろ激昂してラモーを追い出そうとしたところに表されている。ラ・ポルト神父をこき下ろして寄食者のヒエラルキーのなかに位置づけたことは、主人ベルタンにとって犯してはならない侵犯を意味していた。このエピソードは、まず第一に、古代から続いていた道化と主人の間に見られる関係性が、甥ラモーとベルタンとの間ではもはや機能しなくなったことを証明している。古典的な意味では、道化が主人をあざけることは、道化と主人の双方が自然本性を共通して所有していることを想起させる行為であって、自然本性における両者の平等性を笑いのなかで回復させることに道化の役割があった。ところがベルタン邸に集まった寄食者たちは、もはやそのような古典的な道化の役割、すなわち主人と奴隷とに通底しうる自然性を露わにする能力を発揮することはない。寄食者たちは、主人に媚びへつらうのみであって、逆に、追い出された甥ラモーの例が示すように、主従関係を批判、あるいは揶揄することは、主従関係それ自体の破綻を招かざるをえない。甥ラモーの台詞が示すように、賢者はもはや道化にはなれない[65]。

スタロバンスキーは、甥ラモーが古典的な道化の役をもはや果たすことができなくなっている原因を、主人と寄食者との間にもはや対等な関係で見出される笑いが存在せず、寄食者がただへつらうことにのみ専心せざるをえなかった点に見出している。主人におべっかを使い媚びへつらうこと flatterie が、ベルタン邸における甥ラモー等寄食者の重要な役目となる。この意味で、ベルタンはもはや主人ではあるが、王ではない。スタロバンスキーは、このようなベルタンの主人としての性質が、ベルタンがただ金によってのみ主人であることに由来していると指摘している。ベルタンはただ財の力によってのみ権力者となっているのであって、古典古代の王のように血筋や実力において秀でた結果権力を掌握しているわけではない[66]。寄食者を侍らせるものはただ財のみであって、財のみが富裕な者の権力を形成している。甥ラモーはこうした類の権力の存在を感知しており、そのことは彼の台詞のなかにも表されている。例えば、甥ラモーは財の分与に与ることができなくなった自分自身を嘲って次のように述べている。

私は自分に向かって何度言ったことでしょう。おい、ラモー、パリにはそれぞれ十五人ないし二十人も座れる食卓が一万もある。それなのに、それだけの料理のうちお前のものは一人前としてありはしない！　右に左に湯水のように撒かれる金貨で一杯の財布はある。けれどもその金貨のうち一枚たりともお前の上には落ちてはこない！　才能もなく値打ちもない沢山の取るに足りない美しき精神や、何の魅力もない大勢の女どももいる。沢山の下らない連中が立派に着飾っているのに、お前は素っ裸で歩こうとしているのか？　お前はそんなに間抜けなのか？　他のものがやっているみたいに、嘘をついたり悪態をついたり、偽の誓いをしたり、約束をして、それを守ったり破ったりということができないのか？　お前は他のものがしているように四つん這いになることができないのか？(67)

甥ラモーにはありあまる豊かさは譲渡されない。その理由は、ラモーが寄食的存在者の生き方に忠実であることができなかったことにある。寄食者は、媚びを売り、へつらうことによって財を分配してもらい、いわば「四つん這いに」なって生きる。媚びへつらい屈従する姿勢を示したこの表現は、富める者がその富によって貧しきものを従属させ、自分の思い通りにする仕組みを示している。寄食者に分配される富とは媚びへつらいの代償でしかない。逆に甥ラモーは金持ちになった自分を想定したとき、すなわち「町と宮廷の一番大切な部分を代表しているときには(68)」、他人を侍らせ、彼らに自らを褒めそやさせ、彼らに命令を下す自分のことを妄想している。(69) ラモーの考え方に従えば、ベルタンのような権力者は、結局は豊かな財産によって他人を奴隷状態に陥れているにすぎない。ベルタンの権力＝財富に対して寄食者のへつらいが対応しているという構造が明らかになる。

ここで、ベルタンを強者たらしめている富の起源について考えてみるならば、『ラモーの甥』中には、ベルタンの富がいかにして蓄積されたかということに関しての説明は存在していない。とはいえ、先述したように、実在した官吏ベルタンが売官税や王の私財の管理を通じて富を蓄積した人物であることは当時事実として知られていた。つまり、ベルタンがいかに富を蓄積していようとも、ベルタン自身は生産過程を通じた富の形成に直接的に関わっているわけではない。ベルタンは基本的には売官の際に生じる税を管理すること、すなわち富の流れの管理と運営を司る地位を占めることによって収入を得ているのであって、農業や手工業を介した直接的な生産関係に身を置いてはいない。『ラモーの甥』においては、ベルタンのような権力ある人物にとっても、豊かな富を入手できるような地位は、さらに権力あるものへの媚びやへつらいを通じて獲得されると説明されている。

このプロセスに関して、『ラモーの甥』中から、ベルタンとよく似た職業にあったブーレという実在の人物の逸話を参照することもできる。王室の管財人、徴税請負人、王立コレクションの秘書、王宮の穀物管理人などを歴任したエティエンヌ＝ミシェル・ブーレ・ド・シルエット Etienne-Michel Bouret de Silhouette（一七〇九―一七七七）は、きわめて裕福であったが、同時に王に対してきわめて卑屈な態度を取った人物として知られていた。『ラモーの甥』のなかでは、ブーレの出世は、ブーレの飼っていた犬を気に入った国璽尚書にその小犬をなつかせたことに起因していると述べられている（この小犬のエピソード自体も実話に基づいている）。ブーレは国璽尚書の顔に似せた仮面を被り、彼の衣装を着て国璽尚書に化けることによって、国璽尚書に飼い犬をなつかせたとされている。甥ラモーはこの逸話から、裕福になるために必要なのはただ仮面のみだと結論づける。「仮面だ、仮面だ！　私はその仮面を発見したのなら、指の一本くらいはくれてやってもよい」という甥ラモーの台詞は、音楽や演奏の天分などよりも、本音を隠して権力者に媚びへつらう方が、富を得るための直接的な手段として有効であるという考えを表明している。[70]また、甥ラモーと哲学者との対話は、絶対的な権力者が結局のところは不在であることを暴き立てる。「各人はそれぞれ自分のかわいいユスとベルタンを持っている」[71]のであって、その意味で誰もが媚びへつらわざるをえない世の中であることが、甥ラモーと哲学者との間で確認される。

上記のような考察を踏まえた上で、ベルタン邸でのベルタンが、そこに同席する者たちのなかでただ一人例外的な状況に置かれているということが明らかになる。ブーレが被っていた仮面とは、より権勢を誇る者に対してへつらうために必要なものであって、自らがもっとも高い位階にいる場においては仮面を被る必要はない。甥ラモーが報告するベルタン邸でのベルタンは、主人あるいは絶対的な権力者としてのベルタンの素顔を露呈させている。素顔のベルタン、すなわち誰にも媚びる必要のない自宅でのベルタンは、きわめて陰気でふさぎ込んだ人物として描写されている。[72]主人のベルタンはさらに、当時パリに実在していた精神病院である「プチット・メゾン」の中にいる憂鬱病の狂人や、あるいはパゴットと呼ばれる中国の人形になぞらえられる。[73]ベルタンはほとんど身動きせずに、あらゆることに関して「そうだ、お嬢さん、あなたは正しい。そこに繊細さを発揮しなければいけないね。Oui; vous avez raison, mademoiselle. Il faut mettre de la finesse là.」[74]という文句で決定を行う。万事に関してこの調子で応答するベルタンには、繊細さからはかけ離れた、徹底した無関心が備わっている。甥ラモーはベルタンのこうした様子を「悲しくて、暗くて、否応なく、運命のようだ」と形容する。[75]財の集中に起因する絶対的な無関心と繊細さのかけらもない「決定décision」の乱発とが邸宅内でのベルタンの絶対性を際立たせている。機械仕掛けのこのパトロン像は、悪しき寄食者の形象とどのような関係を取り結んでいるのだろうか。

5　寄食の構造からパントマイムのアイロニーへ

対話篇『ラモーの甥』には、前にも述べたように、生産されたものがどのようにして流通し、富になるのかという点は詳述されてはいない。いわばそこでは工業や農業といった産業と商業との関係一般についての言述は存在していない。とはいえ、ベルタンや甥ラモーは、少なくとも手工業者ではないし、そうした身分に属する人物でもない。売官税請負人出身のベルタンのような人物が行っている搾取と蓄財とが、いわゆる産業における労働者の働きの結果とははっきり異なるという考えは、ディドロの他の著作のなかに見出される。一七七四年に書かれた『エルヴェシウス論駁』において、ディドロは労働と賃金の観念について述べたエルヴェシウスの言及に注釈を施している。ディドロの注釈においては職人と徴税官吏との職業的な違いが明らかに前提とされている。[76] ディドロは大工の喜びを語る徴税請負人の欺瞞について述べながら、エルヴェシウスの立論上の視点を批判している。

大工の日々の喜びについて語る人が、材木の堅さも斧の重さもかつてその手に感じたことのない総徴税請負人でなくて、大工自身であったら、私にも彼［＝大工の喜びを述べたエルヴェシウス］の喜びがもっと信用できるのかもしれない。[77]

徴税請負人は石工の仕事の喜びを十分には語れないとディドロは述べる。このことはまず第一に、財富を獲得するプロセスが両者の間で大きく異なっているということを意味している。すなわち両者においては富を獲得する際に賭けられているものが大きく異なっている。ディドロは『エルヴェシウス論駁』のこれに続くくだりのなかで、石工の労働が身体的に苛烈な重労働であることを強調し、彼らの労働という行為が、貴族や廷臣が日々おかれている状況、すなわち、ヴェルサイユに向かう馬車の中で君主や他の廷臣の言葉に一喜一憂する状況とは比較不可能な立場にあると述べる。ディドロはここに労働者階級と貴族階級との絶対的な不平等を見出す。鉱山や石切り場で働く労働者は危険な労働によって身体や健康を損なう危険性が高い状況におかれている。彼らは進歩した文明を支える犠牲的存在者であって、国家、あるいはそれを経営しつつそれに付随する貴族などの富裕層は彼らの労働に実際はその存立を負っている。ディドロは富裕層と労働者との徹底的な断絶が、文明の進歩から帰結する不可避な事実として存在することを認めている。けれどもディドロは考えをさらに進めて、底辺にいるとも言えるこうした労働者は、実際のところ、奴隷とも異なった存在だと述べる。

人に仕えるというのは最劣等の職業である。それは怠惰か、あるいは、お仕着せと背負子《しょいこ》の間で人を迷わせるような、何か悪徳以外のものでは決してない。たくましい肩と頑丈な脚を持っていながら、荷物を担ぐことより、便所を掃除する役目の方を選んだのであるから、下僕というのは卑劣な魂の持ち主だったということになるのである。(78)

下僕、すなわち隷属状況とは、労働とは異なり、卑劣であり悪徳だと見なされる。奴隷は自己の力を自己のために使うものではない。奴隷は自らを他人の為に供することに専念する。労働者はディドロにとって、境遇や環境はどうであれ、肉体を資本とした徹頭徹尾自律した価値の生産体であった。ベルタン邸が労働や生産からかけ離れた場所であるということの意味はここからも理解されよう。ベルタン邸の夕餉においては結局のところ労働者の姿は見出されることなく、産業労働に従事することのない寄食者と主人が戯れながら欲望を発散し続ける。寄食者は卑劣な盗人と等しい。寄食者は蓄積された強者の富を前提とし、媚びへつらいを駆使することによってそのおこぼれに与り、日々の糧を得る。ベルタン邸は生産性なき空間の縮図であって、そこでは消費と蕩尽の欲求のみが支配している。

『ラモーの甥』のテクストにここでもう一度戻るならば、甥ラモーは自らの性質を、とりわけベルタン邸における自らの様子を「卑劣」だと形容している。甥ラモーは自らの食い扶持を得るためにベルタン邸で媚びを売り、道化的な行いを繰り返していたが、そのことが甥ラモーの卑劣さを証明している。哲学者との対話を通じて甥ラモーの卑劣さは両者の間での共通した了解となる。先述した媚びへつらうおべっか使いの手管に加えて、さらに今度はそうしたへつらうものが取る具体的な身体の姿勢も問題となる。甥ラモーはこのことをパントマイムという手段で表す。

彼――けれども、私には、良い寝床や良い料理が、冬には暖かい着物が、夏には涼しい着物が、休息や金やそのほか沢山のものが必要なんです。そんなものを、私は、苦労して手に入れるくらいなら、人の情けにすがる方がましだと思うんです。

私――それは、君が、のらくらで、大食らいで、卑劣で、下等な人間だからだ。

彼――それはもう、先ほどあなたに言ったつもりですがね。

私――人生上の物事には、確かになんらかの値段がついている。ところが、君は、それを手に入れるために自分の払っている犠牲の価値を知らない。君は卑劣なパントマイムを踊る。今までもやってきたし、これからも相変わらずやるだろう(79)。

ここでは、寄食者の芸であるこの卑劣なパントマイムが、ある種の犠牲の上に成り立っていると述べられている。先に述べた労働者と奴隷との比較を手がかりにして、寄食者の卑劣さに付随するこの犠牲の内実について考えることができる。値段のついた何らかのものを獲得するためには、通常は貨幣や、あるいはそれに類する交換可能な財貨が必要とされる。ところが寄食者はそのような対価を支払わず、媚びへつらうことによってそうした物資を獲得する。媚びへつらうこととは卑劣な行為であり、それはディドロに従うならば人に仕えている状態から発生する悪徳にほかならない。この奴隷的卑劣さは、自己の能力を他人のためにのみ隷属して供することを意味している。そうした意味では、パントマイムも媚びへつらいと同様に卑劣さを象徴する行為だと言える。甥ラモーのパントマイムにおいて、すなわち他人の所作を模倣することにおいては、甥ラモーの身体はもはや彼に固有のものではなくなってしまう。身体はつねに他人に成り代わることのために、あるいは他者のために隷属的な姿勢を取ることにのみ用いられることになり、自らに固有な身振りを見出すことが困難となる。つまり寄食者がその卑劣な身振りを行うときに不可避的に被る犠牲とは、自己がただ自己の名においてのみ価値を産出する能力を失ってしまうことを意味している。甥ラモーはいわば、自己に固有の身体の所作と精神における判断とを犠牲にして、それを生きるための糧へと変えている。寄食者の自己性は空虚なものとなる。寄食者はアイロニーの別名となる。

さらに言えば、「誰でも他人を必要とするものは貧者だよ。だから、そいつはポーズを取るんだ」という哲学者の台詞とそれに対する甥ラモーの同意から考えられることだが(80)、『ラモーの甥』の背景には、実際のところ、誰もが貧者であり、誰もが誰かの前であるポーズを取らざるをえない世界が想定されている。自己の固有性を犠牲にしているのは甥ラモーだけではない。むしろ、誰もが誰かのパントマイムを行うことを通じて、生産性なき世界における富の無限な流通が可能になっていると言っても過言ではない。媚びへつらいとパントマイム、すなわち空虚な言辞と空虚な身体とは、そうした世界において生きる方策として想定されている。それは生産とそれを司る人々を無化する機能を持っている。言葉と身体からその実体性が剝奪され、それらはアイロニーとして機能するほかない。媚びへつらいとパントマイムは、世界のなかでの労働者の地位と働きを抑圧し搾取した上でのみその機能を果たす。要するに寄食は、下部構造における生産性を括弧に入れつつ、そこから発生する財富を独占したときにその配分をめぐって行われる営為にほかならない。パントマイムや媚びへつらいといった寄食者の言動は、人間の本性的に空疎な側面、いわば非－生産的な側面を明らかにしている。

他方で、『ラモーの甥』が展開したこの構図のなかでは、主人だとされている人間も、結果的にアイロニカルな位相におかれざるをえない。主人が本来持つとされる主体性もそこでは無化されてしまっている。自動人形である主人とパントマイムを行う寄食者は、主従関係において対象をなしながらも、その無産性において共通点を有している。すなわち両者はともに結局のところ自律的な価値の創出を行うことがほとんど困難な状態にある。ベルタンによる「運命のような」決断は、その決断がほとんど自己の意志では決定不能な何かであることを表している。決定不能性の背後には財富のエコノミーと人間相互の従属関係が解決不可能なまでに織り込まれている。ほとんど身じろぎもしない自動人形の描写は、主人という立場がパントマイムという模倣行為を行うことすら不可能な鈍重な存在であることを示している。

6　脱アイロニー的身体の領域

『ラモーの甥』内のベルタン邸の描写、およびベルタンや甥ラモーと言った主要人物像の形成をめぐる上記の考察から以下のような帰結を導き出すことができる。まず第一に、寄食者たちの対話が繰り広げられるベルタン邸という舞台が補食と共生という二つの関係性がともに存在している自然的な空間とのアナロジーにおかれているという点があげられる。同時代の証言のなかで、食客を多く抱えるサロンの様子が動物園のような空間と見なされていたということはすでに述べたが、ディドロによって仮構されたベルタン邸は、単なる珍奇な獣を寄せ集めた場所であることどまらない。そこでは寄食者たちによって互いに互いを蹴落とし合いながら食卓を共にする凄惨な光景が繰り広げられている。すでに見たようにここには、人間によって作られた法体系は自然の法によって批判されるべきものである、というディドロの考えが存在している。つまり、甥ラモーの台詞を通じて行われるベルタン邸の描写の背景には自然性による社会性の再転倒という寄食者の論理が存在している。だが、ここでさらに指摘しておきたいことだが、甥ラモーは寄食者の立場に永住していたわけではない。甥ラモーはベルタン邸を追い出され、放浪の身となることによって初めて、自己の正当性を表明し吟味する機会、すなわち哲学者との対話という機会を得ることができた。これは寄食者の論理が言語化されるためには、一度パトロンという存在に敗北することが必要だったということでもある。甥ラモーの敵はこの敗北において明確になる。甥ラモーがベルタン邸で被った経験から始めることで、自然によって是正されるべき「社会的なもの」が正確には何であるかということの吟味が可能となる。そのとき甥ラモーは、主人ベルタンによって、法状態からも、またそれを批判する自然法の状態からも疎外される。カフェ・レジャンスで始まる哲学者との対話とはいわばベルタン邸の完全な外部であって、そこにおいて初めて、自然状態と法状態が重なって繰り広げられる寄食者たちの光景が批判的に思考される。つまりベルタンによる甥ラモーの締め出しは、両者の間にあった決定的な差異が、具体的な排除の行為として具現化したものだと考えることができるだろう。ベルタンには外部がない。ベルタンはベルタン邸という二重の体系のなかに囲い込まれてしまっている。そこではベルタンは財を持った富める主人であり権力者であることしかできない。甥ラモーには出口が存在していた。それが追放された上での哲学的対話という形をとっていたとしても。この対話の果てに現れる長々しいパントマイムが、一つの極にまで追いやられた甥ラモーの境地を示す。それは主人と奴隷の弁証法に属するわけでもなく、また哲学的対話＝弁証法によって語られ討議尽くされるものでもない。甥ラモーのパントマイムこそが、あらゆる対話＝弁証法に還元されえない一つの確固たる——だがきわめて曖昧で多義的な——身体性を指示している。

ここから引き続いて帰結する第二の見解として、『ラモーの甥』において展開された主人と寄食者との対立は、決して弁証法的な統一を意図して構想された対立などではないということが主張できるだろう。ディドロが作中で仮構した両者の対立は、事実的背景に基づいた性格づけをもとに構成されていて、両者の間の決定的な差異および対立がむしろ『ラモーの甥』の主題となっている。ベルタンという成り上がりと甥ラモーというそれなりの芸術的天才との間には、社会的なものに対する批判性を考慮した時に埋めがたい差異が存在しており、それが両者の対立を助長する。というのも、自然に基づきそれを再現する芸術は、その自然との連続性という意味において、そもそもがアイロニーに基づいた空虚な体系として機能している貨幣の流通システムや追従の仕組みとは相容れない可能性があるからだ。こうした対立を仮構する背景には、理念化の手前にとどまって所与の現実に立脚しつつ、その構図をフィクションの力によって批判し、改変にまで導こうというディドロの意図が存在していると考えられる。ベルタンと甥ラモーの対立はディドロにとって根本的に相容れない分裂でしかなく、むしろその調停不可能なものの引き裂かれにディドロの本質的な問題があるのではないだろうか。そうしてディドロにおけるこの引き裂かれは決して唯一の絶対的な精神性、あるいは歴史性へと統合されることはなく、むしろ根源的な問題を露呈させる状態にとどまっている。

この引き裂かれ、すなわち『ラモーの甥』における主人と寄食者との決定的な相違を、両者におけるアイロニーの質的な違いとしても考えることができる。甥ラモーの賢明さは、寄食の構造が、自己を無化するアイロニーの働きの産物であることを認識する。甥ラモーはそれゆえ、ベルタン邸での宴席において、言葉を用いて位階秩序の転倒を試みるものの、挫折を余儀なくされる。そこにおいて両者の関係は主人と道化という古典的で幸福な対関係ではなくなってしまう。無力なまま支配者の座に就いた主人ベルタンと、転倒を試み転倒に失敗した甥ラモーとの間にある避けがたく埋めがたい差異が明らかになる。この対立は究極的には、主体性なき自動人形と主体性なきパントマイム芸人という二つの異なるアイロニカルな形象の対立として捉えられる。結局のところ両者の関わりを可能にしていたのは財富と言葉の流通でしかなかった。実質的な労働なしで獲得された主人の財富と権力に、寄食者が媚びへつらいによって接近し分け前に与ることによってのみ、主人と寄食者との関係性は保持されつづける。労働なき財富と空虚な言葉、すなわち、労せずして手に入れた財富と、実体を伴わない空虚な言辞とが構造的に等しい位相におかれている。『ラモーの甥』におけるアイロニカルなものたちのエコノミーはこのようにして成立している。そこにおいては身体性が決定的に捨象されている。このことは言い換えれば、自然状態が空虚な法状態によって完全に覆い隠されてしまっていることを意味している。法の基礎づけがもつアイロニカルな側面が無様な自動人形の姿で顕在化する。それゆえ、価値や財を産出するために労働する身体や、機械論的な自動性にとどまらず「運命」の外部で動く可能性を有した身体、あるいは愛という名のもとでの共同性において幸福を享受する身体という審級は、『ラモーの甥』において徹底的に無化されることになる。逆に言えば、『ラモーの甥』におけるベルタン邸の場面は、主人ベルタンと寄食者ラモーとの空虚な関係性の描写を通じて、こうした排除された身体の諸相を浮き彫りにすることに寄与しているのではないだろうか？　上述した止揚不可能な身体の諸相は、『ラモーの甥』のいくつかの箇所に散りばめられている。M・ホブソンが示したような痙攣する身体や、作品中のいたるところで顔を出す止むことなきパントマイムといった甥ラモーの数々の散逸した言動は、逆にその散逸と微小さとによって、ディドロが彼の思想的賭金として投じた身体の重要性を証言している。精神化されえない、おそらくヘーゲルの体系内では取るに足りないこの微小な身体性をこそ検討する必要がある。ディドロにおけるパントマイムの概念は、単なる空虚な身体性の表出を超えて、微小な身体性の代表的な表出の様態として機能しているのではないか。そこにおいては、意識の分裂へと抽象化されえない人間本性がうごめきつづけていることが確認されるだろう。ヘーゲルによる人間性の法的な抽象化を免れえているかもしれないディドロのパントマイム的身体を考察することで、両者の相違がいっそう際立ったものとして現れてくる。

第三章　悪しきパントマイム——止揚されえない肉体の位相

ヘーゲルによる『ラモーの甥』解釈は、身体をある仕方で還元するヘーゲル特有の弁証法的な手続きによって成立している。そこでは『ラモーの甥』における主要なテーマの一つでもある具体的個別的な身体性やそれを基点に繰り出されるパントマイムの重要性が捨象されているように思われる。このことは前章ですでにいくつか指摘したことでもあるが、さらに直接的な証拠がヘーゲルによる『ラモーの甥』の引用それ自体のなかに現れている。本章では、まず第一に、ヘーゲルによる引用と『ラモーの甥』本文とを引き比べることから始め、ヘーゲルによって抹消された身体性がディドロにおけるパントマイム的身体であることを明らかにすることを試みる。本章の考察は、ディドロにおけるパントマイム概念をヘーゲル的な弁証法に組み込まれえないものとして考えようとする試みであって、それによってディドロ思想がもつ独自性の一端を明らかにすることができるだろう。ディドロが賭金にしていた身体性がヘーゲルにとって積極的な排除の対象であったということは、この観点において両者の相違がもっとも際立つということを示している。

1　消されたパントマイム――『精神現象学』における『ラモーの甥』引用部から

重ねての指摘となるが、ヘーゲルによって受容された『ラモーの甥』においては、『ラモーの甥』を特徴づけていると思われる重要な契機、すなわちパントマイムや身振りといった身体的な要素が捨象されている。少なくともヘーゲルは『ラモーの甥』に頻出する身振りを重大なものとして捉えてはいないように見える。すでに見たように、『精神現象学』内に散見される『ラモーの甥』についての言及は、基本的には意識の分裂としての「主人対寄食者」あるいは「哲学者対甥ラモー」といった対立のみに主眼がおかれている。ヘーゲルは最終的には、混乱した寄食者と単一の意識を持つ哲学者との間に引き起こされる対立を肯定的な帰結として捉え、とりわけ前者の混乱した意識の表現を、革命的な反抗へとつながる「分裂した言葉」として概念化している。この分裂した言葉を表す『ラモーの甥』内の表現としてヘーゲルが引用した箇所が本節における最初の分析対象となる。ヘーゲルは『ラモーの甥』を直接引用しながら、問題となる分裂状態を「音楽家の錯乱」と名づけている。その箇所をもう一度引用し精査してみることにしよう。

かくて精神が自己自身によって語られ、自己自身について語るときの内容は、あらゆる概念と実在とを転倒させ、自己自身と他人をあまねくだます。だから恥じらいもなくだますことこそ最高の真理である。この語らいは「イタリア語やフランス語の、悲劇また喜劇の、あらゆる種類の三十もの歌曲を、積み重ねたり混ぜ合わせたりして、あるときは最低音で、地獄の果てまで歌いあげ、またある時は、喉をすぼめ、裏声を出して、高く空気を引き裂き、物狂おしく、物静かに、強いるが如く嘲るが如く、代わる代わるに歌う」音楽家の錯乱である。Diese Rede ist die Verrücktheit des Musikers, der »dreißig Arien, italienische, französische, tragische, komische, von aller Art Charakter, häuste und vermischte; bald mit einem tiefen Baß stieg er bis in die Hölle, dann zog er die Kehle zusammen, und mit einem Fistelton zerriß er die Höhe der Luste……, wechselweise rasend, besänftigt, gebieterisch und spöttisch.«[81]

ゲーテによって翻訳されたドイツ語版『ラモーの甥』の一節がこの部分では直接引用されている。引用部におけるヘーゲルの意図は、前節ですでに述べたように、転倒した意識に基づく錯乱とそこから発する分裂の言語が自己復帰において果たす重要な役目を強調することにある。「音楽家の錯乱」とは、自分自身が分裂し混乱していることを知っている自己意識の表出であって、これは様々な言語で歌われるアリア、すなわちメロディを伴った歌曲の形式で表される。この表出が、ヘーゲルにとってはある種の「音楽」として概念化されている。音楽家の錯乱は哲学者の単一な意識と対置されていて、そこでは多様な声と旋律とが織りなす継起的な混乱と、「様々な調の等しさのなかにある、つまり曲の統一の内にある善と真とのメロディ」とが並列して対置される。後者の意識の様態の内にヘーゲルは閉鎖的な単調さを見出し、判断の地平を転倒させるような混乱がもつラディカルな側面を肯定的に評価する。

とはいえ、混乱と単調さとを対照させるこの比較の過程において、ヘーゲルによる一つの決定的な抽象化がすでに働いている。引用された『ラモーの甥』の箇所は、実際のところ、甥ラモーが表出した混乱の半分しか示してはいない。ヘーゲルによって「音楽家の錯乱」と名づけられ引用された箇所の前後を含めた全体を見ることで、『ラモーの甥』の問題が『精神現象学』の論理によっていかにして捨象＝抽象化されたのかが判明する。

彼〔＝甥ラモー〕は、種々雑多な性格の、イタリア語やフランス語の悲劇的なアリアや、喜劇的なアリアを、三十ばかりも並べ立ててごちゃ混ぜにした。ある時はバリトンで地獄まで歌い降ったかと思うと、またある時は声をからし金切り声をまねながら高い天上の高音を引き裂いたが、歩きぶりや顔かたちや身振りでもって色々な歌い手の人物をまねて、次から次へと、狂おしくなったり、静かになったり、居丈高になったり、嘲るような真似をした。[82]

ヘーゲルは甥ラモーのパントマイムを描写するこの長い文章の一節をひいてはいるものの、様々な国の言語で歌われる乱高下するアリアに関する記述のみを抜きだしている。「歩きぶりや顔かたちや身振り」あるいは「歌い手の人物をまねて」といった、身体を用いた模倣行為に関する記述がヘーゲルによる引用部分にはまったく反映されていない。もちろん甥ラモーの叔父たるラモーは当代の大作曲家であり、その血をひく甥ラモーが行うパフォーマンスにおいて音楽が重要な要素を占めていること自体は疑いがない。とはいえ、『ラモーの甥』を貫いている主題を考慮に入れるならば、ヘーゲルによる引用とその部分の解釈はいささか偏向したものだということも認めざるをえない。二つの箇所の比較から明確に分かることだが、ヘーゲルは、身振りや物まねといった身体の演劇的な所作に関する部分を省いて甥ラモーの錯乱を解釈している。そこにおいては、『ラモーの甥』という作品におけるきわめて重大な主題である演劇性についての考慮が一切なされていない。ヘーゲルによる身体の切り捨てはむしろ意図的な操作ではないだろうか、という疑問がここで生じてくる。いわばヘーゲルは、パントマイムに見られる身体性を排除しその主体を言表の主体へと転換することによって、『ラモーの甥』中に繰り広げられるパントマイムを、整然とした形式の「対話＝弁証法 dialectique」に従属させてしまったのではないだろうか？　こうした疑問に答えるために、ヘーゲルの体系における演劇的身体の不在を、『精神現象学』の他の箇所において展開される演劇についての考察を参照することで明らかにしてみよう。

『精神現象学』第七部「宗教」内で展開される演劇論において、演劇は精神的な芸術として啓示宗教の直前に位置する段階におかれている。ヘーゲルはそこで、一つの個別な民族精神が普遍的なものへと発展を遂げていく過程を古代ギリシャ演劇のなかに見出し、精神の発展を叙事詩から悲劇へ、さらに最終的には喜劇への推移のなかで捉えようとする。そこではソフォクレスの『オイディプス』やアリストファネスの『雲』などが悲劇および喜劇の代表的な作品として参照されている。精神的芸術作品としての演劇は、実在の存在物を抽象することを経て主体を定立し、次いでその主体の否定から絶対知の定立へと至る精神の漸進的な発展過程のなかで、自己の個別的な主体性を開示する一つの決定的な局面として認識されている。工芸的であり儀礼的な自然宗教が叙事詩＝演劇的な芸術宗教へと転じていくこの過程のなかで、表象されるべき英雄を演じるという行為の本質が主体にとっての問題となる。そこにおいて、悲劇的英雄を演じることが、神々が属する本質的世界と人倫が属する現実的世界との媒介として定義されている。

英雄自身は語り手であり、表象は、同時に観客でもある聞き手に自己意識的な人間を示すが、この人間は自らの権利と目的を、自らの規定態の威力と意志を知っており、それを言うすべを知っている。この人たちは芸術家であるが、現実生活における普通の行為に伴っている言葉のように、無意識的に自然に素朴にその企ての表面を言い表すのではなく、その内的本質を表現し、行為の権利を証明し、自分のものであるパトスを、偶然な状態や個人の特殊な姿から解放して、一般的な個人態の形でよく考えて主張し、それを断固として言表するのである。(83)

ヘーゲルにとって、英雄を演じる俳優によって表現される芸術とは、主に言語によって構成された演劇として考えられる。言うなれば、神的なものを表象によって表し、言語によって表現することが精神的芸術の機能となる。(84)イポリットは精神的芸術作品における言語の重要性について「この芸術作品は、言語というエレメントのなかで先行のいっさいの契機をふたたびたどることになるであろう。すなわち、叙事詩におけるオリンポスの神々、悲劇における神と人間との生きた統一、最後に、古代喜劇の幸福なる自己確信における神的実体性の溶解、といったものがそれである」と述べ、演劇という芸術がヘーゲルにおいては言語に依存していることを指摘している。(85)そこでは英雄＝俳優と観客との関係は語り手と聞き手との言語の応酬としてパラフレーズされる。こうした演劇の構造のなかで、英雄は「自己意識的な人間像」、つまり自らの権利や目的、力や意志を語る術を有した存在と見なされる。俳優とは日常的な言葉を用いる存在ではなく、自己意識としての精神が定立する局面やその「内的本質」を一般的な形で言語化する能力を持つ。つまりヘーゲルにとっての俳優術とは、日常的な表層の言語体系を用いる技術ではなく、一般的な精神がある歴史＝物語において現れた際に抱えている深層の本質的な内面性を言表化できる手段にこそある。もちろんこれは歴史＝物語をそのものとして語ることではない。俳優は現実的な言語を用いることを通じてのみ、精神的な本質を表現することができる。(86) けれども、俳優であること、および俳優が俳優である限りにおいて用いる日常言語とは、ヘーゲルにとっては結局のところ表層的なものでしかない。俳優の表層に運命が仮託されている演劇の構造自体が、「その芸術が、まだ真の本体の自己を自ら含んではいないということ」の証左でもある。俳優とはいわば本質への媒介を務める非本質的な存在にほかならない。別の言い方をするならば、人間がもともと持っている身体は、「無意識的で自然で素朴な」ものでしかない。その言語は日常的な現実態の内に規定されてしまってはいるが、悲劇の英雄は日常性を乗り越え、本質的で運命的な世界と行為する日常的な世界とを結合させる能力を持っている。

悲劇において本質的な矛盾を担保していた俳優の役割は、ついで喜劇的な瞬間への契機をもたらす。すなわち俳優はその個別的身体を通じて、自己意識の内面的深層を表層の次元に媒介している。だが、表層の次元で自己を見出すものにすぎなかった身体は、同時に舞台の上で生きて動いている現実的な実在でもある。言い換えれば、俳優はその現実的実在としては、単なる「性格」のみならず身体に基づいている。この現実性が露呈した瞬間に、つまり「自分自身の裸の姿」(87) が観客の目前に曝された瞬間に、劇は喜劇へと転じる。俳優が「仮面をぬいでしまう」(88) この瞬間に、英雄は運命の要請から解放され、喜劇が誕生する。いわば喜劇とは運命的な布置を解体する行為であって、それによって裸の自己がまさにそのものとして、いかなる恐れもなしに、また自らが表象すべき本質とも無関係に見出される。イポリットは喜劇のこの仕組みを次のような仕方で明解に説明している。

悲劇の俳優は、自分の仮面と自分とが区別できなくなり、自分を自分自身以上に高めたのであるが、いまや、かれは、これらの実体的なエレメントの空しさを語り、さらにこれらのエレメントをその本来のもの〈自己〉のなかにおいてしか意義をもたない有限なる契機）に還元するのである。英雄たちは、英雄であることをやめて、普通の人間となるのである。俳優は、自分の仮面をなげすて、肉身をもって舞台に現れる[89]。

空しさの意識、すなわち運命との統一に対する隔たりの感覚が、悲劇の英雄を喜劇的なものへと変質させる。喜劇的なこの段階において、神的本質が役割上帯びていた表面的な人格（ペルソナ）が無化され、神を演じることの白々しさが明るみに出る。こうした神性の剝落は、アリストファネスの戯曲をもじって「雲」あるいは「蒸気」になぞらえられ、演劇化＝上演によって与えられた神的なものの表象は消失する。喜劇的な瞬間がもつ力が、悲劇における分裂に対して働きかけた結果、偽の擬人化は消え失せ、美にして善なるものという単一な思想のみが神性として残存する。個人の意識や身体という基底から解放された絶対性がここにおいて現れる。

精神的な芸術の様態が悲劇から喜劇へと至るこの道筋は、自己意識が不幸なる意識から幸福な意識へと至る道筋と照応している。神を演じるという尊大な役目を相対化し得た自己は、逆にそうした自らの空しさを知ることによって自らの現実性を取り戻す[90]。ヘーゲルの精神史にとっての芸術宗教はこの段階で完結し、精神はさらに高次の啓示宗教への道を歩んでいく。こうした止揚が完了した後に、つまり喜劇的な開けによる自己確立が成し遂げられた後で、その際に反定立として弁証法的に止揚（＝消去）されてしまった要素をヘーゲルは次のような形で回顧している。

> 個々の自己意識が自己自身を確信して、この絶対的威力となって現れるものとなる結果、彫像や、生きている美しい身体や、叙事詩の内容や、悲劇の二つの威力や人物のような、表象という形式、意識一般から分離されたもの、見知らぬものという形式は、すべて消し去られてしまった[91]。

自己意識が喜劇的に確立された時には、彫像や身体、あるいは叙事詩の内容や悲劇における分裂した性格などのすべては、「表象」という名のもとで一斉に消去されてしまう。いわば言語による形式化も表象による形式化もともに止揚され、自己定立の空虚な基盤となる。そうしてすでに見たように、ヘーゲルの演劇的表象化においては「生きている美しき身体」を表象として定立する際に、身体性は言語によって否定的に形式化され、言語化された意識の構造へと送り込まれてしまっていた。そこにおいて身体性はいわば単一な「善で真なる」否定性と見なされうる形式と化す。つまりヘーゲルは、身体性を意志と行為との一致として捉え直すことによってその可能性を言語化の範疇へと定位し、さらにその言語を否定するという手続きをとる。これは表象によって身体を二重に形式化し、そこから宗教的な自己性を開こうという試みを意味している。言い換えれば、ヘーゲルの演劇的表象構造においては、無意味にうごめく身体は形式化され、まず第一に意味の地平に送り込まれ分裂した言語として措定された後に、さらに自己の空虚な基盤へと変容することになる。ヘーゲルは、この操作の過程で、うごめく身体について言い落としている。実際、ヘーゲルが『ラモーの甥』から抽出することのなかった身体の揺らぎは、もはやある種の合理的な調和を潜在的に含意した音楽的な諧調へとコード化できない。それは弁証法の手前側にあるものとして、度外視され、なかったかのごとくに無力化されてしまっている。だが『ラモーの甥』におけるディドロの賭金はまさにこの調整不能の身体にこそある。そこにおいては不断に痙攣する「無意味な」身体性が形式化されないまま残されている。これこそが、ディドロとヘーゲルの両者の思考における対蹠点となる。『ラモーの甥』におけるパントマイム概念とその描写に注目することは、精神化＝合理化されえない、いわば近代的なものの残滓を析出することにほかならない。甥ラモーのパントマイムにはヘーゲル的な意味での非‐歴史的な自然身体が賭けられている。

2　ディドロの思考におけるパントマイムと身体

a　『劇詩論』に見られるパントマイムの機能

古典主義時代のフランスにおいて、パントマイムとは身振りや仕草によって演技を行う古典劇の道化役を意味していた。もちろんこれはもっとも基本的な意味であって、ディドロと同時代には単なる道化役ではなく、身振りを用いて真似をすることによってあらゆることを表現する役者や喜劇役者もパントマイム芸人のなかに含まれるようになる。時代が進むとさらに意味はひろがり、喜劇役者であろうとなかろうと誰の演技であるかにはかかわらずに、そうした仕草全般に対してパントマイムの名が用いられるようになる。ジョクールが執筆した『百科全書』の項目「パントマイム」においては、この語は言葉を一切用いずに動きや仕草、身振りによって情念や性格、出来事を表現する役者のことを意味するとされている。[92] ディドロの同時代においては、一般的にパントマイムとは、広義では言葉を発せずに行われる演劇的行為全般を指し、狭義にはとりわけ身振りによる物まね芸を意味するようになっていた。

パントマイムという問題系はディドロにとって『ラモーの甥』内にとどまるものではない。ディドロの思考のなかで、この概念は彼の表象論や演劇論全般を通じて大きな役割を果たしている。一七五八年に執筆した『劇詩論』*De la poésie dramatique* のなかで、ディドロはパントマイムに関して一つの章を割いてその役割や機能を詳述している。そこではパントマイムは単なる演劇的な概念ではなく、世界の詩的創出 poétique のために不可欠な行為だと見なされている。そもそも、ディドロにとっての演劇論や戯曲創作は、舞台上と現実世界とが正確な類推関係に置かれうるという考えに基づいている。ディドロの言い方を引用するならば「世界のなかで起こることとの内で、舞台の上で起こりえないものはない」ということになる。[93] 世界の写し絵ともなりうる舞台の上ではそれゆえ、現実世界においてと同様に言葉のない沈黙が生じうる。日常的な沈黙が、それ自体パントマイムとなりうるときがある。お互いの関係について不満を抱いているのか満足しているのかがよく分かっていない二人の人物が、二人にそれを教えにくる第三の人物を一緒に待っているとき、果たしてこの二人は対話をするだろうかという設定を仮構したディドロは、両者が会話することはないと考える。

何も話はしない。彼らは行ったり来たりするだろうし、我慢の限界をあらわに示すだろう。けれども彼らは互いに口をきかない。彼らは自分たちを後悔させることになるようなことを言わないように気をつけるだろう。これこそがまったくパントマイム的な、あるいはほとんどパントマイム的といってよい場面だ。こういったものが他にもどれくらいあることだろう？[94]

ディドロは、テレンティウスの『アンドリエンヌ』やモリエールの『守銭奴』といった戯曲のなかにこうした例に当てはまる場面があると指摘し、「登場人物たちが語るよりも動いていることの方が計り知れないほど自然であるような場面[95]」が存在しうることを証明する。パントマイムとは動きによって語ることであると同時に、単なる語りでは表現できない要素を対話や場面において与える働きをもつ。パントマイムにおける身振りは対話にエネルギーと明るさを与えるものとして考えられている。パントマイムなしの劇作に対してパントマイムを付けることが不可能であるのと同様に、パントマイムのついた演劇からパントマイムを取り去ることが不可能であるというディドロの主張は、演劇においてパントマイムと対話とが交換不可能な仕方で存在していることを示している。パントマイムは言語の補助ではない。それは言語の相とは独立して存在する「見抜かれることない繊細な作用[96]」であって、既存の言語によっては代理しえない効果をもっている。

『劇詩論』におけるパントマイム概念についてもう一つ注目すべき点として、パントマイムの概念がタブローの概念、すなわち絵画の概念との類比の内に置かれているという点があげられる。ディドロにとって絵画と演劇は同じ法則に基づいた芸術と見なされている[97]。演劇においてパントマイムが与える効果は絵画において絵画内に描かれた人物が与えるそれと同等に見なされ、演劇は「動きによる絵画 la peinture des mouvements[98]」と表現される。両者はともに現実世界を再現する技術にほかならない。作家が作品を構成するために必要な表象化のプロセスがそこでは問題となる。

多くの人物が一緒に動く現実の動作においては、すべての人物はそれ自体もっとも真なる仕方で置かれている。けれどもこの配置の仕方はその情景を描く者にとってつねにもっとも都合がよいわけでもなければ、見る者にとってもっとも印象が強いものでもない。そこから画家にとって、自然の状態を変質させ、それを人工的な状態へと変える必要が生じてくる。舞台においても事情は同じではないだろうか？[99]

この一節のなかでは、自然と人為＝芸術との関係が簡潔に、だが決定的な仕方で述べられている。画家や劇作家は、自然状態をそのまま模倣するわけではない。自然状態を模倣して作られた表象をより自然らしく見せるために芸術的な手法が必要とされる。芸術とはその意味で自然を変形させる技術であって、その意味において演劇も絵画と異なるものではない。こうした絵画との比較を通じて、演劇におけるパントマイムの機能が明らかになる。役者による沈黙の身振りは舞台上で一幅の絵画を構成し、舞台を前にした観客には劇の進行を通じて数々の絵画が連続的に示される。とはいえこのタブローは単に俳優の動作が舞台上で行われた結果として観客の前に示されるものではない。パントマイムとはまず第一に舞台情景を想像していた劇作中の作家の想像力のなかに存在していた絵画であって、役者が沈黙の身振りを行うことによって、作家が抱いていた想像的な光景を再現＝表象して観客に訴えるものへと変換することにパントマイムの本質がある。ただ一語のみを投げかけるよう台本に指示された演劇の場面であっても、パントマイムを用いることによって、古典劇における朗誦と同等の、あるいはそれ以上の効果を得られるということをディドロは述べる。[100]沈黙の状態ではあるが、古典的な雄弁術の結晶とも言える朗誦以上に雄弁な身体がパントマイムの名の下に賭けられている。

こうして現実世界と舞台、絵画という三つの領域を、人工的に作成された表象秩序を媒介することによって接続することが可能になる。世界は連続する静的なタブローとして表象され、観客や批評家へと差し向けられる。そこではただ一語のみを投げかけるよう台本に指示された演劇の場面においても、パントマイムを用いることによって、古典的雄弁を超えた効果を得られる。「詩は絵のごとく ut pictura poesis」という伝統を踏まえた上で、詩以上に雄弁ともなりうる絵画的表象の可能性がそこにはある。[101]

実際、ディドロは作劇においてパントマイムを完全に言語化して記述することを望んではいない。劇作家がパントマイムを完全に記述し俳優へと伝えることは、俳優を機械に仕立て上げることにつながる。だが俳優という存在には、作者が創作時に想像していた以上の情景を再現する可能性さえある。作家の想像と言語化をつねに裏切る可能性を持った俳優側のこの能力を、ディドロは俳優の身体性へと帰着させる。

役者たちよ、だから、あなたたちの権利を享受するがいい。瞬間とあなたの才能によってあなたが着想することを行えばよい。あなたが肉からできていて、あなたが内臓を持っているならば、すべてはうまくいくだろう。私はそれには干渉しない、そうして、あなたが大理石か木かでできているならば、全部台無しになるだろう。それに私が干渉しても無駄なことだ。[102]

劇におけるパントマイムの成否はこうして「肉 chair」と「内臓 entrailles」からなる俳優の身体へと帰せられる。俳優の身体はその審級において作家の想像力と呼応する「権利」を持ちうる。小説的ディテールにおいてただその作者だけが記述可能であった沈黙の身体は、劇作においては俳優の身体の内部に——差し当たっては——秘められた形で存在する。そこにおいて表象される劇的な瞬間はもはや舞台創作を行った作家の手を完全に離れてしまっているかのように見える。劇作家にとって不可触とも言える舞台上のこの身体をいかに考えるべきだろうか。『劇詩論』におけるディドロは、「パントマイム」の項目に続く考察で、この問題についての一つの思考実験を企てている。

b　パントマイム身体の構造とその「歴史化」――『劇詩論』に見る観念的モデルのキマイラ性

前節で見たように、ディドロにとって絵画や演劇といった作品の本質は、作家の詩的想像を表象することによってそれを観者へと分有させることの内に存していた。作家の役目は「大衆へと教えを施すこと」(103)であって、逆に批評家や大衆はできあがった作品に対して評価を下し、喝采や批判によって作品の価値を決定する立場にある。『劇詩論』の最後部にあたり、パントマイムに関する論考の直後に位置する章は、「作家たちと批評家たち」と題され、こうした観点を踏まえた上で、劇作家と批評家および観客との関係を論じている。

ディドロは、俳優という位相を、作家と批評家から完全に機能的に分離した舞台上の存在として考えているわけではない。前節の最後に示したように、俳優とはその身体性によって作家が創作時に抱いていた情景をさらに効果的なものとして表象する権能を持っている。こうした俳優の代理＝表象的側面をディドロは排除できない。そこでディドロは作家と俳優を結びつけることのできる存在、劇中で振る舞う一人物であると同時に作者でもあるような一人の人間を提示し、これらの複数の視点を代表させることを試みる。それがアリスト Ariste という形象だ。

アリストとは、伝統的に自らが作った劇作品中に作者が出演する場合の役名を指す。それは作者が自らを理念化して作ったイメージだとも解釈される。この形象は古典主義時代の演劇においてゲ・ド・バルザックやコルネイユによって用いられていたものだが、ディドロもまたこの形象に自らの考えを仮託することがあった(104)。ディドロはアリストによる対話篇を『劇詩論』の最後部に差し挟み、作者でもあり登場人物でもあるような一人の人物を通して自らの考えを語ることを試みる。アリストの一連の台詞を通じて語られるのは「私たちの行動と判断との基本的な観念の起源(105)」であって、そこにおいてその基盤にあるものが超越的な観念ではなく実在し機能する身体にほかならないということが明らかにされる。

人間という種全体のなかに、きわめて近似した類似性を持つ二つの個体はおそらくは存在していない。組成全般、感覚、外的な形、内臓にはそれぞれに応じた多様性がある。繊維、筋肉、固い部分、流体的な部分も、それぞれに応じた多様性がある。精神、想像力、記憶、観念、真理、先入見、摂食、身体運動、認識、身体の状態、教育、趣味、運、才能もそれぞれに応じた多様性がある。[…]そうなると、二人の人間がまさしく同じ趣味を持つことや、真、善、美の同じ概念を持つことがどうして可能だろうか？　生における差異と生じた出来事の多様性だけで、判断における差異と多様性を用意するのに十分ではないだろうか？(106)

アリスト＝ディドロのこうした考えは、ライプニッツの不可識別者同一の原理、すなわちあらゆる実体においてそれと全く同一のものは存在しないという考え方に基づいている(107)。とはいえアリスト＝ディドロは単純な意味でのライプニッツ主義にとどまる立場ではない。続く一節がアリスト＝ディドロの独自な考えを示している。アリスト＝ディドロの長台詞は唯物論的身体論を宣言している。

それがすべてではない。一人の人間においても、物において考えても、心において考えても、すべてが永遠の転変 une vicissitude perpétuelle のなかにある。喜びには痛みが続き、痛みには喜びが続く。健康には病が続き、病には健康が続く。他の個体に対しても、また私たち自身に対しても、私たちが一つの同じ個体であるのはただ記憶によってのみだ。今の自分の年ならば、生まれたときに私が持っていた分子の一つたりともおそらくは私には残されていない。私は自分の持続に規定された終わりを知らない。だがこの体を地面に返す瞬間が来たならば、体にあった原子は一つも残ることはないだろう。生命を持った他の時代の魂も、それ以上互いによく似たものになることはない。子どものときは私はおぼつかない状態であった。今は合理的に思考できると思う。けれども合理的な思考をしている内に時が経ち、私はまた合理的な状態からおぼつかない状態へと戻る。これが私のおかれた条件であり、他のあらゆるものがおかれた条件でもある。そうなると、自らの実在が持続する間ずっと同じ趣味を持ち続けて、真、善、美について同一の判断を携え続けるものが、私たちの内に一人でも存在することは可能だろうか？[108]

同一の個体が存在しないということだけではない。一つの個体においても、時間の推移とともに組成が変化することによって、その同一性はつねに脅かされる。いやむしろ、時の推移において考えるならば、ある一つのものは決して同じ一つのものでありつづけることはできない。ある瞬間に「私」であったものは、次の瞬間には「私」とは異なるものになる。人間のあらゆる活動の、ひいては世界に存在するあらゆるものの基底には、こうした動き続ける移ろいやすさが存在している。この移ろいやすさは、分子の変移が原因となって生じている。アリスト＝ディドロの思考の根本的な態度においては、物質世界の流動的な秩序が人間の思考の基盤として考えられている。そこには明らかに唯物論的な視座が認められる。

物質的な秩序の恒常的な可変性を基盤においたこのような考え方は一種の相対主義へと陥りかねない。あらゆるものが相互に異なることが保証されたときに、そこには価値基準が存在しないことになる。しかし、あらゆる判断を基礎づけることが原理的には不可能になるこうした状況に対して、アリスト＝ディドロは相対主義を認めない。ここでアリスト＝ディドロは、探求されるべき基準として「観念的モデル modèle idéal」を確立することを提唱する。この「観念的モデル」という概念によって、身体と歴史との結びつきが説明される。

『劇詩論』において思考される「観念的モデル」は「観念的人間像 un homme idéal」[109]として提起されている。「観念的人間像」は、同時代の人間とまったく同じ構造を持ったものでありながら、歴史的に偉大な人間の資質をすべて備えたものとして構想される。そこには古代の彫刻家が作成したもっとも見事な身体的プロポーションが投影され、人間が古来より有した中でもっとも完全な諸器官が与えられ、精神的な資質も同様に付与される。歴史的に見出された人間の最上の部分を取りまとめて観念的人間像は完成する。[110]とはいえ、この観念的モデルは現実的には形成不可能なものでしかない。偉大な過去を全面的に精査し完全形としてとりまとめる企ては、現代の一人の人間の知性によっては遂行不可能に見える。それゆえ、真と善、美とを統一的に判断できる理念的人物である「一般的な観念的モデル」の構築よりもむしろ、個別的な観念的モデルの構築を目指す方がふさわしい。つまり、文人、哲学者それぞれにとっての観念的モデルや、真や善、美をそれぞれに体得した観念的モデルの構築が目指されることになる。いわば この個別的観念的モデルの構築は、それを目指す各人の状況に従って、すなわち各人が有している状況を出発点にして始められる。それは超越的かつ統一的に与えられる純粋な理念ではなく、個別的存在者の状況に即したところから生み出される。

さらに言えば、『劇詩論』中の別の箇所において、観念的モデルとは「自己の外にある尺度 un module hors de moi」[111]として表現されている。けれどもここで示される「自己の外部」とは、超越的なイデアを決して含意していない。それは自己の外部で自らを取り巻く時間的空間的な環境を指す。個別的観念的モデルは、むしろ各人がおかれた状況に従ってその姿を変化させるような、それ自体可変的で可塑的な観念にほかならない。

研究によって文人の背が丸まる。肉体の鍛錬は行進を確かなものにし、兵士の頭を持ち上げる。重いものを持ち上げる習慣によって盗人の腰は曲がる。太った女性は首が後にのけぞる。せむしの人間はまっすぐな人間とは違った風に四肢を用いる。こうした人々を観察すれば、無限の数にまで増大した観察は像を造る力を持つようになる。これらは、人々に自らの観念的モデルを変質させ、強めあるいは弱め、その形を変えて、自然状態の観念的モデルから人々にふさわしい別の状態のモデルへと変えることを教える。[112]

観念的モデルは永続的なものではない。むしろそれは各人の所与や状況に従って自然状態のそれから別のものへと形を変えていく。それは理念的ではあるが決して生得的ではない。後天的な環境や性質に伴って変化する観念的モデルの存在は、モデルと実在との関係がつねに相互に影響しあって存在することを示す。観念的モデルの把握は、具体的には、「情動や風習、人々の性格や礼儀作法を知ること」[113]を通じて行われる。観念的モデルとは事象における多様性を学習したり経験することから形成される一つの典型となるような概念であって、母体として存在している世界から導き出された「唯一のシミュラークル un seul simulacre」[114]にほかならない。経験を基にして抽象化された一つのモデルを持ちながら、それを永遠的なものとは見なさず経験による改変可能性を担保したままで、自己の状況の変化に応じて随時そのモデルを変更しつつ、しかしそれに従って行動を導いていくことがアリスト＝ディドロによって提唱されている。それは確かに経験から抽象化された「一つの」観念＝理念ではあるが、だが同時にそれは現実世界の多様性を否応なく反映している。それゆえ、一つにして多様的であり、観念的でもあるが経験的でもあるこの観念的モデルは、「キマイラ」[115]と名づけられている。それは現在から過去にいたる様々な事象の記述や解釈を織り込んだ多様体にほかならず、そこには歴史的に規定されてきた様々な審級が、一つの観念のなかに――言うなれば無時間的に――織り込まれている。

　キマイラ的な観念的モデルによる模倣は、ディドロが提示した一つの独自な模倣観念であり、『劇詩論』においてのみならず、例えば『自然の解釈に関する思索』や美術批評などのさまざまなところでそのヴァリエーションが見出される。この模倣論が善悪や美醜の問題も含んでいることを考えるならば、これがディドロにおける道徳や美学の基本図式だと言えよう。そうしてその根底には変転して一つの状態には決してとどまらない物質的次元が拡がっている。『劇詩論』において見出される観念的モデルから考えるならば、劇作家であり哲学者として独白の長台詞を述べたアリスト＝ディドロは、また同時に「良き人、教育を受けた人、良き趣味を持った人、偉大な作家、卓越した批評家」を目指す人物でもある[116]。こうした理念的人物の多様性を担保する物質の次元として存在しているものこそが、一つの俳優的身体にほかならない。それは可塑性を備えた物質の塊であって、周囲の状況に自らを適合させ変形させながらも、そこから抽出された概念的人物の方へと自らを変形させていく。俳優的身体とは、経験の多様性を保証すると同時に、多様な経験を抽象することを可能にする条件であって、その物質性において実在する存在のキマイラ的基盤を構成し、多様性を非歴史的に統一する地平としても機能している。それは物質と観念とをつなぐ一種の媒介であり、この媒介作用において、自らは「自己の外にある尺度」にあわせて変容をとげる。俳優的身体性において自己性は模倣的媒介のなかに埋没する。(117)

『ラモーの甥』におけるパントマイムの数々も、こうした考えの延長で展開されている。甥ラモーは、パントマイムによって、演奏といった芸術活動の物まねを行い、あるいは先に見たように、自然や人間の生きている様子を模倣する。いわばそれは自然を模倣する模倣の芸術であり、あるいは自然を模倣した芸術をまた模倣するような、模倣の芸術だと言える。哲学者や群衆の前で行われる甥ラモーのパントマイムは、それが行われている当の場（カフェ・レジャンス）を劇場的なものへと変えてしまうような力を持っていた。甥ラモーはその意味では一人の芸術家であり、とりわけ身振りや所作の再現前化において優れた技巧を備えた優秀な俳優であった。だが先に確認したように、優秀な俳優であるということは、自己の自己性を完全に統御し、無化しうるということも意味している。甥ラモーのパントマイムにおける痙攣的連続性は、無化された自己性が――その深層において――有している、アナーキーで非歴史的な身体の位相を体現している。

3　『ラモーの甥』における甥ラモーのパントマイムの特徴と原理

端的に言えば、ヘーゲルは、演技＝行為する身体をそのディテールにおいて見ることをしなかった、ということもできるだろう。パントマイムへの言及のなさはその点に由来している。身体を動物的なものと仮定することができるならば、ヘーゲルにとって動物とは自己意識を持たない動物精霊でしかなく、それゆえ一般的な意識を欠いたものとして措定され、結局「動物生命」としてある種の神秘化を被らざるをえない。(118) ところがラモーはロゴスを欠いた動物ではない。彼の動作・パントマイムは、対話的言説に替わって、『ラモーの甥』の対話の前景へとせり出してくる。

そこにおいてディドロが描き出す俳優の身体、あるいはラモーのパントマイムは身振りの微分化とでも言うべき状態に置かれる。動作はめまぐるしく変転し、一つとして落ち着くところはない。『ラモーの甥』におけるディドロのパントマイムに関するこうした思考のうちに、『劇詩論』からのさらなる展開を見出すことができる。

しかし読者とても、彼が色々な楽器をまねる恰好を見ては、思わず吹き出さずにはいられなかったことだろう。両頬をはちきれんばかりにふくらまし、しゃがれた陰気な音を出して、彼はホルンとファゴットをまねてみせた。オーボエをまねるためには、爆発するような鼻にかかった音を出した。弦楽器をまねるには、信じられないほどの速さで自分の声をせきたてて、楽器にごく近い音まで出そうとした。口笛でピッコロを吹き、鳩の鳴き声みたいな声でドイツ・フルートを吹いた。そして気の触れた人のように叫んだり歌ったり暴れたり、自分一人で男や女の踊り手になれば歌い手にもなり、オーケストラや歌劇の一座も全部一人でやってのけ、一つのからだを二十もの別々の役に使い分け、悪魔に憑かれた人のように、走ったかと思うと、立ち止まり、きらきらと眼を輝かしたり、口から泡を吹いたりした。息もとまりそうなほどの暑さだった。そして、彼の額の皺や長い頬に沿って流れる汗は、髪粉と混じって、川のように、着物の上の方にいくすじもの線を付けていた。彼が表さないものが一つだってあっただろうか。彼は泣いた。笑った。溜息をついた。ある時は愛情をこめて、あるときは静かに、ある時は荒々しく、眺めた。悲しさに悶える一人の女になることもあれば、失望の淵に沈む一人の不幸な男にもなった。そそり立つ寺院であることも、落日に声なき鳥どもになることもあった。あるいはうら淋しくすがすがしいほとりにせせらぐ流れとも、また山々の頂から急流となって走り下る流れともなった。暴風雨でもあり、海荒れでもあり、風の唸り、雷の轟にまじる死にゆく人々のうめき声でもあった。それは暗暗たる闇夜でもあったし、物陰と沈黙でもあった。というのは、沈黙でさえも音で描写されるのだから。(119)

甥ラモーの身振りは、静止した強度ある身体と言うにはあまりにせわしなく変転していく。甥ラモーのこのパントマイムによって、身振りは狭義の演劇的言語体系からはみ出してゆく。というのも、一つ一つの動作が言説の代理として各場面でどのような意味を持つかということはもはや重要ではないように見えるからだ。最初は楽団やその聴衆をまねていた彼のパントマイムは、もはやそうした全体的な文脈を失って切れ切れの情景の寄せ集めとなり「闇夜」や「沈黙」となる。このように断続的に、だが矢継ぎ早に繰り出されるということこそが甥ラモーのパントマイムの一つの特徴なのであって、マリアン・ホブソンの言葉を借りるならば、このパントマイムはもはや記号 signe ではなく、徴候 symptôme として機能していると考えられる。[120] すなわちそこにおいては反復して使用可能な意味の媒介行為ではなく、一回的で突発的な情動の表出が見出される。ディドロのみならずコンディヤックやルソーも共有していた当時の情念的言語起源論に即して考えるならば、記号とは徴候の模倣でしかない。記号によって情動の表出の直接性を括弧に入れることで、伝達可能性が担保される、言い換えれば、記号における非‐無媒介性によって伝達可能性が保証される。それゆえ、分節化され統辞法の内におかれた継起的な記号の秩序によっては、個別的な身体性に基づいた同時的な生の情動とその分有の可能性――ホブソンはこれを「共感の運動」や「生理学的共感」という言葉で示している[121]――が結局のところ実現しえないのではないか、という不安がつねに残存する。ディドロは、古典演劇の言語を同時代的なそれへと置き換えていく過程のなかに、こうした不安を軽減する可能性を見出している。

われわれには感嘆詞や、間投詞や、区切りや、中断や、肯定や、否定が必要です。われわれは率直に、呼んだり、訴えたり、叫んだり、呻いたり、泣いたり、笑ったりするんです。才知や、警句や、あの気の利いた思想なんかありはしません。あんなものは素朴な自然からはおよそ縁遠いものです。ところで、舞台の役者の演技や彼らの朗誦 déclamation なんかがわれわれのお手本になれるなどとは思わないでください。あんなものがなんでしょう。われわれにはもっと力強くて énergique、もっとわざとらしくなく、もっと真実なものが必要なんです。言語がいっそう単調になり、抑揚がだんだん少なくなっていくのだから、単純な話し方、情念の平凡な表現が必要になるわけです。動物の叫びや情念をもった人間の叫びは人々にそれを与えるのです[122]。

古典劇の句法ではもはや同時代の情念や話し方を捉えることができないと考えるディドロ＝ラモーにとって、新しい時代は新しい表現を必要としていた。ディドロにとってその表現は「素朴な自然」に基づいたものであり、その結果、技巧的なマニエリズムではない単純な表現が求められる。けれどもこの単純さは静謐なものではなく、自然に基づいた動物的な叫びがもつエネルギーを有している。この動物性、言い換えれば情念に要請される必然的なリズムから、ある種のせわしなさが生じてくる。文法的には「並列法 parataxe」と呼ばれるこの唐突な並列性こそが、「寄食者 para-site」固有の表現法にほかならない。それは連続して生起する情動を無作為に並べ立てることによって、メロディーではなくノイズを発生させることにその本質がある。付言するならば、これは「寄食者」の存在とも呼応している。というのも、「寄生＝寄食者 parasite」とは、寄食者、寄生虫などを示す語であると同時に、ラジオの雑音、ノイズなど、周波数の不定期性によって生じる調整不可能な音色の総体を意味するからだ[123]。さらに、詩句と音楽とを釣り合わせることの困難さに関して述べる次のくだりから、素朴な自然に基づいた詩句は実際は断片的であり連続的であることが説明される。

情念の動物的な声を聞いて、われわれにふさわしい詩句が書き取られる。そうした表現はたがいにひしめきあっていなければならない。句は短く、意味はとぎれて、中途半端でなくてはならない。音楽家が、その詩句の全体とその一つ一つの部分とを自由に扱うことができて、語を省いたり繰り返したり、それにないものは付け加えたり。しかも句全体を壊さないで、腔腸動物（ポリプ）のように何度もひっくり返せるようでなくてはならない[124]。

強烈な詩句は叫び声のように断片的でなければならない。それは「短く、とぎれて coupé、中途半端 suspendu」でなければばならない。また、部分部分の意味の固有性が強く、文脈依存的ではないにもかかわらず全体の統一をそこなわないものでなくてはならない。これらの考察によって、甥ラモーが行うパントマイムの連続性とせわしなさとを説明することができる。パントマイムはどんどん断片的になり、もはや意味をも成さない身振りや声の切れ端となり、やがてそれは、すべての意味を失った沈黙へと凝固していく。「暴風雨」や「海荒れ」、「風の唸り」といった激しい自然の光景の模倣と、「沈黙」や「物陰」といったきわめて静かな状態の模倣とが最終的に併存する。過度に加速した断続的なパントマイムが、その極点において沈黙や静止と重ね合わされる。パントマイムの極点は、静止と運動の両極が重なり合うことを示しながら、動いているものが止まっているように見え、止まっているものが実際は運動の内にあることを示す。あらゆるものが変転の内にある。

引用された箇所においてさらに注目すべき見解としては、表現の基体、発話の基体、詩句の基体、つまりそれを可能にする自然的統一が、腔腸動物（ポリプ）として考えられている点があげられる。一七四四年にフランスの『王立科学会紀要』に報告されたポリプの存在は、その奇妙なツリー状の外見と、部分部分を切り離しても切り離された部分から全体が再び発生してくるという観察報告とによって、ヨーロッパの自然科学に大きな影響を与えていた。ポリプ状のツリーにおいては、下部が上部に支配されずに自律性を有している。つまりこのポリプの存在が——そうしておそらくは有機的に捉え直されたスピノザ主義とが——同時代の思考の様式と構造とに大きな影響を与えていた。例えばこれをモデルにした思考を系統樹的なものに適用するならば、それは単純に階層的なツリー構造として理解されることはない。そこでは個々の下部構造が、全体を再構築可能にするようなポテンシャルを有するものとして考えられる。実際ディドロに大きな影響を与えた自然史家ビュフォンにおいても、生物の区分は単純な階層構造にはもはや収まってはいない。系統樹はむしろ複雑に絡み合い、相互的な影響関係を露呈させつつ、個別の種の存在を強調している。

ディドロはこのポリプ的生体論を自己の存在論の中心に据え、自己の表現論のひな形としている。一つの体が二十人になることの潜在的可能性や、さらにその一つ一つの体が別々のものとして動作を繰り返すことの潜在的可能性と、それが甥ラモーという一人の人間であるということとは、その意味では決して相反するものではない。人間は可能性の集塊であり、人格というものがもし存在するとしても、それはこの可能的なものの緩やかな集合に与えられたかりそめの統一でしかない。これはまた、賢い甥ラモーが同時的に、あるいは連続的に悪となる可能性の原理だということもできよう。これらの潜在的な可能性は、その表出においては、一つ一つ連続的に現れ出て、現実化されるしかない。寸断され中途半端なまま次々と繰り出される連続的パントマイムの原理がここに存している。身体において個体化した形で見出される物質的な基盤がこうした連続的統一を可能にしている。

4　弁証法の手前側――歴史化を行う理性の前に再び立つために

ヘーゲルの理念的な弁証法的運動と比較したときに、ディドロが提示した「この身体」の持つラディカルな意義が――少なくともその概念的な布置において――明らかとなる。確かに、いたるところに見出される「この身体」自体も、すでに相当程度歴史化を被ってしまっている実在であることは否定できない[125]。とはいえディドロの思考は、こうした不可避な歴史性を、ある一つの歴史へと収斂させることを望むものではない。その身体は、歴史的諸力の影響を不断に被りながらも、合目的的な歴史の完成からは逃れていく。端的に言うならば、「歴史」とは、個体が統合される目的のようなものではなく、むしろ個体において見出される質的に異なる複数の影響関係を含意している。そのような「歴史」的影響の帰結として、様々な実在が世界内に存在するということになる。こうした意味においてディドロは、ヘーゲル的というよりもライプニッツ的な観点に与している。歴史とは事後的に見出される一つの作出因にほかならない。異なる複数の歴史性を潜在的なものとして担保しつつ、それを召還して自在に姿を変えうる存在こそが人間の様態なのであって、その結果、人間は「俳優」的なものとして典型化される。『俳優に関する逆説』の一節は俳優の形象がディドロの思考において有していた卓越性を示している。

わが友よ、三つのモデルがある。自然人 l'homme de la nature、詩人 l'homme du poète、俳優人 l'homme de l'acteur だ。自然人は詩人よりも偉大ではない。詩人は演劇人よりも偉大ではない。演劇人はもっとも極端な存在だ。演劇人は先行者の肩の上に乗り、柳でできた大きな人形の中に閉じこもって自らがその魂となる。(126)

自然から詩へ、そうして演劇へという発展の段階が、「巨人の肩の上に乗る小人」のモデル、すなわち古代人の偉業の上に立って良い見渡しを誇る現代人という新旧論争の典型的なモデルに則って表現されている。古典古代から同時代へと至る行程は、自然から詩学、そうして俳優術へと至る道として書き換えられる。この変換はまず第一に、自然的なものの模倣様式の変化として考えられる。調和・均整という古典主義的美学における価値から、再び自然の叫びを基盤においた情念の表出へと変遷していく模倣芸術の変遷過程がここにおいて読みとられる。とはいえこの変遷が提示する問題はそうした美学的伝統に基づいた模倣論の系譜のみにとどまるものではない。仮面と劇詩・朗誦とによって構築された古典劇から身振りと自然な台詞回しを持った「真面目な喜劇」への変遷はまた、自然に基づいた情念を再現する方法としての自然的身体の再建を目指すものでもある。この再建において、ディドロは俳優的存在を積極的なものとして打ち立てることを試みる。よき俳優とは自然的な身体論的基盤を含みつつ、そうした自然的身体に対して一定の距離を保つことのできる人物にほかならない。

感じやすい人間 l'homme sensible は、自らの瞳孔へと過剰に打ちやられているので、偉大な王や偉大な政治家、偉大な裁判官、義人、深遠な観察者、そうしてそれらの帰結としてのいわば自然の崇高な模倣者となるためには、人間は少なくとも自分自身を忘れて、自己自身から気を逸らせることができなくてはならない。想像力の助けなくては人間は自己自身を想像することはできないし、強い記憶の助けなしでは自らにとってのモデルとなる幽霊の上にしっかりした注意を注ぎ続けることもできない。そうして、そのときに行動しているのはもはやその人間ではない。その人間を支配する他者の精神が、人間を動かしている。(127)

自然的身体に与えられる不断の感受性に身を委ねるだけでは十分ではない。自己自身から離れ、いわば自己自身とは別のものになることを目指して観念的モデルという「幽霊」を加工し、それに自己を委ねることが俳優的資質の証明となる。自己自身から離れることという命法が、ディドロの俳優哲学には課せられている。「瞳孔」に与えられる不断の印象と、それを方向づける「幽霊」の双方が、近代的俳優にとって必要とされる。そこにおける「崇高さ」とはいわば自らの自然性から離れることを意味する。

自己を複数化し、同時に統御するというこの能力は、甥ラモーにおいても等しく認められる。「化合物」として描かれたラモーの肖像は彼の多面的な性格を明らかにしていると共に、その多面性を壊すことなく保持することが可能な強い身体を備えていることをも明らかにしている。(128) さらに言えば、良き俳優の資質が自己の自然性から隔たった崇高な「幽霊」を駆動させることにあるとしても、それは結局のところ良き俳優においてでしかないということを『ラモーの甥』の最後部は示している。『俳優に関する逆説』で述べられた俳優像自体が一つの「観念的モデル」でしかなく、現実においてはそうした理想的状況が必ずしも見出されるとは限らない。『ラモーの甥』中の登場人物である甥ラモーや哲学者は、むしろ悪しきパントマイムが蔓延する悲惨な世界を生きている。幸福でない者があまりに多い現状を嘆きつつ、甥ラモーはそのような世界で人々が被る一番の不幸を不如意なパントマイムという形で示す。人は良き俳優になどなれずに、無様な姿勢をとるしかない。

一番いけないのは、不如意からわれわれが窮屈な姿勢をとらされることです。貧乏な人間は普通の人のような歩き方はしません。彼は飛び、這い、のたくり、足を引きずって歩きます。彼はいろんな姿勢をとったり、してみせたりすることで一生を過ごすんです。[129]

『ラモーの甥』が提示した世界は、すでに見てきたように、ブルボン朝の末期において貴族的美風が失われつつあり、新興階級たるブルジョワジー、とりわけ徴税請負人に代表される下級官吏が国庫に財富を納入する金権を握ることで台頭してきた時代であった。そこでは財富の獲得と言語による媚びへつらいという二つの媒介によって、野心ある人間が権力者へと接近しつつ自らの権力を強めていくという構図が見出される。言語と財富という二つの媒介はまた、交通＝交流 commerce を促進するものでもある。『ラモーの甥』は、実質なき空虚な媒介が不断に行き来する世界の存在とその構造を浮き彫りにしている。自然的身体がこうした空虚な社会的諸関係によって歪められた結果、「窮屈な姿勢」のパントマイムがつくりだされる。富の配分の偏りが貧者の空腹や困窮へと結びつく。[130] 空腹や貧乏は、例えば「詩人の頭を冷やし」[131]、才能ある人物を乞食芸人へと仕立て上げてしまう。あらゆる人々が不本意なパントマイムをせざるをえないこうした状況のなかではパントマイムはむしろネガティヴな意味合いを帯びる。

最終的に、甥ラモーにおけるパントマイムの両義的な側面を指摘することができる。それは一方では自然的身体の連続性やそこから発した情念の直接的な表出として機能している。甥ラモーのパントマイムは、身体的次元を通じて自然の模倣を可能にする俳優的パントマイムと同様の側面を有している。この意味において甥ラモーは真の芸術家であり、俳優術の達人となる感受性の鋭さと肉体の強さを備えた人物と見なされる。[132] だが他方で、甥ラモーは現実社会が強いる不可避なパントマイムを体現し、告発する存在でもある。芸術創造を可能にする理念的なパントマイムではなく、人々を苦しめる圧力が現実的に人々の姿勢を歪めた結果生み出されるパントマイムがある。甥ラモーもこの圧力に例外なく屈している。そうして、この力に屈する甥ラモーにとって、いわゆる崇高性を保証しうる超越的な高き視点はむしろ拒絶される対象でしかない。

……私はハサミで樹を刈り込む人間も、その木の葉を食べる毛虫も、何もかもごっちゃに見えて、それぞれ自分の役目を果たしている二匹の違った昆虫しか見えないような高いところからは、物を見たりはしません。水星の周転円の上に止まってみなさい。そして、そこから、好みにあうなら、蠅の属を裁縫蠅、測量蠅、草刈蠅に分けたレオミュールをまねて、人間の種を指物師、大工、飛脚、舞踏家、声楽家にお分けになるがいい。それはあんたがたの仕事だ。私はそんなことに口を差し出しません。私はこの世界にいて、ここを動きませんよ。(133)

当時を代表する学問人レオミュールの業績になぞらえられた、すべてを俯瞰的に分類する視線をとることは、甥ラモーにとってはむしろ積極的に排除されるべき態度となる。俯瞰的分類は哲学者の仕事だという皮肉めいた甥ラモーの台詞は、当代の代表的エピステーメーである体系知をも批判している。甥ラモーにとって、「この世界」にとどまり続けることは分類を拒否することを意味する。彼のパントマイムにおいて達成される崇高さはそれゆえ、仮にそれが良き俳優のものとして存在しているとしても、ある超越的な高みに到達して、そこにおける理念を把握することではない。超越を拒否しつつ同時に自己から離れることが甥ラモーの選択となる。端的に言い換えるならば、甥ラモーは他者を見ることを拒否して他者になることを実践している。その意味において、彼はむしろ積極的に「この世界」における卑しき人々を模倣しているように見える。自らがパントマイムが得意であると述べた後で行われる甥ラモーのパントマイムは、権力に従わざるをえない人々を模倣することを通じて、世界そのものの愚かさを露呈させる。

私は、今にあなたも分かるだろうけれど、パントマイムがなかなか得意なんです。

それから彼はにやりと笑い、賞賛する人、哀願する人、迎合する人の真似をし始める。右足は前に左足は後に、背を曲げて、頭をもたげ、眼は誰かの眼を見つめるようにして、口は半ば開け、腕は何かの方にさしのべる。彼は命令を待ち、命令を受け取り、矢のように出立し、帰ってくる。命令は実行され、彼はその報告をする。彼はあらゆるものに注意を配る。落ちたものを拾い、枕や脚台を足下に置く。受け皿をじっと持っていたり、椅子を近づけたりする。扉を開けたり、窓を閉めたり、カーテンを引いたりする。ご主人と奥方を眺める。腕を垂れ、脚を揃えて、じっとしている。耳を澄まし、顔色を読もうとする。そして、付け加える「これが私のパントマイムです。おべっか使いや宮廷人や召使いや乞食のパントマイムとほとんど同じでしょう(134)」。

甥ラモーのパントマイムは召使いや従者、すなわち媚びへつらう者の行う仕草と変わるものではない。主人の横に仕えてその顔色をうかがいながら命令や要求を果たす情景がそこでは再現されている。こうしたパントマイムは貧者のみならず、すでに地位を得た人物にも見出される。対話相手である哲学者の言葉を借りるならば、このパントマイムは「誰でも他人を必要としている(135)」限り発生せざるをえない。そうして、すでに見たように、この身振りの発生の根源には身体を空虚なものとすることによって成立する根本的な卑劣さが存在している。蔓延する現実的な卑劣さを反映し歪められた身体は、身体の運動が労働として搾取され、それによって現実的には多様である身体の運動可能性を労働量へと変換し流通させる近代的枠組みの成立を証言している。身体は還元され、社会的価値の総体とその残余とに二重化してしまう。社会的な構造の単なる反映として見たならば、甥ラモーのパントマイムは卑劣な、卑しきパントマイムにほかならない。けれどもそれは同時に、自律的に機能し自然の美的模倣を何とか構成しようとする能力が身体に残存していることをも示している。痙攣する徴候的な身体は搾取された自然的身体の再自然化という手続きにおいて現れ出る。貧困と悲惨の極みになってようやく、価値へと還元し切れぬ数々の身振りが断続的に間断なく発出し、それらが総体として一つの身体へと押し込められていたことが判明する。

ここまでの諸考察から、ディドロにおけるパントマイム概念の役割についていくつかの仮設的帰結を得ることもできよう。パントマイムは理念的な俳優となることを目的とする。けれどもそのようなものとして見出されるはずの身振り一般において結局のところ見出されるのは、むしろそうした自然の所与を空虚なものにして歪めてしまう社会的な財富の配分に基づく卑劣さの連鎖でしかない。人は現実的には、卑劣な俳優、いやパントマイム芸人でしかないことを甥ラモーは証明する。だがまさしくパントマイムにおいて、複数の時間性を持った物質から構成される身体は、容易に歴史に統合されることを拒みながら、世界という舞台に、仮面なしに、我が身一つを携えて動き続ける。

第一部結論

ヘーゲルの『精神現象学』の体系内では、理性は自己意識においてアプリオリに支配的な位階を占めている。すなわち悟性とは自己を規定する単一性を理解する能力であって、それによってヌース的実在を、言い換えれば「エイドスまたはイデア。すなわち規定された一般性、種」を把握することにその本質がある。[136] こうした形で自己を理解することは、ヘーゲルにとって、自己自身に等しいものを規定し、自己以外のものを否定することでもある。単一化を行う思惟のこうした否定的な自己運動こそが悟性の務めであり、「自己自身を動かし区別する思考[137]」として捉えられるこの悟性は、理性として自らを定立する。理性の論理的必然としての運動性と自己同一化の過程は、こうして「種」という単一なものへと自己を否定し送り込むことによって成立する。

ディドロにとって事情は異なる。オッカムの唯名論的立場を引き継いでいるディドロにとって、種とはむしろ名のみの存在でしかない。不断に変転を続ける世界のなかでは、ただ相異なった個物のみが存在している。絶対的に同一な個体が存在しない以上、個体間の共通性を保証する種の観念も仮構にすぎないとディドロは考える。ライプニッツの不可識別者同一の原理を基盤においたこの世界観のなかで、種という概念は永遠的な同一性を保証するものではない。少なくとも種とは形相として実体化されるものではなく、一群の生体に与えられた傾向性の総和にすぎない。[138] 個体の差のみが際立つこうした世界のなかでは、種的同一性はいささかも保証されることはない。むしろあらゆる存在は、他のあらゆるものにとって、形態的な同一性を持たない怪物＝奇形的な存在でしかない。こうした世界においては、同一化を行う理性的精神ではなく、不断に変転することで異質性を散種する物質がアプリオリな位相を占める。結果的にあらゆる存在は、異なる分子の結合から発生した異なる物質の集合として考えられる。この世界像がディドロにおける唯物論的一元論と呼ばれる。

両者の世界像における対照的なこの差異からまた、人間の個別性に関する対照的な帰結が生じる。ヘーゲルは『精神現象学』の「観察する理性」という章のなかで人相学と骨相学に関して一節を割き、自己意識と自らの直接的な現実、すなわち身体との関わりを論じている。ヘーゲルは個人という存在のなかに、自由な行為の可能性と根源的な一定の実在という矛盾する二重の要素を見て取り、個人とは自由な行為によって生み出された結果であると見なして、「その身体は、個人によって作り出された、個人自身の表現[139]」と規定する。行為可能性としての自己意識が身体に先行し、可能性の現実態としての身体が事後的に形成される。意識と身体のこの対立はまた「内なるもの」と「外なるもの」との対立としても考えられる。この対立においては、器官を媒介にして内なるものが表現されて表出し、労働や語られた言葉として外化される構造が示される。こうした構造において、身体は、意識の徴として機能することになるが、逆にこの徴を通じて、外的な表徴として表出しているはずの内的なものへと遡及しうるのではないかという過誤を生じさせることになる。その意味で、器官の配置によって内面性を読みとろうという骨相学や人相学は、「内なるものの外的な偶然の表現」を内部と外部の必然的な結びつきとして捉える誤謬となる。それは人間における精神の運動を考慮に入れず人間を「身体的な静止的な実存[140]」として読解可能性の内におくという誤謬を犯している。

ヘーゲルにとっては精神の運動のみが身体を運動させ行為を促す。精神が身体にこのような効果を及ぼす身体的な場所は、神経系組織の中枢としての脳に求められる。流動的な精神の性質と固定的な身体の性質との弁証法がここにおいても見出される。精神の運動は脳髄へと局所化され、それを収める頭蓋が自己意識の直接的器官として措定される。ヘーゲルは脳髄を精神の具体的所在の中心とし、それを動物的器官と自己意識的存在との紐帯と見なした[141]。精神的な意識の中心は脳・頭蓋へと局所化され、そこを通じて運動を意図する自己意識が身体を動かすという心身の関係性が想定される[142]。このように措定された身体を媒介にして、理性の自己実現のプログラムとしての疎外と我有化が遂行される。身体は自己意識の現実的な場所ではあるものの、それは自己意識に対立するものを外化し獲得するための純粋な媒介でしかなく、このエコノミーにおいて身体的な残余というものは見出されえない。

これに対して、ディドロにおいては、心身を持った人間的個体における意志や理性は、むしろ組成が発達した結果後天的に獲得される。精神はアプリオリな所与ではない。単純な組織に対する印象にすぎなかったものが、組織の複雑化が進行するにつれて変容し、有機体における意識作用へと発展していく。ディドロにとってこの発展は継起的なものではあるが、けれども人間という個体は決してその発展の最終目的として存在しているわけではない。人間という言い方で考えられる個体でさえ、発展の過程にある有機体の集塊にほかならない。

人間を生まれたときに呈している形のもとでしか知っていないものには、人間というものは一向分かっていないわけです。その頭、足、手、その他身体のすべての部分、すべての内臓、すべての器官、鼻、眼、耳、心臓、肺、腸、筋肉、骨、神経、膜は、正確に言えば、形成され、成長し、拡がり、眼に見えない無数の糸を繰り出す細胞群のまだ不器用に発達したものにすぎません[143]。

人間とは発展途中の有機体のかりそめの塊にすぎない。それは、まず第一に物質的なレベルで、まだ発展すべき余地を含んでいる。ディドロにとって身体は、その可能性を汲み尽くせるような代物では決してない。身体は何かになりうる。身体はまだ何ものにもなっていない。そうして、この身体＝物体における完成可能性は――仮にそのようなものが存在するとして――決して特定の「統一」に向かった定向的なものではない。身体そのものが異質なものの集合から成っていることを考えるならば、対立する諸要素を否定することなしに、身体そのものの目的を考えねばならない。というのも、ディドロの考えに従うならば、各器官や細胞の目的や要求を否定することは、結局のところ全体としての成体を損なってしまうからだ。胃袋なしで脳が生きることはできない。

ディドロが晩年に記した『生理学要綱』に従えば、身体を構成する筋肉や臓器、器官は「繊維」から構成される。それぞれの繊維は固有の欲望を持つが、その欲望は器官としてある程度の発展を遂げたときに変質し、それぞれの臓器や器官がまた固有の欲望を持つことになる。胃袋には胃袋の、膵臓には膵臓の、そうして眼には眼の欲望がある。人体とはかろうじて統御されている臓器の群れにすぎない。例えば、胃袋は自分を満たしたいと望み、そこから食欲が発生する。だが奇形の胃袋が存在するならば、そこから度を越した大喰らいが誕生し、やがてそれは盗みや食い逃げなどの犯罪をするかもしれない。悪の発生はこのような形で考えられる。また、一つの器官として捉えられたならば、一個の人体は唯一の欲望しか持たず、その欲望とは「幸福になること」という点に集約される。そこにおいて、善きものとは成体が自らをよく保つ状態 se porter bien、つまりは健康な状態を意味する。健康なものが目指す幸福を阻害するものが悪にほかならない。この幸福状態を「健康」と考えるならば、器官の欲望を抹消し否定する弁証法的な行いは、すでにディドロの思考とは相容れないものであることが分かるだろう。つまり、ディドロの生理学的思考は、多数の自然的欲求が交錯する中で、自然状態における欲望を最大限に生かしつつ幸福になる道を探求する。(144)

ヘーゲルが身体を「合理化」することから思考を始めたとするならば、ディドロは身体細部のざわめきを取り集めることから思考を始めている。もちろんディドロの描いたプログラムはその歴史的受容の頻度からすれば決して成功しているとは言えない。けれども人格性や個人的身体が技術の高度な発展の前に夥しく搾取され犠牲にされている現状を顧みたときに、ディドロにおけるこうした「取り集め」の方法に、合理性の別の可能性があったのではなかったかと考えることもできる。ディドロの思考のこうしたプロセスをここでは仮に「群れの哲学」と呼ぶことができるだろう。止揚を目的とせずに、群れとして考えてみること。細胞の群れが物質となり、物質のある群は器官となり、器官が群れて人体を形成する。人々は群れ、共同体を構成する。この集団的変容のプロセスにおいて、弁証法における否定の契機は決して見出されることはない。というのも、生理学的ホーリズムとも言えるディドロの思考においては、部分を否定することは全体の否定を意味するからだ[145]。この「群れの哲学」には、「絶対性」や「国家」へと統合されることを拒みつつ人々が寄り集まり知を形成し幸福を目指すような、近代的な人間が取り得たオルタナティブが潜んでいるのではないだろうか。考えてみるならば、ディドロが人生の大半を費やして刊行した『百科全書』における数々の項目も、決して一つの目的への統合を許容するものではなかった。項目はあるときは内容的に互いに反目しあい、またあるときには項目間の参照関係自体に相互性が欠如している事例も見られる。決して完成しているとは言えないが、しかし一定の密度を持って集合的に存在している各項目やそこに表現された思考は、言うなれば知の「群れ」にほかならない。そこでは個別的な項目に書き込まれた個人の思考が、自己や読者の知的欲求を満たすために最大限自由でありながらも、連合的な知を形成することを否定しない。ディドロがその知的方法として追究したのは、群れを形成する技術であった。言い換えればそれは、異なる要素どうしをいかに範列的に併存させることができるかという思考であり、その実践にほかならない。このように、ディドロの思考は、徹頭徹尾「つなぐこと」を課題とし、時代にふさわしい「群れ」を形成することを目指していた。それは最小限の物質存在論から始まり、人間の個別の感覚を扱う認識論、あるいは変転するカオス的世界のなかで可塑的な身体を思考する怪物・奇形論までに及んでいる。一つの身体が有する真実は、こうした多面的な回路を通じていちど解体され分解され、いうなれば差異化=微分される。人間は統合されることなく総体となる。

ディドロの思考を読むこととは、絶対的な国民国家の歴史がまさに進行しようとしていたその直前の時代に束の間提示された、離散的身体の可能性を読解することにほかならない。そこでは複数の歴史性があるいは折りたたまれあるいは細分化されて無秩序に身体に組み込まれる。自然的なものに投じられた複数の歴史性が、発展史観へとつながる通時的で一方向的な歴史=物語を脱臼させながら、事実としての思考そのものが持つアクチュアリティへと折り返されていくのを眼にすることができる。

第二部　抽象と形象

第二部では、『盲人書簡』（一七四九）と『聾啞者書簡』（一七五一）というディドロの二つの哲学的著作を対象にして、ディドロの感覚論と唯物論との関係を分析することを試みる。第一章では『盲人書簡』をあつかう。盲人という怪物的存在者の世界と五官を備えた人間が知覚する世界との差異において唯物論的世界像が導出される経緯を分析し、そこから触覚を理論的基盤において提出されるディドロ独自の感覚論の内実を提示することを目的とする。第二章では『盲人書簡』の問題を継続しながら展開させた『聾啞者書簡』の議論を手がかりにして、魂における感覚の協働と翻訳、およびそうした魂の位相がどのようにして唯物論的に基礎づけられるのかという点を検証する。第三章では『聾啞者書簡』で提示されたヒエログリフとエンブレムという概念に注目する。ヒエログリフ概念によってディドロが示そうとした感性論の原理を示し、そこにおいて、微細さと同時性という概念がディドロ固有の「関係性の知覚」概念と結びつき、彼独自の感覚論と美学的視座を形成していることを指摘したい。

第一章　盲者の感性論と唯物論的一元論──『盲人書簡』読解

1　「盲人」という問題

ディドロが独自の無神論的思考を明確に展開した最初の著作として、一七四九年に刊行された『盲人書簡』*Lettre sur les aveugles* をあげることができる。(1) 日本語では『盲人についての手紙』とも訳されるこの書物は、通例に従うならば、主題別に3部に分かれた構成から成っている。第1部は「ピュイゾー Puiseaux の盲人」論。第2部は「盲目の幾何学者ソンダーソン Saounderson」論。第3部では当時の哲学的論議の中心であった「モリヌー問題（モリヌークス問題）」が検討されている。詳細は後に述べるが、ディドロによるこの盲人論の意図は、五官を備えた人間の思考や道徳、あるいは美学といったものが身体的組成に規定されたものである以上、それは普遍的なものではなく、むしろ相対化されうるものだということを示すことだとされている。盲者が「人間」を問いに付す、あるいは、盲者によって「人間」の中心性が問いに付される、『盲人書簡』の意図は、端的に言えばそのようなものだと見なすことができるだろう。また、それは同時に、盲者を身体的組成から思考することによって、かつて神話的存在であった「盲人」という位相を脱神聖化することでもあるともいえるし、実際にそうした解釈も存在している。(2)

ところが、こうした読解は、結局一つの矛盾に帰着するように見える。テクストの中心、『盲人書簡』の第2部において、ディドロは、死の間際、臨終の床に就いた盲目の幾何学者ソンダーソンが、あらゆる世界の静的な秩序を否定し、世界や世界における万物が継続的に生成するものであることを述べる場面を仮構する。(3)死の直前の盲目の幾何学者は、幾何学的秩序を持った世界を否定する。さらにいえば、この生成する世界は、あらゆる物質が偶然性のもとにひしめき合うことで組織されるような、必然性なき唯物論的一元論の世界でもある。(4)その世界は原初的には混沌chaosであり、その混沌は、世界のなかに現れる怪物的存在者を通じて今日でも浮き彫りとなる。自らを怪物と仮定する盲目の幾何学者ソンダーソンは、見る器官を欠いた「欠落の怪物」として語ることで、世界の根源的な混沌が継続していることを露呈させる。(5)偶然性に重きを置いた唯物論的一元論のこうしたモチーフは、後のディドロによって少しずつ変更は加えられるものの、ディドロが生涯にわたって保持した哲学的立場でもある。換言すれば、その立場は、ディドロにとって相対化されるべきものではなかった、と言えるだろう。

かくして矛盾は明らかになる。唯物論的一元論は相対化されるべきではないし、そもそも、その主張自体が、明らかにある種の相対化を拒むものである。けれども『盲人書簡』における盲人の位相は、ある種の相対化を促す、いや、徹底させるような存在でもある。盲者による絶対的な世界観の提示と盲者という存在が突き付ける徹底的な相対化の指示、この二つの相反する主題が、今日までの『盲人書簡』読解に困難を与えている。(6)

本論はこの難点を解消すべく、読解において一本の補助線を引こうとする試みである。まずそれは、ディドロにおける盲人の感性論を吟味することによって可能となる。そこにおいて見出される一つの命題、盲者の感性論の底部に横たわる一つの命題が、盲者による相対化と唯物論的一元論とをつなぐ一本の糸となる。解釈は、盲者の感性論から、盲者による抽象論を経て、唯物論的一元論へと帰着する。そこにおいて、ほかならぬ盲者こそが世界の生成を語る権利を持ちうるということが明らかになるだろう。

2　盲者の感性論

カッシーラー『啓蒙主義の哲学』によれば、一七四九年に発表されたディドロの著作『盲人書簡』の意図は次のようなものとされている。

前者つまり『盲人書簡』の彼〔＝ディドロ〕の根本的意図は、有名な盲目の幾何学者であるソンダーソンの例を引いて、人間の有機的組成における或る欠陥は必然的にその人の精神生活の面でも全面的な変貌を結果することになる、という事実を立証することであった。単に感官の世界、つまり感覚的現実の形態が影響を受けるばかりではない。われわれが深く物事に注目してそれを克明に分析するならば、あらゆる方面、つまり知的領域でも倫理的領域でも、美学さらには宗教においても、この同じ差異が出現するのに気づくであろう(7)。

盲者と視者との差異は、身体の組成のみならず、それに基盤をおいた精神の領域にまで現れる。このように解釈される『盲人書簡』の背景には、当時の哲学、あるいは生理学や認識論の範疇で大きな問題となっていたいわゆる「モリヌー問題（モリヌークス問題）」が存在している。開眼したばかりの盲者は四面体と球とを（あるいは正方形と円とを）与えられたばかりの視覚によって判別できるか、また判別できたとして、開眼以前にすでに触覚によって得られている「四面体」と「球」という名称および観念を、そのとき得られた視覚表象に与えることができるのか、「モリヌー問題」とは以上のように要約することができる(8)。これに対して、ロックは触覚や視覚によって得られる観念の相互の連結は経験によって獲得されるのだから、開眼したばかりの盲者にはそうした判別が不可能だと主張する。バークリーはこのロックの見解をさらに徹底させ、各感覚によって獲得される観念同士の異質性を主張する。触覚により得られた観念と視覚により得られた観念とは基本的に一致するものではなく、それらはむしろ互いに独立したものだと見なされる。すなわち、バークリーにとって、感覚間にはそれらを統合する基体が存在しているわけではなく、それらの結合は純粋に慣習によってなされるものであり、おのおのの感官を通じて構成される感覚世界はそれゆえ基本的には相対的に自立している、ということになる。

ロックにより提示され、バークリーによって決定的な解決を与えられたかのように見えるこのモリヌー問題を、ディドロはさらに深化させる。先に引用したカッシーラーの見解も示唆しているように、ディドロはこの感覚の相対性の問題をもう一度それを統御する統一体の観点の方へと差し戻す。ディドロにとっては、単なる感覚相互の相対的な自立性のみならず、その相対性を可能にする有機的統一さえもが問題となる。ある種の感覚の統一を「人間」として規定するならば、「盲者」は単なる「視覚を取り除かれた人間」ではない。視者と盲者との差異は、有機的統一の質的な差異へと還元される。そこから、視覚を奪われた存在、欠落した視者としての盲者ではなく、異なる完全性を体現する他者としての盲者像が帰結する。ディドロはピュイゾーの盲人の異なる道徳観や美的判断、つまり盲者の他性を列挙し考察しながら、次のように述べている。

> われわれの器官と感覚との状態がわれわれの形而上学と道徳との上に多くの影響を及ぼすものであること、また、こう言ってよければ、われわれの純粋に知的な観念 nos idées purement intellectuelles がわれわれの身体の組成に密接につながっているということを私は決して疑ったことがない(9)……

モリヌー問題についての議論も含んだディドロの感覚論はこのような見解に基づいている。ロック的な単純観念という前提は問いに付される。例えば盲者の持つ他性は、次のような一節によっても明らかに主張されている。

このような盲人は、眼の見えるわれわれと同様に、あるいはおそらくそれ以上に自分を評価している。では、もし動物が推理能力を用いるならば、おそらく疑いのないことであろうが、自分に対する人間の有利な点以上に、自分たちにはよく知られている、動物の側にある人間よりも有利な点を見比べて、これと同じような判断を下すのではないだろうか。人間は腕を持っている、けれども俺には翼がある、と羽虫は言うだろう。人間が武器を持っているとしても、私には爪がある、とライオンは言う。[…]そうしてすべての動物は、動物たちの本能とともに必要とされているような理性がわれわれにあることはたやすく認めるけれども、自分たちは理性など全くなしで済ますことができるような本能を与えられているのだろう。[10]

盲者が動物になぞらえられ、理性が視覚になぞらえられるこの文脈においては、盲者とは、視覚「なしで済ます se passer de」ことのできる存在と見なされている。また、「人間と動物」と「人間と盲者」とのこの類推が、単純に人間をある種の完成体と見なした上での見解でもないということを付言しておく必要もある。五官を備えた人間は、究極的に完全な存在ではない。その完全性は、つねにある形で脅かされている。「もしわれわれ人間よりも感覚を一つよけいにもった存在がいたとすれば、遠慮なく言うけれど、われわれの道徳を不完全だと思うだろう。[11]」身体の次元での違いから導出される異なる道徳は、すでに見たように、形而上学の違い、知性の違いをも必然的に伴っている。五官を五つとも備えた人間の不完全性をこうして想定することにより、人間概念は相対性の内におかれる。そこにおいては盲者はもはや人間より劣っているわけではない。換言すれば、この相対性の地平においては、あらゆるものが他のものに対しての相互的な他者として自律している。ディドロは次のように述べている。

われわれの形而上学は、盲人の形而上学とうまく一致するわけではない。彼らの原理のうちのどれほど多くのものが、われわれにとっては馬鹿げたものでしかないことだろう、そうしてその逆の場合もどれほどあることか et réciproquement ![12]

ここでもう一度、感覚相互の関係性の問題へと立ち戻ってみることにしよう。ピュイゾーの盲人、ソンダーソン、といった盲者を論じ、あるいはモリヌー問題といった盲者についての問題を取り扱いながら、ディドロは盲者に固有の感性論を構築していく。先ほど「器官と感覚との状態」と名指されていた問題は、「器官と感覚との協同 concours」という論点へと焦点化される。

われわれは以上のことから次のように結論する。すなわち、われわれが、感覚と器官との協働のおかげで大きな利益を受けていることは疑いない、と。しかし、もしわれわれが感覚と器官とを別々に使用したり、そのうちの一つの助けだけで十分な場合に、その二つを決して用いないとしたら、話はまったく別のことになるだろう[13]。

器官と感覚との協働においては、記号 signe という観点が導入される。「われわれの感覚は、われわれの精神の広がりと器官の構造とに一層相同性のある analogues 記号へとわれわれを連れ戻す[14]」とディドロは述べている。音声、あるいは文字といった、器官の構造に即した形態を持つ記号が、感覚の発生と同時に精神のうちにおかれ、観念として機能する。感覚の問題は観念および言語の問題となる。すなわち、感覚された事象、ある事象についての感覚は記号へと変換され、視覚、触覚といった各々の感覚によって知覚された世界は各々が各々に固有の記号体系を持つにいたる。ここから、各記号間には「[われわれの]観念相互で行われる商取引[15]」のような共約可能性が認められる。感覚世界の相対性と自律性とは、感覚から発生した記号体系相互の翻訳の問題として提示される。ピュイゾーの盲人によってなされる鏡の定義は、視覚に訴える、あるいは視覚に由来する表現なしで鏡を説明しようとする試みである。この試みを、視覚から与えられる観念や言語なしでいかに鏡を説明できるか、という思考実験として見なすこともできるだろう[16]。

ディドロによるモリヌー問題の解釈も同様の観点に基づいている。ディドロはモリヌー問題を次のような形で考え直すことを試みている。

生まれつきの盲人の問題は、モリヌー氏が提出したよりもう少し一般的に取り上げるならば、他の二つの問題を含んでいる。今からそれを別々に考えることにしよう。第一に、生まれつきの盲人は、白内障の手術が行われるとすぐに見ることができるのかどうか問うことができる。第二に、見ることができる場合、図形を十分判別できるほど見えるかどうか、触っているときにつけた名前を、見ることによって図形に確実に与えうるかどうか、またこの名前が図形にかなっているという論証を得られるかどうかを問うことができる[17]。

ディドロが提示した第一の観点が重要となる。開眼したばかりの盲者はものを見ることができるのか? ディドロはモリヌー問題においてある種自明とされていた前提に対して異議を申し立てる。すなわちこれを提示したウィリアム・モリヌーにしても、また、『人間知性論』においてこの問題を広く訴えたロックにしても、開眼したばかりの盲者が何らかの形で「ものを見る」ことができるということを疑ってはいなかった[18]。もちろんディドロがこうした問いを提示しえた背景には、一七二八年にウィリアム・チセルデン William Cheselden によって報告された白内障手術の成功例の影響がある。チセルデンによって手術を施された十四歳の少年が視覚を与えられた際の状況は、一七二八年の報告に記載され、モリヌー問題を思考するための重大な手がかりを与えている[19]。チセルデンの報告の影響は『盲人書簡』のうちにも見出される。「この有能な外科医［＝チセルデン］が白内障を手術した青年は、長い間大きさも距離も位置も外形さえも判別しなかった[20]」とディドロは述べている。ディドロは、「目を使う能力 la faculté de se servir de ses yeux[21]」と「見ること voir」とを区別し、開眼したばかりの盲者には眼を使う能力は与えられてはいるものの、それは見ることと同じではない、と推論する。

したがって次のことを認めなくてはならない。すなわち、われわれは対象のなかに無数の事物を認めるに違いないが、子供や生まれつきの盲人は、眼底には事物がひとしく写し出されているにもかかわらず、事物を認めることができない。また、対象がわれわれを刺激する、というだけでは十分ではなく、対象の印象にわれわれが注意を払わなくてはならない。したがって、眼をはじめて用いたときには、人は何ものも見ることができない。視覚作用の最初の瞬間には、多数の混乱した感覚を受けるのみであり、それはただ時間によって、また、われわれの内で起こることについて反省を重ねるにつれて、次第に判断されるようになる。(22)

つまりディドロにとっては、「見ること」とは後天的に獲得されるものであり、反省によって獲得される一つの能力であって、すべての人間に妥当する先天的な資質ではない。視覚とは、事物に注意を払うことによって獲得される、後天的な能力なのである。したがってそうした反省の契機が十分ではない「子供 enfant」や「生まれつきの盲人 aveugle-né」、あるいは「野蛮人 sauvages」(23)は、ものを見ることができない。

さらに、「(野蛮人の)誤謬は、野蛮人においてものを見る習慣 habitude が少ないということに由来しているわけではない」(24)という一節からも理解できるように、ディドロにおいて「見ること」は単に習慣によって獲得されるものでもない。「見ること」とは、「ある仕方で見ること」を学ぶことであって、そこから「見ること」と「学ぶこと」との同質性が結論される。「舌が話すことを学ばねばならないのと同様に、眼は見ることを学ばなければならない」(25)とディドロは述べる。学ぶ眼とは、ディドロの言い方に従えば、「生きて魂を与えられた眼 Un œil vivant et animé」(26)ということになるだろう。ディドロによって解釈されたモリヌー問題は、こうして「眼は眼のみで学ぶことができるのか?」という問いへと姿を変える。

相互性と自律性という先述の論点が、ここで再び現れる。異なった感覚による認識の間には、本質的な依存性は存在しない。そこにあるのは、ディドロの言葉を借りるならば、相互的な réciproque 関係のみ、ということになる(27)。感覚間の相互性と自立性は、そこから生じる観念＝記号の相互性と自律性とにつながる。つまり、眼は眼のみで学びうる。眼により獲得された観念は、固有の記号の体系として成立する。それは他の感覚から得られた観念との相対的な共約可能性の内におかれている。

こうした感覚相互の相対的な自律性から、盲者による「他なる」判断の可能性が生起する。それは盲者という「他なる」統一体によって表出される「他なる」言語の可能性でもある。盲者とは、他なる言語を話す他者にほかならない。盲者の言語は、それが他者の言語であるがゆえに、翻訳されねばならない。この問題を「翻訳」の問題として提示しうるのは、まさに当のディドロが、盲者の持つこの他性を「異者＝外国人 étranger」が持つそれになぞらえているという理由による。ディドロは次のように述べている。

それ［＝盲人の用いる巧妙な表現］は、ある一つの感覚、例えば触覚に固有な表現であり、同時に他の一つの感覚、例えば視覚にとっては比喩となる表現となる。その結果、彼［＝盲人ソンダーソン］が話をする相手にとっては、二重の光明、つまり、表現の持つ直接の真実な光と、比喩の持つ反射光とが生まれる。［…］語彙の貧弱さが、まだある言語に親しんでいない外国人にも、これと同じ効果を生み出すことに私は気づいた。彼らは、非常にわずかな数の言葉で、万事を言い表さなくてはならない。そのために、いくつかの言葉を巧妙に並べることを余儀なくされる(28)。

この例えは盲者が用いる表現の巧妙さを述べたものであり、そこから盲者の言語が内包する「比喩」としての豊かさが説明されている。ここで強調しておきたいのは、「触覚に固有な表現」が、視覚にとっての「外国語」と見なされている点である。視覚の固有性をほとんど共有しない触覚の固有性は、視覚にとっては「語彙の貧しい」ものでしかない。比喩による巧妙さは、貧しいがゆえに逆説的に豊かな効果を生む最小限の共約可能性から生起する。視覚による認識と触覚によるそれとの間には、このようにして二つの言語間に見られるような懸隔が想定されている。両者は最小限の共約可能性を媒介に相互に翻訳されるべき関係にある。感覚相互の翻訳可能性は、さらには盲者の言語と視者の言語との翻訳可能性へと拡張される。ディドロにおいて、盲者はこうした翻訳の問題を提示する。それはある感覚と別の感覚との間の翻訳であり、また、感覚と言語との間の翻訳の問題でもある。

以上のような分析から、『盲人書簡』におけるディドロの意図というものが、カッシーラーが概括したものよりもさらに詳細に浮き彫りとなる。ここでその主要な二点を列挙しておこう。

まず第一に、ディドロは、五官を備えた人間と盲者は、感覚の有機的統一としては全く異なるものであると主張する。ディドロにとって、盲者とは「欠落した人間」ではなく、別の人間、人間の他者として認知されるべき存在である。異なる身体組成に基づいた盲者の道徳、形而上学、あるいは感性論は、五官を備えた人間の持つ形而上学や道徳を相対化し、それに対する批判的契機を与える。『盲人書簡』の正式な題名が、『見ることができる者たちに対して役立つ盲人に関する手紙』*Lettre sur les aveugles à l'usage de ceux qui voient* であることもここから帰結する。盲者から人間に対して向けられた批判的な眼差しが、人間における、あるいは人間という自明の所与を問いに付す。そこでは視の不在 point de vue が一つの視点 point de vue をなす。

第二に、ある成体という有機的統一内においても、感覚相互の間に相対性が見出される、という点があげられる。すなわち、視覚は視覚のみで「学び」、獲得されるものであって、基本的にはその成長に触覚あるいはその他の感覚の助けを必要としない。感覚はそれを受容する器官に即した形でそれを観念化し記号化し、その記号間の共約可能性が逆に感覚間の共約可能性となる。感覚から観念、あるいは記号へのこの通路については、次節でさらに詳細に取り扱うことにするが、そこにおいて、なぜ盲者に唯物論を語る権利があるのかという問題が浮上してくるだろう。盲者の世界と視者の世界との間の相対性を超えて、なぜ盲者の側に唯物論的一元論という「生成」を語る可能性があるのか？　それに答えを与えることは同時に、『盲人書簡』中央部に置かれた盲目の幾何学者ソンダーソンの臨終の言葉に対して、作品内での整合的な立場を与えることでもある。

3　触覚・抽象・唯物論

前節で述べたような諸感覚の相互性においては、視覚でも聴覚でもなく、触覚の独自性こそが問題となる。ディドロは触覚と記号との結びつきを、視覚や聴覚と比較して次のように述べている。

われわれはそうした記号を眼のために設けたが、それが文字であり、耳のために設けたのが、分節音声である。けれども、触覚のための記号は何も持っていない。もっともこの感覚に話しかけ、その返答を得る固有の方法があるにはあるけれども。(29)

知識がわれわれの魂のなかに入るには三つの扉がある。そして、その一つは、記号がないので par un défaut de signes、閉ざされたままになっている。もし残りの二つをもかえりみなかったとすれば、われわれはそこから動物たちの状況にまで追いやられていただろう。［…］奥様、一つの感覚を失って初めて、残っている感覚のなかに定められている記号の長所がわかるものです。(30)

触覚にはそれを表す記号が存在しないとディドロは述べる。というのも、触覚には文字言語や分節音声のように、分節された単位から構成されている記号が与えられていないからだ。視覚や聴覚においては、これらの単位、あるいは単位の組み合わせが感覚相互の翻訳可能性を可能にする。つまりディドロにとっては、観念あるいは感覚を表出する文字の配列が文字言語であり、音の配列によって表出するものが音声言語である。先に引用した「われわれの感覚は、われわれの精神の広がりと器官の構造とに一層相同性のある analogues 記号へとわれわれを連れ戻す」という一節はこの観点から理解される。聴覚には耳に適した記号があり、視覚には眼に適した記号がある。けれども触覚は「閉ざされて」しまっているので、受容における分節も表出における記号も存在しえない。

他方で感覚器官の固有性に依存しない単位の存在をディドロは指摘している。こうした単位の例としては、「点、線、平面、立体、思考、観念、感覚」[31]などが列挙されている。これらは「純粋で単純な単位」と呼ばれ、「あまりに曖昧ではあるがあまりに普遍的な象徴 symbole」と見なされている。こうした観念、ディドロの表現に従うならばこうした「象徴」は、感覚与件を抽象することによって産出される。普遍的な単位は純粋な知性によってのみ抽象されるものであって、数学的な、あるいは形而上学的な秩序の下に置かれる。すなわち列挙されたものの内の前半、「点、線、平面、立体」は数学的な秩序に属するものであり、後者の「思考、観念、感覚」は形而上学の秩序に属する。

つまり、ディドロにおいては、大きく分けて二つの体系が想定されていることになる。一つは感覚に頼らない純粋に知性的な観念の普遍的な体系であり、形而上学と数学とがその対象となる。もう一つは器官の構造と特質とに類比した個別的な感覚からなる体系、すなわち広義の認識論ということになる。感覚による認識において得られた個別的な感覚与件は、抽象化されることによって感覚の観念、つまり「感覚している」という観念となり、形而上学のレベルへと繰り込まれる。そうした観念は記号と結合することで、その表出可能性を獲得する。盲者の形而上学と視者の形而上学との差異はこの観念化の過程から生じる。視者においては世界のなかの事物は主に視覚による媒介によって観念化されるが、盲者においてはそれは触覚を通じて行われることになる。「彼［＝生来耳が聞こえず眼も見えない者］がものに触れることによって得たであろうすべての感覚が、いわば、彼のあらゆる観念の鋳型になるだろう[32]」とディドロは述べている。抽象とはこうした観念化の手段であって、ディドロはそれを次のように定義している。

〔…〕抽象とは思惟によって、物体の諸々の感覚的特質をそれら自体の間で互いに分離するか、その基礎となる物体そのものから区別することにほかならない(33)。

つまり抽象とは感覚それ自体が持つ「それ自体では分割されえない indivisible」(34)ような性質、つまりその不可分性をあえて分離する行為である。そして、まさにこの分離不可能性の名において、触覚のある面での優位と別の面での不利が露呈する。不利な点とは、先に述べたように、触覚印象の分節および表出が困難であることに存する。一方触覚の優位とは、知覚が持っているはずの連続性を文字通り「なぞれる」こと、つまり知覚を連続なままで捉えることができるという点にある。ディドロは次のように述べている。

生まれながらの盲人は、色を着けることはできないし、したがって、われわれの理解するような意味で図形を描くこともできないのであるから、触覚で得た感覚の記憶しかなく、その感覚をさまざまな点、場所、または距離に当てはめ、それで図形を構成する(35)。

盲者は想像力によって一度に図形を表象するわけではない。盲者は触覚から得られた感覚的記憶を連続させることによって図形の観念を獲得する。つまりディドロの考えでは、盲者においては、視覚的に、つまり想像力を介して「形 figure」が与えられるわけではなく、触覚によるキネスティックな連続的知覚によって図形の概念が構成される、ということになる。こうした盲者の特性から、ディドロは、盲者における抽象的思考の優位を結論づける。

しかし、盲人の想像力が、触知できる点の感覚を思い出し、それを結び合わせる機能にほかならないとしたら、また、眼の見える人の想像力が、眼に見える点か、または色彩のある点を思い出し、結び合わせる機能にほかならないとしたら、その結果は、生まれながらの盲人は、われわれよりはるかに抽象的な仕方で事物を知覚するということになる(36)……。

ここで言われる「盲人のさらなる抽象性」という観点を理解するためには、別の箇所で盲目の幾何学者ソンダーソンについてディドロが述べたことも参照する必要がある。ディドロの表現に従うならば、「ソンダーソンは皮膚でものを見た Saounderson voyait par la peau.」とされている(37)。盲者の皮膚は絵画が描かれるカンバスになぞらえられる。つまり、触覚に与えられる感覚を判断する場合、盲人の触覚に対しては事物が直接描き込まれる、ということになる。ここで問題となるのは、描き込まれた事物の形のみではない。「描き込む」という行為が持つ運動性そのものが、盲人による認識にとって重大な意味を持つ。こうした盲人の認識について、他の箇所では、糸の上を滑らせて行く指の運動が直線として知覚されるとされている(38)。そこにおいては、感覚を与える対象である事物の形が、盲人自らの運動性を通じて獲得される。さらにいえば、対象の認識、あるいは対象からの感覚は、認識する側の運動性なしで獲得することはできない。盲者は自らの身体性を端緒にして、形態認識のための方向づけを行う(39)。すなわち盲者においては、認識された対象、すなわち対象の表象に対して、認識に介在している主体の側の運動性が必然的に付与されることになる。触覚において認識された対象は、単なる表象像ではなく、それを構成する運動の総和としても認識される。手のひらに描かれた他人の口を判別する盲人ソンダーソンを引き合いに出してディドロは次のように述べている。

これに反して、盲人の手のひらの上にある人の口［を描くこと］によって引き起こされた場合の感覚の総和は、それを盲人に再現してみせる画家の鉛筆がよびさます連続的な感覚の総和と同じものである(40)。

盲者における図形の認識は、図形を単純に表象されたものとして想像力の内にとらえるわけではない。つまりそれは視者の場合のように、「図と地」とのコントラストを想像力のなかで一度に把握することではない[41]。図形の認識は、連続的な感覚の記憶を想起することによって行われ、同時にそれはある種の運動性の結果として認識されることになる[42]。すなわち、盲人において、表象には潜在的な運動性といったものが付与されることになり、その結果表象の対象である事物は、つねに潜在的な運動性の下におかれるものとして認識されることになる。その結果として、開眼したばかりの盲者において、生きているものと無生物との認識が転倒する、という事態さえ生じうる。開眼したばかりの盲者は、生物の静止している状態を無生物的な形態と捉え、物理的法則に従って動かされる無生物の状態を生命体の運動と捉えることがある、とディドロは述べている[43]。

触覚のほうがより抽象的である、というディドロの主張はこうした考えから導出される。対象となる物体からその形態のみならず、その潜在的な運動性をも感覚しうる触覚は、視覚に比べて対象からより多くの触発を受けていることになる。つまり、触覚によって得られた感覚においては、事物の形態を感覚する際に、それに先んじて、その事物の運動可能性を感覚していることになる。それはある事物から、事物そのものとは区別される感覚的特質をより多く獲得しているということになる。それゆえ、ディドロは触覚のほうがより抽象的だと結論するに至る。抽象化と形式化という二項対立で考えるならば、視者においてはその2つは少なくとも同時生起するものだが、盲人においては、抽象化が形式化に先行する、ということになるだろう。

さらに、盲者におけるこの徹底した抽象化は、盲者の思考上の優位という帰結を含意している。

〔…〕したがって、生まれながらの盲人は、われわれよりもはるかに抽象的な仕方で事物を知覚するし、純粋思弁の問いにおいては、盲人はわれわれよりも間違いを犯すことがおそらく少ないだろう[44]。

高度の抽象化は誤謬を減じさせる。ディドロはここから「純粋思弁の問い」、すなわち形而上学における盲者の優位を主張するまでにいたる。ディドロによれば、「形而上学においてほとんど確実に誤りを犯す方法は、自分の取り扱っている対象を十分に単純化しないこと」[45]とされている。それは形而上学において対象の抽象化が徹底していないことに対する批判の言明である。そこから盲者による形而上学の可能性が現れる。盲者による徹底的な抽象化の果てから生み出される形而上学、それが試みとしての唯物論的一元論であり、臨終の際のソンダーソンの言明の本質である。以下にあげる『盲人書簡』内の一節は、こうした形而上学を決定的に示唆している。

盲人たちはわれわれよりも物質 matière をいっそう抽象的に見ているのだから、物質が思考するということを信じるにあたってわれわれほど遠くにいない。[46]

盲者による極度の抽象、それはもはや物体 corps ではなく物質 matière を対象にする。抽象化された物質は、思考する運動体となる。それはもはやデカルトが言うところの「運動をこうむる延長」ではない。抽象化された物質とは、すでに見たように、「盲人がその触覚において感覚する物質」であり、つまりは「運動する可能性の内におかれた物質」にほかならない。[47]

このようにして、『盲人書簡』において、盲者に対して生成を語る権利が与えられることになる。盲者は、不可視な秩序を、『盲人書簡』内の言葉で言うなら、「次々に現れてはひしめきあい、やがて消えていく多くの存在のめまぐるしい継続、束の間の均衡、一瞬の秩序」[48]を、まさにそれが不可視なものであるがゆえに、語ることができる。盲者は可視的な秩序を「目にする」のではなく、生成という不断でありながら不可視な無秩序的秩序に触知することができる。それはある種の静的な秩序のもとで現れているかに見える世界を、リンネ的実在論的の枠組みではなく、ビュフォン的唯名論の視座のもとで語ることでもある。つまりそこに存在として現れているものは明確に分節化され固定化した構造ではなく、連続的な生成の過程でしかない。盲者は世界を「実在＝形式＝静止」という観点によってではなく、「生成＝抽象＝運動」という観点から捉えることができる。スタティックな秩序は盲者によって問いに付される。形式という可視的な秩序に拘泥しない感性的知覚の様態について、ディドロは次のように述べている。

感覚というものは、それ自体では分割できないが、もしこんな言葉を使ってよいものなら、一つの拡がりのある空間を占めていて、生まれながらの盲人は、触発された部分を増したり減らしたりして、頭の中でその空間に付け加えたり切り取ったりする機能を持っている。(49)

ディドロにとって、感覚とは形態を持った事物を直観するような能力ではない。それはむしろ対象により触発された運動によって、その作用と反作用とをこうむりながら自らもその形を変えていくような、弾力的でありかつ受動的な空間を形成する能力であって、それ自体不定形な運動体にほかならない。事物の形態は、そこにおける連続的な知覚形成の記憶から、事後的に導出される。このように働く内部感覚 sens interne の実在をもっともよく証明するのが連続的知覚の記憶に基づく盲者の感覚論であるとディドロは述べている。(50) 盲者は内部感覚を文字通り体現している。ディドロの言葉に付け加えて言うならば、誰もが内部感覚という盲者を自らの内に有している、ということになるだろう。視者においては、生まれつき学ぶことを余儀なくされた「生きた眼」が、原初の盲目性を隠蔽する。そこでは、視力あるものが盲目なるものを「目隠し」している。この意味においては、視点（＝視力を持つ点）point de vue とは、視の不在 point de vue にほかならない。視者は、物質の生成が不断に行われる世界、唯物論的一元論の世界に対して盲目であり続ける。(51)

4　触覚的主体の作用と反作用

『盲人書簡』読解において見出された「抽象」概念は、唯物論と感性論とをつなぐ役割を果たしている。とはいえ、すでに見たように、抽象の定義はそれほど厳密なものではない。実際ディドロ自身も、『盲人書簡』の後に書いた二つの主要な論において、自らの「抽象」概念についての議論をさらに深化させようとしている。すなわち、『聾唖者書簡』においては言語と観念との関係、あるいは想像力や知性との関係がさらに掘り下げられる[52]。また、美的なものに対して抽象が果たす役割については、『百科全書』の「美 Beau」についての項目のなかで詳細に論じられる。どちらもが『盲人書簡』の直後、一七五一年に執筆されていることを考慮するなら、『盲人書簡』執筆後のディドロにとっては、まさに「抽象」の概念、およびそれと精神的な諸能力との関係こそが、自らの思考にとっての課題となったということができるだろう。というのも、本論で述べたように、ディドロにとってはまさにこの概念が、唯物論的一元論と感覚論の相対主義とを連結しうる鍵概念にほかならないからだ。唯物論的一元論は、視覚による把握が挫折した点から触覚によって世界を感じ取ることにより始められる。このように考えるならば、『盲人書簡』における「抽象」概念は、ディドロの思考、ディドロという思考にとっての、一つの重大な、かつあらゆる意味での端緒と見なすことができるだろう。

最後に問題の射程をさらに拡げてみるならば、『盲人書簡』において見出された主張、すなわち触覚において見られる高度の抽象性という観点は、さまざまな問題を提起する可能性を有している。そもそも、哲学、あるいは神学といった伝統において、「抽象」という概念はどのような機能を果たしてきたのだろうか。例えばそれは、トマス・アクィナスの神学においては、感覚可能なものが知的形相へと転化する際のプロセスとして記述されている[53]。また、十七―十八世紀において多大な影響力を持ち、さらに今日でも取り上げられる機会の多いデカルトの方法四則を通観するならば、「分析の規則」と称される第二の方法の規則のなかに、抽象化の契機が忍び込んでいるのを目にすることができる。すなわち、「第二は、私が吟味する諸問題の各々を、できる限り多くの、しかも問題をよりよく解くために必要な諸部分に分けること[54]」。ここには、「よく分けるものはよく学ぶ Qui bene dividit bene docet」というアリストテレス＝スコラ的な格率が鳴り響いている。だが、「よく分ける」とは、いったいいかなる分割を指し示しているのだろうか？　そうしてある種の明証的な認識の連鎖がこの「分割＝抽象」に基づいているとされるならば、明証性の基盤として問われるべきなのは、まさにこの「分割」の審級ではないのか？

ディドロの同時代においても抽象概念をめぐる状況は大きく変化しているわけではない。一七七一年の辞典トレヴー Trévoux によれば、「抽象 abstraction」とは、実在的には分割不可能な対象を分割して、諸部分を独立して考察するという精神の機能であって、それは動物にはなく人間に固有の魂の働きであるとされる。さらにそうした抽象によって、人間は個別的な存在から「同じ種［＝形相］」に属するすべてのものがもつ一般的な表象」、すなわち「普遍概念 Universel」を獲得することができるとされる(55)。

ここで、ディドロの抽象概念、とりわけ触覚におけるそれを取り上げてみるならば、それがこうした古典的な枠組みに収まりきらないものであったことが明らかになる(56)。触覚における抽象性の高さの理由は、それが形式を表象することのみならず、その表象を構成する運動をも表象してしまうことにあった。さらに言えば、触覚においては、表象されたもの représenté は、それを表象すること représenter に限りなく近いものとして表象されることになる。この観点から、感覚されるあらゆる物体に対して、認識者の身体を媒介にした運動性が投影されることになる。事物の静止は潜在的な運動性へと転化する。こうして、触覚を基盤にした感性モデルは、表象されたものの運動可能性をも感知しうる原身体として機能する。そこにおいては、触発される主体の反作用と、触発する客体の作用とは、完全に分化されることはない。極度に抽象化された主体の受動性は、主体と客体の区別さえをも曖昧にしてしまう可能性を有している。

きわめて単純に考えてみよう。手のひらが、あるものに押し付けられている。この場合、手のひらに場を占めていると認識されるあの感覚は、手のひらが物体を押すことによって生じるのだろうか？　それとも、物体が手のひらを押すことによって生じるのだろうか？　ここにディドロにとってもっとも基本的な転倒の可能性がある。われわれの主体的能動的な運動感覚は、事物の側へと容易に折り返されうるものでしかない。触覚はまさに、この主客の転倒可能性を、運動の相互性として認識主体へと送り返す。「皮膚でものを見る」こと、つまり押し付けられた事物を押し返す運動、けれどもこの「押し付けられた」感覚は、「自ら押す」ことによってしか成立しえない。皮膚の上で作用と反作用とが入り乱れ、諸事物の間の輪郭は運動として曖昧化される。この弾力的な生、生きる身体と生きているかのような物質（だが、そこにどれほどの差異があるのだろうか？　実際この問いかけから唯物論的一元論が始まる）の相互が交換される弾力的な生の在り様こそが、ディドロから読み取ることのできる大きな問題といえるのではないだろうか。唯物論と感性論の間で、表象することと表象されることの間で、あるいは主体と客体の間で揺れ動く、不定形な運動性。それを一つの怪物性として名指すことは、まだ時期尚早なのかもしれないが。

第二章　聾唖者と魂の位相に見るディドロ感覚論の基礎づけと展開

――『聾唖者書簡』読解

1　ディドロにおける感覚論の展開――『盲人書簡』から『聾唖者書簡』へ

ディドロは『百科全書』の編集および刊行と前後する形で、一七四九年の『盲人書簡』、一七五一年の『聾唖者書簡』、一七五四年の『自然の解釈に関する思索』といった一連の著作を書き進める。これらの著作は、それらが扱っている対象に応じて、形而上学的世界論としての『盲人書簡』、美学的感覚論としての『聾唖者書簡』、科学的自然論としての『自然の解釈に関する思索』といった形に大別することができる。これらの著作群が相互に補完しあいながら、統一的にこの時期のディドロの思考の体系を提示している。また同時に、『百科全書』の刊行と並行する形でこれらの著作群の執筆が進められたという事実から、『盲人書簡』、『聾唖者書簡』、『自然の解釈に関する思索』といった著作群に見られる思考が『百科全書』の概念的枠組みと相関関係にあるということは十分に推測可能であり、そこにおいて、知識や諸学の連鎖と唯物論的一元論の射程に置かれた存在物との関係を問い直すことも可能ではないか、と考えることもできる。本章の射程は、『聾唖者書簡』の分析を通じて、ディドロの感覚論から唯物論的一元論へと通じる解釈を方向づけることにあるが、こうした関係を念頭においた上で、まずは『盲人書簡』に表された「ディドロの体系」とでも言うべきものをもういちど敷衍してみることにしよう。というのも、後に詳述するが、『盲人書簡』

におけるディドロの考え、とりわけその感覚論は基本的に『聾唖者書簡』へと引き継がれており、両者に通底する問題意識が、そのまま『聾唖者書簡』の読解の補助線となるからだ。

後の唯物論的一元論へとつながるディドロ思想の一つの基盤を表した著作として『盲人書簡』を考えることは、「盲人」という位相から従来の哲学に対して批判的な考察を加えたディドロの試みから説明できる。ディドロは、『盲人書簡』において、デカルトの『屈折光学』における議論や、モリヌーによって提起され、さらにはロックやバークリーといった哲学者たちによって様々に解釈されたいわゆるモリヌー問題を解釈しながら、観念の形成が触覚を基盤にした感覚論に基づいていることを証明しようと試みた。『盲人書簡』は、その正式な表題『見ることができる者たちに対して役立つ盲人に関する手紙』が示すように、可視性を媒介にして構成された世界観に対して、盲人という視点、すなわち視力を持たない視点から、世界の組成とそれについての認識を批判的に再構成しようとする試みであった。ディドロによって作品内に仮構された、盲目の幾何学者ソンダーソンの臨終のエピソードは、この試みをもっともよく示している。

ソンダーソンが知覚し、把握していた世界は、基盤である形相に対して質料が与えられることによって存在者が生起し、それらの存在者が秩序に基づいて整然と配置されていた世界ではなかった。盲人であるソンダーソンには、ただ触れることによってのみ世界を理解する能力が与えられていたのであって、この能力を通じた考察の結果、世界は結局のところ秩序ではなくカオスとして記述されることになる。自らの臨終の枕元にやってきた神父ホームズにソンダーソンが述べる言葉が、こうしたカオス的世界観を明白に示している。また、このカオス的な世界は、触覚のみを通じた把握によって結論づけられる。このことは、事物の認識が可視的な形相なしで行われうるということ、つまり事物は形相を把捉する直観によってではなく、身体を媒介にした接触によって認識されるということを意味している。接触により対象の形態を認識するに至るとしても、そこにおいては必ず認識主体の運動が媒介となる。というのも、ディドロに従えば、盲者の認識は、彼の手が対象の上を這い回ることから始まるからだ。この局面において最初に必要とされるのは、輪郭をもって視覚に現れる個物の形式をとらえること、つまり形式化することではなく、自己の行う運動を形態へと転化させる抽象の契機にほかならない。別の言い方をするならば、盲者が最初に形成するのは図と地の構造を伴った場ではなく、ある種の方向に関する認識にほかならない。そこでは、明晰判明な視点によって定立された座標空間のなかにある形態を伴った事物が置かれるわけではなく、無限の暗闇のなかに、ある方向のみが指標のように浮かび上がることになる。

さらに注目すべき点として、こうした側面において、盲者とは、対象をただ一方的に触れることにとどまる存在ではない、ということがあげられる。触れるとは、同時に、触れている対象によって自らも押されていることをも意味している。自らが何かを「押す」あるいは「触れる」という行為においては、逆に自らが対象から「押されている」、あるいは「触れられている」と考える可能性がつねに残されている。そこにおいて、主体と客体、いわば行為者と対象との関係は曖昧にならざるをえない。ディドロの盲人論は、主客の構造に関するこうした倒錯の可能性を明るみに出す。運動を契機に外界を認知する際、それと同時に、ただ私自身のみがつねに動いている、ということがもはや明白ではないとするなら――実際、たいていの場合、外部の世界も、それが眼に見えないとしても、不断の運動を続けているだろう――私の外にある全てのものこそが、不断に運動を続けているのではないか、という帰結が生じる。盲者のカオス的世界、言い換えればソンダーソンが臨終の際に述べたような生成する世界というパースペクティヴは、こうした考えから導き出される。つまり世界は潜在的な運動の総体として認識される。それは決して、不動の可視者によって還元され形式化されるような、秩序を持った延長が運動を外在的に与えられつつ存在するデカルト的物質世界ではない。触覚に基づいて定立される主体は、形あるものに対する不安を生じさせ、自他の区別が曖昧になった世界のなかで、不定形な事物と触れ合いながら生きる。そこにおいて主体の同一性はつねに揺り動かされる。認識する自己の位相を例外とはしないで、それを含みこみつつ変化する全体としての世界を捉えることによって、世界を潜在的な運動性の相の下で思考することが、『盲人書簡』におけるディドロの意図だったといえる。世界の運動性を見出す盲者のこのプロセスが、ディドロによって「抽象」と呼ばれる。「抽象とは、物体の感覚的特質をそれ自体の間で区別するか、あるいはその基礎となる物体そのものから区別することにほかならない[57]」と定義されている。盲者は、対象の形態のみならず、それらが内包する潜在的な可動性といったものを考察する能力があり、それゆえ、盲者の抽象能力は、可視者よりも優れている、とディドロは結論づける。

このように、『盲人書簡』という著作を通して、ディドロは不断に生成する世界像を提示しつつ、その世界のなかに存在する人間の存在様態をも示した。カオスとして運動を続ける世界は、触覚という感覚を媒介にすることによって覚知可能となる。そこにおいて人間は、五官からなる諸感覚を相互に翻訳する抽象的な実体として措定される。感覚についての判断や言明を成立させる感覚相互の翻訳の問題、あるいはそのようにして覚知された世界をどのように表出すべきか、という問題が、『盲人書簡』から『聾唖者書簡』へと引き継がれた主要な問題だと考えることができる。『聾唖者書簡』の提示する問題を具体的に提示することで、ディドロの思考において「魂」と言われる領域が、感覚論や感性論とどのように結びついて理解されているのかを分析することができる。

2 『聾唖者書簡』における聾唖者の位相

『聾唖者書簡』のなかで『盲人書簡』から引き続き存在している主要な論点として、視覚や聴覚、触覚といった感覚相互の関係や、それらの感覚が言語へと変換されていく過程といった点があげられる。『盲人書簡』との比較において言うならば、『聾唖者書簡』は、感覚によって最終的に可能になる伝達の様態を、翻訳や身振りなどの具体的な事例によって考察していくことにその主眼をおいている。ディドロは『聾唖者書簡』の目的を次のように表明しているが、そこにおいて、ただ一つの感覚しか持たない五人の人間からなる社会という比喩によって、感覚の協働という論点が提示されている。

私の考えは、したがって、いわば一人の人間を分解することであって、その人間が持っている各々の感覚に、その人間が何を負っているか、ということを考察することにある。私は、何回か、この類の形而上学的解剖に専念したことを覚えているし、あらゆる感覚のうちで、眼がもっとも表層的であり、耳はもっとも尊大であり、臭いがもっとも貪欲であり、味覚がもっとも迷信深く、触覚がもっとも深遠で哲学的であることを発見した。私の意見では、唯一つの感覚しか持たない人五人からなる社会は、快適な社会となるだろう。これらの人々が、自らをばかげた存在だと考えるような疑念は全く存在していないし、いかなる基礎に基づいてそれが可能なのかを考えていただきたい。(58)

『盲人書簡』とのつながりにおいて、感覚相互の共働と翻訳という点が共通する問題として提示されている。感覚をひとつひとつ切り離して考察する試みは、医学的な手続きになぞらえられ、「人間の分解」あるいは「形而上学的解剖」と呼ばれている。こうした思考実験は、例えばコンディヤックの著作に見られるように、当時の哲学的な思考における一つの主たる方法であって、ディドロ自身もそれを『盲人書簡』のなかで実践していた。(59) この実験的な思考は、単なる空想や仮想にとどまらず、即座に現実的な人間世界に折り返される。

しかしながら、これ〔＝一つの感覚しか持たない人が協働している世界〕は、世界のなかで絶えず起こっていることの似姿なのだ。人は唯一つの感覚しか持たずに、全てを判断している。(60)

つまり、「人間の分解」の意義は、人間世界の偏りを是正することにあるのであって、それはきわめて批判的な試みだと捉えることができる。さて、感覚の協働という問題は、ディドロにとっては、単なる感覚と言語との問題にとどまるものではなかった。言語とは一つの抽象の帰結であり、それがある感覚を再現し、意味や印象を与えるものである以上、それらを受容する基盤と見なされる位相、すなわち魂といわれるものの位相こそが、ディドロにとって問われ、基礎づけられねばならない概念であった(61)。

ディドロは、こうした魂の構造を浮き彫りにする為に、言語における倒置 inversion という問題を取り上げる。文章において形容詞などの属詞がなぜ主語よりも先頭に来る可能性があるのか、という具体的な問題が、そのまま言語の発生についての議論と接続される。

倒置の題材をうまく扱うにあたっては、いかにして言語が形成されるか、という点にそのことが関係していると私は信じている。感覚的対象はまず第一に感覚を打ち、多くの感覚質を同時に再統合した対象が、最初に名づけられる。この世界を構成するのは、異なった個体である。次いで感覚質が互いに区別され、それに名が与えられる。これらは大部分が形容詞となる。最後に、これらの感覚質が抽象され、人はこれらの個物の間に共通する何かを見つける、あるいは見つけたと信じる。いわば不可入性、延長、色彩、形、などといったものであり、そこから形而上学的で一般的な名詞や、ほとんど全ての実詞 substantif が形成される(62)。

実詞は、言語の発生秩序においては最後に来るものであるにもかかわらず、それがまさしく基体として措定されることに、実詞を基盤とした言語発生論の困難がある、とディドロは考える。形而上学的な意味における実体的形相の概念は、この観点からも批判される。ディドロに従えば、「延長を持ち、不可入で、形を持ち、色があり、運動する実体」から、形容詞によって記述されるあらゆる属性を取り去ったとしたら、実体的なものには何も残らないということになる。ロックの定義に従って、実体とはこうした対象についての諸属性をその基礎において支える観念であると考えたとしても、少なくとも知覚の順序に従うならば、最初に認識されるものは決して実体ではない。そうではなく、初めて物体を見たとき、知覚は、「色、形、延長、不可入性、運動、実体」という順序でなされる、ディドロはこれを、コンディヤックの用法に従って、「自然的秩序 ordre naturel」[63]と名づけている。自然的秩序は、主語を最初におき、動詞、属詞という順番で単語が続く文章の原則とは一致しない。後者は「制度的秩序 ordre d'institution」あるいは「学問的秩序 ordre scientifique」と呼ばれる[64]。要するに、倒置とは、自然的秩序と学問的秩序の差異において思考されるものにほかならない。また、自然的秩序と制度的秩序の対立がディドロと同時代のフランス語において明白となったということの事実は、近代の言語がもはや古代のそれから切りはなされ、独自に完全なものとなってきている、ということをも意味している。ギリシャの逍遥学派に代表される古典古代の文人たちが自然の多様性を直接享受し、その感覚をそのまま言い表していたのに比べ、ルイ十三世と十四世の時代に完成されたフランス語は、比較的単調であって、それゆえ倒置が少ないと結論される。

ギリシャ語やラテン語といった古典語と、フランス語のような近代語とを比較したときに現れる自然的秩序と制度的秩序のこの対立を思考するために、ディドロは唖者という存在を導入する。いわば唖者とは、時代を通じて堆積する言語的差異を括弧に入れるために措定された存在だといえよう。全く言語を奪われ、自然的な伝達手段である身振りのみを備えている唖者によって、言語の自然状態を考えることが可能になる。さらに言えば、ディドロによって考えられたこの存在は、生まれつきの唖者 muet de naissance と取り決め上の唖者 muet de convention の二つに区分されている。前者が言語能力を一切持たない存在であるのに比べて、後者は既存の分節言語を構成する能力を行使することを禁じられた存在を示す。こうした唖者が、歴史的な言語の変遷を括弧に入れたまま、ただ身振りを通じて、感覚と言語との関係を浮き彫りにする。ディドロの言葉を借りるならば次のようになる。

おそらく、あなたにとっては次のことは独特に思えるだろう。すなわち、自然が聞き理解し話す能力を奪ってしまった人のところへあなたを差し向け、そこから言語の形成に関する真正なる考えを獲得するということが。けれども、私はあなたにお願いしたいのだけれど、無知は偏見よりは真理に近く、生まれつきの聾唖者は思考を伝達する仕方について、偏見を持ってはいない、ということを考慮に入れてほしい。つまり、考えてほしいのだが、倒置が、ある別の言語からその人のところに移った、ということはないし、生まれつきの聾唖者が倒置を使用するならば、それをその人たちに示唆したのはただ自然のみなのだ。生まれつきの聾唖者は、人為的な記号を持たず、知覚をほとんど行わず、記憶をほとんど持たずに、二足か四足の動物として容易に通用しそうな空想上の人間と非常に近いイメージなのだ、ということを考えてほしい(65)。

思考の発生を検討するための、言わばタブラ・ラサ的な状態の人間像としては、取り決め上の唖者よりも生まれつきの唖者の方がふさわしい。実際、ディドロもその困難を指摘していたことだが、取り決め上の唖者においては、ただその発話のみが既定言語による制約を受けないという条件が指定されているのみであって、その唖者が、周りで使用されている通常の言語環境から影響を受けないでいる可能性というものを払拭することはできない。「私たちの唖者［＝取り決め上の唖者］による文章構成は、いかなる言語の概念も決して持たない人間が行う真実の文章構成とは異なっている(66)」以上、取り決め上の唖者は、すでに言語という制度を備えてしまっているのである。他方、ディドロによって提示された生まれつきの唖者という概念は、慣習による影響を被っていない存在であって、いわばそこでは、人間は、一種の動物、あるいは動物によって育てられた人間といったレベルにまで還元されている。生まれつきの唖者とは、それゆえ人間の自然状態を代弁するものであって、いわば仮構された自然状態だと言えよう。

生まれつきの唖者という存在を感覚論へと導入することによって、感覚と言語の問題を翻訳の問題として提示することができるという点には注意すべきだろう。そもそも、感覚間の翻訳とは、すでにディドロが『盲人書簡』中で提示していた見解であった。すなわち、視覚、聴覚等々の各感覚は個々に自律していて、それぞれに固有の記号を産出する力があるとディドロは考えていた(67)。例えば視覚に固有の表現は触覚に固有のそれと逐語的に翻訳することができない。事情は他の感覚相互の関係においても同様である。ある感覚に固有の表現は、他の感覚にとっては「比喩」あるいは「外国語」のようなものにしかなりえない。各々の感覚は自律的であるのみならず、相互に共約不可能なものとして、つねに比喩的言語による相互翻訳という関係の内におかれている。『盲人書簡』の該当箇所をもう一度参照しておこう。

それ［＝盲人の用いる巧妙な表現］はある一つの感覚、例えば触覚に固有な表現であり、同時に他の一つの感覚、例えば視覚にとっては比喩となる表現となる。その結果、彼［＝盲人ソンダーソン］が話をする相手にとっては、二重の光明、つまり、表現の持つ直接の真実な光 la lumière vraie et directe de l'expression と、比喩の持つ反射光 la lumière réfléchie de la métaphore とが生まれる。［…］語彙の貧弱さが、まだある言語に親しんでいない外国人にも、これと同じ効果を生み出すことに私は気づいた。彼らは、非常にわずかな数の言葉で、万事を言い表さなくてはならない。そのために、いくつかの言葉を巧妙に並べることを余儀なくされる(68)。

以上の引用から、表現の直接性と比喩の間接性という二つの要素をディドロの感覚論の基本的な概念として認めることができる。両者はどちらも同じ「光」ではあるものの、媒介の有無に応じて様態論的に区別されている。直接的になされたいかなる表現も、それは他の視点においては比喩でしかなく、その結果不可避に翻訳を被るものでしかない。これと全く同じ原理に基づいて、聾唖者の身振りは比喩的なものだと見なされる(69)。けれども聾唖者の表現の持つこの比喩性は、まさしく既存の言語との関係においてのみ成立している。表現は、それがいかに直接的なものであれ、つねに翻訳され、比喩として解釈される可能性がある以上、その直接性はつねに暗黙のものとしてとどまらざるをえない。

とはいえ、直接的な感覚の享受も、ディドロにとって不可能なことではなかった。正確に言うならば、直接性は、さらなる媒介を経た上で回復されることになる。すなわち、直接的なものの享受は、ある距離をさしはさむことによってのみ再び可能となる。ディドロにおける距離の感覚が彼の道徳性の基盤となっているということを示したのはC・ギンズブルグだが[70]、距離をさしはさむというこの構造は、ディドロの感覚論においても重要な役割を果たしている。というのも、きわめて逆説的なことではあるが、距離をさしはさむことによって、媒介的なものが再び、直接的なものとしての力を持ちうるからだ。『聾唖者書簡』においてディドロが述べる観劇のエピソードが、そのことを如実に物語っている。役者の動きと身振りを観察するために、ディドロはあえて劇場の三階のボックス席に座り、「俳優たちから遠ざかれば遠ざかるほど、良い場所にいるということになる[71]」と述べる。ディドロはその席で耳をふさぎ、一切の物音が聞こえないように努める。すでに覚えている台詞を頭の中で想起しながら、俳優の身振りや動きのみを注視する。その経験のなかで、ディドロは深い感動にとらわれ、涙を流す。このエピソードは、動きや身振りをそのものとして捉えるためには、声の媒介は不必要だ、ということを述べている。実際の声を聞いてしまうと、実際に言われたことが言われるべきことを阻害してしまう。それによって「主題＝主たる観念[72]」への到達は妨げられる。理解するentendreためには、語ることparlerを抹消せねばならない。距離とはいわば、ある直接性を担保するために計られる隔たりであって、そこにおいて、別の直接性が、沈黙のなかで回復され、成立する。

このような観劇の経験は、ディドロにとって、絵画を見る経験と同じ図式のもとで捉えられているということにも注意を払っておく必要があるだろう。ディドロに従えば、人は絵画の前で聾者になることによって、はじめてタブローという唖者と会話をすることができるようになる。タブローの前では、聾者となることが、物言わぬ存在と言葉を交わす、いわば提示されたものを理解するための手段となる。

もしあなたが、絵画の並んだギャラリーを歩いている人が、考えることなく、聾者の役割を果たしているということを考えてみるならば、この賢明さ［＝聾唖者の賢明さ］があなたを驚かせることは、それほどはないだろう。ギャラリーを歩く人は、聾者となり、その人が知っている主題について会話をしている数々の唖者を吟味することを楽しむことになる。この視点こそ、私が自分の前に提示されたタブローをいつも見ていたやり方だ。そうして私は、これこそが、タブローの曖昧で両義的な動きを理解するための確実な手段である、ということを発見した。(73)

ディドロにとって聾唖者となることは、それゆえ、言語記号という概念を用いずに感覚的表現の仕組みを理解するための一つの手段であった。感覚相互の翻訳可能性を実現するためには、個々の感覚を分解し、対象とのそれぞれの固有な関わり方を理解する必要がある。「形而上学的解剖」と言われる思考実験はそのために行われたものであり、それは言語の制度的秩序に対する批判を目指していたということもできるだろう。ディドロによって提示された感覚論は、コンディヤックによって提示された感覚論とははっきりとした違いを見せている。コンディヤックに従うならば、人間の認識能力は知覚と記憶をもとに構成された記号の結合によって発達するものであり、知性はその意味で記号の操作へと還元される。ディドロはコンディヤック的な記号の体系との差異において感覚の翻訳可能性を思考し、またその基体となる魂に関する理解においても、コンディヤックのそれとは異なるものを提示した。

3　人間機械の感覚論から唯物論的一元論へ

『聾唖者書簡』におけるディドロの意図の一つとして、単なる文法学的な説明、すなわちコンディヤック的な感覚記号主義を超えて、「魂」の本質を記述することがあげられる。このことは、欲求と言語との関係においてディドロが行った考察から明らかにすることができる。そこにおいてディドロは、コンディヤックが『人間認識起源論』で述べたものと全く同じ架空の条件を用いながらも、コンディヤックとは異なった帰結を引き出している。コンディヤックは、「大洪水のあとしばらくして、男女それぞれ一人ずつの子供が、いかなる記号の使用を知ることもなく砂漠のなかをさまよっていた」と想定し、例えば飢えの感覚といったものを契機に情念と知覚が結びつくようになった結果、起源の言語としての情念の叫びや身振りが発生するということを導き出そうとした(74)。ところがディドロは、同じ想定を用いながら全く異なる帰結を導き出す。ディドロにとって問題であるのは、なぜこの二人が語るようになったかということではない。すなわちディドロにとって記号の発生は問題とはならない。ディドロはこの二人が語る言明そのものを問題とし、二人の語った言葉が感覚と魂の関係を表していると考える。魂の中において、感覚は言説のような秩序を持ってはいないということがこれによって示される。

もしこの感覚［＝飢えの感覚］から二人が語るようになったとしても、「私はすすんでそれらを食べるだろう」という［二人の］言葉は、一つの感覚における複数の様態にすぎない。「私」はその感覚を感じている人物を示している。「食べるだろう」は感じられた感覚の欲求や本性を。「すすんで」はその欲求の強度ないし力を。「それら」は望まれた対象が存在しているということを示す。けれども感覚は、魂の中では、言説が持つようなこの継起的な発展ce développement successifをいささかも持ってはいない(75)。

魂において継起的な発展が欠けているということは決して欠点ではない。むしろディドロはそこに魂なるものの本質があると考えている。魂とは判断の場であり、そこにおいては、つねに多くの感覚が与えられている。継起的な言説とそうではない魂とのこの対比は、二人の子供の事例に関する考察の帰結として、次の一節中でより明確に述べられている。

これ以上分割できない瞬間における魂の状態は、言葉の正確さが要求した一群の用語によって表現された。これらの言葉が、全体的な印象を諸部分へと配分した。そうして、言葉が継起的に発音され、それは発音される限りにおいてのみしか理解できないので、言葉が表している魂の情動も同じような継起性を持っていたと人々は考えるようになった。けれどもまったくそのようなことはない[76]。

言葉は、それが自然的なものであれ制度的なものであれ、観念を線的な順序に配置することにその本質があり、そうした秩序に基づいてのみ、心的状態を再現したり意味を構成したりすることが可能である。けれども、ディドロが考える魂の状態は、こうした言語の秩序とは全く異なる様相を呈している。先に引用した部分に続いて述べられた部分は、言説の秩序とは異なる魂の位相で存在する秩序の状態を明らかにしている。

私たちの魂の状態はまったく別物だ。私たちが私たち自身や、ほかの人たちの魂の状態について考えている内容は、まったく別物だ。魂の状態の瞬間的で全体的な感覚はまったく別物だ。私たちが魂を分析し、明らかにし、理解するためにそこで行わなければならない継起的で仔細な注意は、〔魂の状態とは〕まったく別物だ[77]。

魂の状態と言説との差異は明らかになる。魂を理解するためには、言語とまったく異なる秩序が必要となる。言語が持っている分節性と継起性という特徴に比して、心的状態は一つの統一としてしか認知されえない。魂の統一の特性として、同時性 simultanéité と連続性 continuité とをあげることができるだろう。すなわち、印象が継起的ではなく同時的であることを示す同時性という概念と、印象が分節されたものではなく連続的なものであるという連続性という二つの概念によって、ディドロが考える魂の状態を特徴づけることができる。「人間の分解」とは、魂のこうした本質を浮き彫りにすることをその目的としている。

他にも、これに類する一つの思考実験として、『聾唖者書簡』において、ディドロは機械としての人間を思考することを試みている。機械論的比喩を用いた感覚と魂の関係についてのこの描写を分析することで、魂における感覚が「同時性」と「連続性」という性質を帯びていることが確証されるのみならず、後期ディドロの思想、すなわち唯物論的一元論の立場にまで連なる鍵概念を確認することができる。

『聾唖者書簡』におけるディドロの人間機械論は、人間を生きた時計になぞらえることによって魂のあり方や機能を説明しようとしている。人間を機械、とりわけ時計の仕組みによって説明するという手法は、よく知られているように、ディドロ独自の観点ではなく、十七—十八世紀にかけて機械論的自然観に基づいたものとして広く流布していた。『聾唖者書簡』との関係で言うならば、その出版の数年前、一七四七年に出版されたラ・メトリの『人間機械論』は、唯物論的視座に基づいて人間存在を理解する試みの先鞭をつけたものであり、そこにおいても人間の仕組みは時計のそれとの比較に基づいて説明されている。ラ・メトリは、「人体は自らゼンマイを巻く機械であり、永久運動の生きた見本である[78]」と考え、魂は脳の組織に由来する物質の運動でしかなく、それは機械全体のなかでもっとも主要なバネだと考えられる。つまりラ・メトリにとって魂とは空虚な概念にすぎず、思考や感覚などは運動する物体の機能でしかなかったと言える。人間は動物よりも少しばかり複雑な機械でしかなく、人間が時計のような自動機械であることは、機械論的に記述可能な身体の存在によって保証されている。だが、ディドロの見解は、以下に引用する箇所からも分かるように、こうしたラ・メトリの見解とは異なっている。

> 小さなハンマーがたくさん備わった鐘がある、と頭の中で想像してみるがいい。そこから箱のあらゆる点に終点を持つ無数の糸がのびている、と。この鐘の上に、振り子の上部を飾っている小さな像を付けてみよう。そしてその像が楽器がうまく調整されているかを聞いている音楽家であるかのように、耳を傾けている、と考えてみよう。この小さな像が、魂、ということになるだろう[79]。

比喩的な語調が幾分強い箇所ではあるが、機械の響きを聞くものとしての魂という理解がここにおいて述べられている。魂は擬人化された主体とも言うべきものであって、それが感覚を判断する機能を担っている。こうした考えのなかには、デカルトに代表される心身を実在的に区別する立場が強く残っている。デカルトは『人間論』のなかで、機械論的原理で動く身体の中枢に、精神的実体の座を、船の操作台に位置する船長のようなものとして示していたが、ディドロも上述の箇所では、魂の座を「機械の中の幽霊」として設定している。ディドロはこうした考えを後に放棄することによって自らの唯物論的一元論を完成させることになるが、そのことは後述するとして、ディドロが『聾唖者書簡』中で述べた魂の役割をさらに詳細に吟味することにしよう。先の引用に続く部分で、ディドロは次のように述べている。

もしこれらの糸のいくつかが同じ瞬間に引っ張られるなら、鐘は多くの回数叩かれ、その小さな像は同時に多くの音を聞くことになるだろう。これらの糸のなかで、つねに引っ張られているものが数本ある、と仮定してみよう。私たちが、パリで日中たてられている騒音を、夜の沈黙によってのみ確信させられるのと同様に、私たちのうちには、継続性のあるものであるがゆえに私たちから逃れてしまっている感覚がある。それが私たちの存在の感覚なのだろう。(80)

引用した箇所の前半部分は、魂に与えられる感覚がつねに複合的、あるいは同時多発的であることを示している、後半部分においては、存在の感覚が魂において鳴り響いている基調低音のようなものとして考えられている。『聾唖者書簡』の人間機械論は、それゆえ、魂の役割を脳髄の機能へと帰着させるラ・メトリのそれとは異なり、感覚の特質として同時性と連続性とを提示しつつ、それが判断される可能性の条件として魂という場を措定していると言えるだろう。魂とは直接的かつ即座に与えられる感覚を判断するものであって、そこにおいては、与えられた響きの調和あるいは不調和といった関係性が判断の示標となる。また同時にこのことによって、関係性に基づく美的判断が、「存在の感覚」と呼応している可能性も暗示されている。他にも、後年のディドロの思考へとつながる萌芽的な概念として、張力と振動という観点が魂の存在様態として重視されているということも強調しておきたい。感覚とは打ち鳴らされる鐘の響きであり、それを引き起こすものは引かれた糸であり、その張力が感覚の契機となっている。

一七五〇年前後のディドロの思想、とりわけ『聾唖者書簡』においては、上述のように、身体や世界と、それを判断するいわゆる魂の位相との間に実在論的な区別が導入されていた。そこにおいては、「魂」という位相が、ある種純粋に精神的な属性として思考されているかのようであった。ところが、『聾唖者書簡』の後半部において見られる「魂あるいは箱の中の運動 l'âme ou le mouvement dans la boîte」という表現が示しているように、魂は運動そのものとして解釈される可能性をすでに秘めていたとも言える。魂を運動として捉えつつ、ラ・メトリとは異なる内容を含んだディドロ独自の唯物論的魂は、さらに後年の著作において完成した形で見出されることになる。ここでは、J・シュイエの指摘に従いつつ(81)、一七六九年に書かれた『ダランベールの夢』という著作のなかから、『聾唖者書簡』で提出された問題点がどのように帰結したのかを確認するにとどめよう。少なくともそこにおいては、ディドロにおける魂の唯物論的な基礎づけが一応の完成を見せている。

『ダランベールの夢』と題された対話篇において、ディドロは魂の機能を生物学的な発達段階のなかに捉え、二元論的な困難を克服しようと試みている。そこでは、『聾唖者書簡』中のモチーフ、すなわち糸の張力と振動という着想が形を変えて現れる。まず、ディドロは生物の発生が「糸束 faisceau de fils」から始まるという仮説を打ちたて、その糸が自らに備わった触覚を通じて、自らに伝えられた運動を判断することに知覚や印象の起源があると述べる。つまり人間の起源は分子からなる細い糸の束であって、それは「純粋に感覚を持つだけの組織体」と見なされる。この糸が最初に持つ感覚が触覚である。触覚は「純粋で単純な感性」と呼ばれ、それを通じて継起的な感覚が与えられ、それにより成長が促されることによって、糸は各々の感覚を司る器官へと成長・分化していく。すなわちあらゆる生物の本源は、「まだ柔らかい、繊維質の、形の定まらぬ、蠕虫類の、動物というよりも植物の球根か根により多く似通った物質(82)」にすぎない。

糸から構成されたものが発展し、複雑な機構を備えた成体となっても、糸の形象が失われることはない。人体はさらに、中心に蜘蛛が存在する巨大な蜘蛛の巣として見立てられ、思考される。人間の体内には無数の糸が張り巡らされていて、その糸に与えられた振動を、中枢部分、すなわち蜘蛛として例えられる中央部が感知する。

ボルドゥ：［…］人間を生まれたときに呈している形のものでしか知っていない者には、人間というものは一向分かっていないわけです。その頭、足、手、その他からだのすべての部分、すべての内臓、すべての器官、鼻、眼、耳、心臓、肺、腸、筋肉、骨、神経、膜は、正確に言えば、形成され、成長し、広がり、眼に見えない無数の糸を繰り出す細胞群のまだ不器用に発達したものにすぎません。

レスピナス：これが私の網とします。すべて糸の出て行く中心は私の蜘蛛です。(83)

糸の中央に位置する蜘蛛に例えられた糸の束は「共通の起源」と呼ばれ、そこに与えられる感覚印象の恒常的な関係が動物の統一を構成している。さらに言えば、蜘蛛の糸という微細な物質は、外部からのいかなる微細な触発をも享受しうるものであるから、中心にいながら、外部の全てを触知することが可能だとされている。これと同様に、人間も、少なくとも原理的には、世界のあらゆる場所で起こっていることを知ることができる。

レスピナス：けれども、もし一つの原子が蜘蛛の巣の糸の一本を揺り動かせば、蜘蛛は警報を発し、不安になり、逃げるかないしは駆け寄ってきます。中央にいて、蜘蛛は自分で壁掛けを張った大きな部屋のどんな場所に起こったことについても、すべて報告を受けるのです。なぜ私は私の部屋あるいは世界で起こることを知らないのでしょうか？　私は感覚ある点の糸毬ではありませんか。すべてのものが私に圧力を及ぼし、また私もすべての物に対して圧力を及ぼしているのではありませんか？(84)

つまりディドロにとって、世界のすべての存在物はネットワークを形成し、互いに力を伝えあっている。すべてが作用と反作用によって影響し合い、関連づけられている。『盲人書簡』から連なるテーマがここにも見出される。存在物とはお互いに感知可能なネットワークを張り巡らせた存在であって、そこにおいては意味や形ではなく、力、あるいは振動といったものが相互に伝達される。実際、世界全体さえ連続的に力を伝える網の目で構成されていることを、ディドロ自身も否定していないように見える。

レスピナス：この世界もまたその脳膜を持ち、あるいは空間のどこかの隅に糸をあらゆるものに伸ばしている巨大なあるいは小さな蜘蛛がいるというようなことはないと誰が言いましたか？

ボルドゥ：誰も言いませんよ。蜘蛛が過去に存在しなかったか、またこれから先存在しないか、ということなら、なおさら言いませんよ。[85]

こうして、世界の総体でさえ、張り巡らされた「蜘蛛の糸」を伝わる連続的な力のネットワークとして把握される。「自然界においてはすべてが相連関しており、この鎖の中には間隙が存在しえない」と、『ダランベールの夢』に登場する幾何学者ダランベールは述べる。ディドロにおいては、世界はこうした力動的な存在物の集積であって、そこにおいて各個体は、各々の振動を共鳴させることによって交流を行う。ライプニッツのモナド論においては、世界は各実体が相互に反射し表象しあう場であって、そこではいわば合わせ鏡が幾重にも重なったシステムが展開されているということができる。他方でディドロの体系は、光学的な表象や像の関係ではなく、触覚的な振動や力の関係を基本に説明される。世界は力学的な共振に基づいており、魂といわれる位相もその例外ではない。感覚の記憶が保持されることによって、新たに与えられる力を計測する能力が糸に備わってくる。力を伝え、それを表現する感覚は、糸の緊張とその効果として解釈されうる。『聾啞者書簡』に見られる魂の描写がディドロの思想を貫いて発展する契機を含んでいたことが、こうしたことから理解されるだろう。

4　ヒエログリフと怪物

以上の考察から、『聾唖者書簡』という錯綜した構成の著作中で行われた、「人間の分解」という試みの射程、および思考実験として措定された聾唖者の位相を確定し、そこにおいて、言語の分節的・継起的性質と対比される形で「魂」の同時性と連続性とを確認することができた。また、それが後に完成を見る唯物論的一元論にまでつながる形で展開されていることも証明された。とはいえ『聾唖者書簡』自体は、多岐にわたるテーマを含んだ散逸的な著作であって、他にも重要なテーマは多々含まれている。最後に、今回の帰結から導き出される二つの問題を敷衍することで本章を締めくくりたい。

まず、『聾唖者書簡』から提起されるもう一つの問題として、歴史的時間と言語の問題といったものが挙げられる。ディドロは、魂における同時性と連続性、すなわち根本的に単線的な語りの構造と相容れない性質を指示しているが、それとは逆に、もし物事が語りうるものであったならば、すなわち記号などにより媒介可能であったならば、その物事は多くの仕方で多義的に語られる可能性がある、ということを示している。

一般的に、ある文章が多くの考えを内包しており、身振りやその他の記号で構成される可能性が数多くあるならば、そうであればあるほど、誤解や曖昧な言い回し、あるいは構造におけるその他の欠陥に陥る危険性が多くなるだろう。(86)

慣習的には欠陥と思われてきた生まれつきの聾唖者の資質は、こうした危険性を回避するものとして提起される。すなわち、生まれつきの聾唖者には唯一つの表示手段、すなわち自然の秩序に基づいた身振りしか与えられていないからだ。身振りの長所としてディドロは、一つにはそれが語りたい主題との直接的な関係を保っていること、もう一つはそれが時制という文法概念に縛られないということの二点をあげている。ディドロに従うならば、時制の概念とはもっとも人工的な秩序に従ったものであり、自然的な秩序に反している。自然の秩序と制度の秩序の対立が表現とその比喩との対立と重なることは先にも述べたが、ディドロはその対立を「表現」と「思惟」との対立として書き換え、それを乗り越える可能性としての詩を定義している。ここにおいて重要なのは、詩人が音節を最大限に賦活した場合、もはやその詩句は単なる継起的な言説であることを超えて、一つの「ヒエログリフ」を形成するという点である。詩の精神は、「互いに自らが描いているヒエログリフが堆積した織物[87]」だと言われる。継起的であると同時に同時的でもあるヒエログリフは最大限の表出であって、その存在は、アナクロニックでアトピーな要素として、言語の秩序を攪乱させる。ウォーバートンやフレーレの著作を視野に入れつつ、十八世紀においてヒエログリフといわれていたものが持つ地理的・時間的な異質性を考慮することで、距離を失調させる象形文字という概念を導くことができるならば、ディドロにおける道徳と美学との関係性を、まさに異質な時間性そのものを基盤にして導出することが可能となるかもしれない[88]。次章ではこのことを問題としたい。

もう一つは、ディドロの「魂」概念が提起する哲学的な射程に関係している。『聾唖者書簡』中で述べられた魂の状態、すなわち自分のなかでつねに何かが響いているという状態は、魂というものがつねにある対象に触発された状態であることを意味している。このように述べることで、ディドロは、自己自身を純粋な対象とし、それに対して思弁を向けることの困難さを問題とする。

いくども、私の頭の中で何が起こっていたのかということを吟味し、私の精神を事実に向けようとする意図において、私はもっとも深い省察のなかに自分を投げ込み、自分でできる限り精神を引き締めて、自己自身のなかに引きこもろうとした。けれどもこの試みは何も生み出さなかった。それは、自己のうちにあり、同時に自己の外にあらねばならない、と感じられるようなことだし、観察者の役目と観察される機械の役目を同時に果たさねばならない、と感じられるようなことだった。けれども精神は眼のようなものであり、自己自身を見ることはできない(89)。

自己自身を知ること、とりわけ主観と客観とを切りはなし、完全に対象化された自己自身を見ることの困難は、「眼が自分自身を見ることはできない」という言及によって要約され、一つの矛盾として表現される。デカルト的な自己への省察は、それ自体不可能な試みのように思われる。ディドロにとっては明証性を保証するはずの自己の自己性は構造的に矛盾を抱えたものでしかなく、その意味で「明晰判明知」を獲得する「確固不動の一点」とはなりえない。というのも、『盲人書簡』で述べられていたカオス的世界像や触覚的世界把握を考慮に入れるならば、自己というものでさえつねに、それ以外のものから不断の影響を被っているような何ものかでしかなく、不定形で不断に動き続けている存在でしかないのだから。とはいえ、「精神を事実に向ける」というある意味できわめて啓蒙的ともいえるこの要請をディドロは断念するわけではない。この撞着的で困難な要請に対して、ディドロはその解決法を、人間が人間であることをやめ、ある種の怪物になればよい、と結論づける。

一つの首に、二つの頭がはめ込まれた一匹の怪物が、おそらくは私たちに新しいことを教えてくれるだろう。したがって、全てを結合し、数世紀かけてもっとも常軌を逸した現象を引き起こす自然が私たちに双頭の怪物 dicéphale を与えるまで待たなければならない。その怪物は自己自身について考察しながらも、もう一つの頭で自己以外のものに対する観察をなすだろう(90)。

啓蒙の合理性の要望が、怪物への待望を引き起こす。この「怪物」がカントによってひとつの理念化を経たこと、つまり、「経験的＝超越論的二重体」としての人間がカントによって思考されたことは、フーコーによる指摘などによって広く知られている[91]。自己を知るためには自己を複数化しなければならないということを、ディドロは述べている。より正確に言うならば、ディドロの思考においては、自己とはつねに、自己以外のものとの複合でしかなく、それゆえつねに、自己性のなかにハイブリッドな怪物性が存在している、ということになる。こうしたハイブリッドな自己を措定できるならば、超越論的に規定された純粋な統覚の統一としての自己性は批判されるだろう。さらにそこにおいては、超越的なものから、それとの一対一関係において与えられる命法に基づいた責任主体ではない主体概念、つまりある種の共生を根底においた主体概念をも構築できる可能性が見出されるだろう。もちろんこれは『聾唖者書簡』の読解に基づいて得られた一つの見通しでしかなく、この概念を吟味するためには、ディドロの他の著作、とりわけ『ラモーの甥』や『ブーガンヴィル号航海記補遺』といった、隔絶した他者との対話を題材にした著作を精査する必要がある。ディドロの著作のうちに見出される多くの仮構された対話は、いうなれば自己の分裂の一つの解釈を反映したものであり、それは、おそらく、絶対的な自己意識の統合を準備するために置かれた正と負の二側面にとどまるものではない。仮にもしそうでしかないならば、そのときは、理性こそが怪物になる。

第三章　ヒエログリフ的思考、あるいは微細さと同時性について

1　ディドロにおけるヒエログリフとエンブレム概念の提示——『聾唖者書簡』より

先の二つの章における考察を通じて、『盲人書簡』から『聾唖者書簡』へと続いていくディドロの思考のなかで主要な問題が転換していく様子を見ることができる。その道行きを、存在論と結びついた感覚論から感覚に基づいた美的感性論への移行と言うこともできるだろう。異なる秩序に属するものの存在が異なる感覚の存在を告げ知らせ、また、そのようにして知られる相異なる感覚の競合から現実に対する様々な判断が生起する。感覚から抽象された諸概念によって思考が行われるという経験論的視座がここには見出される。さらに、思考は記号によって行われるという当時のコンディヤック的感覚論の影響の下で、その思考がいかなる記号によって表されることになるかという表現の問題が発生する。『聾唖者書簡』において、ディドロはこの表現論を、どのような言葉が魂の状態をもっともよく表しているかという問いとして捉えていた。『盲人書簡』における抽象の問題は、『聾唖者書簡』においては、いわば記号と感覚との関係へと形を変えて展開される。そこから記述と言語表現との関係という主題が現れる。語順や時制といった言語の秩序を司る文法概念や、詩や絵画といった感覚に訴える感性的な経験との関係がそこでは問題とされる。本章では、『聾唖者書簡』においてディドロが立ち上げるにいたった感性論の枠組みに焦点を当て、その形成と他の

思想との影響関係とを明らかにすることで、ディドロの唯物論的思想における美的感性の原理について考えてみたい。『聾唖者書簡』の前半部は、文法概念についての考察に充てられている。倒置を中心とした文法的概念を吟味していく中で、ディドロは経験から獲得される諸観念のなかでも時制という概念をもっとも抽象的なものだと見なす。自然によって魂へと与えられる感覚は同時的で多元的であるのに対して、時制の概念は事物を過去・現在・未来という相に区分し、単線的な流れのなかに位置づけてしまう。抽象化の様態におけるこのような差異が古典語と現代語の差異として現れる。ディドロにとっての現代語の極致であった古典主義的な文体がもたらす美的感動は、それゆえ、原初の詩的想像力が与える自然の力からあまりにへだたってしまったものとして考えられることになる。

一般的なあらゆる言説において、思考と表現とを区別しなければならない。もし思考が明晰さと純粋さと正確さとによって還元されるならば、身内での会話にはそれで十分ということになる。これらの性質の他に、詩句の数と調和とにあわせて言辞を選択することを加えてみればよい。そうすれば、あなたは説教師にふさわしい文体を手に入れることができるだろう。けれども、あなたはそれでもなお詩からは離れてしまっている、とりわけ叙事詩やオードがその描写の内で繰り広げる詩からは隔たってしまっているだろう(92)。

ディドロにとって、「詩 poésie」を完成させるためには、明晰な思考とそれに対応する表現だけでは十分ではなかった。古代ギリシャの詩に匹敵する力を詩を作るためには、個々に切り離された観念や言語を生あるものへと再統合する要素が必要となる。この要素が、ディドロによって「精神」と呼ばれる。精神は「全ての詩節に動きを与え、生命を与える」もので、それのみが「事物を語られ得たものにすると同時に表象されたものにする」ことができる(93)。精神という概念は、知性による把握、魂による感動、想像力によるイメージ形成、耳による聴覚イメージ形成といった同時に生起しうるすべての作用が総合された包括的な作用を意味している。ディドロは、この総合的な対象形成作用に対して、「ヒエログリフ」あるいは「エンブレム」という名を与える。古代の絵画的な象形文字を意味するヒエログリフと、紋章などに用いられるエンブレムという概念は本来異なった絵画的形象ではあるが、ディドロはこの両者を同じ作用を持つものとして考えている。

〔…〕精神によって、詩人の言説は、力と高貴さとを備えた思考を示すエネルギーをもった言辞のつながりとなる。それのみならず、詩人の言説はまた、言辞が互いに堆積したヒエログリフの織物ともなり、それこそが思考を描き出す。この意味で、あらゆる詩がエンブレム的であると言うことができるかもしれない。(94)

ディドロにとって、ヒエログリフやエンブレムは詩人におけるもっとも卓越した詩句に見出される効果の総称であり、精神に与えられる所与として固有の詩句に取り憑いている。思考を描くこと、つまり思考の生きた様態に表現を与えることは、まず第一に思考を絵として描くことと言い換えられる。けれどもこのことは、思考を単に絵画的表象へと置き換えることにはとどまらない。思考の絵画といわれるものには、知性に訴えかける意味や、魂に訴える情動、視覚的想像力に訴えるイメージ、聴覚に訴える音声的イメージといったすべてのものが同時に表されていなくてはいけない。そのとき詩句は、単なるエネルギーを有した語の「つながり＝鎖 enchaînement」にとどまらず、「ヒエログリフの織物 un tissu d'hiéroglyphes」となる。つまり、知性、感性、視覚的聴覚的刺激のすべてを同時的に備えたものこそがヒエログリフ、あるいはエンブレムと呼ばれるに値する。それはエクリチュールとパロールが結びついた言語表現が持っている効果の総称であり、それゆえこの効果は、意味や観念の地平のみならず、それを表す音声や綴り字の視覚性といった要素からも引き起こされる。いわばヒエログリフは、知性や感覚、想像力のすべてに対して同時に働きかける複層的な「堆積」物だと見なされる。そこにおいては、意味、綴り字の象形、それを発音する音声といった各々の分節化された要素がレイヤーを構成しながら統一された複合体を形成している。記号の物質性とでもいうべき要素をも、意味の地平と同等なものとして統一的に考慮に入れることによって、ヒエログリフの効果が成立している。

このようにヒエログリフは、観念的であると同時に唯物論的な地平におかれつつ、精神と古代の詩句との特別な関係を媒介する役目を担う。固有の物質性を有しているが同時に媒介的に一つの全体的な観念を伝えるものでもあるというこの側面は、一つの個別の情景を描いた絵として見なされると同時に一般的な意味を担っている、実在の象形文字の様態から類推的に見出される。そこにおいて、古代の詩句に宿っていたはずの精神性が、言語の意味の地平を超えた全体として再現されることが可能となる。ある意味で、ヒエログリフやエンブレムとは、ディドロにとって、古代の精神を直接的な印象として再現前させる装置だといえる。唯物論的観点を含めた上で古代の精神性を再度賦活させたときに、エクリチュールは歴史錯誤的なものとなり、現代の精神に対して固有の仕方で現前し始める。ヒエログリフの機能は、エクリチュールという総合的な装置において、歴史的古代における生の様態を具体的に現前させることにその本質がある。いうなればディドロにおけるヒエログリフは、古代の現前という矛盾した現象を可能にするアナクロニックな装置だということもできるだろう。このアナクロニズムを単なる概念的な機能に帰せるにとどまらず、その機能の仕方の詳細のなかにディドロの思考の特徴を見て取ることが重要となる。なぜなら、ヒエログリフの唯物論的転用を可能にしている思考の方法こそが、ディドロ独自の思考の様態にほかならないからだ。

2　ディドロと同時代におけるヒエログリフ概念の諸相

J・シュイエによれば、ディドロにおけるヒエログリフ概念の形成にはヒエログリフを考察した思想家たちの長い系譜からの影響があるとされている[95]。これらの影響のなかでも、ディドロに少し先立ち、『聾唖者書簡』におけるヒエログリフの理解に強い影響を与えた人物として、シュイエはヴィーコ、ウォーバートン、コンディヤックの名前をあげている。自然言語でありながら多彩な詩的効果を備えているヒエログリフの概念の形成にはこれらの著作家たちの思考が影響している。

自然言語 langage naturel としてのヒエログリフ概念の重要性は、十八世紀前半に起こった反デカルト的な潮流のなかで増大していく。そこでは人間の言語や論証の活動の根拠を、明証的な観念と直接結びついた記号の普遍的な連鎖にではなく、様々な感覚から派生した状況的な思考の営為のなかに見出そうという経験論的な探求が試みられる。ヴィーコの名前を、そうした潮流のなかに位置する最初の思想家としてあげることができるだろう。明証的で幾何学的な体系性よりも、むしろそこでは、ダイナミックで詩的な歴史性が重視されることになる。当時の言語論の問題はヴィーコが身を投じたこの対立的立場に典型的に示されている。マドレーヌ・ダヴィドの分析を援用するならば、この対立を「一つの時代的な傾向」としての「理性と詩学の間の歴史的な対立」と言い換えることもできるだろう。ディドロやルソー、あるいはコンディヤックといった同時代の哲学者たちは、理性に抗する詩の位相、いわば合理化に抵抗する感性の位相をヒエログリフの存在のなかに見出し、それを新しく開かれた感性的・美学的領域の一つの主題とした。[96] こうした観点においては、象形文字の発生における事物と記号との結びつきがいかなる意味で「古代」であり、ひいては「自然的」であるのかという点が問題となる。記号と事物との直接的な結びつきを可能にする自然の模倣としての言語と、ある事物の代理表象として機能する記号との違いは、おのおのの時代において見出される固有の発展段階が原因となって生じる。いわばエクリチュールの歴史的区分を踏まえた考察から、自然言語の歴史的発展というテーゼが生み出される。

a　ジャンバティスタ・ヴィーコ『新しい学』に見るヒエログリフ概念

イタリアの人文主義者ヴィーコは、文献学的な態度としての歴史主義を表明した、反デカルト主義の代表的な思想家であるが、彼の提示した象形文字論のなかには、唖者とヒエログリフとの必然的な結びつきという『聾唖者書簡』

へと直結する問題も見出される。一七二五年に刊行された『新しい学』のなかでヴィーコは、人間の心において生じる原初的なプロセスを感覚論的な立場から捉えている。認識のプロセスは不分明な感覚から始まり、そこから分化した知覚が形成され、最終的に知性によって行われる反省によって完成する[97]。自然物を模倣しているという意味で自然的であり、またエジプトを起源として持つがゆえに最古のものと見なされているヒエログリフ(=象形文字)は、こうした認識プロセスの最初の段階において生み出されたものとして考えられる。つまり象形文字とは観念の生得性に由来して作り出されたものではなく、むしろ経験に基づいて作り出されている。さらに言えば、それは物体の秩序を基にしてそこから作られたという意味で、いわば唯物論的な発生の契機を持っている。

人間の知性は、生来、感覚によってみずからを外から物体を眺めるようにして眺めるという傾向を持っており、反省を介して自己自身を理解するには多大の困難が伴いがちである。この公理は、すべての言語における語源学の普遍的原理を提供する。どの言語においても、語彙は、知性と精神に関することがらを表示するのにも、物体や物体の特性から採ってこられているのである[98]。

こうした性質を備えた自然的言語としてのヒエログリフが言葉と文字との歴史的起源の一つとなる。ヴィーコは人類における文字と言葉の詩的な起源を、詩的記号による思考、物語による語り、そうして象形文字による筆記の三つの要素のうちに認める。異教的な最初の人間の営為は、こうして事物から形成された観念を想像的な記号によって想起し、それを自然的な類似性を持った所作や物体によって説明する行為として説明される[99]。ヒエログリフは第三の段階である伝達に関わる要素であって、自然的事物、とりわけ所作との一致において意味を伝達する媒介として機能するものだとされていた。そうしてこのヒエログリフの発生の契機を、ヴィーコは唖者における身振り言語発生の契機と重ね合わせる。

唖者は、自分が示したいとおもう概念と自然的な関係をもっている身振りや物体によって説明する。この公理は象形文字の原理である。諸国民はすべて、その最初の野蛮状態のもとでは、象形文字によって話していたことが分かる。(100)

このようにして唖者の行動原則が「公理」と呼ばれ、それが象形文字が誕生した原理と同一視される。野蛮状態の人民、すなわちエジプトやカルデアの民といった古代異教徒の民たちは唖者になぞらえられ、「新しい学」の体系的な基点に位置づけられる。ヴィーコの『新しい学』において、ヒエログリフは単なる古代エジプト固有の文物ではなく、むしろ自然性、原初、異教性、古代、そうして物質的秩序や唖者といった存在までを一つに結びつける多様な相を持った一般的な概念として機能していた。

b　ウォーバートンのヒエログリフ概念に見られるエクリチュールの歴史性と脱神聖化

一七四四年にフランス語訳として刊行されたウォーバートンのヒエログリフ論『エジプト人たちのヒエログリフに関する試論』は、その二年後に出版されたコンディヤックの『人間認識起源論』において展開された言語論への影響を中心に、当時のフランスの言語論に強い影響を与えたとされている。その影響は百科全書派にも及んでおり、『百科全書』中の少なくとも二十三個の項目がウォーバートンの思想の影響を受けて執筆されていたとされている。(101)ウォーバートンのこの著作は、言うなればエクリチュールの問題を大衆化したものであり、当時のヒエログリフ概念を考える上で見逃すことのできないものだと言えよう。(102)

著者のウォーバートンは当時のイングランドで活躍していた文人であり、一七三八年にポープの『人間論』に対して寄せられたクルーザの批判を退けて以来、十八世紀半ばのイングランドにおいて「文学の独裁者、暴君」としてその存在を誇っていた。ウォーバートンは同時代のイングランドではもっぱら文壇的政治の立役者として自らの威厳を発揮していたが、フランスにおいてその名はむしろ理論家として知られていた。ウォーバートンの思想は一七四〇年代の初頭にエチエンヌ・ド・シルエットによってフランス語へと翻訳され、その後レオナール・ド・マルピヌによって冒頭にあげたヒエログリフ論が翻訳され刊行される。レオナールが訳した『エジプト人たちのヒエログリフに関する試論』（以下『ヒエログリフ試論』と略記する）は、ウォーバートンの主著といえる『モーゼの神聖な道行き』*The Divine Legation of Moses* 第四巻を底本とし、その巻の翻訳をもとに構成された。けれどもレオナールによる『ヒエログリフ試論』の翻訳は、著者であるウォーバートンの見解をもとに、訳者であるレオナールの見解が相当に加味された上でフランス語版として出版されている。歴史家であり折衷主義者であったウォーバートンは、理神論者に対抗して聖書的伝統の革新に努めた人物であり、まさにこの聖書的古代の実在証明のために古代エジプトの神聖文字や科学を扱った。フランス語翻訳者レオナールの関心はそこにはなく、ウォーバートンの探求のなかに「エクリチュールの一般史」を見出すことができると考えていた。それゆえレオナールにとって、ウォーバートンの象形文字論とは書字形式の歴史学にほかならない。ヒエログリフに関する節においては原典がフランス語へと訳されるにとどまらず、レオナールによる補足や注記が付され、図版も改良された上で掲載されるなど、レオナールの関心に基づいた独自の翻案とでも言うべき作業がフランス語版においては見出される。「フランスのウォーバートン」の独自性が上記の経緯から生じてくるという点には留意しておくべきであろう。本節でもこうした経緯をふまえ、フランス語版の『ヒエログリフ詩論』に展開されていた思考を仮設的にウォーバートンのものとして示すことにする。

一般的に言って、ウォーバートンの象形文字論の独自性は、伝達に必要なエクリチュールの歴史的発展という視点においてヒエログリフを考えたという点にある。この発展は絵画から文字への変遷として捉えられ、変遷の一過程のなかにいわゆるヒエログリフもその位置を占めている。この過程はエクリチュール一般の発展の過程として歴史化される。最初は絵画であったエクリチュールはメキシコの絵文字となり、エジプト的ヒエログリフへの生成を経て、中国の漢字へと姿を変える。最終的にそれはギリシャにおけるアルファベットとなって西洋世界の文字となり定着する。

ウォーバートンによればこれらのエクリチュールは音声によってではなく形象によって観念を伝達する手段として定義される。言い換えればエクリチュールとは一瞬で消え去ってしまう声とは異なり、時と場所を超えて残存しうる形象にほかならない。

こうしたエクリチュールは歴史的に三つの段階を踏んで発展したと考えられ、いわゆるエジプトのヒエログリフはその第二段階を占めるものと見なされている。ヒエログリフの誕生は、古代メキシコ人、すなわち第一段階においては「単純な絵画」[103]でしかなかったものが、エジプト人において「絵画と記号 peinture et caractère」[104]へと変化したことに起因している。ヒエログリフは、単なる絵画を用いた伝達と比べた場合、ある種の省略の技術が介在した結果生まれたものであり、その技術自体もウォーバートンによって三つの段階に区分されている。いわばヒエログリフも三つの省略技術の進歩を経て形成されたということになる。

第一の段階は、ホラポロンの『ヒエログリュフィカ』中の文例を用いて示されている。楯を持った一本の手と弓を持った一本の手を並べて描いて二つの軍隊が戦争することを示すヒエログリフや、弓を射る武装した男の絵によって人民の騒乱を表すヒエログリフなどが例として出されている。これらの例は、ウォーバートンの表現をそのまま用いるならば「最後の素朴さ」に属するものと見なされ、そこからエクリチュールが「ヒエログリフ的絵画」、すなわち「同時に形象でも記号でもあるもの」へと変質したと考えられている。[105]出来事の全体が省略された絵画として示され記号化されることで、指示された出来事に備わっていた特定の契機が他のすべての事例に当てはまりうるものとなる。個別的な光景の描写となることから離れて、記号としての一般性がヒエログリフに与えられる。

第二の段階においては、さらに抽象化の度合いが進み、ものそのものに替わって現実的あるいは比喩的にそのものを媒介して伝えるものが記号として使用される。卓越した場所におかれた眼によって全知の神を表象したり、あるいは船頭を乗せた舟によって宇宙の支配者を表象したりする場合がそれにあたる。部分によって全体を表すという意味ではこのヒエログリフは提喩的なものと考えられるし、構造の見かけの同一性に基づいて生起したという意味では隠喩的なものとも考えられる。

第三の段階において、絵画的エクリチュールは最大限の省略を被る。この場合エクリチュールは基本的には「あるものが別のものの代わりの場所を占め、その別のものを表象する」ことによって構成される[106]。この種のヒエログリフにおいては、代補されるものと記号との間には、自然の観察を通じて得られた、あるいは迷信的な伝統に基づいて仮構されたある種の類似性が認められる。記号関係を保証する類似性自体は、外形的な類似性でも、実際のあるいは想像上の性質における類似性でもよく、それが内的なものか外的なものかという点が問われることはない。観察を通じて作られた記号の例としては、宇宙を表す記号としての円環状の蛇や日の出を表す鰐の両眼をはじめとして他にも多数の例がある。また、民衆による迷信から生まれた記号としては、不幸に対して勇気をもって立ち向かいそれにうち勝った人物をハイエナの皮で表す例があげられている。

ヒエログリフの成立におけるこの三つの段階の特徴を端的に述べるならば次のようになる。第一段階のヒエログリフは自然的類似性に基づいた模倣によって生成したものであり、第二段階のヒエログリフは比喩的媒介に基づいた生成の結果生じた。そうして、第三段階においてヒエログリフは代理表象としての機能を果たすことになる。もちろんこの区分はそれほど厳密ではない。例えば第二の段階のものと第三の段階のものの両方において隠喩的な記号の存在を認めることができる。パトリック・トールはこれらの三種類を「提喩－換喩的」「換喩－隠喩的」「類比－神秘的」と呼んで区別しているが、この区別における名称からも分かるように、ウォーバートンが行ったヒエログリフの発展における三段階の区別は選言的なはっきりとした区分ではない。これらの三区分はむしろ相互に重なり合いながらも、それぞれが微妙に異なったコードの存在を示している[107]。

個別的事項の直示的な絵画であるメキシコの伝達絵画でもなく、簡略化が高度に進行した結果文字の数が膨大に増加した中国の漢字でもなく、両者の中間にエジプトのヒエログリフの位相が見出される。このことは同時に、ヒエログリフ＝神聖文字の単一で異教的な起源を認めることでもある。というのも、このような時代と場所とを異にしつつ起こる継起的発展は、ヒエログリフが人間と周囲の世界との一般的な関わり合いのなかから生まれて発展したという観点に基づいているからだ。ヒエログリフとはいわば自然的な生産物の一つであって、それが時と場所を異にした人間の技術によって次第に省略化・抽象化された結果、現在のアルファベット的なものへと姿を変えていった。ヒエログリフや漢字をも含むあらゆる絵文字は「自然の単一な声」[108]と見なされ、一元的な発展の諸段階の内に位置づけられる。ここにおいて、ヒエログリフの名の元となった「聖性 hiéro-」は、この歴史的発展の理論の内部においてはその意味作用の場を持たない。ウォーバートンは、エジプトの神聖文字の前段階と後段階にあったメキシコの絵文字と中国の漢字は「奥義」や「秘蹟」として用いられることがなかったと述べ、それらの要素はエクリチュールの進化には関係のない外在的な要因でしかなかったと結論づけている[109]。

また、エジプトのヒエログリフのみが唯一ヨーロッパ的なアルファベットの起源となった原因については、メキシコの王国が永続しなかったという点と、中国人たちが発見の才に乏しくまた他国の人々との交流に関心を向けなかった結果、形象を文字によって書き換えるに至らなかったという点があげられている。こうしてウォーバートンは、エジプトのヒエログリフがアルファベットへと変化することが可能となった要因を、統治の行き届いた古代エジプトの王朝にふさわしいとされる「人間の諸技術［les］Arts」と「勤勉さ l'Industrie」とに帰せる[110]。この解釈のなかにすでに作用してしまっている一つのアナクロニズムを指摘することができる。すなわちウォーバートンは、ヒエログリフという古代の遺物を、啓蒙期の主要概念である進歩を可能にする人間技術と、それを有用性へと転化させる継続的な人間本性である勤勉さの範例として解釈している。

ウォーバートンの著作は、西洋近代のアルファベット世界において、ヨーロッパ的人間性に属しているものと同定される性向と技術の概念とによって、古代エジプトが特権視されると同時に文字における脱神聖化が進められていった過程を示している。ヒエログリフの発展の要因中には啓蒙期の人間性が有しているはずの特質が読み込まれ、この読解によって、神秘なき進歩のエクリチュールとしてのヒエログリフの位相が画定される[111]。

3　『聾唖者書簡』におけるヒエログリフ概念の詳細

すでに見たように、『聾唖者書簡』においてヒエログリフやエンブレムの概念が提示された理由は、ディドロが調和に基づく古典主義的美学の基準を離れて、精神の統一に基づいた新しい美的判断の基準を打ち立てようとしたことにある。とはいえ、シュイエも指摘しているように、ディドロは古典的な調和の概念を完全に放棄するわけではない(112)。精神の統一を表すヒエログリフの機能は、『聾唖者書簡』最後部に位置する「諸考察 Observations」のなかで端的に示されているが、そこにおいては異なるハーモニーの競合からヒエログリフという概念へといたる美的概念の変遷が説明されている。

16　朗誦における調和は、単語においても詩句においても考察されねばならない。詩的ヒエログリフは、この二つの調和の競合から必然的に生じる。

17　この詩的ヒエログリフによって、あらゆる卓越した詩人を十分に理解することが困難となり、またうまく翻訳することがほとんど不可能になる。

18　あらゆる模倣芸術は各々のヒエログリフをもっている。このことは、音楽、絵画、詩におけるヒエログリフの比較によって私に証明された(113)。

上記の簡潔な見解から考えると、ヒエログリフの概念は古典主義時代の調和概念を排するものではない。例えば詩においては様々な調和が同時生起し競合することで、ヒエログリフが生じるとされている。ヒエログリフとはそれゆえ、芸術作品において見出される多様な諸関係を統合している固有の全体性と解することができるだろう。また、

「諸考察」の17に見られるように、ヒエログリフの存在は卓越した詩人の存在、いわば作家性とでもいうべきものに密接に結びついている。こうした断章的に示されたディドロの思考を詳細に検討するために、今一度『聾唖者書簡』の本文へ戻って検討することが必要となる。というのも、「諸考察」に先立つ『聾唖者書簡』の本文中に、上述の各断章に対応する個別の論証が存在しているのが見受けられるからだ。

そもそも、『聾唖者書簡』とは、「著者からの手紙」「聞いて話す者たちのために役立つ聾唖者に関する書簡」「先にある手紙の著者（からの手紙）」「……嬢への手紙」の四つの手紙からなる作品の総称であり、それに追補として「諸考察」が最後部に付けられている。冒頭でいくつか引用した「諸考察」という断章的要約の存在からも分かるように、本来がいくつかの書簡の寄せ集めとして作られた『聾唖者書簡』という作品は題材的に多岐に渡っていることもあり、個々の要旨が複雑に積み重なり、その結果分かりづらいものとなっている。「諸考察」の存在は、そうした一見錯綜しているかに見える議論を要約し、ディドロ本人の主張を明確に示すという役割を担っている。(114) さらに言えば、そこでは、『聾唖者書簡』で示されたディドロの美的感性論のなかでも、その後のディドロの思考を方向づけている思考が、あるときは萌芽的な仕方で、またある時はすでに完成した仕方で展開されている。

a　ディドロによるヒエログリフ概念と古典主義美学の概念との同一性と差異

「諸考察」の16節および17節で示されている詩的ヒエログリフに対応する考察部においては、まず最初にいくつかの有名な詩節を用いて、詩句から喚起される情景と単語の音韻的構造との相関関係が検討される。例えばディドロは、ヒエログリフに関する考察の冒頭部分で、ボワローの「ため息をつき、腕をひろげ、目を閉じ、そして眠る。Soupire, étend les bras, ferme l'œil, et s'endort.」という一節に対してその美的完成度を称揚しつつ解釈を行っている。詩句を書くことはここでは「描く peindre」と表現され、単語における一音一音に独自の意味が与えられる。

すべてが書かれている、そうして、なんと美しいことだ！　けれども自分の指で詩の音節の数を確認する人は、次のことを感じることになるだろう。ため息をついている情景を描き出す詩人にとって、最初の音節はほとんど聞こえず、次の音節はごくかすかなもので、最後の音節が黙音でできているような語を自分の言語のなかに持っているということがどれほど幸せなことかということを。「ウデヲヒロゲル étend les bras」という詩句を読む。複数の単音節のなかで両腕の長さと倦怠感とが表象されていることはほぼ疑いえない。伸びた腕が詩句の上半句の上にあまりにも優しく落ちかかるので、ほとんど誰もがそのことに気づかない。のみならず、「メヲトジ ferme l'œil」におけるまぶたの微妙な動きも、下半句 ferme l'œil et s'endort の節において覚醒から睡眠へと気づかれないまま移行していくことも、気づかれることはない。[115]

ディドロが述べるのは、十二音綴内の詩句の調和のみではない。重要なのは語句の意味と音声との結びつきの固性であって、そこからボワローのこの言い回しの美しさが生じてくる。ため息をつくという行為において見出される微細な情動が、［sou］［pi］［r］の三つの音節で余すところなく説明される。垂れ下がる腕の描写は、詩句の構造とそれが表象する情景とが完全に重なり合っていることを示している。こうしてボワローの詩節には意味において理解されることと、情景としてイメージされること、音声として聴覚的に与えられる印象との理想的な重なりが見出される。美的な印象はまた、詩において描写される動作の分割と詩における詩句の分節との関係にも基づいている。ディドロは、詩の上半句におけるため息と腕を垂らす動作の連続性は上半句の詩句のほとんど間断なき音声的連続性によっても描写され、また下半句の詩の韻律の迅速さが、目を閉じて眠るという下半句の二つの行為が不可分であることを示していると考える。いわば「各々の行為は、詩の全体的な持続から、自らの本性上もっとも適した量を占めている」[116]のであって、そこにおいて詩句の一つ一つは、身体における部分部分のように、切り離されつつもつながれ、自然な統一性を保っている。詩的ヒエログリフの存在は、詩句、あるいは詩句による描写が部分としての分割可能性を担保しつつ、その分割が最適なものであるがゆえに詩および描写される動作の全体性を損なわないような状態において見出される。

このようなヒエログリフは、あらゆる言語において見出される。ディドロはギリシャ古代においてはホメロスの詩にヒエログリフが大量に存在していると述べ、例として『イリアス』を引用している。(117) ディドロはユピテルが眉をひそめて復讐の誓いをする場面を三行引用し、そこでは例えば「揺り動かす eleliksen」という語におけるLの音の重なりがユピテルの怒りによって引き起こされるオリンポスの動揺を示すと解釈している。また、eleliksen Olumpon というギリシャ語の句とフランス語に訳された L'Olympe ébranlé という句を比べて、ギリシャ語の句の方がLの音の間が近接していることを指摘する。ギリシャ語の表現においていっそう明瞭なものとして見出される子音の近接はまた、ギリシャ語における眉を細めるユピテルの描写、すなわち「kai kuanēsi」に見られるKの音の近接とも呼応している。このことからディドロは、オリンポスの動揺とそれの原因たるユピテルの動揺との両者に一貫した関係があることを見出し、ギリシャ語の方においてこそこの関係性がよく表されているという見解にいたる。『イリアス』の詩句を用いたこの例によって、ホメロスの用いたギリシャ語の音声は、ホメロスが詩を通じて喚起しようとした情景ともっとも適合したものであることが示されている。

固有の言語と固有の情景とが結びついて発生するヒエログリフを有した詩についてのこれらの考察は、詩というものの根本的な翻訳不可能性を示している。各言語に固有な音の強弱や長短が詩的ヒエログリフの必須の一部分を構成している以上、意味を保持した上で音声や表記を変えることによっても、ヒエログリフの名において示される全体的な統一は損なわれてしまう。ディドロにとって翻訳とは、たとえどれほど上手なものであっても、原テクストにあった「微細なエンブレム、微妙なヒエログリフ l'emblème délié, l'hiéroglyphe subtil」(118) を消失させてしまうものにほかならない。

ディドロは別の個所において、古典詩におけるヒエログリフが翻訳において失われる理由を、言語の歴史的発展に従って音節的ヒエログリフが変質したことにあると述べている。音節的ヒエログリフから詩的ヒエログリフへの歴史的展開がそこでは問題とされている。「始まりの言語 langage naissant」と呼ばれるヘブライ語において言語の歴史的な初期段階が見出される。ディドロは「ヘブライ語を注意深く検討すれば、ヘブライ語を地上の最初の住民の言語として認めるに足る仕組みを必然的につかむことになるだろう(119)」と表現している。すなわち、ヘブライ語におけるAの母音の優越性、すなわちAという原初の母音にヴァリエーションがいくつも見出され、他の音の少なさを補っているという事実が、ヘブライ語の特殊性と「古さ ancienneté(120)」を示しているとディドロは考えている。この「古さ」という概念は、いわば、原初の身体性が言語のなかに比較的直接的な形で反映されているということを意味している。

同じ古代語でも、ギリシャ語のように長きにわたって使用された言語体系においては、自然の直接的な模倣の契機は残っているものの、自然の動きや物音を、量や調和、あるいは音声的な模倣として言語体系のなかに導入することが可能となる。そこでは抽象的な模倣が言語創造の原理となる。名を知らない事物に対してその事物の抽象的な性質を名前として与えることで言語の体系内に組み込んでいくこの原理によって、古代ギリシャ語における事物の性質と事物の名との適合性が説明される。言語における抽象度の高さが、そのまま言語体系の進歩の度合いを示すものと見なされる。この行程は「始まりの言語の状態から形成された言語の状態 de l'état de langage naissant à celui de langage formé(121)」への移行と呼ばれる。豊かな数量を備えるにいたった音節的調和 l'harmonie syllabique は、さらに句節的調和 l'harmonie périodique へと発展していく。句節的調和はさらに全体的な調和へと発展していき、この調和の変容していく契機が、形成された言語が完成された言語 langage perfectionné へと発展していく道行きと一致する。調和のレベルは音声から句節を経て文体へと上昇していく。これと並行して、言語体系の完成度自体も推移する。言語は端緒のものから形成中のものを経て完成されたものとなっていく。

調和に関するこうしたディドロの考えから分かることだが、ディドロが提示したヒエログリフという観念は、古典的美学において美の基準とされた調和 l'harmonie の概念とそれほど異なったものではないように見える。言語における調和が詩句における調和を「形成 formation」し、さらにそこから文体の調和が生み出されるという古典主義美学における調和の三段階の議論を、ディドロは自らの詩的ヒエログリフの概念に重ね合わせている。両者は、少なくとも構造的には、同一視されているように見える[122]。

だが他方で、ヒエログリフ、あるいはエンブレムという考えのなかに、ディドロによって付与された固有の意味合いを認めることができる。ディドロは、ヒエログリフの特性として、その存在が微細 subtil なものであり、それを理解する能力をもたない者にとっては決して理解できないものにとどまるという点を指摘する。

> ［…］語のヒエログリフ的な属性に対する理解力を与えられていない者は、しばしば注釈において素材のみを把握するにとどまるだろう。そうしてヒエログリフ的な属性をはかないものとして見出すことに陥りやすい。そうした者たちは、それらの観念をゆるんだものとして非難し、あるいはそれらのイメージを隔たりのあるものとして非難するだろう。なぜなら、そうした人はそれらのイメージを強くつなぎ止めている微妙な絆を知覚することがないからだ[123]。

ヒエログリフの知覚条件に関するこのようなディドロの考察から、ヒエログリフが、音楽や絵画において個々の様々な観念やイメージをつなぎ止めておく微細な絆 lien subtil であり、その紐帯こそがイメージの統一的な印象を形づくっているということが導き出される。この引用に続く箇所では、言語芸術におけるヒエログリフ的な微細さは「がらくた bagatelles」とも表現されているが、結局のところこうした微細なものを知覚することなしには美的なものを感取することはできない。この微細さは、個々の構成的な要素へと還元されうるものではなく、それゆえ「偶有的」なものでしかない[124]。けれどもこの偶有的な要素は、全体を統一するという意味において、実体的に還元されうる個々の要素以上の重要性を有している。ディドロは、美的なものを感じる趣味を持った人は数学的な理解力を持った人よりもはるかに少ないと述べ、微細な要素を知覚する困難さを主張している。

もっとも明晰な詩人たちを読むことは、そうなると、困難なことだろうか？　おそらくはそうだろう。私は、次のことを確信できる。すなわち、詩人を理解できる人よりも、幾何学者を理解できる人の方が千倍も多くいるということを。なぜなら、趣味を持った人一人に対して良識を持った人は千人存在しているし、必要とされる趣味を持った人一人に対して、趣味を持った人千人が存在しているからだ[125]。

微細さは、幾何学的な理解力ではない「趣味 goût」の能力によってのみ把握される。ならば、問われるべきはこの美的判断力における趣味の領域ということになるだろう。ディドロによるヒエログリフ概念の提示は、優れた芸術作品を構成し、またあらゆる優れた芸術的創作に必要とされながらも不可視なものにとどまっている作品の統一性・全体性を成り立たせているものを名指すことによって、創作の原理的な本質を浮かび上がらせる試みでもある。この全体性は、微細なものの諸関係によって構成されている。他方でそれに対応する人間の知覚は、趣味によって規定され限定付けられている。

b　来るべきヒエログリフ

先に見たように、ディドロが提示したヒエログリフの概念は、作品の全体において見出される微細なもの、あるいは偶有的なものにすぎない。この偶有性はしかし、単なる偶有的な側面にとどまらない。この微細さに対して、ディドロは芸術論のなかで特権的な役割を認めている。というのも、この微細さを通じて、一見様相を異にする数々の芸術的営為が比較可能なものとして現れる可能性があるからだ。例えば次の引用は芸術的なヒエログリフの偏在を語った箇所であって、また同時に先の論点でもあったヒエログリフを知覚する能力の有無についても言及している箇所ではあるが、そこにおいてはヒエログリフ概念を通じて、宗教芸術的な制作物についてのある種の脱神聖化が行われている。

詩においてであれ、オベリスクにおいてであれ、偶有的なヒエログリフはいたるところで生じるであろう。このヒエログリフは詩においては想像力の産物であり、オベリスクにおいては神秘の産物なのだが、こうしたヒエログリフは、それが理解されるためには、ほとんど一般的なものではない想像力または叡智を要求することであろう。(126)

ヒエログリフという概念を導入することで、詩的産物と神秘的な産物として分離されていたものが、同種の美的効果を有するものとして思考可能になることをこの引用は示している。偶有的なもの、すなわち、個別的に異なった因果関係によって生じたものをこそ比較せねばならないという要請がここには存在している。そこにおいてヒエログリフこそが芸術的効果を比較する紐帯となる。ヒエログリフの主要な機能としてこのような比較可能性への通路が存在していることを、ディドロは次のような形でも述べている。

あらゆる模倣芸術は自らに固有のヒエログリフを持っているので、教育を受けた繊細な精神が、いつの日かそれらを相互に比較することができるようになることを私はまさに望んでいる。(127)

模倣を基礎においた各芸術の間には、ヒエログリフという固有性の下での権利的な比較可能性が存在する。だが、引用部に見られる「いつの日か」という表現からも分かるように、この比較可能性はディドロが見るところではまだ実現されたものではなかった。

〔…〕詩、絵画、音楽に共通する美を集めること、その類似を示すこと、詩人や画家、音楽家がどのようにして同じイメージを表現しているかを説明すること、彼らの表現にある儚いエンブレムをつかむこと、これらのエンブレムの間に類似性がないかどうかを吟味すること、などなど。これらが、なすべきこととして残っている。[128]

ある作品を把握することとは、他のジャンルに共通しうる美をそこから集めて、その類似を示し、さらにそれを説明できるような原理を手に入れることを意味している。そこにおいて、ひとつの作品、詩篇や音楽を固有の一篇に仕立て上げている「儚い」全体性の知覚の存在が、エンブレム、あるいはヒエログリフと呼ばれる。ヒエログリフは偶有的で儚い。けれども美学的な感性論はまさにそれをこそ対象とせねばならない。

ディドロはこれらが少なくとも権利において比較可能であることを示すために、『聾啞者書簡』内部でいくつかの考察を企てている。そのうちの一つの箇所においてディドロは一つの主題をめぐって制作された詩、音楽、絵画の三つを比較しようと試みる。ディドロの表現を借りるならば、そこでは「三つの芸術の模倣対象が死にかけた一人の女性である」事例がとりあげられ、各芸術における表現が相互に比較される。[129]まずは詩と絵画の関係に限定して、ディドロのヒエログリフ論の一つの帰結を確認することにしよう。[130]ディドロは、ルクレティウス『事物の本性について』中の「vita quoque omnis / Omnibus e nervis atque ossibus exsolvatur. 生命さえもが、私たちのすべての筋肉や骨から取り去られてしまうだろう。」という詩句を提示する。[131]そこにおいてディドロは、exsolvatur という最後の語において見出される長々格の韻律［va］［tur］のもつ緩やかさが、死の間際において女性から様々な力が消散していく様子を示していることを指摘する。同様の契機は絵画においても見出されるとディドロは述べる。作中で提示されたフランス・ファン・ミエリスの版画において、衰弱のモチーフは足、左手、右腕などのいたるところに認められる。特徴を指摘した上で、ディドロは「ただの一瞬しか手にしていない画家は詩人ほど死の徴候を取り集めることはできない」と結論づけ、徴候的な訴求力に関する絵画の劣等性を批判しているように見える。[132]だが、『聾啞者書簡』におけるディドロは、詩と音楽に対する絵画の優位を一つの決定的な形で提示することによって、絵画におけるそうした徴候的な要素のなさを擁護するにいたる。

画家が示しているのは事物そのものだ。音楽家や詩人の表現は事物そのもののヒエログリフでしかない[133]。

直接的、あるいは言い換えるならば写実的模倣が、ヒエログリフ的、あるいは象徴的で表現的な模倣に勝るというディドロのこの考えは、『聾唖者書簡』のこの箇所に限れば決定的な帰結に思える。シュイエも「ヒエログリフの非常に繊細で非常に豊かな議論がカンバスの前で座礁する[134]」とこの箇所に関する注解として述べているが、そこでは自然の記号 signes naturels が人工的な記号 signes artificiels に対して持つ優位が端的に示されているように思える。絵画における写実的模倣の優位は、このように一見して決定的な形で主張されているかのように見える。だがディドロのこの主張は、実際のところ、絵画的な手法の優位を提示することを目的としているわけではない。『聾唖者書簡』の全体的な構造と論旨を見ることにより、むしろこの作品のなかで絵画的表象が持つ別の意義が明らかになる。

先にも述べたように、『聾唖者書簡』は、「著者からの手紙」「聞いて話す者たちのために役立つ聾唖者に関する書簡」「先にある手紙の著者（からの手紙）」「……嬢への手紙」の四つの手紙からなり、追補として「諸考察」が最後部に付けられている。本節の冒頭に引用した「諸考察」中の三つの断章は、断章番号が打たれた要約中最後の三つを占めており、いわばこれらが『聾唖者書簡』におけるディドロの最終的な主張だと考えられる。こうした断章においては、絵画の優位が語られることがない。さらに言うならば、模倣における絵画の優位に関する言及は先に述べた箇所以外には存在していない。絵画における写実性の優位は、『聾唖者書簡』における主たる主張ではないということがここから推測できる。

とはいえ、なぜディドロがいささか誤解を生じさせかねないこうした主張を――しかも断言的な形で――ヒエログリフに関する議論の内に差し挟んだのかという疑問が生じる。ここでもう一度、ディドロが絵画の優越を述べる場面

において ヒエログリフ概念がどのように考えられていたかということを想起することで、『聾唖者書簡』における絵画的な要素の重要性を理解することができる。異なるジャンル間の比較を可能にするヒエログリフ概念は、『聾唖者書簡』においては、まだ現実的には実現されていない概念だった。ディドロがヒエログリフ概念によって提示しようと試みたのは、意味や韻律といった従来までの文体論や詩論における評価基準によっては価値を測定できないものの内に、作品の美的全体性を統御する要素が混入しているということにほかならない。ヒエログリフとは例えば音声的な刺激の頻度とそれによって喚起される事象の関係であり、音声や綴り字といったものが時を経て言語体系のなかで変質してしまうものである以上、それを認知することが後代では困難となってしまう。ヒエログリフの偶有性はここから生じる。ヒエログリフとは永遠的なものではなく、むしろ風土や習俗、あるいは時代によって不可避な変遷を被らざるをえない状況のなかで生まれた多層的な美的効果にほかならない。それは幾何学的な真理を内包した自然に由来する永遠的なものの帰結ではなく、むしろ特定の個々の文脈のなかから状況的に読み込まれる。それゆえ美は相対的なものとなる。ここから詩的ヒエログリフの翻訳不可能性が帰結する。そうして、この相対的な儚さを認知しうる能力こそが、ディドロにとっての趣味にほかならない。儚く、微細で、偶有的なこの要素を、自然に対する人為の成果と言い換えても現時点では差し支えないだろう。いかにしてこの人為＝技芸が自然に匹敵しうる美的効果を産出しうるかという点において、現前と表象という鏡像的な関係ではなく、表象を可能にする基底的な自然性としての微細さと趣味の領域が重要なものとなる。『聾唖者書簡』後半部において、この領域が関係性の領域として名指されることになる。

4　微細さの知覚理論——『聾唖者書簡』における趣味と関係性

ディドロの用いた言葉を援用するならば、ディドロの提示したヒエログリフ概念は、絵画や詩を鑑賞する際に感取される「諸関係の判明な知覚 perception distincte de rapports」と定義することができる。この「判明な」という表現のなかには、デカルト的な文脈において見出される意味のほかに、ディドロにおける距たりの美学とでもいうべきものを認めることができる。[135] さて、ヒエログリフとは、「諸関係の判明な知覚」が、思考における「絵画」あるいは「織物」として認識されるということにほかならない。まずは「判明」という語のデカルト的な響きに注意する必要がある。詩ならば音声、綴り字、意味、句切れ、音の長短や強弱といった要素、絵画ならば色彩、構図、配置（コンポジション）などといった要素は、芸術作品がまさに織物のように、複数のコードが組み込まれた存在であることを示している。それらは相互に関係しあい、干渉しあいながら、一枚のタブロー、あるいは一片の詩篇を形成している。「判明」とは、これらの関係性一つ一つを知覚することを意味する。すなわち制作物とは、少なくとも原理的にはっきりと区別されたものとして認識されうる微細で異質な関係性の集合として知覚されるものとして措定される。[136] さらに、こうした絵画の総合的な効果を「ヒエログリフ」として名づけることによって、ディドロは自然的模倣から一段階離れてしまった芸術的模倣の局面を指示しようとする。人為的な織物のごとく編み込まれた芸術的制作物は、確かに人間に対して美的効果を知覚させるものではあるが、同時にそこにおいて、その効果は、すでに歴史的な影響を免れることはない。芸術は自然的模倣からも距たったものでしかなく、それゆえ、ディドロにとっては、もう一度自然の方へとそれを向け直す必要がある。実際のヒエログリフがそうであったように、芸術的制作物のなかには自然や歴史の秩序が複数組み込まれている。そこから総合的な効果が構成される。芸術のヒエログリフ的解釈は、それらの混在する要素を、古典主義的な数学的調和ではなくむしろ異質性の交錯として総合し読解可能なものにすることにその本質がある。そこでは異なる歴史的実在が相互にせめぎ合いつつ一つの芸術的実体を構成し、観者へと訴えかける。個々の微小な歴史的要素の実在は、むしろ総体としての作品を翻訳不可能にするものでしかない。翻訳と原典とは、いわばそのヒエログリフにおいて異なる存在にほかならない。ここにウォーバートンの理論の影響を見ることもできる。古代エジプトのヒエログリフで表された「鳥」と中国語で表された「鳥」という存在は、例えばその音声が違っているということ一つからして、もはや異なる感性的対象にほかならない。歴史的展開によってヒエログリフは異質なものへと変容してしまう。その意味では後代になされた翻訳も、古代の原典がはっきりとした変容を被ってしまったものにほかならない。

『聾唖者書簡』の後半部、「……嬢への手紙」において進められる関係性の観念と美の関係についての考察は、ヒエログリフと関係性の美学との関係をさらに詳細に示している。自然的な調和や比率を幾何学的な意味において模倣する美とは異なる、より複雑な美的基準の存在がそこにおいて提唱される。ディドロはまず関係の知覚における単純さと複雑さの違いを問題とする。

関係の知覚は、私たちの理性の最初の歩みの一つである。関係は単純なものか複雑なものかだ。関係は対称性を構成する。単純な関係を知覚することは複雑な関係を知覚するより容易である。そうしてあらゆる関係のなかでも等しさの関係はもっとも単純であり、その感覚を好むことは自然なものであって、人々はそうしてきた。このような理由で、建物の両翼は等しいものとなり、窓の四辺は平行なものとなる。[137]

単純な関係に基づいた美は、自然の幾何学的な秩序を模倣することによって生まれる。そこにはもっとも単純な形式として、対称性や平行性といった秩序が見られる。けれどもディドロにとって、人間はこの単純さの境位にとどまり続けるものではない。自然的な美から離れることによって実現する人間的な技術の可能性が存在する。

技芸＝芸術のなかでは、例えば建築において、単純な関係や、単純な関係が作り出す対称性からしばしば離れることがあり、それは機械を作ることであり、迷宮を作ることであって、王宮を作ることではない。

単純性から離れて「機械」や「迷宮」を作ることは、ディドロにとっては対称性の発見と等しく人間を条件づける一つの感性からの帰結として見なされうる。けれどもディドロは、こうした人為的な美である「機械」や「迷宮」に対して好意的な評価を寄せるわけではない。それはむしろ人為が孕む逸脱の可能性が具現化したものであって、そこにおいて技術が自然から離れてしまったならば、それを再び自然へと近づけるための努力が必要となる。

もし有用性や多様性、場所などといった理由から私たちが、等しさの関係やもっとも単純な対称性の関係を手放さざるをえなくなったとしたら、それはつねに後悔すべきことであり、私たちは、思慮の浅い人間からすれば完全に恣意的とも見える経路によって等しさの関係性や対称性へと戻るべく急ぐ。(138)

ディドロによる自然と技術との関係が明らかとなる。技術とはすべて「自然によって示唆を受けた手段」であって、人間はそれを介して自然から遠ざかり、再びそれを通じて自然へと回帰する。人為＝技術は、自然からの逸脱の原因でもあり、同時に自然へと回帰する手段でもある。このプロセスのなかに人為の両義性が認められる。単純な関係の知覚から複雑な迂回を経て再び単純性へと帰還する道行きを、ディドロは例としてあげた建築様式における発展のなかに見出しそれを列挙する。こうした発展には各々にとってそれ自体「十分な理由」が存在するが、発展の各段階においてそれが存在する必然的な理由を見出す能力、すなわち個別の対象における状況的な関係性を把握する能力こそが一般的に「趣味」と呼ばれる。こうした趣味による判断は、それゆえ、歴史的ともいうべき判断をそのうちに内包することになる。自然的範型を一つの軸においた人間の感性的判断に基づく行為の往還運動として歴史が展開される。そうしてそこにおいて、正統的なものと異教的なものも、人為による必然的な往還運動のなかでの相対的な位置関係の内に置かれることになる。

あらゆるものは十分な理由を持っている。けれどもその理由を見出すことはつねに容易ではない。十分な理由を隠して戻れなくするために必要なものは、ただ一つの出来事のみだ。いくつもの世紀がその後で残してきた暗闇が一つでもあれば、理由を隠して戻れなくするには十分だ。そうして数千年も経って、私たちの父たちが時代の夜のなかに消えてしまうことになり、世俗的な歴史によって遡及することができる世界のなかで私たちがもっとも古くからいる住民になる時には、雄羊の頭はいったい誰から出てくることになるのであろうか？　私たちの時代の建築家は、異教の寺院から私たちの建物の上に、かつて雄羊の頭を移し替えてきたのだ。(139)

歴史は往還しながら交錯する。同時代の新しさは、時が経てば古いものとなり、雄羊の頭が供えられる異教の神殿と変わらないものへと成り果ててしまう。引用部にある「雄羊の頭」は、偉大な輝きを象徴する古代エジプトの神を表す形象であった。古代エジプトが失われ、その上に西洋近代の建造物が建てられる。歴史化されうる限りにおいて、同時代の存在もまた、歴史的起源となる可能性の内に生き続けることになる。ここに存在するのは単なる進歩的な歴史観ではなく、円環的な歴史性の下で現代性を相対化しようという試みにほかならない。関係性の知覚を可能にする趣味の能力は、それゆえ、状況的な美的存在を判断することから始まり、それがいかなる理由でその状況のもとで美しきものとして機能しているかを知ることにより、美的なもの、ひいては存在一般の歴史的相対性を認識するにまでいたる。『聾唖者書簡』において、趣味は自然的な単純性や普遍性のみを認知するものではない。むしろ微細なレベルを把握することを通して感性的な所与を歴史的に決定されたものとして認知することへと導く能力であることが判明する。(140)関係性の美的認識を、その時間的展開という観点から捉えたとき、趣味とは歴史的認識をも内包しうる能力となる。この意味で、趣味の知覚対象となるヒエログリフとは、詩画や音楽のなかに見出される歴史的痕跡の詳細であり、その堆積にほかならない。その歴史的詳細はあまりに微細であり、感覚的な鋭敏さや教育がなければそれを効果の内に見出すことはできない。詩篇や絵画はすでに失効した、あるいは失効しつつある歴史的実在が多層的に折り重なって構成された産物であって、それゆえ「堆積」あるいは「織物」と形容される。趣味が歴史的沈殿物を再活性化させる。そのとき作品の全体からヒエログリフが立ち上がる。[141]

第二部結論

第二部においては、ディドロの二つの著作『盲人書簡』と『聾唖者書簡』を対象にして、ディドロの感覚論の特徴を分析することを試みた。各章の帰結は以下のように要約される。

第一章は『盲人書簡』における唯物論的一元論と盲者の位相との関係について考察を施した。そこでは可視者の秩序を相対化する盲者の役割と、相対性がない領域である唯物論的一元論というディドロの思想における一見矛盾した関係を調停することを試み、盲者によって唯物論的世界が主張されることの意義を考察した。モリヌー問題におけるディドロの見解から、見ることを形成するものは器官の構造だけではなく、視覚における後天的な分節化が必要であることが示される。感覚の分節化というこの観点から、分節なき感覚である触覚の独自性が明らかになる。観念と記号の結びつきが視覚ほど明確ではない触覚は、対象の認識において形態のみならずつねに運動性を伴った知覚を行うがゆえに、もっとも抽象性が高い感覚と見なされる。触覚のみを用いる盲者は、それゆえ対象の世界における運動性をつねに感じ取るものであり、物質を基盤においた唯物論的秩序の存在をもっとも明瞭に知覚することができる。唯物論的一元論は、視覚の特権性を廃することによって現れてくる世界像であり、その世界を感覚する存在として盲者がもっともふさわしいということが帰結する。

第二章においては、『盲人書簡』に引き続いて執筆された『聾唖者書簡』における魂の位相と感覚相互の翻訳についての考察が進められた。『聾唖者書簡』前半部においては、諸感覚の相互翻訳と言語によるその表出という問題がより具体的に述べられている。感覚の協働を「人間の分解」や「形而上学的解剖」と呼ばれる思考実験によって計測することを通じて、ディドロは言語における古典的な範疇概念を批判し、感覚論の再構成から言語を基礎づけ直そうとしていたことが明らかになった。ディドロはこうした再構成のなかで、感覚の基盤となる心的状態が同時的かつ連続的な印象を受容する装置であることを指摘する。外界のあらゆる刺激を運動として受容する魂の役目は、唯物論的一元論における原初の糸の理論と類似した構造を有したものであり、ディドロのその後の思想的展開の基礎となるものであることが明らかとなった。

第三章は『聾唖者書簡』後半部においてディドロが提示したヒエログリフ概念の分析を通して、ディドロにおける感覚とその表出、およびそうした行為における歴史性の問題を考察した。ディドロのヒエログリフ概念がヴィーコやウォーバートンの影響下にあることを指摘することで、当時のヒエログリフ概念が神聖性なき歴史性を含意した、いわば人間の歴史に属するものであることが証明される。このヒエログリフ概念は『聾唖者書簡』のなかでは詩句の分析に対して用いられる。音韻、綴り字、意味や抑揚といった要素の全体として詩を認識するときそこから感じ取られる統一された全体的な印象が「ヒエログリフ」と名づけられ、それによって美的効果を一個の全体として、かつ同時に部分部分の詳細として受容することが可能となる。作品に固有に内在するヒエログリフはそれゆえあらゆる作品を翻訳不可能なものとする。だが同時に、ヒエログリフとは作品の効果の総体であり、ヒエログリフを比較することで異なるジャンル間の作品を比較することが可能になる。ディドロが提示したヒエログリフ概念は、古典的美の規範であった調和の概念の代わりに導入され、絵画や詩句、音楽との相互比較を可能にする概念として提示されていた。また、細部や歴史性の理解に基づくヒエログリフの美学は、ディドロの美的感覚論の主要概念である「諸関係の知覚」という概念と結びついて、芸術作品を複数のコードが組み込まれた装置として解釈＝解読することを可能にする。ここで言われる諸関係とは、もはや調和や釣り合いといった古典的な関係のみならず、古いものと新しいもの、あるいは自然と技術といったものをも含んでいる。ディドロはヒエログリフの概念を提示することによって美的経験のなかに歴史性の介入を認め、それによって単なる古代の理想化を否定し、同時代的な趣味判断の意義を認める理論を定立したと言うことができるだろう。

第二部において跡付けられた『盲人書簡』から『聾唖者書簡』へといたる道筋を、ディドロによる人間概念再構築の試みとして捉えることができる。盲者によって提示された感覚経験の相対性は、人間理性の普遍性を括弧に入れ、触覚に基づいた新しい存在論と感覚論とを要請する。触覚モデルに基づいて人間概念を再構成したとき、魂と呼ばれていたものはその実体性を喪失し、むしろ自ら動かされつつも自らに与えられる継起的な運動を判断する中枢となる。相互性のなかで判断主体の中心性と絶対性は弱められる。こうした相互性によって、ヒエログリフに代表される全体的でありかつ部分的に微細な経験も固有の意義を有している。美的判断における関係性の知覚は、主体の専制を弱め、事物との関係性と拡がりのなかに自らを開いていく。この拡がりのなかに、ディドロが考える独自の歴史観が現れる。存在一般の個別的な相対性は規範的な美を失効させるが、だが逆にそこにおいて現代的なものの批評的な価値も存在することになる。

第三部　表象と実在

第三部は、「タブロー」や「表象」といった概念を手がかりにして、ディドロにおける記述と実在との関係を考察する。この作業を通じて、ディドロが考えた「啓蒙」のダイナミズムを捉えることができる。第一章においては『百科全書』編集に際して知を組織化する原理となった「百科全書」という理念の内実を問う。分析を通じて、ディドロが考えた百科全書の理念がM・フーコーが考えた古典主義時代の辞書理念から逸脱したものであり、静的なというよりはむしろ力動的な世界観を提示していたことを証明しようと試みる。第二章においては、ディドロによって執筆された『百科全書』項目「中国人（の哲学）」を分析する。同時代のいくつかの文書を原資料としながらその上で固有の思想を散りばめていったディドロの思考の具体的な手続きを明らかにすることで、当時の東洋的な表象との対比においてディドロが提起した西洋的思考の可能性と、それによって導き出される啓蒙の賭金を明らかにしたい。第三章は『一七六七年のサロン』における絵画表象と記述との関係について考察を行う。『一七六七年のサロン』におけるヴェルネ絵画の風景逍遥をめぐる記述は、絵画を記述することで思考の構造そのものをも触発するというディドロ独自の思考様式が一つの極みに達したものと考えられる。この箇所を分析することで、ディドロが現実とその模倣との関係を考察する際に提示した「観念的モデル」という概念の形成過程とその意義、およびそれを通じて獲得される絵画的感覚の現実性が持つ意義を考えることができる。

第一章　タブローを貫くディドロの唯物論――『百科全書』という原理

フーコーの『言葉と物』に従うならば、「百科辞典」とは、自然を秩序化する言語が持つ表象的価値をコードとして規定するものだと考えられている。より詳細に言うならば、こうした「百科事典」は、「表象および存在の連続体、無の不在として消極的に規定された存在論、存在一般の表象可能性、表象の現前による存在の顕現」[1]といった問題系をはらみつつ、それらを一定の秩序のもとで提示する知の営為として見なされる。こうした辞典はフーコーにとって古典主義時代のエピステーメの代表的産物にほかならない。

表象を超えるものが、このような形で定義される古典主義の終わりをしるしづける。それは一つには欲望による言語の破砕という形で現れ、あるいは「もの自体」と「アンチノミー」という不可知論と矛盾論の相克として現れる。いわば、「閨房の哲学」と「啓蒙の哲学」とが表象に新しい外部をもたらし、近代という経験の可能性を条件づけたということができる。とはいえ、ここで、あるひとつの「百科事典」、すなわち『百科全書』という固有名で呼ばれるひとつのプロジェクトに注目するなら、古典主義時代の表象の流産として語られる近代性それ自体が、カントやサドとは別の形で予言され、さらには批判されていることに気づくだろう。『百科全書』は、「百科事典」という古典主義時代の産物でありながら、同時にそれを超出する力を孕んでいるものとして読み解くことができる。ディドロという思考が『百科全書』にその可能性を与えている。ディドロの思考に注目しながら『百科全書』の位相を確定することによって、『百科全書』という試みは単なる表象の平面を構成するものであることをやめ、「啓蒙」の可能性を映しだす力学として再生する。

1　フランス啓蒙思想における脱神聖化・脱神話化の一様態——ラヴォアジェの化学革命より

一般に「啓蒙 enlightenment, lumières」と言った場合、思想史、あるいは文学史というジャンルにおいては、合理主義とロマン主義のあいだの時代を指す。啓蒙思想は西洋近代で言うところの十七—十八世紀において展開され、様々な側面での展開を孕みつつ、近代国家を成立させる動因として機能していた。E・カッシーラーは、啓蒙時代の特徴を次のように述べている。

> この時代〔＝十八世紀啓蒙主義の時代〕は、新しい力が自らのうちに働きつつあるのを感じていた。〔…〕この時代はこの力の結果をただ享受するにとどまらず、この力の作用の型を追究しその全貌を究明しようと試みた。十八世紀全体を通じ、精神的「進歩」の問題はこの意味において取り扱われた。(2)

カッシーラーがいう「新しい力」とは、新しい理性の力を意味している。天動説の発見からデカルトによるコギトの定立を経て、自然権に基づいた法的な主体が個々の人間へと帰せられていくという思想史的な流れのなかで、理性主体としての人間が世界の中心となる構造が一般化していく。

このような啓蒙の特徴は、M・ウェーバーの言い方を借りて別の表現をするならば、「世界の脱魔術化」とも言える。真理の基準における「聖」と「俗」との分離が進み、学問的真理は宗教的権威から解放され、いわば世俗化していく。十六—十七世紀における科学革命によって有限宇宙観が終焉し、それに伴い機械論的世界観が誕生していくなかで、宗教制度への対抗意識に結びついた科学がその自律性を強めていく。このことは同時に、真なる定理を出発点においた体系的演繹ではなく、実験・観察からの帰納に基づいた実証科学が誕生することを意味している。また、科学への信頼は、科学の進歩の結果としての現在への自信を生み出す。近代的科学精神の黎明期である現在を頂点におき、それ以前の状態、あるいはそれ以外の状態を、「未開」や「野蛮」と見なし、そのように名づける視線も生じてくる。これと並行して、科学技術的な発展モデルが持つ未来への無際限の投企から、進歩が無限に続く進歩主義の立場も生まれてくる。

世俗化、および脱神聖化と合理化が結びついた啓蒙の代表的な局面を、例えばラヴォアジェの化学理論の成立のなかに見出すことができる。近代化学の成立に多くの貢献をなしたといわれるラヴォアジェだが、彼が『化学命名法』で行った化学元素の命名法のなかに、啓蒙の合理化の実質的な働きを知ることができる。ここでは『化学命名法』の第一部をなす報告「化学上の命名法を改良、完全化する必要性について」のテクストを参照しながら、簡単な導入的考察を施してみることにする。ラヴォアジェはここで、コンディヤックが『論理学』で述べた言語論を援用しながら、言語は人間の精神の働きを簡易化するものであって、それゆえ言語の完成が科学の発展につながると主張する。「言語の完成」とは、感覚の連関の結果である観念を用いる推論作業において、観念操作を代補する記号の正確性を高めることを意味している。

化学命名法の完成は、このような関係において、観念や事実が提示することを、省略したり、特に付加したりせず、本来の正確な真理に戻すことにある。すなわち、命名法は、まさに忠実な鏡なのである。(3)

そうして、化学において行われたこの「記号の完成」において、ある種の脱神聖化が見受けられる。化学記号が表す対象から「なぞ」や「古い習慣」が排除され、物質を単純な性質へと還元することが正当化される。

さてわれわれは、言語だけから、当面の結合に参加する可燃性物体が何であるかを知ることができるという位置にまで到達した。この可燃性物質が、酸となる原質と結合しているかどうか。もしそうだとすれば、どのような割合で結合しているか。この酸はどういう状態にあるか。どんな基と結びついているか。正確に飽和しているかどうか。過剰なのは、酸か、基か、等も容易に知ることができる。

われわれは、これら種々の対象に名称を付けていったが、しばしば、以前からの習慣を破り、はじめのうちは、耳障りで、他の国のもののように思えた名称をも、あえて採用したのである。しかし、耳は、新しい言葉にすぐに慣れた。特に、言葉が、一般的な分かりやすい理論と関連をもっているときはそうであった。

さらに、現在、習慣で使われている名前、すなわち、アルガロート粉末 poudre d'Algaroth、アレンブロトの塩 sel Alembroth、ポンホリックス Pompholix、ファゲデニクの水 eau phagédénique、鉱物のトルビット turbith minérale、エチオプス éthiops、鉄丹 colcothar、その他多くのものは、同じように耳障りで異常な名前である。それらが表している物質を思い起こし、特に、どんな結合をしているかを知るためには、極力、慣れと記憶力を必要とする。(4)

このようにして、物質における問題は、単体、あるいは原質による構成と相互作用へと焦点化される。こうした手続きにおいて、「アルガロート」や「エチオプス」といったものが、神話時代からの歴史的意味作用を有した古い名前であって、それらがもはや近代化されるべき化学においては「異常で耳障り」でしかないと考えられていることに、注意を払うべきであろう。古い名前、神話的名称は、近代的な科学性にとって余分なものでしかなく、それゆえ、まず名を改正することによって脱神聖化を施す必要があった。フランス革命にほんの少し先駆けて達成されたこうした運動を物質概念の近代化と見なすこともできるし、こうした物質概念の近代性を、物質における科学性と歴史性の分離として理解することもできる。かくして、啓蒙とは、近代化の先駆である合理化の運動であった、と規定することができる。例にあげた化学記号のタブローの形成過程は、啓蒙的合理化のプロセスを証明する典型的な事例として読み解くことができる。

2 「百科全書」とタブロー

タブローという観点から考えてみた場合、タブロー的平面と『百科全書』の両者は一見無関係な事象であるかのように見える。アルファベット順に配列された単語やその意味に満ちた書物と、一幅の絵画とも訳されるタブローとの間に、どのような関連があるのだろうか[5]。

この関係を考える出発点として、編集主幹の一人である数学者、ダランベールの見解を取り上げたい。ダランベールによって書かれた『百科全書序論』は、個別の学問的体系を推進する精神の生成史的な側面とは異なる「百科全書的秩序」について、次のように述べている。

百科全書的秩序は、私たちの知識をできる限り小さい場所に寄せ集めて、いわば哲学者をこの広大な迷路の上で、主要な学問と技術とを一度に見わたしうるような非常に高い視点に位置させることで、成立する。すなわち、哲学者は、その高い視点から、自分の理論的考察の諸対象とそれらの対象に加えうる作業を一目で見ることができ、人間知識の一般的諸部門と、それらを分離し、または結合する諸点とを見分けて特徴づけることができ、さらに時には、それらの諸部分をひそかに関係づけている秘密の通路をかいま見ることさえできよう。それは一種の世界全図Mappemondeである。この地図は、主要な国々、それらの位置と相互的な依存、ある国から他の国へと直通する道、を表示せねばならぬが、その道は数知れぬ障害物によってしばしば遮断されている。しかもこの障害物はひとつひとつの国において、ただその国の住民と旅行者にしか知られることができないのであり、非常に詳細な個別的な地図のうちにしか表示されえないであろう。これらの個別的な地図がこの「百科全書」の個々の諸項目にあたり、「系統樹」あるいは「体系」が個別的な地図をまとめる世界全図となるであろう。(6)

この『序論』に限らず、ダランベールは、『百科全書』のなかで、「世界全図 mappemonde」あるいは「地図 carte」という項目を執筆し、「視覚投影法 projection」によって垂直線上におかれた視線について触れながら、表象された地図がもつ平面性について述べている。「世界地図とは、全体として地球を表象する複数の地図に与えられる名前である。一枚の紙の上ではただひとつの半球しか表せないので、世界地図の上で、別々に二つの半球を表す」(7)。別の箇所では、それは「遠近法的法則に従って、地球の表面、あるいはその一部分を表す平面の図」(『百科全書』項目「地図」)と言い表される。つまりダランベールが考える「百科全書」的秩序とは、知識の連関を地図の平面上に写していく、いわば地図作成技法のようなものだと言えるだろう。その平面の上では、知識の系統的な関連づけが、つねに一定の高さの視点から行われている。

そもそも地図作成において必要なものは、土地、あるいは土地の風景を自らの感覚を通じた固有性として知ること、すなわち土地それ自体を知ることではない。地図作成において必要なものとは、土地と土地との関係、あるいは土地や道といったものとの関係でしかない。つまり世界全図の作成は、土地そのものではなく、「個別的な地図 cartes particulières」のみを必要とする。個別的な地図の総体、すなわちある特定のプランのなかへと観念化されたものたちの諸関係が、平面の上をくまなく飛び回る等距離からのパノラマ的視点によって、然るべき比率でより大きな平面の上に配置されていく。そこにおいては、あらゆる土地がもはや固有の質感を失ってしまっている。地図作成者は、室内に閉じこもり、実際の風景に目を向けることはない。開かれることもない部屋の窓に背を向け、黙々と彼の観念のなかの地図を描いている(8)。地図 nappe とはテーブルクロス nappe にほかならず、それはつねにテーブル table の上にありながら、テーブルを覆い隠してしまっている。窓の外の風景でさえ、地図に反映されることはない。

「百科全書」という知識の総体とその見取り図を地図製作者の立場で考えたダランベールと対照させるならば、もう一人の編集者であるディドロは、いわばそれを地図と土地との関係として考えた、あるいは、そこにおいて、まず第一にそれぞれの土地そのものを表象する可能性について考えた、と言うことができるかもしれない。ディドロにとって、この可能性は、遠近法 perspective 的視点を拒否し、対象固有の手触りを重視することから始められる。地図なしで世界を踏み抜き、足の裏で土地を感じるディドロのこの姿勢に、第二部で確認された触覚的思考を見出すこともできる。

さて、ダランベールにとっての『百科全書』が作成されるべき地図であったとしたならば、ディドロにとってのそれは、まず第一に「タブロー」として表されていると言える。ディドロにより執筆された『趣意書』の冒頭部分では、「諸学問と諸技芸に関するあらゆることを辞書という形式の下に還元しながら」、「あらゆるジャンルとあらゆる時代における、人間精神の努力の一般的なタブローを形成すること」(9)が『百科全書』の目的として述べられている。ディドロにとって辞書とは、ページという四角いカンヴァスのなかに人間知識の総体を閉じ込めようとする試みなのである。さらにこのタブローは、ダランベールの例えと同じく、「人間認識の樹」、すなわち「系統樹」としても表象されるが、ディドロは学問的系統樹の構成を述べる場合においても、その根底に存在する自然の無限の多様性を看過してはいない。

自然は私たちに個別的な事象のみを与える。それらは数において無限であり、固定して決定された分割をいささかも持ってはいない。そこにおいてすべては感取不可能な微妙な差異に従って継起している。(10)

決定的な分割を持たない自然はつねに生成する運動の内におかれている。自然の運動そのものはタブローの深層を貫いて時折表面に現れ出るにすぎない。つまりタブローとは可視化された運動の一時的な表出であって、そこにおいて対象は静止画として表される。表層を規定する運動そのものは、しかし表層においては不可視なままでとどまっている。このことは、『百科全書』の項目「タブロー」における説明とも符合する。ジョクールによって書かれたこの項目は、深層と表層というタブローの二面性を示している。よくできた絵画は、その潜在性において対象の運動を想起させずにはいられない。

自然は私たちの目に、美しいタブローとして表象される。タブローのなかで、私たちがそれを現実に見ているのと同じ形のもとで自らを示す。偉大な画家の作品に幻惑された目は、[…]自然は時折その形のなかに動きを知覚することさえあるように思える。(11)

古典主義時代のタブローを規定していたものとして、三一致の原則がある。同項目の記述に従うならば、タブローとは、(1)ただ一瞬のうちに起こりえたものを表象し、(2)ただひとつの眼差しで容易に捉えられるものを表象し、(3)そのタブローが含んでいるように見えるただ一つの空間に閉じ込められているものを表象するものだと考えられていた。けれども、引用した箇所からも分かるように、タブローは、偉大な才能によって完成されたとき、その見かけの一致を超える。そこにおいて時や場所、あるいは視線の一致は乗り越えられ、タブローに本来表されえなかったはずの運動の知覚が生じてくる。その時、静的な表象を超えていく運動の知覚が発生し、タブローはもはやそれまでのタブローではなくなる。

『百科全書』において表象と運動にまつわるこの関係をもっとも典型的に示しているのが、機械の運動と機械の記述とに関するディドロの見解だといえる。『百科全書』内で見出される工芸技術に対して向けられた独自の視点は、当時刊行された多くの辞書・辞典との比較において際立っている。当時の最も有名な辞典の一つ、一七二八年に発行されたチェンバースの『シクロピーディア』*Cyclopaedia* は、一七四二年までに五回も版を重ねたものであり、ディドロが『百科全書』を編纂する際に大いに参考にした書物ではあるが、ディドロによる『趣意書』において、チェンバースの辞典との相違が次のように述べられている箇所がある。

> チェンバースの完全な翻訳が私たちの目の前に現れたが、私たちは要望すべき多くの事柄を見つけた。自由学芸においては、一つの語にたいしてもっと多くのページが必要であった。機械技術に対しては、完全に補足しなければならない。チェンバースは多くの本に目を通したが、彼は職人を見なかったのだ。けれども、工房でしか学ぶことができないものが実に多く存在する。[12]

理論および学説だけでは、発展しつつある工芸技術を記述することができない。ディドロが「職人を見る」ために行った努力は、ダランベールによって次のように評価されている。

> ディドロ氏はこの『百科全書』のもっとも広範で、もっとも重要で、読者からもっとも待望され、また、あえていえば書き上げるのがもっとも困難な部分の筆者なのである。それはさまざまな技術の記述である。ディドロ氏はこれを書く資料を得るために、多くの職人や技術愛好家から提供された手記を読み、あるいは、彼自身が職工たちのもとで知識を汲み取り、あるいは最後に、さまざまな職業を骨折って理解し、しかも時には、それらを自由に研究するため模型まで組み立てさせたのである。[13]

この技術の記述に際して、まさしく、図像 figures、あるいは表象としての図版 représentation の必要性が問われることになる。

多くの事例によって、以下のことが証明されるだろう。すなわち、純粋で単純な言語のみによる辞書は、いかにそれがよくできたものであれ、図像 figures なしでできたものならば、曖昧あるいは漠然とした数々の定義に陥ってしまうだろう［…］。対象を一目見ること、あるいはその表象 représentation を一目見ることで、一ページにわたる言説よりも多くのことを述べることができる。(14)

図版の提示を通じて、今まで言語化されることのなかった職人のあり方、その動きや職能が、文字通り「表象され」、知のタブローのなかに書き込まれることになる。とはいえここで注意すべきなのだが、こうした図版＝表象でさえ、機械が行う運動の代理表象でしかない。可視化された表象の図像は、それ自体不可視なものである機械や職人の動きを再構成するためのものでしかない。

図像に関していえば、私たちはそれを職人が行う重要な動きと、絵に描くのはとても簡単だが文章で説明するのはとても困難な操作の瞬間についてのものに限定した。要するに私たちは本質的な状況というものに拘泥した。そうした状況とは、それの表象がうまくできれば、必然的に見ることができない状況にまで関連していくものである。(15)

「見ることができない」状況、すなわち図版として示されている動きの前後の状況とは、機械の運動、そのオペレーションの状況そのものにほかならない。『百科全書』の図版は、それゆえ、動く絵画 motion picture、あるいは運動の記述 cinématographe の一断片として捉えられる。そこでは、動く技術を記述する者でさえ観察者の位相にとどまり続けはしない。人間の魂といわれる存在も、ディドロにとっては「動くタブロー tableau mouvant」であって、そこにおいては他の存在物との影響関係が、瞬時に、しかし刻々とそのトーンを変えながら描き出されている。(16) この構造は、類比的に、『百科全書』と世界との関係にまで拡大されうる。『百科全書』は、世界と人間との間で構成される動くタブローであって、そこにおいて世界そのものの運動と、それに対峙して自らの魂を響かせる人間の運動とが、相互に投影される。

この「動くタブロー」の雛形を、ディドロの唯物論の一つの源であるルクレティウスに求めることもできる。

そこで私はいうが、あらゆる物体の表面から映像が、稀薄な姿が放出されるのだが、それは薄膜 membrane ないしは皮 cortex とでも称すべきものである。というのも、それは放たれて空中に広がるそのもとの物体とそっくりの外見と形態を有しているからである。(17)

もちろんルクレティウスとは異なり、物体がイメージ化される際の形態的な同一性、すなわちシミュラークルは、潜在性としての運動として翻訳されることによって、見かけの相同性を断ち切られざるをえない。ディドロにとって、タブローに映るものは、事物と相似した縮小形態ではなく、その事物が持つ運動の潜在性と、それが一時的に具現化したものとしての形態ということになる。けれども物が自らの姿を放出し、それが薄膜として形象化されるというルクレティウスのヴィジョンの内には、人間の知性を基礎づける可塑的な受動性というディドロと共通した概念を認めることもできる。

動くタブローとしての『百科全書』とは、永遠の生成のなかにある世界の「束の間の秩序」と、それに呼応する人間精神という「動くタブロー」との間に構成され、それ自体不安定な様相を示しながら、人間と世界との関係性としての知の総体を映し出している。『百科全書』の不安定感は、例えば送り先項目不在の参照記号 renvoi の存在や、あるいはあまりにも多くの書き手たちが匿名であることによっても醸成されている。けれどもこの不安定性は同時に、『百科全書』という啓蒙のプロジェクトが、つねに何らかの形で進行中であることを意味しているようにも見える。タブローとしての『百科全書』は、機械の挙動を静止画で指示する図版 représentation と同様に、発展しつつある啓蒙プロジェクトの束の間の姿を表しているにすぎない。

タブローを超えた『百科全書』は、事物をその可動性において映し出す。そこでは図版と結託した機械は潜在的な運動を露呈し、哲学的な言説は、「折衷主義」のなかで「哲学史」的な意味づけを新たに付与される。理性が批判され絶対的なものになる直前の時期に進められた、「群れの哲学」としてのフランス啓蒙思想に可能性があるとするならば、それは、ある種の相互反響としての知の集成が、ひとつの運動として表象されたことにある。『百科全書』のモナド的普遍性とは、事物のスタティックな鏡像を映しあうことにではなく、あらゆる知的営為を、表象の運動、あるいは共振する力として機能させることに存している。この力動的な力のなかに、古典主義の表象システムを超える力の表出を見ることは今やそれほど困難なことではなく思える。

3　百科全書的秩序とその力——『百科全書』項目「百科全書」より

『百科全書』刊行前、一七四九年に出された「趣意書 Prospectus」の他に、ディドロは一七五五年に出版された『百科全書』第五巻の項目「百科全書 Encyclopédie」において自らの百科全書プロジェクトの再定義を行っている。ディドロはそこで自らが中心となって進めている『百科全書』における方法論とそのもとになる世界像を明らかにし、『百科全書』の哲学的な基礎づけを行っている。知識の見取り図の構成とそれがどのように運動しながら知の総体を形成しうるのかという観点からこの項目を読解することで、前節で指摘された「百科全書」的な知の運動の実効性を提示することができる。自らが編纂した『百科全書』が有する実効性を、ディドロは項目「百科全書」のなかで複数の観点から指摘している。本節では「革新と進歩」「人間と風景」という二つの視点を設定して、ディドロが『百科全書』の理念的特徴をどのように考えたのかを把握することを試みたい。

a　革新 révolution と進歩 progrès

百科全書的秩序を保証する一つの主要な考え方として、まず第一に、革新 révolution と進歩 progrès があげられる。絶対王政の最盛期とも重なるディドロが生きた時代においては、技術や工学の発展に伴い、自然の観察や実験を通じて獲得される経験が質量ともに飛躍的に増大した。ディドロにとって哲学的な合理性とは、増大した知識を比較しながらとりまとめることによって人間の認識の限界をあるいは規定し、あるいは拡張することにその本質があった。このような作業のためには、拡張した認識と既存の表現との間のズレを是正する必要が生じてくる。ディドロが『百科全書』において、哲学史関係の項目と文法的な同義語 synonyme に関する項目を引き受けたのはこのような理由によるものだと考えられる。こうした項目の執筆を通じて、ディドロは個々の用語の再定義と、それと密接に結びついた認識の発展としての哲学史の書き換えとを企図した。『百科全書』においてディドロが執筆者としても果たした重要な貢献を、こうした考えのもとに整理することができる。

さて、上記のような状況に即してディドロは、従来まで権威として機能してきた種々の学説が、「理性の進歩の結果[18]」、もはや機能しなくなってきていることを指摘する。アリストテレスやプラトンの教えがそのまま妥当する領域はほとんどなくなってしまい、詩や散文といった人文的な他のいくつかのジャンルも、人々の生活およびメンタリティが変容した結果、同様の詩的効果を生み出せるものではなくなってしまっている。それゆえ、そうしたものの内在的な価値をもう一度取りだして、それに新しい形を与えねばならないとディドロは考える。こうして理性の進歩は、あらゆる権威を転倒させると同時に、従来まで看過されていたものを復興させる機能を持つ。さらにディドロは、一国民に共通する一時的な趣味や観念をもとにしながらも、そうした特定の文脈を超え出る天才的な人間の営為と、そうした天才的な制作を普遍的な理性や自然本性、あるいは人間の心性といった尺度によって再評価しつつ思考するという二つの態度を進歩のなかに認める。ディドロはこの二つの態度を天才と哲学として対置させる。

天才は規則を知らない。しかしながらその成功のなかで天才は決して規則から離れない。哲学は不変で永遠な自然の諸存在のなかに基礎づけられている規則のみを認識する。過ぎ去った世紀が例を提供する。規則を規定することがわれわれの世紀には求められている。[19]

こうして、過去の時代においては知られることのなかった認識が、後代において認識として確立される。過ぎ去った時代において天才のみが可能であった認識が、理性によって敷衍され、誰にとっても認識および実行可能な事柄となる。ディドロは、こうした理性の進歩から、知識の増大と言語の洗練とを通じて、あらゆる人々に正しい認識や有用な知識が開かれると考える。理性の進歩とそれを伝達し教育する言語の拡張は、知識の公共化を意味している。そこにおいては女性や子どもも例外ではない。理性の進歩は「人々の一般的教育」というものを目的としているのであって、「普遍的で合理的な辞典」とはそのための手段にほかならない。[20]

さらに、理性の進歩の到達点を考えたとき、革新 révolution という観念が出現する。理性の限界点は不可知であって、人間の認識がどこまで到達するかは本質的には知りえない。だが、進歩がどこまでいたるか分からないからといって、理性は進歩という考え方自体を諦めるべきではない。ディドロにとって革新とは、完成形が知られた目的論的な理性の進歩における個別の発展段階を示すものではなく、こうした目的性自体を括弧に入れ、現在の限界を超出する一時的で過渡的な段階を示す概念にほかならない。

けれども革新は必要だ。革新はかつてつねにあったし、これからもつねにあるだろう。ある革新から別の革新への間がもっとも大きいとする。この原因のみによって、私たちの営為の範囲は限界づけられている。諸学のなかには、そこを超えて通過することがその学にとってほとんど認められていないような一つの点がある。この点に到達したならば、残存するこの進歩の記念碑は、永遠に種全体にとっての驚きとなる。[21]

進歩の到達点が不明である以上、理性の完成度の絶対的な評価を行うことはできない。革新はそれまでの限界を超えた時点で達成されるものであり、革新から次の革新へいたる範囲が「もっとも大きい」状態にあるとき、それが一つの限界として見なされるにすぎない。

ディドロはさらに、こうした革新を、個体におけるエネルギーが実現化した結果として捉えている。言うなれば革新とは、種の限界を個体が超える瞬間にほかならない。個体とは一定量のエネルギーを持った存在であって、そこにおいては例えば運動や休止、欲求や情念といった様々な要因がせめぎ合っている。ある一つの個体、例えば一人の人間において、能力を阻害する要因が最小であり能力を助長する要因が最大となったとき、その個体が行う仕事はそれまで他の個体が行ってきた仕事を凌駕する可能性があるとディドロは述べる。この個体は「並はずれた個体 individu extraordinaire」と呼ばれ、こうした個体が次々と生まれてくることによって革新と次の革新との間に存在していた隙間が次第に埋められていく。進歩は単線的な克服と発展の図式というよりは、個々の人間の力を潜在的なものの顕在化として捉えた上で、かつ幾人かにおいてその能力が卓越した形で顕在化することで、従来までの集団的な限界が別の限界へと変容するという仕方で考えられる。限界を規定するのは種であるが、種という一般的な集まりそれ自身は進歩を達成するための存在ではないとディドロは考えている。言い換えれば、種とは様々な個体の力を集団として平均化したものであり、天才や奇形が発揮するような力を発揮することがない以上、集団の内にはつねに一定の限界が存在している。ディドロは人間という種のこうした限界を教育の限界としても考える。人間が教育により高められる点には限界がある。ある作品は人間に共通の尺度のつねに上方に存在し、別の作品はつねに下方に存在する。上方と下方とを行き来するような作品さえある(22)。人間の共通性はつねに中間に位置することになり、その中間性への志向こそが変革を生まない一つの限界を形成している。それゆえに、力を持った個体や、そうした個体の仕事の集積によって遂行される革新という概念が必要となる。集団や共通の領域を変容させる個の力が天才として見なされるが、同時にこの天才的な個が複数個現れることによってはじめて一つの大きな革新が可能となる。個と種の相関から生み出されるこのような革新の理論が、『百科全書』の理念である「学問の進歩」を理論的に基礎づけている。

こうして、進歩および革新という側面から、『百科全書』における天才と哲学の力学が明らかになる。『百科全書』の試みは、古今の天才的な偉業を人々へと還元しつつ、次なる革新に向けての認識を集積する哲学的な営為にほかならない。それは天才を人々に媒介する編集者の仕事でもある。編集者は天才と読者の間に立ち、「精神の共通の範囲」を定めることで、天才の仕事に共通性を持たせる媒介的な働きを行う(23)。ディドロが考える編集者の肖像には、天才の力を具現化する教育的な凡庸さが備わっている。知の編集をする哲学的理性は、先人のなみはずれた偉業を反省的な理性によって後付け的に理解することによって漸進的に進歩する。認識を新たな段階へと進める画期的な行為が革新と呼ばれ、この革新もまた、多くの卓越した者たちによる共同的な進歩の試みとして考えられる。理性の進歩を証言する百科全書的哲学の本質は、人間たちの潜在的な力の表出による知の推進のうちに、つまり従来の限界を超出して新しい限界を発見しようという集合的努力のうちにある。

b　開かれる知の風景

理性の進歩を証言する百科全書の営みは、とはいえ先程も述べたように、決して単線的なものではない。そこではつねに執筆者や分野においてのみならず、その表現や文体においても多様性が認められねばならない。ディドロは項目「百科全書」のなかで、総合的辞典としての『百科全書』が開示する知的なパースペクティヴを一つの風景として提示することで、その多様性を具体的に描写しようとしている。知とは人間が立つ土地そのものの表象として存在している。

学問技芸総合辞典は、山あり、平地あり、岩あり、水あり、森あり、動物あり、その他広大な眺めに彩りをそえるさまざまな事物のある果てしない野に比べられる。天空からふりそそぐ光が、それらすべてを照らしている。しかし、光のあたり具合は千差万別である。あるものは、その性質、光の具合から前景に浮かび上がり、あるものは、広大な中景のあたりに散らばる。はるかな遠景に没しているものもある。あらゆるものが、それぞれに対してそれぞれの価値を持っている[24]。

辞典のなかには、人間の営為も含め、自然に含まれているものすべてが存在している。そこでは対象に応じて事物に与えられる光の様態が異なる。光のあたり方、すなわちその理性的な解明のされ方に応じて、事物は遠景、中景、近景という異なった層に配置されるものの、すべては相互に関係づけられ、総合的な知という一つの風景のなかで個別の重要性を担っている。さらに、こうしたあまねくものに対する啓蒙《リュミエール》＝複数の光の可能性において、ディドロの『百科全書』理念は、人間という位相に重要な役割を与えている点にも注意すべきであろう。大地に注ぐこの光の存在は、たとえそれが天空からのものであったとしても、その働きを認知する人間なしでは決して知られることはない。自然についての普遍的体系を構築することは、それゆえ、自然のなかでの観察主体である人間を中心にした風景を構築することでもある。知的なパースペクティヴはそのときスペクタクルとなる。

とりわけ見失ってはならない点がある。すなわち、人間あるいは思惟し観察する存在が地表にいることを禁じるならば、自然のこの崇高で感動的な眺め ce spectacle pathétique & sublime de la nature も悲しく静かな光景となるほかない。世界は口を閉ざし、沈黙と夜とが支配することになる。すべては広大な沈黙へと変化し、そこでは観察されえぬ様々な現象がおぼろげで音もなく現れては消えていく。人間の存在によってのみ、諸存在の実存が関心を持つべきものとなる。事物の歴史を語る際に、このような配慮を忘れないことが重要ではないか。人間は世界の内にある。なぜ私たちが、私たちの書物のなかに人間を導入してはいけないのだろうか？　なぜ人間を、世界の共通の中心としてはいけないのだろうか？　人間とは、無限の空間における一点であって、そこから他の点へとつなげることができるような無数の線を引く中心とすることができるならば、大きな利点があるのではないか？　そこから、事物から人間への、そうして人間から事物への生き生きとして快い反作用が生まれるのではないか？(25)

百科全書的営みの中心には、現に世界の内に生きている人間が逃れがたく存在している。ディドロにとって人間は、世界の普遍的体系において中心的な位置を占めつつ、自然との作用・反作用の関係の内に置かれた主体として存在している。すなわち、人間が中心となることは、世界を対象化しつつも、その対象が人間の生と不断に関わり続けるという帰結を引き起こす。生と結びついたこの認識は「関心」の名の下で組織され、この認識に対する反作用として対象の側にもある種の生ないしは力、エネルギーが見出される。この意味で、ディドロが提示した百科全書的主体は、それ以後のカント的な超越論的主体とは決定的に異なっている。それは時間と空間という超越論的形式に従った悟性的判断をむしろ否定し、眼差しによって世界を賦活することをその務めとしている。(26)視線の内にすでに宿る生命を認めることから百科全書の体系は始まるのであり、その局面において、自然の目的は、「私の実在と私の同類の幸福」(27)へと向けられることになる。この視線のもとで、一見無味乾燥なものと思われる細部や機械的なものの描写までが、関心や感動を引き起こすものとなる権利を有する。世界に光を当てること、光に満ちた世界として百科全書的世界を体系化し仮構することは、世界の光を認知する人間を定立することにほかならない。人間を通じて事物には記述に基づく明晰性が与えられ、その世界のなかでの意義が打ち立てられる。

知識としての光を与えるという啓蒙的なこの側面がもっとも発揮された領域として、技芸 arts に関する数々の項目がある。ディドロが編集者として、また執筆者として技芸に関する項目に大幅に関わっていたことはすでに論じた通りであり、ディドロはそこから図版の必要性に関する考察も行っていた。項目「百科全書」内においては、ディドロが技芸に関するいくつかの主要な項目を執筆および編集した経験を踏まえて、同時代の技芸が含んでいる構造的な問題を指摘している。技芸の持つ独自の進歩の様態がそこでは問題とされる。

技芸の歴史とは、ディドロにとって、「使用された自然の歴史 l'histoire de la nature employée」であり、それゆえ自然の法則性や現象を対象とする学問と同様、自然に関する営為として認識された上で学問の系統図のなかに位置を占めている。けれどもその領域に固有の発展において、学問と技芸とはむしろ対照的な道行きを見せる。

しかしながら、技芸の進歩と起源とは、学問の起源と進歩と同じものではない。学者は議論を交わし、執筆する。学者たちは自らの発見を値打ちあるものとし、反駁し、反駁される。これらの論争は事実を明らかにし、日付を証明する。反対に技芸家は、人に知られず、無名のまま、孤立して生きる。技芸家たちは自らの利益のためにあらゆることをするが、自らの栄光のためには何もしない。何世紀もの間ひとつの家族のなかで完全に隠匿されてきた発明も数々存在する。こうした発明は父から子へと伝えられる。その発見が誰によっていつなされたのかということに関して正確には知られることがないまま、完成度を増したり、朽ち果てたりする。ある技芸が完成度を高めていく道行きははっきりと感取されるものではなく、日付もまた混乱している。(28)

学問を行う人たちが、論争的で、自らの主張やその主張がなされた期日を明確にしているのに対して、技芸を発揮する者はむしろ沈黙のなかで自らの技術を磨き、伝えていく。学問は雄弁であり、技芸は沈黙を保っている。それゆえ技芸においては個々の進歩が段階的にはっきりと認められるわけではない。その変化はある日突然具体的な道具や製品として人の眼に触れることによってのみ明らかになる。技芸の持つこうした秘教的性質をディドロは明らかにしようと試み、そうした意図から「靴下織り機」などの項目が執筆される。また、ディドロは、技芸における様々な側面を、博物学や化学、物理学といった学問的方法によって分析することで、秘教的な技芸を人に教えることが可能な対象にしようと試みていた。のみならずディドロは国家レベルの権力の介入によって、技芸についての秘密を開示することさえ望み、技術を独占することには嫌悪感を抱いていた。というのも、技芸を一国のみで独占的に所有することは長い目で見たときに損失しかもたらさないものだからだ。言い換えれば、先端的な技芸を広めることは、ある一つの国にとってではなく、人類全体にとっての利益を目的としているということになる。『百科全書』における各技芸に関する項目は、隠されていた技芸の力を啓蒙的な理性によって開示し教育可能なものへと変えることで、国民国家どうしの覇権争いの枠組みを超えることさえ目指すものだったといえよう。カント的な言い方を援用するならば、技芸の発展とその共有は、少なくともヨーロッパにおけるコスモポリタン的な共同体の発展を促進し、「帝国 empire」ではなく「人類 humanité」の名における発展を約束するものと見なされている(29)。技芸に関するディドロの考え方は、隠され続けてきた力を理性によって解放することが、新しい共同性へとつながるという主張のもとに展開されている。『百科全書』における技芸の理念が提示するこのような問題を、産業革命以降の国民国家における問題を先取りし、それに対する啓蒙理性の対応を模索しているものと解釈することもできるだろう。国家間の先端的な機密としての技芸の進歩に疑問を投げかけ、学問・技芸の成果を「人間」をもとにした共同体の公共的財産と見なすことに、ディドロの百科全書理念の本質がある(30)。

4　『百科全書』の理念に見るディドロの啓蒙思想の特徴

上記の考察を本章冒頭に掲げたカッシーラーの図式やラヴォアジェの試みと比較することで、ディドロが『百科全書』において試みた啓蒙の実践の一般性と独自性とが明らかになる。まずそれは、新しい力の発見という意味において、カッシーラーが掲げた啓蒙の特徴を備えている。『百科全書』における理性の進歩はある革新から別の革新へといたる行程として考えられ、そこにおいて、天才の力やそれを伝達可能なものへと変形する教育ないしは哲学の力が介在している。革新から革新へといたる行程が決して合目的的なものではなく、むしろ革新は理性の限界をそのたびごとに新たに設定しなおすものとして存在しているところに、ディドロにおける進歩概念の特徴がある。また、こうした革新に必要な天才や哲学の力はつねに共同的な相互作用として捉えられ、それゆえにこの共同的な力は、多くの項目が異なった著者によって執筆され、それらの項目が参照記号によって相互に結び合わされている『百科全書』の形式と一致している点が見受けられる。『百科全書』とはその意味で、それが対象としている自然や技術の世界のみならず、同時代における諸学の理性的な発展の仕方をそのまま写している。

このような進歩に付随して旧来の用語、すなわち諸概念の定義を再度厳密にする必要性が生じる。ここから、言語の再定義と刷新への要請が生まれてくる。ディドロが『百科全書』で行った同義語や文法項目への貢献は、この点においてラヴォアジェの化学用語刷新法と類似した意義を有している。進歩した、あるいはより精密になった概念を表すために言語の用法や定義を変更することは、教育などの啓蒙的な実践に課せられた大きな要請だったと言うことができるだろう。

こうした啓蒙全体の見取り図から離れて、ディドロの『百科全書』の理念が持つ独自性も指摘することができる。まず第一にそれは、絵画的な意味での世界の「タブロー」を構成することを目指しているという点にある。ディドロは『百科全書』の普遍的体系を――例えば同時代の形式的なスピノザ主義的体系論者のような――公理と定理とが一様なツリー状をなす構造とは見なしてはいなかった。むしろディドロは人間の関心というものを通じてその対象となる自然や人間の領域に生命を与え、人間が日々経験している世界像を表そうとした。自らも外からの影響によって変容するタブローである人間は、自ら世界に生命を与えつつ世界からの反作用を受ける。自然と人間とのこうした双方向的な作用そのものを映すタブローとして『百科全書』は構成されたと考えることができるだろう。

さらに、技芸という観念からディドロの営為を考えた場合、百科全書の理念は単なる自然の似姿を作ろうとする試みにはとどまらず、人間をその中心に据えた有用性の体系として機能することになる。「利用された自然」としての技芸に対する啓蒙的視線は、秘教的な実践であった職人的な知を学問的理性の光に照らすことによって、それを教育し応用する可能性を拡げる。こうした実践により伝播可能となった技芸の普遍的有用性は、国家という枠組みをも無効化し、長い目で見た人類への有力な貢献を成す。ディドロにとっての公共的な知とはその意味で未来への要請として機能しているものであって、狭い意味での国家の枠組みにとらわれない後代 postérité への視線がディドロの啓蒙プロジェクトを規定していると考えられる。

哲学的合理性とはそれゆえ、単なる分類学的なタブロー形成の技術を内包することにとどまるものではない。それは詩的感受性と統一されることで、来るべき幸福な世界像を想像し、それを理念化する能力となる。『百科全書』の世界像が動く世界の模像となる理由は、その世界像が表層において合理的な体系を構成しているからという理由のみによるものではない。むしろディドロは、そのような自然の深層において働いている運動の契機を鋭く見出し、自らが実践する啓蒙的な運動をもそこに重ね合わせながら埋め込むことで、自然を改変しつつ「自己の実存と同類の幸福」へと導いていくことを可能にするような力動的な世界の見取り図を構成しえたと言うことができるだろう。

第二章　ディドロの中国観における進歩と道徳

1　西洋世界における中国イメージとその変容

西洋世界における中国イメージの発生それ自体は古代ギリシャ・ローマにまでさかのぼる。サカエ Sacae あるいはセレス Seres と呼ばれた古代中国に対する最初期の言及は、紀元前四世紀頃のインド太守クテシアスの著作において見出され、国民が長寿を楽しむ美しき絹の産地というイメージが西欧世界に広く浸透していく。世界の果てにあるガンジスのその果てにある不老長寿の国として、中国は伝説的な地位を長い間享受していた。こうした伝説的な国家としての想像上の「中国」といったイメージは、例えばキャセイ Cathey, Cathai という名の下に、十八世紀頃までヨーロッパ世界に残存している。(31)

ところが、当然のことながら、中国は非在のままであり続けたわけではない。明末から清朝の成立にかけて、すなわち十六世紀末から十七世紀の中葉にかけて、マテオ・リッチによる布教活動の開始を端緒に、中国にわたったイエズス会士たちは、キリスト教の布教を主たる務めとしながら、中国への造詣を深めていく。中国の風土や思想、文物は、リスボン、ローマ、そうしてパリといった場所から発表される報告書によって、知識人階級に広く伝えられることになり、実在する「中国」についての新しい知識が、聖職者・神学者のみならず、当時の哲学者たちの思考を触発し始める。こうした局面において、もはや中国は、恒久の平和を楽しむ東洋の大国として認知されるのみにとどまらない。例えば、十七世紀中葉にマルティニによって報告された満州族による明朝の征服は、永遠不変の大国と思われていた中国が実際は変わりゆく一国家にほかならず、しかもそれがきわめて凄惨な戦時下におかれているという情報を与えるものであった(32)。

非在の中国と実在の中国との典型的な相克を、十七世紀後半におけるキルヒャーとライプニッツとの比較において見出すことができる。イエズス会士キルヒャーが一六六七年の『中国図説』において奇想的な中国像を提示したのとは対照的に、一世代後の哲学者ライプニッツは、一六九五年の『最新中国情報』において、中国の道徳の卓越した側面を評価し、ヨーロッパの科学技術と中国の実践哲学、すなわち道徳哲学との相互共生を企図する。ライプニッツは他の著作においても、マテオ・リッチの後継者であるロンゴバルディの中国哲学解釈を引き合いに出しながら、中国の宋学（＝朱子学）における理の解釈を、ヨーロッパ的な神学・哲学の構造にひきつけて読み解こうと試みた。

この他にも当時、イエズス会士の神父を筆頭にさまざまな立場の哲学者や知識人から、中国についての言及が相当数発表されている(33)。ディドロが編纂する『百科全書』において、「中国人（の哲学）」が一つのかなり長い項目を構成する主要な原因として、中国に対する関心が同時代的に非常に高まりを見せていたからだ、と考えることができる。しかも、ディドロが項目「中国（人の哲学）」を執筆していた時期には、こうした中国に対する好奇の眼差しそのものに対する疑念も生じてきていた。本章は、ディドロの『百科全書』における「中国人（の哲学）」を分析することによって、ディドロの中国嫌いの原因を探り、またディドロの哲学的思考と中国哲学との関係性をも考察する試みである。

2　『百科全書』項目「中国人（の哲学）」の構成

『百科全書』の項目「中国人（の哲学）Chinois（Philosophie des）」は、一七五三年に発行された『百科全書』の第三巻に掲載されている。表題が示すように、この項目の内容は、中国の哲学、とりわけ古代哲学と新しく興った朱子学との解説とに多くのページが割かれている。詳細に見ていくならば、それはおおむね三つの部分に大別されている。すなわち、古代中国哲学について概括的に述べられた第一部、朱子学を中心とする中世の中国哲学について述べられた第二部、および儒教の実践哲学的側面が要約的に述べられている第三部の三部構成と考えることができるだろう。[34]第一部は、エルマン版で四一二―四一九頁、第二部は四一九―四二八頁、第三部は四二八―四三三頁にそれぞれ該当している。[35]

もちろん、ディドロは「中国人（の哲学）」の項目すべてを独力で執筆したわけではない。よく知られているように、『百科全書』のいくつかの項目のなかには、当時の著作物を底本としているものや、場合によってはそのまま剽窃しているものも存在している。[36]項目「中国人（の哲学）」も例外ではない。この項目においてディドロが参照している文献としては、ブルッカー Johan Jacob Brucker の『哲学の批判的歴史』*Historia critica philosophiae* と、イエズス会の神父ルコント Le Comte の『中国の今日の状況に関する新しい覚え書き』*Nouveaux mémoires sur l'état présent de la Chine* の二点が主要なものとして挙げられている。[37]これらの著作は、とりわけ今回対象とする項目「中国（人の哲学）」の第三部において、主要な底本と見なされている。[38]

ここでは、『百科全書』においてディドロが担当した「哲学史」に属する諸項目の執筆に際して底本として大きな役割を果たしたブルッカーの著作に関して簡単な補足を行っておくにとどめよう。ブルッカーの著作『哲学の批判的歴史』は、一七四二年から一七四四年にかけてライプツィヒで発行された五巻本のラテン語版第一版と、一七六六年から一七六七年にかけて出た六巻本の第二版が存在している。[39] エルマン版のディドロ全集の註では、項目「中国人(の哲学)」の典拠となるブルッカーの所収巻号は第五巻となっているが、その箇所は、ブルッカーの第一版では第四巻のなかに収められている。すなわち全集の註においては、ブルッカーのラテン語第二版が参照されているが、項目「中国人(の哲学)」の掲載された『百科全書』第三巻が発行されたのが一七五三年であるということを考えるならば、ディドロが底本として用いたのは、ラテン語第一版だと考えられる。(ただし、ブルッカーの著作において中国哲学が論じられた範囲は、どちらの版においても八四六から九〇六ページとなっており、ページ表記に関する異動は存在していない。)

3　項目「中国人(の哲学)」に見られるディドロのシノフォビア的側面

ディドロが執筆したこの項目において、中国は決してユートピア的なものとしてとらえられているわけではない。いくつかの他の論考との対照を示しながら、項目「中国人(の哲学)」におけるディドロの中国観の基調を簡単に提示してみることにしよう。

まず最初に、『百科全書』内の他の項目を参照することから始めよう。執筆者未詳の項目「中国 Chine」内では、伝統的で典型的な中国像が、ディドロと同時代になおも残存していることが読み取れる。

それは、世界のうちで、もっとも人口に富み、また、もっとも耕作のために耕された国である。そこにはいくつかの大河が流れ、また、通商を容易にするために作られた無数の運河で区切られている。もっとも著名なものは王の運河(大運河)と呼ばれるもので、それは中国全土を横断している。中国人たちは非常に勤勉である。彼らは工芸、学問、商業を好んでいる。紙や印刷術、黒色火薬の使用は、中国ではヨーロッパで考えられるよりも早くに長い間知られていた。この国は皇帝によって統治されている。皇帝は同時に宗教の元首でもあり、高官を自らの命令下におき、その高官たちは国家の偉大な領主でもある。［…］統治はきわめて穏やかである。この国の人民は偶像を崇拝している。彼らは望むだけの女性を所有する。(40)

「商業の重用」といったモチーフに加え、政治の穏健さや国民の勤勉さ、あるいは先進的な科学技術を可能にした太古の知恵といったモチーフが見受けられる。これらの記述がなされた当時は、すでに流入した文物によって各事項の具体的な裏づけが進んではいるとはいえ、いずれも伝統的な中国観を反映した好意的な解釈をこの項目中に見出すことができる。

こうした見解は、先に述べたライプニッツの考えにも見出される。『最新中国情報』のなかで、ライプニッツは、ヨーロッパと中国というものを、世界における主要な、そうして比肩すべき二つの極としてとらえている。(41)ライプニッツは中国に対して「東方のヨーロッパ」という表現を用いながら、西洋と東洋は手工業的な技術では互角だが、理論的な学問（数学や形而上学）ではヨーロッパが優り、実践哲学（倫理学や政治学）においては中国のほうが優れている、という見解を示している。(42)

ライプニッツに見られるような、ヨーロッパと中国とを対等に扱う視線は、ディドロの見解には見出されない。ディドロは、「西洋」と「東洋」とを対比しながら、東洋は、西洋において見出されるような「発明・発見」の精神を持たないと結論づける。さらに東洋の精神の特長として、それは静謐で、怠惰なものであって、そこには「新しさ」が欠けている、とディドロは述べる。(43)後に詳述するが、こうした側面において、ディドロは、中国を決して賞賛に値する存在ではないものと見なしている。この見解のなかに、ディドロの中国嫌い sinophobia と言われる側面が表されていると言えるだろう。

他にも、ディドロの中国観を示すものとして、ディドロによる記述とブルッカーとのそれとを全体的に比べたとき、言及される人物の選択に偏りが見られる、ということがあげられる。先述した中国嫌いの側面と呼応するかのように、中国にとどまり中国愛好者として布教活動を行ったイエズス会士たち、具体的にはマテオ・リッチ、アダム・シャール、あるいはフェルビーストなどの代表的な人物たちについて、ディドロは一切言及を行っていない。逆に、善き中国というイメージに対して警戒していた人たち、例えばビュデやトマジウス、グンドゥリング、あるいはヘウマンについては、ブルッカーの記述をそのまま引き写しながら、中国に対して批判的だった論者として明示している。こうした記述からも、反イエズス会的で中国嫌いという当時のディドロの思考がうかがえる。とはいえ、『百科全書』の項目執筆にあたってディドロが参照した文献は必ずしも中国を批判的に捉えようとしたものではなかった。ディドロが項目「中国人（の哲学）」執筆の際に主要な底本として用いていたブルッカーの著作においては、ディドロと同じような視座での「中国嫌い」な見解が決して強く打ち出されているわけではない。もう一つの底本であるイエズス会のルコントによる『中国の今日の状況に関する新しい覚え書き』においても、中国はヨーロッパ中心主義を相対化する太古の国として、むしろ好意的に描かれている。[44] 次節では、ディドロによって参照されたブルッカーやルコントの記述とディドロのそれとの関係を具体的に分析することで、ディドロの中国観についてさらに詳細な検討を行う。

4　項目「中国人（の哲学）」第三部読解——ブルッカーとの関連を中心に

『哲学の批判的歴史』におけるブルッカーの中国に関する記述は、ラテン語で六〇頁にもわたる非常に膨大なものである。それゆえ本論においては、ディドロによる項目「中国人（の哲学）」のなかで、第三部、とりわけ古代中国道徳哲学について要約的に書かれた部分に焦点を当てて、両者の相違点から考察されるディドロの思想について、いくつかの指摘を施したく思う。ちなみに、この箇所においては、目立った翻案上の相違があるにもかかわらず、エルマン版のディドロ全集においても、ほとんど、というか一切注記がされていない。

問題となる中国実践哲学の要約部分は、断章形式で構成されている。『百科全書』の項目においては、断章数は三五となっているが、ブルッカーの記述は三四の断章によって構成されている。これは、ブルッカーにおける第一二断章に対して、ディドロがそれを一二番と一三番の断章に分割して執筆していることに由来するものであって、その点をのぞけば、断章間の対応は基本的には保証されている。『百科全書』項目「中国人（の哲学）」における該当箇所は、エルマン版全集で四二八―四三一ページに該当する。これに対応するブルッカー『哲学の批判的歴史』の該当部分は、第二五節であって、ページにすると九〇二から九〇六ページに位置し、「中国人の実践哲学」と題されている。この「中国人の実践哲学」という呼称はディドロにおいてもそのまま使用されていることから、両者の対応は明白だと言える。孔子の実践哲学と言われる教えは、どちらにおいても「道徳的格言 sentences morales」という断章形式で述べられている。このように、ディドロとブルッカーの見解は一見大筋における違いはないように思えるが、詳細を見てみると両者の相違は際立ってくる。

両者の違いは一つ目の格言においてもすでに表れているように見える。ディドロにおいては第一の断章は次のように書かれている。

1　政治的倫理は二つの主要な対象を持つ。知性的自然の涵養 la culture de la nature intelligente と、人民の教育である。(45)

他方でブルッカーにおける第一の格言は次のように記述されている。

I　主要な中国の教えは二つある。一つは自然の理の崇拝 naturae rationalis cultum、もう一つは人民の刷新に関係している。前者は倫理を表し、後者は政治を表している。(46)

冒頭部分で「中国の教え」が「政治の倫理」と訳されていることにまず気づくが、さらにディドロが用いたculture、ブルッカーが用いたcultum（cultus）という語に注目してみると、孔子の哲学に対するディドロの解釈が浮かび上がってくる。十七—十八世紀のフランスでは、cultureという単語は、語源的な「耕す」という意味に加えて、「学問芸術、あるいは精神を磨き完成させるために行われる修行」（*Richelet*: 1680）といった意味や、あるいは、さらに発展して、「精神、諸風俗、諸学問、諸芸術」（*Trévoux*: 1771）という意味を持っていた。他方でラテン語のcultusという語は、「耕すこと」という意味から転じた先述のものと同じ意味も含むが、同時にそれは今で言うところの「崇拝culte」という意味をも含んでいる。実際、cultusの語源となるラテン語の動詞culo自体が、「耕す」という意味と「崇拝する」という意味とを併せ持っている。

つまり、ディドロによって用いられたcultureという語によって強調されるのは、自然的理性が持つ合理性そのもの、あるいはその深化としての学問芸術であって、そこにおいては、ブルッカーの記述から読み取ることができるような、自然に対する「崇拝」という意味が排除されている。実際、ブルッカーにおいては、例えば次の引用などに顕著に見られるが、cultusという単語がほとんどすべての場合「崇拝」という意味で使用されている。

人々は天から唯一の理を与えられるようになっており、そしてそこから天の崇拝と畏敬が課せられる。(47)

崇拝cultusという語の意味に対するこの解釈は、項目「中国人（の哲学）」の、もう一つの主要な底本、ルコントの著作からも類推される。ルコントにとって大きな問題点でもあり、またルコントの著作の刊行後に「典礼問題」で知られる論争を巻き起こしたものこそ、中国における「崇拝」の問題であった。ルコントは次のように述べている。そこにおいて描かれているのは、やはり中国人が太古から伝わる宗教において保持してきた「崇拝」という契機であった。

偉大な王政の設立において、宗教はつねになにがしかの役割を果たしてきた。そうした王政は、多くの精神や心が何かしら聖なるものを外的に崇拝すること le culte extérieur de quelque divinité によって互いに結び合わされることなしには、保持されえないであろう。というのも、人民は、本性的に迷信深いものであって、理性によってよりは信仰によってこそいっそう導かれるものなのだから。(48)

このように、ブルッカーにおける用例、あるいはブルッカー以前の慣例から考えてみると、ブルッカーの用いた cultus という語は、ある対象を崇拝するという意味にほかならない。自然、とりわけ理を伴った自然が崇拝の対象となるというこの考え方は、孔子そのものの思考に発するというよりは、「天とは自然の理である」という程顥のテーゼを受けたものであり、また、その天の主宰を崇めるという意味で、宋学初期の考え方だということができるだろう。

他方ディドロによって執筆された中国の「政治の倫理」においては、自然は崇拝の対象としては示されていない。それはむしろ、脱神聖化された、ある種の合理性の基盤であり、また同時にその対象と見なすことができる。そこにおいては、リッチやライプニッツが中国の思想のなかに読み込もうとしていた超越的な形而上的解釈は排除される。道徳的実践は自然からは乖離した「規則」によってのみ統御されることになる。ディドロの解釈において中心となるのは、まさにこの超越的な「天」からの分離であって、そこにおいて道徳は形而上学とは切り離された形で展開される。道徳と宗教の分離というこのテーゼは、例えばディドロ以前にピエール・ベールが提示した考えに近いものでもあるし、(49)別の観点から見れば、それは孔子の直接の教え、すなわち『論語』に見られる道徳の教えと共通する面も持っている。『論語』においては、「天」とは、崇拝の対象である人格神的な主宰としてではなく、むしろ人の存在と連続した形で存在し、内在的に認識可能な理法の総体として考えられているからだ。ディドロはこうした理神論的な孔子の解釈をさらに押し進め、無神論的なものにまで拡張する。このこともディドロの記述とブルッカーのそれとを比較することで明らかになる。ディドロの言及、および底本となったブルッカーの項目を順番に引用してみよう。

天の確かな理由や公正さは存在していて、それはすべてのものに与えられている。人がそれを失ったときも、この贈物に対する補足物が人間には存在している。天の理は聖人に属している。補足物は賢者に属している。(50)

理は天のような何ものかであって、それは全てのものに与えられている。このことと対照的に、これが投げ捨てられた後に、取り戻されるべき完全性に向かって進んでいくことが、人間の道であり理として与えられている。天のものは聖人に属し、人のものは賢者に属する。(51)

一見するとよく似たこの両節も、ディドロの用いた表現「補足物 supplément」という語に注目することで、両者の違いが際立つ。ブルッカーにおいては、人間の理性は原初の完全性を回復させるための手段としてすでに与えられている。人間は原初の十全性から「投げ出されて」いるが、そこから人間は、所与の理によって原初の状態を「取り戻す」べく努める。そこにおいて人間は、本来理を有するものとされている。ところがディドロにおいては、人間に与えられているのは、天の理とは異なる「補足物」でしかない。理による一元的な天と人との照応は否定され、人間の道が、単純な喪失と回復のプロセスとは異なったものとして考えられている。つまりディドロの翻案のなかでは、天と人とを貫いている「理」という最低限の共通性さえ読み込むことができない。ディドロにとって、人間は天の理から切り離されたものであって、それは言い換えれば、超越性、あるいは聖性から徹頭徹尾切り離されたものとして捉えられている。

超越からの分離というこの主題は、ディドロが保持した一元論の立場と密接に関連している。それは言い換えれば、

「超越／内在」という図式を排しながら、内在的な要素の普遍性と一貫性とを重視することでもある。別の断章においてこのことが証明できる。ブルッカーが述べた徳の完成における内在的な性質を踏襲しながら、ディドロはその徳がいかなる超越的な担保もなしに伝播する可能性を捨ててはいない。ディドロは次のように述べている。

> 12　徳は単に外の事物において恒常的に存在しているわけではない。
>
> 13　徳は地に対して告げ知らせることのできないものをいささかも必要としないし、徳自らが天に対面して打ち明けることのできないものをいささかも思考しない(52)。

これに対応するブルッカーの断章は次のようなものとなっている。

> 不変なものは徳の外部を必要としない。そうではなく、必要なのは内部であって、内部のものには何も欠けてはいない。それを人々の間に広くいきわたらせることはできないのであって、それについていかなる考えも望めないだろう。それは徳についての自覚が天になることを望まない(53)。

強調した箇所からも分かるように、ディドロは徳が伝播する不可能性を述べた箇所を訳出していない。このことはディドロにとって、内在的に完成された徳が他者へと開かれる可能性が存在することを意味している。徳の伝達不可能性を許容することは、中国の精神がある種の閉塞状態に陥りかねないものであることを認めることであり、結局のところこれこそが、中国に対するディドロの不満を生じさせる原因となる。

私たちは認めるのだが、一言で言うならば、中国人たちは、今日ヨーロッパにおいて輝いている発明や発見の精神を有していない。要するに、西洋の精神と比べると、東洋の精神は、静かで、怠惰で、本質的な必要に閉じこもっていて、自分たちが打ち立てたと思うものにとどまっていて、新しさに欠けている。(54)

中国古代の実践道徳に対してはディドロが否定的な評価を下していなかった、ということを想起する必要がある。というのも、その道徳は超越的な担保なしに存在しうるものだったからだ。ディドロは、「孔子の道徳は、すでに見たように、彼の形而上学、および彼の自然学と比べて、非常に優れたものである」(55)と述べている。天の理を持たない人間、すなわち超越的なものを分有していない人間に存在している「補足物」を、ディドロは孔子の道徳の普遍的な可能性として認めてはいるが、それでも「東洋の精神」は、「怠惰」で「新しさに欠け」るものとして批判されることになる。これを、天の理に対する「補足物」が存在しているにもかかわらず、それを使用しようとしない「東洋の精神」への、まさに「実践的」な側面からの批判、として捉えることができるだろう。新しい哲学者は、古代の理念に閉じこもることなく、「発明と発見の精神」によって、つまり実験的で科学的な試みによって勝利を収めるはずだ、ということ。これは、ディドロが後に百科全書の項目「折衷主義」の内で述べた主張と重なってくる。(56)ディドロにとって、「東洋の精神」とは、その合理性によってではなく、むしろその展開における非十全性によって批判されるべきものなのである。

5　中国、あるいは不完全な思想

最後に、ブルッカーとの共通点をあげることから始めて、ディドロの中国観をまとめることにしたい。ブルッカーは、『哲学の批判的歴史』の最後の部分で、次のように述べている。

中国の倫理における塗りつけ *Epixrisis* de ethica Sinica

この道徳の教えが輝かしいものであることを、私たちは否定しない、しかし、それは非常に輝いているので、その教えはその他の輝きを消し去り、私たちは読者にそれらを考えさせること、およびヨーロッパの哲学における道徳の教えとそれらを比較することを残してしまった。私たちは言われたことにほとんど付け加えることはしないし、そのことを考慮するようにも命じない。中国の倫理の確かな原理についても無知であるし、それを定義もできない。つまり、その同時に生じた理由とは何であるか、心の正直さとは何であるか、その優れた完全性とは何であるかということについて、請求権を明らかに示すこともできない。告白するが、計り知れない仕方で中国の倫理を称揚したのは、高名なウォルフである。とはいえ次のことが考察されるように私たちは望んでいる、すなわち、それにもかかわらず、偶像崇拝をもった、ないしは迷信にもとづいたこの完全な中国人は、彼等の不敬虔についても称揚されるのか、また、名もなき中国人の徳は存在するのか、ということを。また、この徳が秘教的な教えに関係づけることができるならば、それについて賛辞を述べる者たちは容認されるのか。中国の法によって命じられた神聖な儀式は、きわめて多くの程度で道徳の教えに関わっている。そしてそれが徳の中心に関係づけられる。しかしながらそれらの儀式を迷信や不敬虔から解放することを望むのは、レンガを洗うこと［＝無駄に働くこと］であった。上に述べたことからも理解されよう。私たちは中国人の徳になすりつけられたヨーロッパ的な見せかけについては黙っておく。そのことはさらなる愛好者に委ねることができるだろう。これがどれほどのものかは知らぬが、たとえ道徳教説においてのみ中国は勝っていると言うことができるとしても、そのこともそれを裁く者が目にしたことであろう(57)。

ブルッカーにとって重要な問題であったのは、この箇所の表題からも明らかなように、中国哲学に「塗りつけられた」仮象をいかに理解すべきか、ということであった。題名にあるギリシャ語の「塗りつけ epixrisis」、また、「レンガを洗う」」、「なすりつけられた」という表現からも分かるように、ブルッカーにとって、中国とは、ヨーロッパから何かを糊塗され続けた存在であった。ブルッカーは仮象の下にある中国の実像については沈黙を保っているが、少なくとも仮象としての中国、つまり「中国のイメージ」に対してある程度批判的であったことには異論の余地はないかと思われる。このブルッカーの観点は、例えばディドロの項目の、次のような箇所に反映されている。

ビュデ、トマジウス、グンドゥリング、ヘウマン、またその他の著述家たちは、彼らの学識は何がしかの重みを持つものであるが、中国人たちを美しく描いていない。宣教師たちのなかには、イエズス会士たちとは違って、中国の人々の偉大な賢さに同意をしない者たちもいる。イエズス会士たちも、完全に等しく好意的な眼差しで中国人たちを見ていいたわけではなかった。(58)

「美しく描いていない」、あるいは「好意的な眼差し」で見ていない、といった表現が強調される理由として、中国がまだ「美しき」国であることが前提とされていたことが考えられる。実際、すでに確認したように、中国は十八世紀半ばにおいてさえ、なおもある種の美的な色眼鏡で見られていた。それに対する批判意識は、ブルッカーにもディドロにも共通したものとして見出される。

また、上述の箇所においてブルッカーは、中国における祭礼と宗教、道徳との不可分な関係を述べ、たとえそれについてウォルフのように称賛をすることができても、世俗のレベルで中国人を称賛することはできないのではないか、と述べている。同様に、孔子の道徳哲学を評価するディドロは、その哲学が官僚や文人に流布しているのみであると指摘し、その階層に収まらない中国人たちに潜在する問題点を指摘している。

官僚と文人とが国家の主要な部分をなしているわけでもないし、文を学ぶことがきわめて共通の務めであるはずもなく、文字に関わる困難な点も他の場所よりは大きなものなので、中国人に関して言うべき重要なことはまだ残っているように思われる[59]……

ここで、「中国人（の哲学）」の項目において、ディドロがしばしば「不完全 imparfait」という語を用いて、中国における難点を指摘しているという事実は注目に値するだろう[60]。つまり、ディドロにとっては、啓蒙の精神に導かれたヨーロッパが自らの完成の可能性を高めていく存在であったのに比べて、中国とは道徳哲学という一部を除いて未完成のままにとどまっていたものであった。こうした意味において、ディドロの中国観は、イメージとして存在していた中国に対する批判的な観点を基盤にしながら、実在する中国に対してある種の「不完全」な側面を読み込んで批判することの上に成り立っている。これは西欧の視線に糊塗された中国像に対して懐疑的なブルッカーの視点をさらに押し進めたものだと言えよう。

本節で行われた「中国人（の哲学）」の分析によって、ディドロがブルッカーの記述を下敷きにしながら、中国の道徳哲学の解説のなかに彼独自の唯物論的一元論の祖型とも言える思考を潜ませていたことが明らかにされた。けれども同時にディドロのこの視線は、形而上学や自然学、あるいは芸術や言語を総合した中国の思考を一つの体系的な哲学としてみた時に、道徳以外の領域の不完全性を浮き彫りにするものでもあった。この「不完全性」それ自体には様々な様態がある。文官と人民との教化の度合いの不均衡、あるいは陶磁器における強度と形の間の不釣り合い、ディドロによって見出されたこれらの不調和が、中国の不完全性として強く意識されることになる。ディドロの哲学的思想、あるいは美学的な思想にまでさかのぼりながら、こうした多岐にわたる「不完全性」を具体的に究明していくことが今後の課題となるであろう。

第三章　絵画のなかを歩くことはどのようにして可能か？
――『一七六七年のサロン』におけるヴェルネ逍遥に関する一考察

1　ディドロにおける絵画批評の意義

本章は、タブローについてのもうひとつの論考、すなわちディドロの絵画論を主たる考察対象としている。ディドロが絵画論の執筆を始めたのは、パリ在住のドイツ人グリムの発行・編纂していた『文芸通信』*Correspondance littéraire* に掲載するために、サロン評をグリムに依頼されたことに端を発している。後にはボードレールの批評でも知られるようになったサロン展は、十七世紀半ばの一六四八年にフランスで組織された絵画彫刻アカデミーが始めたアカデミー会員たちの展覧会に由来する。この展覧会が一七三七年にルーブル宮のサロン・カレを会場として定期開催されるようになってから、「サロン」という名称が定着することになる。一七五一年からサロンは隔年で開催され、八月十八日の聖王ルイの祝日から一ヶ月前後の会期で開催される。ディドロはこのサロン展の評論を、一七五九年から一七八一年までの間九回に渡って（五九、六一、六三、六五、六七、六九、七一、七五、八一年の九回）執筆している。とりわけ一七六五年と一七六七年のサロン評は、出展された全作品を論じているという意味で、前例がないものと見なされている。

ディドロのサロン評の特徴は、その批評が単なる作品の解説にとどまることなく、むしろ作品から出発して自由に自らの思索を展開させた箇所が数多く見出される点にある。もはや当の絵について一切触れずに自説のみを語る箇所さえ存在している。ディドロがこうした自由な批評を著すようになった原因は、ディドロ自身によって「絵画は思考をさせる」からだと説明されている。絵画に発するこの思考は、それゆえ、単なる絵画の分析・描写や時評の集積にとどまるものではなく、美学的な対象に関する考察を基点にしてディドロ独自の思想が展開される哲学的な営みだと言えよう。サロン評の実践を通じて、ディドロの思考は徐々にこうした総合的な傾向性を深めていく。

サロン評におけるディドロの方法論は、サロン評を重ねるごとに大きく変遷していったことが指摘されている。とりわけ『一七六五年のサロン』以降顕著に定着したことが認められるディドロの方法は、具体的には「科学的方法」と「詩的方法」の二つの名で知られている。科学的方法とは、芸術家の制作物のなかにある主要な要素と副次的な要素、およびそれらがカンバスの上にいかに配置されているかを正確に表現することをいう。この方法は、カンバス上の詳細な構図を最大限重視しつつ、描かれた全体的な状況から発する統一的な印象をも考慮しようとする試みであり、その意味で細部の描写と全体的な評価とが緊密に折り合わされた手法だと言えよう。もう一つの詩的方法とは、科学的方法のさらなる延長線上にある。この方法は、絵画における形式や内容を文学的な表現に変容させていく試みを意味している。例えば『一七六五年のサロン』においては、フラゴナールの歴史画を五幕からなる影の劇作として描写する試みのなかにこの方法を見て取ることができる。『一七六七年のサロン』ではこの方法はさらに進化し、描写と評価のみならず、美学的問題や哲学的思索さえもが一つの絵画評のなかに混じり合い、小説的な秩序を備えたフィクションとして統合されていく。今回取り上げる『一七六七年のサロン』におけるヴェルネの絵画評も、この方法を極度に推し進めたものであり、そこにおいては、もはや絵画はそれとして語られることがなく、むしろ観者であるディドロの絵画内遊歩の記録のみが語られているように見える[61]。想像力に基づく記述と理性に基づく考察が混じり合いながら、絵画の前に立つ観者の経験と世界のなかに立つ存在者の経験が重ね合わされる。記述と経験、表象と実在が混じり合うこの局面は、ディドロの思考のなかでどのように位置づけられるのか、そうしてそれはディドロの唯物論的思考と関係づけたときにどのような意義を有しているのかという点を、『一七六七年のサロン』におけるヴェルネの絵画評から考えてみたい。

2　表象と実在――「ヴェルネ逍遥」にみる想像力の詩学

先に述べたように、『一七六七年のサロン』におけるヴェルネの絵をめぐる論評は、絵画の分析から始まり自らの美学的・哲学的な思索まで拡がる射程を有した顕著な例と言える。六つの「場所 site」と一つの「絵画 tableau」という七つの節から構成されたヴェルネ評においては、神父 l'abbé と対話しながら様々な場所を巡回する語り手である哲学者ディドロの描写を通じて、ヴェルネの描いた風景が次々と読者へと説明される。それは風景のなかを歩く旅、あるいはヴェルネが描いた風景へといたる旅の報告だと言える。もちろん、この「絵画のなかを歩く」と表現された行為でもあり描写でもあるような契機それ自体を、エクリチュールの実践において展開された長大な比喩であると見なすこともできるし、J・スタロバンスキーが言うように、それは読者を表象の世界へ誘う一つの戦略だと見なすこともできる(62)。

とはいえ、絵画のなかを歩く試み、言い換えれば絵画のなかを歩いていることを描写するというこの試みは、単なる戦略や誇張でもないように思われる。「第六の場所」の冒頭を参照してみよう。「第六の場所」は、ヴェルネの作品《海辺の光景 La Marine》を題材に書かれたものとして推測されているものの(63)、単なる絵画の解説や印象を述べるにはとどまらず、絵画的表象を可能にしている原理をある明解な構図のもとに示しているという点で、『一七六七年のサロン』のなかでも重要な位置を占めている。マイケル・フリードも指摘しているように、風景へと読者を導入する冒頭部分の記述は、ディドロが「絵画のなかへ入る」という倒錯的な行為に対して意識的であることを明らかにしている(64)。後景にある岩や雲、あるいは中景にある丸屋根の建物や滝のように流れ落ちる水などの描写を続けた後で、こうした風景の報告者であり、つまりは絵画の評者でもある哲学者が次のような言葉を発している。

もしあなたがこの場所を自身にうまく表象する努力を行わなかったならば、あなたは私のことを気が狂っていると見なすだろう。私が驚嘆の叫びを発したと言っていたときや、唖然として動かないままでいたときがあったのだから。[65]

この後サロンにおける記述は対話者である神父と哲学者による風景をめぐる対話へと移ってゆく。けれどもその寸前に読者に向けて差し向けられたこの言説は、風景を表象している著者とその表象を通じて作者が表象した対象を表象する読者との関係を示し、そこにおける表象とその源、および表象されたものの享受という契機とが織りなす複雑な関係を示している。ディドロの言葉を借りるならば、観者は「様々の甘美な感覚 la variété des sensations délicieuses」によって引き起こされた「魅惑の状態 cet état d'enchantement」におかれ、時間を忘れてその光景に佇むことになる。[66]哲学者が風景を見て感じているかのように語られているこの驚きは、実際に絵画を見て感じられたディドロの驚きに由来している。言うなればそこでは表象を通じて得られた感覚が実在の対象から得られるであろう感覚を仮構している。絵画の前で模倣と実在の関係が逆転する。そこには明らかに表象とその記述を介したある種の倒錯、あるいはこういってよければ狂気が存在している。

実在と表象とのこうした関係について、『一七六五年のサロン』における言明を参照することもできる。そこにおいてもディドロが行う絵画記述、あるいはその延長としての絵画内遊歩が現実あるいはその表象と取り結ぶ関係が表されている。

私はきみに絵を記述してみせよう。そして私の記述は、すこしでも想像力と趣味があれば、空間のなかに実現できるだろうし、ほぼ私たちが画布のうえで見たとおりに実物を配置できるようなものになるだろう。[67]

絵画的表象とは、表象の次元にとどまるものではなく、現実の空間を浸食するほどの実在感を持つことがあるとディドロは考えている。タブローの平面が言語によって再記述され、それが再び想像力と趣味とを介することによって空間として再現される。「絵画のなかを歩く」ための必要条件として問われなければならないのは、単に絵画的表象の次元のみならず、この強い現実感をもたらす再現前化、つまりは再実現化の位相だということができよう。それは伝統的な描写技法としてのエクフラシス（芸術作品を文章で記述表現すること）の範疇にはとどまらないディドロの「詩的方法 méthode poétique」という機能を画定させる試みとなる。ディドロが「ヴェルネの絵を逍遥すること」を通じて思考を進めたのは、まさしく詩的言説とイマジネールな表象とのこうした関係についてにほかならない。

「第六の場所」と題された節の詳細にもう少し立ち入ることにしよう。ヴェルネの描いた風景をめぐる逍遥の道行きにおいて、主要なテーマは多くの場合、先述した虚構の「神父 L'abbé」との対話という形式のなかで展開されている。そこでは風景を再現実化させることの困難が、まず第一に、「なぜ自然の魅力に心を動かされる人間がかくも少ないのか」という問いとして提示されている。(68) 自然によって心を動かされることが少なくなった理由は、社会により作られた美と趣味とが発達しすぎたからだと語られ、そこから自然を理解する理性と自然やその模倣を味わう趣味との違いへと問題は推移していく。理性 raison と趣味 goût との違いは、続く箇所において判断力 jugement と想像力 imagination の違いとして言い換えられ、さらに哲学と詩との対立として措定される。いわばそこでは「理性＝判断力＝哲学」と「趣味＝想像力＝詩」との大きな対立が問題となる。

想像力と判断力とは共通はしているが、ほぼ対立した能力である。想像力は何も創造しない。想像力は模倣し、構成し、結合し、誇張し、増大させ、減少させる。想像力は絶え間なく類似性に関わる。判断力は観察し、比較し、差異のみを探求する。判断力は哲学における支配的な資質である。想像力は詩における支配的な資質である。(69)

哲学と詩とのこの対立は、『一七六七年のサロン』においては、哲学の進歩に対する詩の退行 décadance として表明される。ディドロはヘブライ語からギリシャ語、ギリシャ語から古代ローマのラテン語、そこからフランス語やイタリア語を経て英語へといたる諸言語の歴史的発展において動詞の数が次第に減少していくことを指摘し、それに伴い詩も同時に退行していくと指摘する。プラトン『国家』における詩人追放論が象徴的に示しているように、哲学の進歩は結局のところ詩を駆逐するにいたる。つまり「その［＝哲学の］慎重な歩みは、運動と形象にとっての敵(70)」にほかならない。哲学的精神は詩的想像力の運動性を厳密で厳格な概念に押し込めてしまう。理性によって導出される正確さや簡潔さ、あるいは方法は、「すべてを殺してしまう衒学趣味」であって、その意味で悪にほかならないとさえ考えられている。

哲学的精神、すなわち理性と判断力とに属するこの精神は、抽象的な表現を用い、格言的で、つねに正気のものだとされる。哲学的なものはつねに真であり、もっぱら差異のみを見出すことによって比較を行う。そうして、そこにはつねに、差異に基づいた競争的な状態、すなわち争いが発する可能性がある。言い換えるならば、事物を図式的に処理することで、比較可能な形式化ないしは数量化を行うことがディドロによって定義された哲学的精神の働きであって、それは認識された事物の間の対立を、すなわち弁証法を助長する。

これに対して、詩的精神の権能に属するイメージを創造する能力、すなわち想像力の能力は、類似性に関わりつつ模倣を可能にすることにその本質がある。この想像力は、無から、あるいは実在的には無である可想的な秩序から動かされて観念を作り出す産出的想像力ではない。要するにそれはカント的な構想力とは異なっている。そうではなく、想像力とは「構成し、組み合わせる」能力のことをいう。想像力のこの性質を、個体と種にまつわる存在論と重ねて解釈することもできる。類似したものを掛け合わせ、混合する想像的な手続きは、例えば馬とロバとを掛け合わせたり、植物に接ぎ木をしたりして異なる「奇妙な」個体を発生させる人間の技術＝技芸の能力と類似している。言うなれば想像力とは、存在論的な怪物発生の手続きを権利的に可能にする作出的な模倣機能を有している。[71]

詩学から哲学への道行きが、言語においてはヘブライ語から英語へといたる動詞の減少において見出されるという指摘はすでに述べたが、同様の過程は個人においても見出される。幼年時代においては、観念と情動とはそれを表す言葉とともに結びつき、いわば三つの局面が一つに組み合わさった状態で形成される。言語は具体的なイメージと結びついて形成され、のみならずそこにはその言葉を用いたときに抱いていた情動さえ、その言葉と不可分なものとして存在していた。[72]ところが、言葉を使用するたびに、それに伴っていたイメージや情動を喚起する力は弱まっていく。いわばそこでは言語が「貨幣 les pièces de monnaie」となっていく。刻まれた刻印や伝説とは無関係に結局のところ価値だけが問題となる貨幣と同様に、言語における意味だけが取り出され、そこに刻みつけられていた情動や観念の契機は無視される。ディドロにとって、哲学が用いる言葉は、こうした変容を被ったものにほかならない。[73]そこにおいては、人々の間で理解と判断とを可能にする言葉は一種の「省略 abréviation」の帰結として見なされる。幼児的な想像力の詩学はこうしたエコノミーに反したものであり、そこにおいては各々の語について固有のイメージが残存している。他方で経済化を被った大人の言語においては、ただ意味の地平のみが機能し、そこにおいて言語の操作とは「足し算や引き算の計算、結合術、バレームの勘定」[74]と同定される。言語を形成していた多様な襞が失われ、ただ意味論的な地平においてのみその機能が果たされるようになったとき、それは「共通だが貧しい言語 la langue pauvre et commune」[75]となる。

絵画内遊歩の描写はタブローの模倣からなる。タブローに表象されている光景は、実在の事物や風景からの模倣としてある。記述された空間は、あたかもそれが実在のものであるかのように機能することで読者に倒錯的な光景をもたらす。こうした模倣の連関のなかで、貧しき言葉は人にその表象をかき立てるようには機能しない。記号を使う習慣が、事物を表象する能力を失わせてしまうからだ。構築された言語は「奇妙な機械 l'étrange machine」[76]となり、事物が自然的に持っていた「特異で新しい観念やイメージの微妙な関係」を捨象しつつ、それを「定式 formule」化することによって事物を捉える。経済化された言語の交換、すなわち「会話という迅速性 la rapidité de la conversation」[77]においていて、事物のリアリティは失われざるをえない。

他方で、詩的言語は共通性なき豊かさとでもいうべき特徴を示す。事物の現実的な個別性に対して鋭い感受性を備えた詩人は、同じ対象、あるいは一般的に同じと思われている対象を扱った際にも、決して同じ表現をすることはない。「彼らの言説中には、共通する語は存在しない」[78]。こうした多様性は、単に語彙のみならず、アクセントや使用する文字においてさえ見出される。とりわけ重要視されるのはアクセントであって、ディドロは同じ一つの語に対して複数のアクセントをおくことができるという可能的条件のなかに、語に対するアクセントの優越を認める。また、アクセントの優越性において言語はその自然性を充実させることになる。こうして、「各々の人は自らに固有の、個別的な言語を持つ」ということが結論づけられる[79]。こうして、固有言語の個別性が、詩人の感覚論と並行して主張される。

さて、これまでの考察において、一見矛盾する二つの見解が提出されたように思える。本節の前半部において、哲学的な思考において見出されたものは差異を見出す思考にほかならず、詩的思考は逆に同質性・類似性の発見にその本質をおいていた。ところが後半部の考察では逆に、哲学的な言語は定式化をもたらすものであって、詩的言語はほとんど共約不可能な個別性を担保するものであったということが帰結する。この対照的な帰結をどのように考えるべきだろうか。

哲学的思考は、まず第一に差異を生産するものとして考えられていた。それは異なるものどうしを比較可能な地平におき、しかるのちそれらの間に差異を見出すことにその本質をおいている。このプロセスは、理性による本質的なものの把握という形でも表されているが、同時に、このプロセスにおいては経済的な意味での単位化が要求されている。いわば哲学＝理性による比較可能性の創出は、数量化ないしは抽象化によってある存在を「貨幣」へと変えることにあるとされている。それは思考の対象をある経済のなかへと挿入することであって、そこにおいては、事物そのものが与えうる多様な感覚質、あるいはそれを表明する固有語や語に付随する具体的なイメージといったものが平板化され、流通の対象となる。言い換えれば、個物において感取される個体的差異は理性的な手続きにおいては反映されない。哲学的思考は対象の差異を一つの貨幣経済のなかにおく。それは「省略」された意味の連関のなかに物事を配置することであって、そこにおいてはあらゆるものは「足し算や引き算の計算、結合術、バレームの勘定」へと従属する。この経済は事物を富として計算し、流通させることを可能にするものではあるが、同時にそれはものそれ自体を「共通の貧しいもの」にするというリスクをつねに孕んでいる。

ディドロはこうした哲学的な経済化に対して自然的な個体の擁護を試みているように見える。いかにして詩の多様性を担保しつつ、それを多数のものに理解可能な形にすることができるだろうか、またいかにして個別的なものの普遍的な（あるいは共通的な、一般的な）価値を提示することができるだろうか？　ディドロによる模倣と理念的モデルに関する考察を、こうした要請に対して提出された一つの回答として解釈することができるだろう。

3　模倣と観念的モデル――自然の模倣と存在者

a　模倣理論の自然性

趣味と理性との差異に関するディドロの分析に立ち戻ることにしよう。すでに見たように、両者の差異はそのまま想像力と判断力の差異として、ひいては詩学と哲学の差異として拡大されていく。ディドロはこの二分法を決定づけているものを趣味と理性の発達における差異として考えている。いわば両者の生成における差異こそがその違いを構成している。

私は思うのだが、理性の論理 la logique de la raison には、趣味の論理 la logique du goût と異なる多くの進歩が認められるのではないだろうか。[80]

両者の違いは進歩の可能性の有無にあるというディドロの考え方をこの引用から読みとることができる。両者はその能力や対象把握の仕方において異なるとされているが、これは言い換えれば、理性の方が趣味よりも昔から存在していた結果、両者の能力の間に質的な差異が生じてきたということを意味している。こうした視座のもとで、理性とは実体的なものの把握であり、趣味とはその実体における偶有的なものの把握として定義されている。言い換えれば理性はものそのものに関わり、趣味はものの様態に関わる。こうして、理性はまず第一に、認識のために対象を把握、すなわち所有する能力と見なされる。他方で趣味とは事物をその判断に快を伴わせる付随的資質 qualités accessoires とともに認識する能力と見なされる。こうした区分を踏まえた上で両者の発生論的な構造が説明される。そこでは実体と偶有性との関係が種と個に関する生物学的な関係とのアナロジーによって説明される。生物学的な種と個体の区分と並行して説明される理性と趣味との関係において、ディドロの独自な思考を指摘することができる。

あらゆる時、いたるところで、悪が善を生み出す。善は最善のものに霊感を与える。最善のものが卓越したものを生み出す。卓越したものに奇妙なものが続き、奇妙なものの親類は数限りない……こうした理由で、理性と感覚の行いのなかには、あらゆるものに共通のものが存在し、各々に固有のものも存在している。百個のうまくできなかった頭に対して、うまくできた頭が一つ存在する。あらゆるものに対して共通なものが種である。各々に固有なものが個体を識別する。共通するものが何もなければ、人間は絶え間なく論争し、決して手を取り合うことはないであろう。多様なものが存在しないならば、全く逆のことになるだろう。自然は、同じ種に属する個体間に十分な類似性と十分な多様性とを配分して、対話することを魅力的にすると同時に、競争心の先端を先鋭化させもした。[81]

ディドロのこうした考えにおいて、偶有的な細部は決して実体的な本質に従属的なものではない。両者はむしろ個体性と種との関係と同じく、相補的なものとして考えられている。「あらゆるものに共通なもの」と「各々に固有のもの」は、どちらか一方を起源として持った一方向的な産出関係にあるのではなく、むしろ同時生起的なものとして考えられている。また、引用冒頭におかれた善を生み出す悪と、最終的な多数性を担保する帰結としての「奇妙なもの bizarre」とのコノテーションにおける類縁性を考えるならば、実体的なものと偶有的な細部とはむしろ円環的なサイクルのなかで通底しているのであって、一方が再びもう一方へと回帰していくような循環的構造のなかで種と個体とが生起しているとも考えられるだろう。趣味は物体の偶有性に関わるものの、決してそれは存在論的な意味において派生的なものではない。「きわめて微妙で、きわめて精妙な」[82]資質は確かに偶有的なものかもしれない。けれども逆にこの偶有性こそが本質をも規定しうる。そこには差異と同一性との対称関係がある。差異なしには同一性も存在しないし、同一性なしには差異が存在することもない。

本質的な理解を目的とする理性と、模倣の知覚を行う趣味とは、こうしたサイクルのなかで並行関係におかれている。両者の関係が種と個体の関係という自然の存在者がもつ秩序とのアナロジーにおかれているということの事実は、まず何よりも、人間が行う自然の知覚において存在者の論理が浸透しているということを示している。超越的な図式はここでは問題とならない。ディドロにとって経験の可能性の条件はアプリオリに規定されているわけではなく、むしろ経験的なレベルで確証された存在物の条件そのものの内にある[83]。自然との連続性から人間における自然的なものの可能性が確証される。模倣がこの連続性を明らかにする。模倣こそがまさしく、自然の豊かさを想像力の地平において担保しつつ、人間固有の技術を可能にする手段にほかならない。そして図式なきこの自然の模倣は、ディドロにおいて、存在者の個別的な状態と分かちがたく結びついている。

存在者の秩序というものについて考えてみるならば、『盲人書簡』の分析において見られたことだが、ディドロの自然概念は、自然の無限の多産性を保証することで、怪物＝奇形の存在をも正当化する。怪物＝奇形的存在者も、それ自体の完全性を備えた存在だと考えられている。それは神によって作られた完全な形式が何らかの仕方によって損なわれた結果生じた「不完全な」ものと見なされることはない。奇形的存在者に対してさえ完全性を認めるというこの視点は、暗黙の内に種という概念を無効化している。先天的に決定された一定の形式＝種 espèce＝eidos は実在せず、ただ個体だけが存在しうるという考えがそこには現れている。

〔…〕なぜなら、自然のなかに不完全なものは何もない。数々の奇形でさえ不完全ではない。すべてのものは自然においてつながっている。そうして、奇形さえ、完全な動物と同様に、必然的な結果なのだ。(84)

つまり、不完全なものは自然ではなく技芸 art においてのみ認められる。そうして、不完全なものを産出しかねない手続きとして両者を分かつものこそが、技芸の内に含まれる模倣という行為にほかならない。「自然は盲目だが模倣しない。模倣を行うのは技芸である」とディドロは『百科全書』項目「模倣 imitation」の冒頭において述べている。(85)模倣という概念を軸に、技術＝芸術 art の可能性と正当性とが問いに付される。例えばそれは、模倣における間違いの可能性として表される。

自然はつねに正しい。それゆえ、技芸は、技芸が気まぐれによって、あるいはそれ以上近寄ることが不可能だという理由によって自然から距たってしまったときにのみ、自然の模倣において誤りを犯すリスクがある。(86)

自然からの距たりに応じて、模倣は虚偽のものとなる。こうした模倣概念において、例えば「気まぐれ＝奇想 caprice」といった行為は正しさを持たない。ディドロにとって技芸のモデルはまず第一に自然のみであって、もし技芸が自然のなかに存在している「モデル」を獲得することができたならば、技芸から過ちの可能性は除去されうると考える。いったんモデルが獲得されたならば、そこにおいて技芸はそのモデルを模倣することに専念すればよい。自然における模倣は、このようにして、モデルの模倣、およびその模倣の模倣を範とするものとなる。ディドロがこのような模倣の理論をはっきりとした形で提唱した著作こそが、『一七六七年のサロン』にほかならない。模倣の理論はそこにおいて、「観念的モデル」という概念のもとで独自に展開される。

ディドロにおける観念的モデルに関しては、J・シュイエがその著作『ディドロにおける美学観念の形成』で詳細な分析を施している。シュイエはディドロの演劇論において展開された観念的モデルに関する議論を分析し、その役割と重要性とを指摘している(87)。シュイエによれば、ディドロの演劇論における観念的モデルは、人物形成の際の「条件＝状況 circonstances, conditions」の理論として解釈される。人間は状況によって、すなわち仕事や社会的地位、あるいは習慣などによって、自らの自然状態を歪められて存在している。人間はそれゆえ様々な状況におかれた多様な存在であって、そこから人間に関する一般的なモデルを演繹することは困難だと見なされる。逆に個別的な対象の観察を通じて「特定の観念的モデル le modèle idéal particulier」を獲得することは、自然状態のモデルがどのような仕方で変質したかを見極めることにつながり、ひいては作者の望む通りのモデルを作ることに役立つ。言い換えれば、観念的モデルの形成とは、ある対象において後天的に形成された行動原理を仮構することにほかならない。例えばそれは、一家の父という存在をある所与の関係性のもとで考え、そこからこの父は、このような状況においてはかくのごとく振る舞うはずだ、という推論を可能にする。このように、作劇的な観点からいえば、観念的モデルとは、その一般的モデルが何であるかということよりも、ある状況において特定の対象がどのように振る舞うのか、あるいはどのように振る舞うべきなのかという点に関して示唆を与える。いわばそれは「義務論 déontologie」であり、そこでは現実存在が持つパフォーマティヴな次元が担保されている（これに関しては第一部第三章2も参照のこと）。

演劇論を中心とした上記のようなシュイエの分析は、しかしながら、観念的モデルの機能の半面しか捉えていないように思われる。少なくともそこには奇妙な循環論法が存在している。自然状態がどのように歪められたかを測定するためには、自然状態がどのようなものであったかを知っていなければならないのではないか、という疑問が生じる。けれども自然状態は決してそのままで与えられていることはない。所与の存在はすでに状況によって影響を被ってしまっていて、それ以前の状況に関して正確に推論することは不可能なように見える。事物が特定の状況においてどうあるべきかを知るためには、結局のところ事物が一般的にどのようであるかということを——少なくとも観念のレベルにおいては——知っている必要があるように思われる。観察による事物の分析は、事物を取りまく個別の関係性を増大させる。けれどもその次元にとどまることなく、一般的な観念的モデルを思考することが可能なのではないか？

『一七六七年のサロン』において展開されるディドロの思考はこの点をめぐって展開されている。演劇論的な観念的モデルの定立に対する原理的な反省に由来した、自然状態から観念的モデルへの経路が再び問いに付される。そこにおいては「一般的」の位相が改めて問い直されることになる。

b　肖像は動く——関係性と歴史性

『一七六七年のサロン』の冒頭に位置するグリムに宛てられた序文において、「観念的モデル」の問題は肖像を形成する際の問題として提起されている。「肖像」とはここでは単なる狭い意味での肖像画のみを意味するものではない。「肖像」は、ヴィンケルマンが「肖像の技芸」という語に与えた特有の意味、すなわち対象の個別的な様相を模倣的に描く技芸という意味を有している。さてディドロは、全体としての肖像を作成する際に、細部における各部分の表象がどの程度反映されるのかという点を問題とする。そこにおいてはまず、「美しき自然 la belle nature」という名において当時理解されていた美的表象の基盤が焦点となる。すなわちディドロは同時代の美学理論家バトーによって提唱された「美しき自然の模倣 l'imitation de la belle nature」という概念そのものを疑うことから始める[88]。模倣すべき美しき自然という一般的な理念があり、そのような仕方で美しいと思われるものを模倣すれば美を完成することになるという単純化されたプラトン主義に基づくこの観点は、ディドロにとって批判の対象となる。美の理念、美しいと思われる対象、そうしてその表象との関係はより複雑な様相を呈している。ディドロにとって美しき自然という所与はそれ自体自明なものではない。表象の対象となる美しい事物は、何であれつねに部分へと分割可能であって、そこにおいて全体的で包括的な美という観点はある意味で失効せざるをえない。

〔…〕仮に顔の肖像があるとしよう。眼の肖像もある。頸部の肖像もある。喉の肖像も、腹の肖像も、脚の肖像も、手の肖像も、足の指の肖像も、爪の肖像も存在する。なぜなら、何らかの個別的な存在の表象なしに、肖像とはいったい何であろうか？[89]

肖像全体という観点から見るならば、各部分はそれぞれが微細なものであり、移ろいやすいものでしかない。だからといって各々の部分のそれ自体の存在を看過していいというわけではない。対象となる各々のものは個別的な部分から成っていて、各部分がまた個別的な部分部分から構成されている。事物の秩序において見出されるこうした構造を認めるならば、それに「美しき自然」という名を与えて安易な理念化を施すことは十分ではない。美の理念から直接そのコピーを制作するという美的実践の試みにおいて、個別的な事物の位相を考慮することが必要となる。個別的な参照なき模倣は、ディドロにとって「幽霊 fantôme」を模倣しているにすぎない[90]。それは事物の影をさらに模倣することであり、つまりは不精確な模倣の模倣にほかならない。「美しき自然」というバトーの理念は自然の詳細を無視した統一的な抽象であって、そこにおいて捨象されていた個々の事象にこそむしろ模倣すべき美の規範が存在しているとディドロは考えている。「真理とその似姿の間に、彼〔＝模倣家〕がモデルとして選んだ個体の美しい女性が存在する」というディドロの表現は、理念と模倣との間に不可避な形で個別性が関与していることを示している[91]。美的表象を実現化させるこのような個別性が「第一のモデル modèle premier」あるいは「観念的モデル modèle idéal」と呼ばれる[92]。もちろんこのモデルは、その名が示すように観念的なものでしかない。

それゆえ、このモデルが純粋に観念的だということ、このモデルは、あなたの想像力にそのコピーが残っている自然のいかなる個別的なイメージからも直接的に借用されたものではないということ、あなたが肖像画家になりたいのであれば、あなたは再びこのモデルを呼び出し、それに目を止め、ひたすらにそれに従ってコピーできるということをお認めください(93)。

観念的モデルとは一つの抽象的な概念であることが判明する。このモデルは、観察された対象の外見からのみならず、対象となる事物に対する科学的な分析から形成される(94)。具体的にはそれは「解剖学」や「生理学」的な見解の集合として構成される(95)。対象は、作用や反作用、発展や成長といった様々な因果関係が交錯した個体として見なされることになる。観念的モデルとは、つまり、事物を関係性の総体として抽象化することによって形成される。抽象化された諸関係の総体としての観念的モデルは知解可能な構造物としても見なされうるものであるがゆえに、「知的イメージ l'image intellectuelle(96)」とも言い換えられる。さらに注意すべきことだが、この観念的モデルは、事物における永遠的な相を反映したものではない。事物はつねに変転にさらされ、永遠に同じ状態のままにあるものは存在しない。観念的モデルは事物における一時的な相を抽象的に切り出すことによって創造される。

また、観念的モデルが持っている時間性からの脱却というこの性質は、芸術の起源の問題をも解決する。良き芸術の起源を古代へと求める遡行的な見方では、第一原因である古代芸術の起源を解決することができない。だが観念的モデルの理論は、芸術の起源として、生の機能を十全に備え、最高度の完全性に達した人間を措定する。もちろんこの人間は、生きることそれ自体が被る様々な条件づけや労働、あるいは欲求といった経緯を遡及的に取り去ることによって獲得される原初的なイメージにほかならない。生きることを通じて被った様々な変質や歪曲を感じ取り、それらを排除した主体を獲得できるならば、その主体が、芸術制作を可能にする観念的モデルとなる。ディドロの表現に従うならばそれは「動物的なシステムに属する一般的な塊」を改革することによって形成される[97]。原初の人間が目にした原初の状態を仮構することを可能にする関係性が、観念的モデルの形成を通じて成立する。かくして芸術家は「美の観念的モデル、あるいは真なる線［le］vrai modèle idéal de la beauté, la ligne vraie」を獲得する[98]。このモデルは、決して瞬間的に獲得されるものではなく、「長きにわたる観察、徹底的な実験、精巧な敏感さ、趣味、本能、まれな天才に与えられた霊感[99]」などを通じて、「野蛮の状態へと回帰[100]」することによって得られる。その意味で、観念的モデルの獲得に必要なものは「手探りすることの遅さ la lenteur du tâtonnement[101]」に耐えることにほかならない。

このような仕方で見出された観念的モデルは、非歴史的であると同時に歴史的であるという二重の側面を持つ。非歴史的な側面は先に述べた点からすでに明らかだと言えよう。観念的モデルは歴史的具体的な個物性をモデルにするものではなく、その個別性が生物学的にあるいは唯物論的にいかにして成り立っているかという原理的なレベルでの遡及から想定されるものであって、そこにおいては古代のものであれ現代のものであれ、歴史的な影響はむしろ対象の原初の状態を歪曲するものとして排除される。他方で観念的モデルは歴史的な発見でもある。というのも、それを見出すのはつねに特定の時代の特定の天才たちであって、見出されたモデルによって精神や民族的な趣味、あるいは学派や時代が一時的に形成されるものの、それさえやがて消失してしまうことになるからだ。古代の感覚は失われ、もはや古代の天才が制作したものと同じものを作ることはできない。ディドロは古代ギリシャの彫像を例に出し、その完成度に自分たちが近づけないのは、古代ギリシャの人々が「手探りすること」に従っていたからだと述べる。けれども逆にこのような見解は、現代において作られうるものを古代の人が作ることができないということも同様に帰結させる。観念的モデルが提示する美と時代の関係は、決して古代を美における唯一かつ特定の規範として設定するものではない。それはむしろ時代ごとの美の基準がそれぞれ存在するという帰結を導く。そうしてここから、各々の事物は、「かくあるべき」という要請に従って表象されることになる。

最終的に、シュイエの提出した定式を補足しつつ、『一七六七年のサロン』で述べられた観念的モデルの役割を以下のように定式化することができる。

1. 理念的で一般的な美の棄却
2. 自然状態から演繹される個別的な観念的モデルの構成
3. 獲得された個別的モデルの経験的な条件づけ
4. このモデルを絵画・演劇へと表象（再現前化＝上演）する(102)

以上の考察から、観念的モデルは、模倣の論理と存在者の地平とを結びつけながら、現実から切り離されつつも決して個物の置かれた特定の位置を捨象しないモデルを形成していく仕組みを有していることが明らかとなる。このモデルは、状況に関係している限りでモデルとして捉えられるものであって、それはもはや普遍でも個別でもない、両者が撞着する寸前の位相にある。こうした矛盾すれすれの概念を提示したディドロの思考の背後には連続的な生成を続ける自然の姿が存在している。不断に生成し続ける唯物論的一元論の世界像を前提にした場合、この存在者の観念的モデルは、プラトン主義的な意味での「イデア＝形式＝観念 idéal = eidos」にはなりえない。「飛躍によっては何ごとも生じない」連続的な自然において、すなわち間断なく存在者が敷き詰められつつそれが時間とともに相関的に変化していく世界においては、いかなる永遠的なイデアの形成も可能ではない(103)。そこでは「ある存在がある状態から別の状態になるには、つねに二つの状態の間で考えられるあらゆる異なった状態を通過していく(104)」。イデア的秩序の想定によって全体の時間を止めることは現実的には不可能であり、原理的には矛盾を孕んだものだと見なされる。ディドロは普遍的と見なされる相を原初的な相として読み替え、個物の現状を時間的な発展の帰結として考える。普遍的なものの様態は、この見取り図のなかで時間的な生成に変換される。観念的モデルはその意味で、個物における時間性を中断し状況的な関係性を捉える方法にほかならない。この「モデル」は存在物を抽象化したものではあるけれども、先の引用に従うならば、「運動と形象」とを犠牲にすることはない。正確に言えば、このモデル化は、少なくとも抽象の過程に微細な部分部分の唯物論的解析およびその総合のプロセスを導入することで、その犠牲を最小限にしようという試みだと考えられる。その結果、行為や運動の可能性は、そこにおいてつねに「かくあるはずだ」という命法の総体として対象に潜在的に内在することになる。

このような経緯を経て絵画は関係性の総体として捉えられる。人物や個物は特定の状況における潜在的な関係性が集約した点へと読み替えられる。そこから作用と反作用のさまざまな糸が張り巡らされ、表現された風景のなかに多数の関係性の焦点が見出されるにいたる。ディドロにとって、こうした世界はつねに開かれたものであって、観者が観者の位相にとどまり続けることはできない。表象のレベルで散りばめられた関係性は、それを見る者の参与に対してもつねに開かれている。かくも複雑な世界に対して、観者はどのように参入することができるのだろうか。ヴェルネの描いた風景内を逍遥する記述を、こうした疑問に対する一つの回答として解釈することもできるだろう。

4　絵画内遊歩のために、あるいは複数のエコノミーの間を歩くために

モデルを媒介にして存在者を書き換えること、美的なものの発見と再現前化に際して機能する観念的モデルの概念は、この転写構造を明らかにする。ここにおいては、モデル化されたものを表象＝再現前化する手続きも単純ではないことが予想される。そのとき、白いカンバスを前にした画家に何が起こっているのだろうか。あるいはまた、その画家によって描かれたタブローを見て原稿に向かうディドロに何が起こっているのだろうか。

先に引用した『百科全書』「模倣」の定義に従うならば、芸術作品を制作する能力はまず第一に「天才」へと帰せられる。

模倣のジャンルを創出するものは天才 homme de génie である。創出された模倣のジャンルの完成度を高めるものもまた、天才なのだ[105]。

ここで再びヴェルネの「第六の場所」を扱うディドロの記述へと立ち帰ってみることにしよう。ヴェルネの絵画を逍遥するディドロの思考のなかでは、詩学と哲学に関する二分法は、古代 les anciennes と現代 les modernes という対立とも並行して考えられていた。この二分法における前者、すなわち古代の消滅が、批評家と文法学者の誕生を促す。

いつ批評家と文法学者とが誕生したのが見られるか? まさしく天才と神聖なる制作とが終焉を迎えてからだ。この世紀は消え失せて、再び現れることがない[106]。

サロン評を執筆し『百科全書』において文法に関わる項目を担当していたディドロが、自らを現代に属するものだと考えていたことは疑いえない。すなわちディドロにとって、天才と神聖性はもはや消え去った古代のものでしかない。また、これに続く箇所で、想像力と判断力との関係がまさしく天才と批評家との関係に対応していることが分かる。「天才＝想像力＝古代」／「批評家＝判断力＝現代」という対立がここで明らかとなる。

天才は美を創造する。批評家は欠点に気づく。天才には想像力が必要とされる。批評家には判断力が必要とされる[107]。

『一七六七年のサロン』におけるこの箇所では、「天才」はさらに「熱情 enthousiasme」とも言い換えられている。この言い換えによって、理性ではなく感性に基づいて想像力を行使する「天才」を理解するための鍵概念が与えられる。ディドロは、ヴェルネ鑑賞から発した思索のなかで、「哲学者は理性を用いて推論する。熱狂家は感覚する。哲学者はしらふである。熱狂家は酔っている」[108]と述べる。ここで想定されている対立は、理性と感性、つまり哲学者と芸術家の間とのそれであるが、天才、あるいは熱狂というこの概念によって、絵画を製作する才能や、あるいはさらにそれを模倣するディドロの批評において、その活動が物質世界の秩序と関係を持っていることが判明する[109]。というのも、ディドロにとって熱狂とは自然的な秩序に感応しつつ自らを昂揚させる能力であり、そこにおいて想像力を増大させることによって、芸術家は自然の秩序へと半ば錯乱しながら参入することが可能となるからだ。熱狂によって自然を代弁することが可能になる。すなわち天才や熱狂は、自己を自然的エコノミーのなかに埋め込むことによって自己と自然とを共振させつつ自然の表象を行う行為として考えることができる。このとき自己の自己性は、哲学的思考の名の下に境界画定可能なものではもはやなくなってしまう。自己は自己を無化し対象へと分散する。自己の無化と散種を通じて、対象が生起するにいたる。

こうしてディドロは、高度の模倣を可能にする熱狂の原理を、自然の力と並行した形で展開させる。画家が製作するタブローは、熱狂を媒介に再現前化される自然、すなわち「模倣」ないしは「模倣の模倣」であるかもしれない。また、そうした作品を前にしてディドロが行う「遊歩」は、それを前にして発動する熱狂によって可能になった「模倣の模倣の模倣」と見なすことができる。遊歩するディドロのディスクールはもう一つの別のタブローを形成する。『劇詩論』における表現を借りるならば、この契機をディドロは「朗誦＝雄弁 déclamation」と呼んでいる。朗誦の技術によって紡ぎ出される言葉が、自己無化の果てに、タブローを形成していくことになる。『劇詩論』における次の一節は、絵画的タブローと言語的タブローとの類似性を論じている。

画家が必要とすることと演技者が必要とすることが同じであるとすれば、演技者においては朗誦＝雄弁 déclamation 以上の芸術＝技術があるだろう！　各人が自己の役割を統御しているときには、そこには実際何も存在してはいない。形象を集め、それを互いに近づけ、散りばめ、あるいはばらばらにしたりまとめたりして、そこから一連のタブローを、偉大で正しい仕方ですべてが構成されたタブローを引き出さねばならない[110]。

絵画を見つつ絵画内へと取り込まれる観者の構造と同じく、朗誦においても自己性からの逸脱が等しく見出される。自己を無化しながら散逸した形象を取りまとめることにタブロー作成の技術がある。

こうして「ヴェルネ逍遙」に内包された三つの領域が画定される。すなわち、豊穣な自然、その模倣（あるいは模倣の模倣）としての絵画の自然、その絵画の模倣として朗誦される自然の三つがそこには存在している。模倣の場において熱狂に駆り立てられた主体は、もはや主体性なき筆先 style となって、紙の上を走り抜けながらもう一つのタブローを形成する。付言するならば、その痕跡は、先述したヒエログリフやエンブレムと呼ばれる観念と等しい機能を有している。すなわちいずれにおいても、細部における要素がきわめて重要性な役割を果たしている。絵画的なものと文字的なもの、視覚的な効果と意味作用といった各々の部分がそこでは一体となって全体的な風景を作り出している。そこでは細部は全体のためにのみ存在しているわけではない。全体的風景の細部には個別の描写があるが、例えば肖像画において精密に描かれた爪や髪が肖像全体の美観を損なうことがあるように、細部の個別性はつねに全体の美的統一を脅かす。ディドロの意図は、こうした細部を無視することにではなく、「驚嘆すべき仔細のあらゆる部分に、存在しうるもっとも美しい秩序を導き入れる[111]」ことにある。

この観点からするならば、観念的モデルの議論は、全体と細部との緊張を関係性として抽出しようという試みにほかならない[112]。ディドロにとってヴェルネの作品は、細部と全体との間の関係性をきわめてよく表した一種の模範的な絵画として考えられている。ディドロが行った描写を分析することで、彼がヴェルネのタブローに接した際に引き起こされた感興とそれが生じる仕組みを考えることができる。「絵画のなかを歩く」原理がそこにおいて明らかとなる。「第六の場所」の冒頭で、ディドロの描写は雲のなかへと消えていく岩の頂へと想像を向けることから始まり、それらを遠景に眺めつつ、徐々に遠景から近景へと視線を移していく[113]。視線の対象は最初は雲の切れ間に消え入りそうに貫入している岩の頂であるが、視線はそこからその手前へと移っていく。中景にある古い建築の屋根、そうしてそれにつながる平屋根を通じて突端の灯台へといたる建築物に視線を送った後、その右手後方にある滝へと目が向けられ、そこで水しぶきが立てる飛沫が立ち上っているのが見える。視線の主は、左手に、作業にいそしむ漁師たちを眼にする。半島状になった突端部には、明るく照らされた木立がある。左手に拡がるこうした風景と、滝のところの割けた岩、そうして岩でできた建造物の間に広い海へとつながる入り江がある。入り江から奥へと少し視線を移すと、またいくつかの建造物が見える。ディドロは風景を一度に全部眺めることをしない。言うなれば、タブローを見るようにそのタブローを見ていない。ディドロの視線は描かれた一つ一つの対象に一度降り立ち、その状態を確認してから次の対象へと移っていく。絵画は視線の推移として描写され、ディドロに導かれる読者＝観者は、タブローから手前に向かって拡がってくる想像上の表象空間に位置づけられる。「私たちの近くで」、「私たちの左手には」といった表現は、観者がその場所にいるかのような効果を生み出す。ディドロの描写に沿って導かれる視線の順序に従ったとき、観者は風景の一番手前に位置する一人の登場人物となる。とりわけヴェルネの絵画は、いくつかの要素の重層的な配置にその特色がある。遠景、中景、近景が幾層にも設定され、さらにそれらの段階的な差異を攪乱するかのように、雲や岩、あるいは樹木といった形象が置かれている。例えば「第六の場所」で対象とされている《海辺の光景 La Marine》においては、距たりの段階によって配置された光景の差異は、色の彩度によって峻別されている。ディドロはその特徴を「私たちの近くでは、すべての色ははっきりと区別されている。遠方では、色彩は弱くなって混じり合う。色彩の混じり合いは鈍い白を生み出す」と述べている。[114] 色彩的にも形態的にも峻別される近景から、峻別が困難な混じり合った遠景へと向かう事物の輪郭のグラデーションは、自然においてすべてが連続的に推移するというテーゼを示している。のみならずそれらの段階的区別さえ決して厳格なものではない。中景右手におかれた樹木と近景左手におかれた樹木、そうしてもっとも遠景にあるであろう雲と、雲の切れ間から差し込む光との間の形態的な相同性と色彩的な揺らぎは、遠近法的な段階的秩序を一端宙づりにして、配置されたものすべてが共振しあう存在であること、すなわち結局は同一の連続的秩序のなかに存在しているということを示している。人々はそれらの間に配置され、例えば魚釣りや観光、犬の散歩といった行動を通じて、自然の営為へと参入している。「おお自然よ、お前は偉大だ！　大自然よ、お前は堂々として、尊厳に満ち、美しい！」[115]自然の大きなパノラマを前にして、観者はそう述べるにいたる。視線は目の前の対象のあちこちを絶え間なく移動し、その果てしなさを確信したときに、自然の全体性が印象づけられる。「……そうして私は、どの点で私は立ち止まってみればよいのかということに確信が持てないまま、さまよっていた」[116]。視線となりあらゆる微細なレベルで風景のなかを飛び回ることは、風景のなかに自らを位置づけ表象の一部となることと並行している。そこではタブロー内に散りばめられた様々な形象が、視線の移動に伴って次々と言語化され繰り広げられる。言説のなかで連続的に再配置される事物の様相が、タブローを新たに作成する。評者はそのとき、光景のあちこちへと投影される視線となり、それと同時にタブローの手前側に内在的に位置づけられることになる。視線を通じて観者は参与者となる。フリードのいう反演劇性の意味もこの側面から明らかになる。タブローの観者は劇場の観客席で舞台を見るような存在ではない。演者／観者という演劇性に基づくこの区別は、熱狂的な視線の前ではもはや機能することはない。それは自らの想像力を駆使することによってヴァーチュアルに世界へと参入していく存在にほかならない。

「第六の場所」最後部においては、こうした参入の手続きとは逆に、読者＝観者を実在の場所へと着地させようと試みる記述が見られる。ヴェルネの風景を逍遥することとは描写から実在の風景を作り出すことであり、またそこにおいて作り出された風景を神父との対話のなかに差し入れる手続きを指していると述べた後、ディドロはその目的を「様々な描写の憂鬱さと単調さを破砕するため」と説明する。[117]絵画を絵画として描写することの退屈さを避けるためになされたと説明される絵画内への参入は、けれども決して単純な意味での絵画論に収まるものではない。すなわちディドロは、ヴェルネの絵画が描こうと目指していたものは、単なる海辺の風景ではなく、「知性と趣味」だと結論づける。[118]技芸＝芸術とは知性と趣味とを配分するものであって、それが作品の効果を生み出す。とはいえこの効果がつねに芸術として知覚されるとも限らない。作品の効果は構成的な意図を超えた地平から産出されるものでもある。技芸＝芸術によって知性と趣味の配分が十全になされた結果、絵画は自然と全く同様の効果を生み、単なる時間的空間的な限定を受けながら創作された表象の地平を超出する。描かれたものは「出来事 des incidents」となる。この出来事はそのまま、豊かさとつましさからなる自然的エコノミーを形成する。[119] タブロー的構成の平面において成立していた表象的なエコノミーは、こうして自然的エコノミーへと変貌する。そこにおいてすべては感覚され、すべては真なる実在性を帯びる。ヴェルネ逍遥のディスクールは、実在と表象に関わる秩序が逆転可能であることを示している。そこでは、タブローを前にしたときの倒錯が、言語表現によってこそいっそう真なるものとして伝達可能であるという事実が明らかにされる。タブローの前から離れてディドロの言説を読み、もう一度絵画をその詳細において眺め直すことで、人は絵画のなかに立つことができる。ディドロの批評の意義もこの点に存している。批評はディスクールの秩序によって視線を方向づけ、タブローを前にしたときの全体的な経験に一定の秩序を与えることにより、観者に絵画空間への積極的な参与を奨励する役割を果たす。絵画を見るという行為と、見られた絵画を方向づける行為の往還のなかで絵画の空間は解き放たれ、描かれた事物や風景が全体的なものとして開かれ始める。看過されていた関係性がそのとき姿を現す。観者は画家がそうであったと認識していた観念的モデルの集合としての絵画を再認し、そこから新たな文脈へと自らを開いていく。開かれのなかに観者の自己は消失し、絵画内へ立ち入ることで「甘美な感覚」が立ち上がる。それは絵画の力を感じる経験であり、絵画の源であった自然の力学を受容する熱狂でもある。表象平面に言語という距離を打ち立てる批評性は、開かれた倒錯の内に再び自らを切りつめ、そのようにして圧縮された関係性の知覚のなかに自己が参入していくのを感じる。そのとき開かれる風景を自然の崇高と呼んでもよいだろう。ディドロにとっての崇高とは屹立した自己を脅かすものではなく、むしろ自己をその偉大さの内に押し広げ、溶解させる経験にほかならない。

第三部結論

異なる三つの題材を取り扱った第三部の議論を総括するためにも、まずは各章において行われた分析の結果を簡単な形で提示してみることにしよう。

第一章においては、ディドロにおける「百科全書的」方法の内実が問題とされた。ディドロにおけるこの方法は、既存の知識を分類し、所定の学問や対象領域に位置づけようとする単純な意味での分類学的試みに留まるものではない。百科全書的知の秩序づけにおいてディドロが企図していたものは、静的で体系的な見取り図を作成することではない。ディドロにとって知の本質は対象の潜在的な運動を捉えることにあり、『百科全書』とは、力動的な知を通じて現実の不断の可能性を捉えようとする試みであった。そこにおいて図版は連続的に運動する機械の瞬間的な代理となり、継起的な描写がそれを補う役目を果たす。技術をその内に含んだ自然はこうした作業を経ることによって再び生命を与えられ、生きた光景を構成する。項目「百科全書」において、こうした考えは「革新」と「進歩」の名の下に展開される。知の総体は一つの生物的な種になぞらえられ、自らの限界を超えていく力を潜在的に宿しているものとして考えられる。天才と呼ばれる個体による発見が種全体に対して変化の契機を与え、種はそれまでの限界を超えていく。この過程が「革新」と呼ばれる。学問の進歩は革新の連続的なプロセスにより進められる。項目「百科全書」において見出される百科全書的思考のもう一つの特徴は、人間の特権的な位相にある。知の風景が生きたものとして立ち上がる理由は、人間がその視線によって対象に生を与えるからにほかならない。人間は暗き対象に光を与え、沈黙に声を与える存在と見なされる。さらに言えば、ディドロにおけるこうした「啓蒙」の実践は、「人類」の名の下に遂行される。人間は、啓蒙の光のもとで「人類」として立ち、国家や古い共同体のくびきから逃れて、知識の力による新しい共同性を構築する存在となる。世界に生命を与えるこの行為は、ディドロによって「詩学」の仕事として考えられている。「詩学＝制作行為」に基づいたこの概念がディドロの啓蒙概念の特徴として見出される。

第二章は、ディドロによる『百科全書』項目「中国人（の哲学）」を対象にして、ディドロの啓蒙思想において東洋がどのような位相に位置していたのかを検証することを試みた。ディドロはルコントの著作やブルッカーの『哲学の批判的歴史』を底本にしてこの項目を執筆しているが、単なる引き写しに留まることなく自らに固有の観点を加味することで独自の中国観を形成している。ブルッカーとの対応を詳細に調べた結果、ディドロが中国の古代哲学の教説を読み替え、さらにブルッカーの記述には存在していなかった「中国嫌い sinophobia」の側面を独自の見解として付け加えていることが判明した。ディドロは中国のものとして報告された自然崇拝の概念を知性による自己教育と読み替え、孔子の解釈を自らの啓蒙哲学に近接したものとして提示している。同様の傾向は「天」に対する解釈にも現れている。ディドロの翻案において人間は天との連続性を絶たれた、いわば無神論的な実在として自らを示している。ディドロは中国の古代哲学を自らの哲学に近いものとして読み替えたが、逆にそのことが中国哲学の限界を示すものとなった。ディドロは徳が超越的に与えられた内在的所与であることを認めず、逆にそれを技術的進歩によって伝播させることが可能な経験的なものとして解釈しようと試みた。技術的な発展や進歩の概念の不在が中国の不完全さを示しているとディドロは結論づける。こうしてディドロは、ライプニッツとは異なり、ヨーロッパと中国とを対等なものとして見なすことを拒否し、中国の「不完全性」を指摘した。ディドロは当時流通していた楽観的な東洋イメージに影響されることなく、実証的な資料に基づいて独自の中国像を形成した。科学的な完成可能性を持たない当時の「東洋の精神」に見出される課題は、そこにおいて自らの啓蒙哲学の普遍性を確かめる試金石として機能することになる。

第三章は『一七六七年のサロン』におけるヴェルネの絵画評、とりわけ「第六の場所」と名づけられた箇所を対象にして、ディドロにおける絵画表象と批評言語の関係、およびそのつながりを形成している想像力の詩学的機能についての考察を行った。ディドロはまずサロン評において、差異を生産する哲学的思考と類似性を見出す詩的思考との対立を指摘し、絵画表象および批評言語における後者の優位を擁護しようとしていた。この問題は、具体的には模倣と観念的モデルという二つの概念の定立によって解決される。詩的想像力に属する趣味の論理によって存在物の微細な詳細を再現し、さらにそれを現実的な存在と事物のイデアとの間に位置する観念的モデルとして措定することで、事物は関係性の総体として抽出される。観念的モデルは事物を焦点として形成される諸関係の束であって、このモデルにおいては事物はそれがそうであるところの記述の総体として認識される。状況に即した個体性を担保しながらもモデルとして機能する観念的モデルは、個体性と普遍性、歴史性とイデア性、そうして表象と現実との間を仲介しながら、事物が諸関係の束であることを明らかにする。この位相においては、観者と製作者の関係も想像力を媒介に揺るがされ、最終的に両者は同一化する。タブロー内を歩く評者ディドロの姿を形象化する批評的言語の想像的な可能性は、関係性の概念に基づいた諸対立の溶解によって現実化される。

第三部で行われたこれらすべての考察を一つの図式のもとにまとめるならば、それをディドロにおける錯乱した距離の詩学と言い表すことができるだろう。それは距離を設ける哲学的遠近法とは全く異なる試みにほかならない。不可視であった、あるいは聞き取られることのなかった人間の営為を近傍に引き寄せて言語を与えることでそれは新しい力となる。想像上のユートピアであった東洋は、言語の秩序のもとで再度詳細を問い直され、道徳的な模範と科学的な不完全さとを備えた二律背反的なものとして定位される。絵画のなかに吸い込まれる経験の記述は、模倣された絵画の美に近づくことから始まり、それを再度模倣することによって他者に対する想像的な没入の契機を与える。想像力を基盤に遂行される言語を介した模倣、あるいは絵画表象による模倣が、対象との距離を変えて新しい関係性へと著者を、ひいては読者を導いていく。主観と対象との適正な距離によって規定される「判明である＝距たっている

distinct」関係を倒錯させることで、対象のなかに内在していたあらゆる関係性が解き放たれ、主客は別の秩序のなかで結び直される。デカルト的座標軸が持つ遠近法的秩序の一元化を離れて、あらゆるものは作用と反作用の相互性の内で——いわば触覚的な親密さのなかで——再編成される。この距離の倒錯を作り出す想像力は、物質的秩序と通底した能力と見なされている。想像力から物質世界への通路が開かれる。

第四部　化学的思考と物質論

――『自然の解釈に関する思索』から『物質と運動に関する哲学的原理』まで

第四部は、ディドロにおける化学的思考の受容と展開を分析することを通じて、ディドロにおける物質および物質世界の概念の主要な特徴を提示することを試みる。ここでは、純粋に化学史的な意義においてではなく、唯物論、あるいは認識論との関わりから、ディドロの化学的物質観を考察することが主要な目的となる。まず最初に、ディドロの自然理論・物質理論の初期の作品である『自然の解釈に関する思索』に見られる化学的思考の萌芽状態を分析することから始め（第一章）、次いでディドロによって起草された『ルエルの講義録』の序文を、『百科全書』項目「化学」（一七五三）などに見られる同時代の化学観との関係において検討したい（第二章）。それによって当時の化学がおかれた学問的状況や主要概念を概括し、ディドロが受容したルエルの化学論の基本的な内容を理解することができる。物質と歴史との特徴的な関係がそこから導出される。さらに、化学的な物質観がディドロの思考の発展に段階的に寄与していく経緯を、ディドロが『百科全書』に執筆した二つの項目「カオス」と「神智学者」、およびディドロの著作『物質と運動に関する哲学的原理』を具体的に読解することによって明らかにしていきたい（第三章）。こうした作業を通じて、ディドロの唯物論的思考における基本的図式である関係性の概念が物質的レベルで基礎づけられていく過程を明らかにすることができる。

第一章　ディドロにおける化学的思考の意義とその萌芽

1　ディドロにおける化学的思考の意義

精神も含め、形而上的だと見なされうるあらゆる存在が物質的なものを基盤にして構成され成立しているという唯物論的な考え方にとって、物質そのものが相互に合成され変質するという事象は重大な契機となる。というのも、このような唯物論的な視座に立つならば、人間に備わっている理性や感覚、つまり精神に属するあらゆる働きも、まさにこの物質の組み合わせやそこからの変質、すなわち根本的に物質的な契機にその成立の根拠を持たねばならないからだ。唯物論的立場にとって、精神と物質とがデカルト的な意味で実在的に区別されることはない。物質と精神とのこの非分離はまた、いかなる瞬間から物質が生物になるのか、という問いをも包含することになる。唯物論的一元論を成立させるためには、構成された物質が有機体となり、意識を持った存在へと変成していく過程を想定する必要があるし、そこにおいて、物質そのものにいわゆる生命が宿っているのか、あるいはいかなる契機によってどの段階から物質に生命が発生するのか、という点を説明しなければならない。

物質が生あるものへと変転していく側面を考えるにあたって、物理的な関係において物質を捉えるか、あるいは化学的なものとして捉えるかという立場の違いは重要なものとなる。両者の違いは、物質の構成とそこに働く力をどのように考えるかという立場の違いに存している。言い換えるならば、当時、物質を物理学的に思考することと化学的に思考することとの違いは、物質と運動とを思考する際の異なる二つの立場を選択することを意味していた。[1] すなわち、物理学的な立場は物質を運動させる力を外在的超越的なものと捉え、他方、十八世紀の半ばにますます影響力を強めつつあった化学的な思考は、力を物質に内在するものと見なそうとしていた。前者の立場を表明していた思考としては、デカルトの自然学説を筆頭に、『モナドロジー』に著されたライプニッツの思想がある。ディドロの同時代人のなかでは、ジャン゠ジャック・ルソーの物質観などがそれに類する代表的な考えとしてあげられる。[2] 彼らに従うならば、物質は、神によってそれ自体の外部から運動を与えられない限り、静止した状態にとどまり続ける。他方でディドロは、十八世紀においては、後者の立場を代表していたとされる。その見解に従うならば、物質を運動させる力は、徹頭徹尾物質に内在するものとして考えられなければならない。

とはいえ、ディドロの思考が当初から化学的なものを志向していたとは必ずしも考えられない。ディドロは比較的初期に書かれた自然学的著作『自然の解釈に関する思索』（一七五三）において「実験哲学」という方法を問題にしているが、そこにおいては、実験を行うための科学的な方法論、あるいは実験の領域や対象として、物理学的゠自然学的 physique なものと化学的 chimique なものとが並べられているものの、両者の間に厳密な学問的区別が施されてはいない。ディドロは、「生きている物質」と「死んだ物質」の区別や、また、それらが結合したことによって生じる組成物の変化を実験哲学から帰結する自然の構成要素として結論づけているが、それを思考する際の自らの視点が自然学゠物理学的なものであるか、あるいは化学的なものであるか、という区別は当時の彼にとっては重要ではないように見える。このことから、当時のディドロの学問的立場が両義的なもの、あるいは過渡的なものであったことが分かる。当時のディドロの学問的立場に関してはジャン・メイエ Jean Mayer が著作『ディドロ、学問の人』*Diderot, homme de science* のなかで言及を行っている。メイエに従うならば、『自然の解釈に関する思索』において化学的な思考が萌芽し展開される以前のディドロの考えは「数学自然学 physique mathématique」的なものだと見なされている。

ディドロの思考のその後の展開をたどってみると、『自然の解釈に関する思索』のなかではディドロは実験や事実を重視する自らの学問的立場を「実験物理学（＝自然学）」として表明しているが、さらに晩年に著された『生理学要綱』においては、ディドロは、身体と精神の唯物論的関連を題材にした生理学を扱いながら、自らのことを物理学者でもあり化学者でもあると規定している。ディドロにおける自然観は、ニュートン的な考えに基づいた数学的な自然学＝物理学のモデルから強い影響を受けたものとして始まるものの、徐々に化学的な（別の言い方を用いるならば医科学的な iatrochimique）ものへと推移していったことが予想される。

こうした経緯を考慮するならば、『自然の解釈に関する思索』以降、すなわちディドロが唯物論的一元論を提唱し、その考えが形をとり始めたとき、思考の独自性を形成する大きな影響を与えたものの一つとして、化学的発想に基づく物質理論が存在していたのではないかと考えることができる。すなわち、自然学、生物学、博物学のあらゆる対象を貫いて物質に内在する諸力を見出す唯物論的一元論の世界観を構成する要素が、化学的な観点の影響のもとに形成されたものとして考えることができるのではないだろうか。このことはディドロ自身が当時の著名な化学者と親交があったという伝記的な事実や、この事実に影響されたと思える他の著作内での記述からも推測される。後に詳述するが、一七五〇年代半ばにほぼ三年間にわたって、ディドロが王立庭園で開講されていた化学者ギヨーム＝フランソワ・ルエル Guillaume-François Rouelle の講義に出席していたことが知られている。のみならずディドロはこの時代のルエルの講義録をまとめ、自身の序文を付けた形で執筆している。『ルエルの化学講義』と言われるこのテクストはディドロの死後に発見された。ディドロはルエルの講義から化学的な物質概念を獲得し、その概念が唯物論的一元論の着想にも影響を与えているという指摘はイヴォン・ベラヴァルによってもなされている[(3)]。また、当時のディドロとルエルとの関係については、メイエの前述の著作においても論究がなされている[(4)]。メイエはディドロの学問的関心の推移を丹念に追跡した上記の研究で、ディドロが数学的自然学から唯物論へと転換を図った契機として、ルエルの化学論に出会ったことをあげている。またメイエは、ディドロとルエルとの思考上の共通点として、推論による演繹よりも実験からの帰納を重視する態度をあげている。このことは、言い換えれば、両者においては、事実に立脚した学問を重視する態度が共通して認められるということでもある。さらにそこから転じて、学問の実学的側面を重視し、技術としての応用可能性を見ようとする立場も両者に共通しているとされる。そこから、医学や絵画における発色の問題や、あるいはガラスの制作や冶金術といったものへの関心が生まれてくる。メイエの結論に従うならば、こうした化学的な物質観の影響を受けて、ディドロがルエルから「普遍的化学 chimie universelle」に基づく世界観、すなわち「普遍的錬金釜」(5)としての世界像を獲得したということになる。

上記のメイエの立論に対して、新たに指摘された伝記的事実の観点からさらに補足することができる。メイエ以降の研究によって、ディドロがルエルの化学講義を受講し始めたのは一七五四年前後だということが判明している。つまり、一七五三年に執筆された『自然の解釈に関する思索』のみに射程を限定してそこにルエルの思考との直接的な関係を考えるよりも、むしろディドロはルエルの講義を受けて『自然の解釈に関する思索』に見られる考えを徐々に変更し発展させていったと考える方が穏当かと思われる。すなわち『自然の解釈に関する思索』はディドロの化学的思考の考察の端緒であって帰結ではない。のみならず、ディドロはルエルの講義録の起草それ自体に関与しており、そうなると、ディドロとルエルとに共通する見解は、『自然の解釈に関する思索』から数年後にディドロが残した『ルエルの化学講義』そのもののなかにも見出されることになるだろう。

また、このような「化学的な」著作を執筆し、その影響のもとで後にディドロが推し進めていった唯物論的一元論の行程を視野に入れるならば、ディドロの思考における化学的思考の影響を分析することは、ディドロの生涯のある時期に見出される一時的な科学的立場を検討することにとどまるものではない。ディドロにとって、化学的物質論の影響は、近代的な科学、いわば文字の学と区別された狭義の科学の領域のみに限られてはいない。科学と歴史は、化学的思考をもとに結合され、アナロジー的な仕方において、あるいは物質論としての視点において、ディドロの思考の根幹を形成し、その独自性を作り出している。このプロセスを解明することによって、ディドロにとっての化学が近代的な学問の一区分を占める合理性の所産にとどまらず、物質を介して世界と関わり、それを再構成する可能性を探究する実践であることが判明する。すなわち化学とは、ディドロにとって、単なる知識ではなく、世界を経験するために必要とされるような一つの根源的な操作、あるいは思考の態度にほかならない。

2　化学的思考の萌芽としての『自然の解釈に関する思索』

ディドロの著作『自然の解釈に関する思索』は、一七五三年に『自然解釈について』と題された第一稿が完成し、その後修正がほどこされて題名も改められた結果、一七五四年に完成形となって出版された。複数の断章からなるこの著作において、各断章の執筆時期はそれほど明確ではなく、なかには『百科全書』が刊行されたばかりの時期、すなわち一七四九年頃のディドロの関心を直接反映している部分も存在している。言い換えれば、『自然の解釈に関する思索』は、一七四九年から一七五三年頃にかけてディドロが抱いていた学問的関心の多様な側面、すなわち物理数学、自然史、あるいは化学といったものに関わる多様な洞察を含んでいる。関心が拡がっている原因の一つとして、この時期のディドロは、『百科全書』の編纂を行うなかで、ダランベールをはじめとするさまざまな執筆者の立場の見解を各項目として編纂する務めにあったという点もあげられる。他方でディドロ自身の考えは、この時期にはすでに理神論を離れて無神論的なものを支持する立場として確立されつつあり、それに応じて、学問的な関心も、ニュートンやヴォルテールの影響のもとにある物理数学的な領域から離れつつあった。『自然の解釈に関する思索』が、様々な立場の思考方法を提起し、その結果一見したところ散逸し矛盾した、あるいは混乱したかのような印象を与える作品となっていることは、こうした状況に由来している。

とはいえ、『自然の解釈に関する思索』に見出される様々な学問的見解は、当時のディドロにとってすべて等価なものではない。ディドロが有効なものとして提示した方法は「実験哲学」と呼ばれ、思弁的、あるいは観念的な合理哲学の独断を排し、学の有効な射程を新たに開くものと見なされていた。こうしたディドロの意図は、いわば、学の対象を推論から事実へと移行させることにあった。そこには、ニュートン自然学の影響や、あるいは、『百科全書』序文において再確認されたベーコンの学問論の直接的な影響が看取される。「実験哲学」の学問論的な位相の確認から始めて、新しい実験哲学的なアプローチとして、当時萌芽状態にあった化学的思考が焦点化されていく側面を、『自然の解釈に関する思索』の読解を通じて分析してみたい。

a 「実験哲学」の位置づけ――ディドロにおける諸学のエコノミーと歴史性

ディドロが『自然の解釈に関する思索』を通じて立ち上げようとした立場は「実験哲学」と呼ばれるものであって、これは体系的な演繹の連鎖として見なされてきた「合理哲学」に相対するものとして考えることができる。それは、いわばディドロによる合理性の位相の再確認を目的としていた著作であり、その意味で理性批判としての意味合いを有していると考えられる。

合理性に対する批判は、人間の無力さから発している。知性（＝悟性）の仕事はきわめて限定されたものであり、自然現象の無限の多様性に対して決定的な解釈を打ち立てることはできないとディドロは見なしている。

自然現象の無限の多様さを、われわれの悟性の限界とわれわれの器官の無力さに比較してみれば、われわれののろい仕事と、その仕事の長い、そしてしばしばやってくる中断と、まれにしか現れない創造的天才から、すべてのものを結びつける大きな鎖の断ち切られ、切り離された若干の断片をつかむこと以外に何が期待できるだろう？……(6)

仮に悟性によって自然の現象が把握されたとしても、実在する現象と関係を持たない理解は単なる「意見＝臆見 opinion」(7)でしかない。悟性による理解が確固としたものとなるためには、自然に根拠を持たねばならない。事実の不断の観測、すなわち実験という手続きによって、その根拠づけがなされる。逆に思弁的な観念は、事実を前にしたときに妥当性を失うものでしかない。

このこと〔＝簡単な事実によって観念の枠組みが転倒させられること〕によって、人間はかろうじて、真理探究の法則がいかに厳しいものであり、われわれの有する手段が、数の上からいってもいかに限られたものであるかを感じる。一切は感覚から反省へ、反省から感覚へと往来すること、すなわちたえず自己に立ち帰り、自己から出ることに帰着する。(8)

ディドロは観念論的な独我論の構造を、自己が自己を参照することの容易さという観点から批判する。哲学は自己を絶えず超出するものに触れる必要があるのだが、実験哲学にとってそれは自然の所与としての事実に該当する。「自己から出ること」を可能にするものが、ディドロがいうところの「実験」であって、この「実験」という方法によって、ディドロは、合理的な思弁から生じる抽象的な難解さと無益さとを批判しようと試みる。合理哲学の陥る閉塞は「言葉ははてしなく増えたが、事物の知識は後ろの方に取り残された(9)」という言明によって表されている。

実験哲学が自然の無限な多様性を前にして単なる思弁にとどまるものではないということの主張は、単なる実験・観察の称揚にとどまらず、さらに広い射程をも有している。すなわち、事実と思考の接合というこの観点によって、悟性を用いた思考がつねにさらなる外部へと接続され、最終的に人民へと還元されねばならないという主張が導かれる。

哲学する真のやり方は、悟性を悟性に適用し、悟性と経験を感覚に適用し、感覚を自然に適用し、自然を器具の探求に適用し、器具を技術の研究および向上に適用することであったであろうし、適用することであろう。そして技術は人民に投げ出されて、哲学を尊敬することを教えるであろう。(10)

感覚経験から悟性を経て再び感覚へといたり、自然へと達するプロセスは、技術という媒介を経て、今度は感覚経験を与える源であった自然へと再適用される。自然は工学化した知と結びついて「器具」として物象化され、それを用いる技術が確立され、人間が進歩の途上に乗るにいたる。このようにして確立された技術は最終的に「人民」の利に供され、それに応じて人民のなかに哲学への尊敬が生まれる。このようなエコノミーを完結させるためには、哲学が有用性に向かわねばならないとディドロは考える。とはいえこの有用性が、必ずしも一般的である必要はない。「哲学者を照らしているものと、素人に役立つものとは非常にちがったものだ」という前提のもとに、哲学の営為は進められなければならないからだ[11]。

観念を超え出て進歩へと向かう学問のエコノミーは、思弁性が最も高いと見なされていた幾何学のみを対象にするわけではなく、学問全般に通じる一般的なプロセスとして考えられる。さらに言えば、あらゆる学問は、この有用性のサイクルが飽和した時点でその発展を止め、廃墟となる運命にある。進歩から衰退へといたる一連の経緯を辿る上で例外となる学はない。ある学知が衰退へと転じ、別の学が勃興する契機を、ディドロは「転回 révolution」と名づけている。例えば同時代の幾何学は、ディドロにとってすでに終わりつつある学にほかならなかった。

われわれは科学における一つの大きな転回［＝革命］の時期に関わっている。人々の精神は、道徳や文学や自然史や実験自然学に対して興味を抱いているように私には見えるのだが、こうした興味からするに、百年も経たない内に、ヨーロッパには偉大な幾何学者は三人といないようになるだろうという確信を私は大胆にも持つことができる[12]。

こうした見解のうちに、ディドロにおける学問の歴史的盛衰という思考、いわば学知のエコノミーそれ自体が持つ歴史性といったものが明らかに読みとれる。これに続く断章は、ディドロが考えていた幾何学の終焉について詳述したものだが、そこではある学が停滞するまでのプロセスがさらに一般的な形で説明されている。

一つの科学が生まれ出ようとする時には、社会において人々がその発案者に対して持つ大きな尊敬の念、大評判になっている事柄を自分も知りたいという欲望、何らかの発見によって名をあげたいという希望、著名な人たちと肩書きをともにしたいという野心がすべての精神をその方に向ける。その科学は一時に無数のさまざまな性格の人によって研究される。［…］多くの努力が結合されて、その科学をかなり急速に、それが達しうる最高点までもっていく。しかしその限界が分かるに従って、尊敬の限界もまただんだんせばまっていく。［…］こうなった科学に残るものは、その学によってパンを得る雇われ人と、幾人かの天才のみである。天才たちは、名声が薄れ、彼らの仕事が役に立たないということに眼が開かれた後になってもなお、その学によってずっと著名であり続ける。人々は天才たちの仕事を依然として、人類の名誉となる偉業と見なしている。[13]

打ち立てられたあらゆる学は、最高点に達した後、少数の天才のみを例外として、職業的学問人に対して日々の糧を与えるだけのものとなってしまう。ディドロにとって、このように終焉を迎えた学と見なされるものは幾何学だけではなかった。実験哲学と対置される合理哲学もまた、ディドロにとっては同時代にその最高点を超しつつある倒壊した建造物、すなわち廃墟でしかない。

時は今日までに合理哲学 philosophie rarionelle のほとんどすべての殿堂をひっくり返してしまった。埃にまみれた人夫が遅かれ早かれ、彼が盲目的に掘っている地下から、頭脳の力で立てられた巨大な建造物に致命的な打撃を与える破片が掘り出される。建物は倒壊し、別の向こう見ずな天才が新しい結合を企てるまでは、混ざって散乱した材料があるばかりだ。[14]

廃墟と化した学、すなわち進歩を止めてしまった学問にいかなる有用性が残存しているのかということについて、ディドロは明言していない。けれども、次のような一節を参照することで、進歩を止めてしまった偉大な仕事も、一つの「遺跡」としてその価値を保存するものであるというディドロの主張が読みとれる。

人々はそれ［＝偉大な者が到達した地点］から先には進まないだろう。彼ら［＝偉大な幾何学者］の著述は、象形文字がいっぱい書かれた集塊がわれわれにそれを建てた人間たちの権力と知謀について恐るべき観念を与えている、あのエジプトのピラミッドみたいに、来るべき数世紀にわたって生き残るだろう[15]。

残されるべき古典がエジプトの遺跡として表象されるというディドロの考え方は、それ自体特徴的な歴史観を示しているが、この点については後に詳述することにする。さしあたり重要なのは、ディドロはまさに同時代の幾何学および合理哲学を進歩を止めたものだと見なしているという点である。逆に、ディドロにとって「転回＝革命」を推進する新進の学問分野としてあげられているのが、「道徳、文学、博物学、実験自然学[16]」であった。このうち、博物学と実験自然学とが、ディドロが『自然の解釈に関する思索』で扱っている自然科学の二つの様態に該当する。すなわち当時のディドロは、両者が新しい科学の転回点であり、その意味において両者を新しい知の歴史的な端緒であると見なしていた。二つの分野は『自然の解釈に関する思索』内では、その方法論や対象・目的においてきちんと峻別されてはいないが、著作に示されている両者に共通の枠組みを提示することによって、ディドロが提示した「解釈」という方法論と、それに通底する思考の様態を読解することができる。

b 「実験哲学」概念に見られるベーコン主義の変奏

『自然の解釈に関する思索』のなかで、実験哲学は「実験自然学」ともいわれている。『自然の解釈に関する思索』の断章24は「実験自然学の素描」と題され、この学が扱う概念のカテゴリーとその意味内実とが示されている。この断章の記述に従えば、ディドロが定義する実験自然学の概要は、今日の自然科学の方法論とはかなり異なったものであることが分かる。実験自然学は「存在、諸性質、用途 l'existence, des qualités, l'emploi」[17]を扱うものだとされているが、この「存在」のカテゴリーにおいて分析されるべき個物の存在様態において、実験自然学の特徴が見出される。まず、そこにおいては、物体の存在を確証するための形而上学的な存在論が問題にならない。すなわち、「存在とは、歴史 l'histoire、描写 la description、発生 la génération、破壊 la déstruction を含む[18]」カテゴリーとして定義されるのであって、そこにおいては、物体的存在を基礎づけるような概念装置、例えばアリストテレス的実体論や、その裏返しであるバークリー的観念論の概念規定との関係性が見受けられない。存在は事実において見出されるものであって、そこには形而上学的基礎づけが干渉する必要がない。

ディドロによって定義された存在とは、実体や偶有性、あるいは様態や属性といった形而上学的なカテゴリーによって定義され、説明されるものではない。ここで念頭に置かれているのは、形而上学とは異なる物質観であり、アリストテレス的な学知の用語法に従って述べるならば、『気象学』や『生成消滅論』において述べられていた化学的物質観、すなわち、微細な諸元素が織りなす構成によって世界の物質的成立を説明しようという試みであった。

実験自然学が博物学とともに新進の学問として見なされていたことを想起するならば、ディドロが述べていた実験自然学とは、博物学が観察によって行うような自然探求を、実験を通じて精査する学問だと解釈することができる。実際、断章15においては、自然学の主要な手段として「観察」「反省」「実験」の三つがあげられている。ディドロによって「観察は事実を集める。反省がそれを結合する。実験は結合の結果の真偽を検証する[19]」と端的に定義された自然探求の手続きを通じて、実験自然学は博物学的観察によって獲得された知識を検証する役目を持つことになる。言い換えれば、実験自然学とは、実験という確証行為によって博物学的知を批判的に再構成するものだと言えるだろう。合理的な推論行為は、観察と実験との間に位置しており、両者をつなぐ紐帯的な「反省」という位置におかれる。先に述べたように、理性が自分のなかにとどまることに対して批判的であったディドロにとって、理性に属する観念の機能は、理性外部にある事実を結合させることにおいてのみ認められる。理性は経験の連鎖を秩序づけるものであって、事実と結びついた観念を結合させる行為のなかにその本質がある。ディドロの表現に従うならば、理性とは「糸 le fil」にすぎないものでり、事実という重しにつながっていない限りすぐに吹き飛ばされてしまうようなものでしかない[20]。

実験と観察との接続、さらに理論的理性と実験的精神との結合を重んじるディドロのこうした立場には、イギリス・ルネッサンスの思想家ベーコンの影響が強く表れている。両者の類似はすでにディドロがこの著作を発表した当時、グリムによる『文芸通信』*Correspondance Littéraire* においても指摘されている[21]。また、J・プルーストも指摘しているように、『自然の解釈に関する思索』と、これと同時期に執筆された『百科全書』の項目「技芸 Art」の両方において、ベーコン的な経験主義の影響が強く見られる。プルーストが示している類似点を具体的にあげるならば、まず、大きな意味において、理論と実践の繋がりの必要性が主張されている点があげられる。また、『自然の解釈に関する思索』の断章47で見られるように、観念による推論のレベルを捨象することによって先入観を廃し、実験の条件としての自由を担保するというディドロの主張も、ベーコンとの類似点だと言うことができよう[22]。

とはいえ、ディドロの自然観はベーコンのものをそのまま適用したものではない。『自然の解釈に関する思索』において、ベーコンの著作『学問の進歩』*De Augmentis Scientiarum* 内に引かれているイソップの一挿話が抜き出され解釈されている箇所があるが、ディドロはベーコンが援用した部分に独自の注釈を書き加えることで、自身の実験哲学を説明する契機としている。イソップのこの寓話は、ベーコンによる援用にとどまらず、近世以降のフランスにおいても、ラ・フォンテーヌの『寓話』へと取り込まれたり、またディドロと同時代の博物学者ビュフォンが『博物誌』

で援用するなど、きわめて有名な参照元となったものではあるが、ディドロによって書き加えられた独自の意味を考慮するならば、ディドロの解釈は自身の固有の思想を確実に表していると考えられる[23]。すなわち、きわめて小さなものに見える改変のうちに、ディドロが実験自然学に投企した独自な意義というものを認めることができる。まず最初にベーコンがイソップから援用した農民に関する挿話を引用してみよう。

ある農民が死ぬ際、息子たちに、おまえたちへの遺産として黄金をブドウ園の地中に埋めたというので、息子たちは地面をすっかり掘り返したのに、黄金はみつからなかった。しかし、ブドウの木の根もとの土を掘りかえしたので、翌年、ブドウは大豊作だったという[24]。

この逸話は、ベーコンにとって、「錬金術(=化学)Chymica」というものがもつ両義性を示している[25]。すなわち、ベーコンの考えによれば、占星術と自然魔術、そうして錬金術の三つの学は、理性というよりも想像力に依存している。錬金術が提示する主張とは、「自然界の混合実体に合体している異質の諸分子をすべて分離する」[26]というものだが、この主張は理論においても実践においても間違っているものだと見なされる。この自然観に従えば、自然、あるいは自然における物体は、一つの完全な全体、あるいは同一の原質あるいは種子によって構成される。それゆえ自然学、および博物学=自然誌は、こうした均一な、あるいは完全な物体を、アリストテレス的な四原因説、とりわけ作用因と質量因とによって説明することを目的とするにとどまる。とはいえ、ベーコンにとって、物質の構成において異質な原質の結合を想定することは、想像力に基づく誤謬でしかない[27]。ところが同時に、この誤謬、およびそれに基づいてなされる黄金を創造するための努力は、人間の生活の役に立つと同時に自然の解明になるものだとも見なされうる。ベーコンによって挿し入れられたイソップの寓話は、誤謬に基づいて「土地を掘り崩す」ことによって予想外の実りが生じえたということが、錬金術の試みを通じて確証されるということを示すものであった。

ディドロの『自然の解釈に関する思索』においては、ベーコンに引用されたイソップのこの寓話に関して、連続する二つの断章を費やして言及され、解釈が述べられている。このうち最初の断章は、ベーコンのものと変わるものではない。喩えられる参照元が錬金術ではなく実験自然学へと変換されただけで、農民のエピソードはその筋書きを変えることなく引用されている。

実験自然学は、よい効果をもたらす点で、死に臨んで子どもたちに、自分の畑には宝がかくしてあるが、自分はその場所を知らないと告げる、あの父親の忠告にも比較されよう。子どもたちは畑を鋤き始めた。彼らは捜している宝は見つけなかったが、収穫期には予期もしていなかった豊かな収穫をあげた。(28)

ところがディドロは、このベーコンによって引用されたイソップのエピソードを敷衍するにはとどまらず、さらに続編となる挿話的断章を加えることよって、ベーコンが提唱した実験的自然学に属する態度と意義とを変質させる。ディドロが書き加えた断章においては、息子の一人が捜索の結果見つかることのなかった宝を発見したという報告がなされる。息子は「僕が理性を働かせた j'ai raisonné」ことによってその宝を見つけたと述べる。この息子は宝の在処を示す「徴 quelques signes」があるに違いないと考え、地面の浅いところは掘り尽くしたのだから、それは土中にあるはずだと推論する。そこでこの息子は、畑の「東に面した隅 l'angle qui regarde l'orient」に、土がかつて掘り返されたとおぼしき「奇妙な痕跡 des traces singulières」を見つける。他の息子たちはこれを聞き、「理性の力によってというよりもむしろ豊かさへの欲望に従って moins par la force de la raison que par le désir de la richesse」土中深くまで掘り進めた結果、「古代に人々によって掘られた鉛の鉱脈 une［mine］de plomb qu'on avait anciennement exploitée」を見つけることに成功する。(29) このような挿話を追加した後に、ディドロは次のように述べてこの断章を結論づける。

観察によって、および合理哲学の体系的な諸観念によって暗示された実験の結果も、しばしばこんなふうなものである。おそらく不可能な問題の解決に懸命になっている化学者や幾何学者が、この解決よりももっと重要な発見に到達するのも、このようにしてである(30)。

この結論部分から、まず第一に、ディドロが用いた実験哲学という用語が、同時代の幾何学および化学を射程に入れたものであることが判明する。さらに、これらの実験哲学に関して、実験を繰り返し行い、その習慣を身につけることによって、自然のなかで起こっていることを再現する能力が身に付き、ひいては具体的な実験を行う前に新しい実験やその未知の結果を察知することができるようになるという点が結論として述べられる。この能力は「予見の才能［I'］esprit de divination」と名づけられている。ディドロの表現に従うならば、予見の才能によって人は未知の事項を「察知する subodorer」ことができる。察知を行うこの霊感は、ソクラテスのダイモーンにも比せられるものであり、実験哲学に関わる者たちが学ぶべき態度だと定義される。

ベーコンとの差異において実験哲学の位相を見るならば、実験において自然を予知する能力の鍛錬と教育という上記の結論に加えて、ディドロが実験哲学に与えた別の独自性も指摘することができる。すなわち、自然においてはすでに古代の学によって精査された痕跡が存在しているという記述は、自然のなかにすでに古代の学知の痕跡が逃れがたく残存しているということを意味している。それに加えて、同時代の実験哲学は、理性によってのみならずむしろ欲望によって推進されるという指摘も考慮しなければならない。ベーコンにおける錬金術＝化学は単なる誤謬に基づいた結果、幸運な実用的成果を生み出すものにすぎなかったが、同時代の化学は、むしろ古代の痕跡を徴として読み込んだ上で行われる。ディドロの喩えに従うならば、その時見出される宝は、「東方」の奥深くにあるかもしれない。実験哲学とは、古代の学知に基づいた直観を基盤に営まれるセレンディピティ的知の一形態なのであって、そこにおいては、人々が持つ実際的なものへの欲望が逃れがたく関与している、と結論することができよう。

3　物質世界の化学的連関と「解釈」の地平

実験哲学に属する学として、ディドロは幾何学と化学とを挙げていた。ところがすでに述べたように、ディドロにとって幾何学は、その進歩が極に達していたものとして見なされていて、もはやそれ以上進歩することがないものとして認識されていた。幾何学の停滞が前提とされていたこの状況においては、実験哲学の進歩は、もう一つの学知である化学へと託されることになる。『自然の解釈に関する思索』においては、実験哲学の枠組みが述べられた後、具体的な問題に即した推測仮説が述べられる「実例 Exemples」という部分が断章32から38まで続いている。この「実例」の考察のなかで、ディドロの化学的思考が姿を現す。さらに、「実例」部分に続く考察において、ディドロの自然における解釈者の位相が提示される。

実験哲学におけるディドロの化学的思考は、「実例」の断章36、「第五の仮説 Cinquièmes conjectures」と題された箇所に見出される。この断章においてディドロは物体における力の発生と伝導について論じている。第五の仮説はさらに六つの部分に区分されているが、最後の二つの部分において、いわゆる物理学的視点から規定されたものとは異なる性質として、物質の化学的性質が問題とされている。

まず、この仮説全体を通して、物体的存在は分子相互の諸力によって構成される「体系 système」として見なされている。体系とは相互の力の均衡によって複数の分子が集合することによって構成されるものであり、そこにおいて分子相互に働いている一定の諸力はそれを攪乱しようとする外的な力に抵抗する。すなわち、分子相互の力が拮抗した結果、体系内は一定のものとして自己を保存する傾向を備えるにいたる。この体系は「弾性体 un corps élastique」とも呼ばれる。一定の秩序を持った要素集合は、このような仕方で弾性を持った体系を構成し、その意味において、分子間のみならず宇宙における惑星間にも体系が見出される。[31] 体系とは、物質に属する原初の性質からの本質的な帰結であって、混沌を産出するものではない[32]。

ところが、こうした性質は、「単純弾性体、もしくは同一の物質と同一の形状とを持ち、同一量によって動かされ、同一の引力法則によって運動させられている粒子の体系[33]」にしか妥当しない。これに続く部分で、ディドロは単純弾性体の想定に加えて、混合弾性体の存在を思考する。

混合弾性体 un corp élastique mixte によって、私は、異なった物質からなり、異なった形状を持ち、異なった量によって動かされ、そしておそらくはさまざまの引力法則によって運動させられ、その粒子は一切の粒子に共通な一つの法則によって相互に秩序づけられ、その相互作用の産物であると見なせるような二つまたは数個の体系から成る一つの体系を考えている[34]。

「混合弾性体」という表現における「混合 mixte」という単語に注目することで、この弾性体の化学的性質が明らかになる。この用語は化学的に合成された物体に対して適用されるものであって、とりわけ十八世紀においては、いくつかの元素が結合して形成された物体に対して用いられていた[35]。混合弾性体は、ある粒子による均質な体系と、他の粒子による別の体系など、相互に異なる複数の体系によって構成されたものだと考えられる。また、こうした「複合体系 le système composé」を単純化する方法は「操作 opération」と呼ばれ、それについては断章46において詳細に説明が施されている。

もろもろの原因を分離し、その作用の結果を分析し、きわめて複雑な現象を一つの単純な現象へと還元しなくてはならない。あるいは少なくとも、因果の絡み合いを明らかにし、諸原因の協働あるいは対立を明らかにしなければならない。これはしばしばデリケートで、時には不可能な操作である[36]。

複合し協働する異質な諸体系の因果関係を単純な原理へと還元する「操作」というこの方法は、単に抽象的な思考の手続きをのみ指すものではない。そこには化学的な実験の手続き、すなわち器具を用いて物質を変性させ反応させる具体的な操作の概念が重ね合わされている。化学操作は体系を単純化することによってその仕組みを解明したり、あるいは別の体系と混合してさらに複雑化することで、物質の組成と性質とを変える。ディドロは鉛を溶融して硬さを減らし弾性を増すことを例示しているが、このことは、鉛の体系に火と空気の体系を混ぜ合わせることで、混合弾性体の性質を変化させることを意味している[37]。体系 système と原理 principe の連関の複雑さという理論的なモデルは、原質 principe によって織りなされる物質の体系 système という化学的な物質観のなかに送り込まれ、具現化される。このことは同時に、体系が「化学的操作 certaines opérations chimiques」[38]によって純化され、あるいは解明されうるということも意味している。こうして、実験自然学における抽象的な方法が、化学的な思考に基づいた具体的な実践と密接に連関していることが判明する。

実験哲学における化学的思考は、とはいえ、自然の対象の単純化のみを目的とするものではない。『自然の解釈に関する思索』で最終的に表明される自然に対する態度は、単純な還元主義とは相容れない。ディドロが示した自然に対する科学的な態度は、最終的に「解釈」という形で述べられる。ディドロは自然における原因と結果の連鎖が始まりも終わりも持たないと仮定し、実験および観察という実践的方法や推論行為によっては、自然に対して限界づけができないこと、言い換えれば観察者によっては自然が無条件的なものでしかないことを指摘する。観察という行為は自然の無条件性によって限界づけられている。この観察の限界を超えたところから、解釈の地平が開かれる。

しかし自然の観察者とその解釈者との主な相違は、感覚および器具が観察者を見捨てる点から解釈者が出発するというところにある。解釈者は、存在しているものを通じて、なおも存在しているはずのものを推測する。解釈者は事象の秩序から、抽象的で一般的な結論を引き出すが、この真理は、解釈者にとって、感覚可能で個別的な真理が持つあらゆる明証性を備えている。解釈者は秩序の本質さえも越えて上がる。感覚を持って思惟する存在と因果の連関とが純粋かつ単純に共存していること la coexistence *pure et simple* は、解釈者にとって、それに関する絶対的な判断を下すには十分でないということを、解釈者は見る。解釈者はそこで立ち止まる。もし解釈者がそれ以上一歩でも踏み出したならば、その者は自然から脱してしまうだろう。(39)

解釈は、思考によって自然の存在の超越的な基礎づけを仮構することではない。そのような超越的な因果関係を設定することは「自然から脱する」ものとして退けられねばならない。またそれに加えて、基礎づけを志向する思弁的な審級、すなわち思惟する審級である人間主体も、自然における事象の連関と単純な共存関係を取り結んでいるわけではない。その連関はつねに複雑なものであって、観察者のみならず解釈者さえもその関係性から脱することはできない。言い換えれば、超越なき自然哲学においては、あらゆるものは「自然から脱する」ことはできない。こうした全体的な世界像のなかで、解釈者の位相は自然との相関性のただ中にのみ置かれる。つまり、解釈とは、解釈者の相対的で可変的な位相、すなわち自然によって多重決定された審級から、全体的自然に由来する現象を一般化することにほかならない。そこではつねに、解釈者の位相が自然の全体と入れ子上の関係を取り結び続けている。解釈者の位相が自然に内包されているというこの見解は、解釈という行為が持つ全体的かつ相対的な性質を示している。存在者のすべてを含み込んだこの理論において、解釈者の位相と因果性との複雑な関係を避けることはできない。解釈者の位相が複雑であり、単純な因果性への解消を許容しないというこの考えは、自然における複数のプロセスを考慮することへと帰結する。そこでは、物理学的メカニズムと化学的反応、あるいは自然の歴史と機械論的時間の因果性とが交錯しながら、一つの自然のタブローを形成する。解釈はこの自然のタブローを地平として導出される。

唯物論的一元論の世界が、このような解釈の地平からの帰結として想定される。すなわち、思考と自然的存在者との関係が純粋でも単純でもないということから、存在物の混交により全現象を説明しようとする態度が導き出されることになる。この視座は、『自然の解釈に関する考察』最後部で「問題」として提示されている。存在物はすべて異質な物質から構成されているが、そこにおいて、あらゆるものは「生きている物質 matière vivante」か「死んだ物質 matière morte」に大別され、その区別のもとで、あらゆる物質が生と死の往還と相関のなかで記述される。存在者のすべては、相互に力を及ぼし合いながらそれぞれの歴史を形成していき、それらがまた様々な仕方で結合することで新たな存在を構成していく。「実験自然学の素描」と題された断章24において、「存在は、歴史、叙述、生成、保存、破壊を包含する」(40)という形で定義されているが、物質を含めたすべての存在物を不変のものではないと考えるこの認識において、物質は各物質間の多様な影響を受けた結果存在する「歴史的な」ものと見なされる。化学的に措定された、異質な要素の結合体系としての物質観から、こうして、物質的なものの歴史性が導出される。すなわち、この物質性を経由することによって、あらゆる存在を、博物誌＝自然誌 histoire naturelle の上で記述することが可能になる。ディドロによって提起された「解釈」の試みとは、多様で不定な自然の現象、あるいは被造物のなかに、神的な次元での「創造」とは異なる出現の契機を見出すことであって、そこにおいては、あらゆるものは相異なる要素やその集合へと還元されうる。世界は分解され結合した諸力のうちにある。物質の化学とは、相互に結合した諸力を物質、あるいは力として顕在化させる要因にほかならない。そのとき世界は単純で唯一の起源へと還元しえないものとなる。世界とは可能的な要素結合が現実化したものであって、その見取り図において世界は、神的な創造という概念なしで、つまり唯一で単純な起源を措定することなしで解釈可能なものとして考えることができるものとなる。

第二章　十八世紀における化学的思考の問題系

――ヴネルによる『百科全書』項目「化学」とディドロによる『ルエルの化学講義』

『自然の解釈に関する思索』の執筆から展開されるディドロの化学的思考を考えるに際して、決定的な役割を果たした同時代の化学者を少なくとも二人挙げることができる。一人は先述したルエル G.-F. Rouelle であり、もう一人はモンペリエの化学者ガブリエル・フランソワ・ヴネル Gabriel François Venel である。ヴネルは『百科全書』における化学に関する主要な項目を担当した人物であり、とりわけ彼が『百科全書』第三巻に執筆した項目「化学」は、『自然の解釈に関する思索』においても参照され、ディドロの思考のなかで同時代の化学論として重要な位置を占めていたように思われる。とはいえ、ルエルとヴネルの化学的思考は決して同質のものではない、二人の思考を近傍において対照させることで、当時の化学的思考が学問として置かれていた状況、および化学の科学性をめぐる問題を焦点化させることができる。化学をめぐる二人の議論を参照していた当時のディドロにとっても、これらの問題は決して無関係なものではなかった。

1　ヴネルによる「化学」の定義――『百科全書』項目「化学」より

『百科全書』の項目「化学 Chimie」は、ヴネルによって執筆され、一七五三年に刊行された『百科全書』の第三巻に掲載されている。ヴネルは一七二三年にモンペリエ近郊のトゥルブで生まれ、一七五九年から一七七五年まで、つまり死に至るまでモンペリエ大学の化学と薬学の教授を務めていた。『百科全書』項目「化学」の執筆当時は、ヴネルはルエルの弟子としてパリに滞在していた。

項目「化学」は、内容的に大きく二分され、前半部の多くの記述において、自然学＝物理学 physique と化学 chymie との違いが述べられている。他方で、後半部においては同時代の化学的思考の成立が古代から時代順に記述されている。どちらの観点も、当時新しい学問的パースペクティヴとして創設されつつあった化学を位置づけようというヴネルの意図を反映している。項目自体は「自然の科学、自然学、一般自然学」の名の下に分類されており、化学は自然学の一分野だと見なされていたことが分かる[41]。とはいえ一般的に言えば、当時の化学は実験室で行われる行為の総称でもあって、その意味では錬金術 alchimie とまだ未分化なままであって、ヴネルも化学と錬金術との連関を明確に示しているわけではない[42]。ヴネルの意図は、物理学的自然学 physique とは異なる物質科学としての化学の位置を確証することにあった。両者を差異化していくヴネルの記述を分析していくことで、十八世紀の半ばに二つの相異なる物質観が拮抗していたことが判明する。最終的に、物質観の相違は物質存在を基本にした世界観の違いにまで及ぶものではあるが、まずはヴネルによる自然学と化学との違いに注意してみることにしよう。

自然学と化学は、ともに物質を扱う学問とされているが、ヴネルは両者の間に区別を設け、両者を対比させながら化学の特色を強調している。ヴネルは彼と同時代の学問的な化学が、デカルトからニュートンを経たなかで、すなわち仮説的な光の粒子説から実験科学へと経由していく過程を通じて成立してきたことを認める一方で、そうした「体系」では説明しきれない要素が同時代の化学にとっての主要な論点として問題化されてきたことを強調している。ヴネルはブールハーフェ Boerhaave の説を援用しつつ、化学とは、「器の中にある、感覚可能で、かさを持った、圧縮しうる[43]」ものを対象をしている、と述べている。この見解自体は十七世紀末から存在していたもので、ヴネルは化学と自然学の対比の出発点として、一六九九年の『王立学会論集』*Mémoires de l'Académie Royale des Sciences* に発表された論を引用しながら次のように述べている。

化学とは、目に見える作業によって、物体をいくつかの粗い、触知できる要素に、すなわち塩や硫黄などに分解する。けれども化学が物体へ働きかけるのと同様に、自然学は、繊細な思索を通じて要素へと働きかける。自然学は要素を別のいっそう単純な要素へと分解する。すなわち、運動を被り、無限の仕方で形作られる小さな物体へと分解する。ここに自然学と化学との間の大きな違いがある。〔…〕化学の精神は、より雑然とし、より覆い隠されたもので、混成物にいっそう似ている。そこでは要素は互いにごたごたしている。自然学の精神はよりきちんとしたもので、単純で、余計なものがない。最終的に自然学の精神は最初の起源にまでさかのぼる。他方化学の精神は果てまでは行かない[44]。

このような観点の下で、自然学と化学とが明確に区分される。自然学が思弁的であるのに対して化学が実験的であること、自然学が原理を観念論的に演繹する体系であることに対して、化学が「塩や硫黄」といった具体的な物質に立脚した、いわば唯物論であること、さらにその結果として、自然学的世界の解析にとっては第一原因への遡及が不可避なのに対して、化学的世界にはその必要がないことなどが、対比的に述べられている。ヴネルによる自然学と化学との関係についての見解は上記の対比を端緒に進められ、先にも述べたように、項目「化学」の約半分を占めるかなり長大な記述を構成している。

ヴネルの記述に従いつつ自然学と化学との違いを端的に指摘するならば、自然学が物体の外的な形と表面しか認識しないのに比べて、化学は物質の内部に至る認識を獲得する、と言える。自然学とは自然‐数学的な諸学の総称であり、均質な凝集物だと見なされる質量 masse に属する力と効果のみを機械論的法則の下で測定する。質量に基づく自然学的な属性としては、形、大きさ、運動、位置があげられている。他方で化学は、質量とは対極的な性質を持つ微小粒子 corpuscule を扱う。微小粒子は、粒子相互の親和性 affection によって相互に結合し、物質を構成する。微小粒子とは、ニュートンの定義に従うならば、微小粒子どうしの互いの作用によって自然現象を引き起こすものとされており、それ自体も「ある能力、効能、力(45)」をもった存在物だとされている。微小粒子の化学的凝集体、すなわち化合物は、均質な質量に比べると不均質性 hétérogénéité を帯びており、その意味では凝集物であるというよりは混合物 mixtion と見なされる。以上のような対比から考えてみると、自然学的自然とは均質性に基づいた斉一的な世界であり、そこにおいては物体は基本的には無限の要素に還元可能な質量として措定され、機械論的秩序に従属しているものとして思考される。ところが化学的な自然においては、物質は感覚可能で触知可能な微小粒子の混合体として見なされる。それらは異質なものの混合から構成されていて、微小粒子どうしの結合力や反応から成る力が、物質を変成させる、あるいは運動させる原因となる。化学的物質は量的な運動にではなく、質的な諸要素に分類され、その結合と反応こそが、化学が扱う題材となる。

これらの理由から、ヴネルは、自然学的な関係性を外的なものと見なし、化学的性質を内在的なものと見なす。換言すれば、物質を質量へと還元し、その運動を外在的な要因によって引き起こされるものとして捉えるのが自然学的な見地であり、物質を微小粒子として捉え、その力を内在的に発生するものとして捉えることが化学的態度となる。

> 私が自然学的、あるいは外的と呼んだあらゆる固有性に加えて、私は、すべての凝集体の内に、属名としては内的と言えるであろう性質を観察する。この性質を化学的と名づけることを認めてもらえるよう期待しているし、この呼び方によって、同じ属の内にある他の性質、すなわち、物体に強く共通して存在している、延長、不可入性、惰性、可動性などといった性質と区別されることを望んでいる(46)。

物体の化学的な性質としては、ヴネルは、具体的には、アリストテレスによって提示されたものを継承する。すなわち物体は水、黄金、硝石の三元素の各性質が組み合わさって構成されたものとして考えられ、各化合物が、固有の性質を表出する(47)。これらの性質が、各々の物体に個別に内在する内的な固有性と呼ばれる。つまり、当時勃興しつつあった化学とは、物体の内在的な性質によって物質を説明しようとする試みであり、それはまた同時に、各物体の性質のみならず、燃焼や酸化、あるいは腐敗や発酵といった現象を観察することによって、物体そのものに内在する力を物体相互の影響関係から捉えようという試みでもあった。この化学的な視点のもとで、物体を変成させる力、あるいは物体に熱を与え、運動させる力は、内在的な連関の内に捉えられることになる。

2 ルエルによる物質の化学的原理——ディドロによる『ルエルの化学講義』より

先に述べたように、ディドロによって書かれたルエルの講義録は、一七五四年から一七五五年にかけて行われた講義を対象に作成されたものであり、『化学講義』本文は一七五六年に起草されている。ここでは、ディドロによってまとめられたルエルの化学論講義から、物質の性質に関してルエルがとった立場や、彼が提示した理論を簡潔に示してみたい。

最初に、ディドロを強くひきつけた化学的理論の提唱者ルエルについて、伝記的な事項を簡単に説明することにしよう。ギヨーム＝フランソワ・ルエル Guillaume-François Rouelle は一七〇三年に生まれ、最初はカーンの大学で医学を学んでいたが、薬学と化学へと関心を移し、パリへと移住する。パリではレムリの後を次いだドイツ人薬剤師スピッツレイの下で七年間を過ごし、その後一七四二年から王立庭園の化学教授として講義を中心とした研究活動を長きにわたって続けた。一七六六年に健康上の理由で王立庭園の職を辞し、一七七〇年に亡くなっている。ルエルはラヴォアジェやヴネルが師事していたことでも知られており、ラヴォアジェ以前の化学者としては当時フランスにおいて最も有名な人物の一人であった(48)。

ディドロは、『化学講義』序文の最後部において、ルエルの存在を次のように評価している。すなわち、ルエルは当時の優れた化学者であるベッヒャー、およびシュタールの見解を引き継いでそれをフランスにおいて広めた人物であって、多くの実験によってそれまでの蒸留の理論を批判し、再構成したとされる。ルエルは自分の化学的立場の先駆者とも言えるベッヒャーとシュタールの教えを刷新し有益なものとし、当代のフランスの化学者のなかで一級の位置を占めると評された[49]。こうした評価は、先述のヴネルによる『百科全書』「化学」の項目内での評価とも共通するものであって、当時のルエルの立場を忠実に表していると言える[50]。ルエルの学説は、「塩の結晶化、過剰な酸とともにある塩、酸による油の燃焼、植物のいくつかの原理[51]」に関わる発見をもとに作り出されたとされている。

ベッヒャー、シュタール、およびルエルにまで共通する化学的な立場はフロギストン主義と言われる。このうちもっとも代表的な見解として、ここではシュタールの理論を概括することにする。シュタールは、デカルトやボイル、あるいはレムリなどの機械論的物質論を物質の表面的な作用にしか注目していないものと見なし、物質の核心には触れていないと考えていた。シュタールはこうして、機械論的因果関係を仮説として推論する物理学とは別に、混合体である物質を分解し、それを再び化合する技術としての化学を定義する。化学的な観点からすれば、物質は粒子からなり、粒子の集団や固まりが階層的に配列されて混合物や化合物を作る。粒子は基本的には四種類に区分される。すなわち、液体の土、油性の土、石性の土、そうして水であって、この四種類の元素が、水の親和力あるいは凝集力によって相互に結合し、二次的な化学的原質を作るとされる。シュタールはこの粒子の一種類である油性の土を「フロギストン」と名づけた。粒子の組み合わせによって構成される二次的な原質が、金や銀など、化学者が一般に扱う単純な実体であって、近代化学において元素と見なされるものであった。

以上のような見解が「フロギストン主義」と呼ばれるのは、彼らがフロギストンという粒子の存在を重要視したことに由来している。可燃性物質に必ず含まれるものとしてフロギストンという元素の存在を措定することによって、今日では酸化と還元と言われる化学的な反応を整合的に説明しようと試みたのが、彼らがフロギストン主義者と名づけられる第一の理由とされている。のみならずこのフロギストン説に従えば、物質の燃焼と生物の呼吸という二つの現象は、ともにフロギストンの循環として捉えられる。フロギストンの循環という観点によって、植物の光合成の理論も、自然内での物質的循環として説明することが可能になる。

ディドロを中心とした『百科全書』派の哲学者たちにとっては、ベッヒャー、あるいはシュタールの教えの影響を強く受けた、いわゆるフロギストン主義の化学者たちは身近な存在であった。すでに見たようにルエルも、またヴネルも、十八世紀においても現代においても同様に、基本的にはシュタールの教説に強く影響された化学者として考えられている。

さて、ディドロによる『ルエルの化学講義』の「序文」によれば、化学は次のように定義されている。

その全広がりにおいて考察され、正しい境界に制限された化学は、諸物体の構成要素の分離と結合とにもっぱら関わっている。分離や結合は、自然によって行われてもよいし、あるいは分離や結合が物体の用法と固有性とを発見するための人間技術による手法の結果であっても構わない。結合することと分解すること、まさにそこに、化学者のあらゆる技術が帰着する。総合と分析が、化学の基本的で一般的な二つの作業なのである。[52]

化学という行為の本質は、物質の分離と結合を司る作業に帰せられる。この分離と結合の操作の対象となる物質の組成は、ルエルによって以下のような化学的な構造を持ったものとして考えられている。すなわちルエルによれば、物体は四種類の元素（principes, corps principes、あるいは éléments）[53]の組み合わせから構成され、また、各々の元素が「単純で、均質で、不可分で、不変で、感覚不可能で、幾分かの可動性をそなえた物体」[54]から構成されている。各元素は固有の体積や形を有していて、知覚可能な物体は多数の元素から構成されている以上、各々の元素を個別に知覚することは不可能だとされる。とはいえ元素の数自体は四種類と限られているので、自然におけるすべての物体はこれらの組み合わせによって形成されていることになる。この四つの元素を、ルエルは、「フロギストンあるいは火、土、水、空気」[55]と定義している。

これらの元素が無秩序に集まって物体を構成しているわけではない。元素は階層的に配列されて「混合物 mixte」を作り、この混合物の表面にある元素が二種類の異なる力 latus となって働き、「付着 adhésion」と「緊密 cohérence」が生じる。異なる多くの「混合物」は、さらに「結合体 composé」を作る。この結合体が集合して「凝集体 agrégat」となり、凝集体において物質は、ようやく人間に感覚可能な物体として認知される[56]。ルエルはこの凝集体に対して、ベッヒャーやシュタールとは異なった定義を与え、凝集体が相異なる異質の要素から結合される可能性を認めている。ベッヒャー、あるいはシュタールにとっては、凝集体とは同質なものの総体であった。すなわち、凝集体は、同じ性質を有したいくつかの物体が結合して形成された均質なものだとされていた。ルエルは、こうした異質なものどうしの集合である凝集体が、単なる「堆積物 amas」とは異なっているという点を、その要素の集合の様態に従って区別している。

> 凝集 agrégation をなすためには、付着や緊密、あるいは結合が必要であって、その点において、凝集体は、分離して隣接している物体が砂が堆積するように互いに独立している堆積物とは異なっている[57]。

ここにおいて、物質相互を集合させ、凝集物を構成するためには、「付着や緊密、結合 adhésion ou cohérence ou combinaison」といわれる働きが必要であることが分かる。物質どうしの単なる「隣接 contigu」によっては、凝集体を形成することができない。

また、凝集体は、有機的なものと無機的なものとに区分される。有機的な凝集体は固有の部分の配列と形態とを備えており、その秩序が変わると組成が同じでも別の物体になってしまう。植物や動物、あるいは「生きる有機的存在

êtres organisés vivants」と呼ばれるあらゆる存在が、この範疇に含まれる。ルエルはこの有機的存在を、「結合し織りなされた凝集体 aggregatum textum compositum」と名づけている。[58] ここで、有機体の組成がきわめて変化を被りやすい存在として考えられているという点に注意すべきであろう。つまり、有機体においては水の元素が非常に多量に含まれていることから、有機体は「柔軟さと大きな自由 leur flexibilité, et la grande liberté」を持っているということが説明される。[59] 有機体とは、その形態、組成において、きわめて弱い結合しか持たない、いわば可塑的な存在だと考えられる。他方で無機的な凝集体は、決まった形を持たず、その性質を変じることなく部分的に分割・分解することが可能だと見なされている。

ルエルによる化学的物質観の基本的原理は、以上のようなものとしてディドロによって紹介されている。ディドロの思想へと接続されて展開されていくルエルの思考の要素として、次のようなものを指摘することができる。すなわち、(1)物質の構成において異質な要素が混在している点の指摘、(2)有機体における可塑的性質の強調、そうして、(3)化学的物質観にとってもっとも重要な結合という現象を可能にする「潜在的力 latus」の存在。これらの見解は、ルエルの化学的知とディドロの唯物論的思想に共通して認められる。ディドロはこれらの考えをさまざまな対象に関連づけ発展させていくが、その経緯の分析は別の箇所で詳しく論じることにする。

3　ヴネルとルエルにおける化学的物質観の違い

ヴネルによる『百科全書』項目「化学」の後半部は、執筆者ヴネルの同時代にいたるまで、すなわち十八世紀中葉にいたるまで、化学的な思考がどのような人物や思想を通じて発展してきたかを述べている。化学の成立の歴史が記述可能であると見なし、それによって化学は学問として正当な歴史を持っていることを証明しようというこの記述において、当時の学問として打ち立てられつつあった（あるいはヴネルが打ち立てようとした）学としての化学の位置が測定できる。この項目でヴネルが述べた化学の歴史は、ディドロが編纂した『ルエルの化学講義』における化学の歴史と同じ文献や言及を参照している箇所が多数見られ、その意味において、ヴネルにおいても自らの師であるルエルの影響が強く見られる。『ルエルの化学講義』およびヴネルの『百科全書』項目「化学」との両者に重なる記述が散見されるのは、二人が化学の成立、およびその歴史を考察する上で、主要な知的背景を共有していたことを証明している。具体的に言うならば、例えばルエルもヴネルもともに、モンペリエの医師カステルノダリらの言及を参照し、(60) オラウス・ボリッキウスの化学論「化学の発生と進歩について *de ortu & progressu Chimiae*」を典拠に論を進めている。(61) 他にも、段落の内容そのものの相似や、あるいはデモクリトスによる格言の引用の箇所などからも、両者の類似は明らかだと言えよう。

こうした影響関係の理由としては、ルエルが十八世紀中葉のフランスにおける代表的な化学者であったということがあげられよう。ヴネルによる項目「化学」においても、一五年もの間ルエルがパリで化学講義をしていることが述べられており、初期のルエルの講義をもとに、フランスにおける多くの化学的活動が盛んになったと記述されている。(62)『化学講義』をまとめたディドロも例外ではなく、ルエルのことを高く評価している箇所が『化学講義』以外にも見られる。『画家ミシェル・ヴァン・ルーと化学者ルエルについて』と題された未公刊の手稿のなかで、ディドロは一七七〇年に死去した画家ヴァン・ルーと化学者ルエルの功績を追悼している。ルエルについては、ヴァン・ルーについてよりも比較的多くの頁が割かれたその手稿のなかで、ディドロはルエルの講義に三年間出席したことを述べている。一七五七年の書簡のなかでは、当時週の内多くの時間を化学に割いていたことを表明していることから、ディドロはその前後の三年間、ルエルの講義を聴講するために王立庭園に通っていたと推測される。

ディドロによる『ルエルの化学講義』「序文」中では、化学の成立についての歴史的な記述において、ルエルの独自な視点が提示されている。ルエルが示したこの見解は、ディドロの思考そのものと親和性が高い。論を先取りしてディドロとルエルに共通する傾向を端的に述べるならば、両者はともに、諸力の結合を保証する歴史的起源にハイブリッドな物質（あるいは形象）が存在すると考え、それによって世界の起源の複雑性という思考を支持している。ディドロは、ルエルの講義を通じて、こうした思考をより強力なものとして練り上げていき、それが結果としてルエルの講義録を残すという形で文書化され、著作として残存した、ということになるだろう。

さて、ルエルは、『化学講義』の冒頭で、化学の起源と定義をエジプト的なもの、より詳細に言えば「神聖文字」のなかに見出している。こうした観点を端緒にして、まずは『化学講義』中に提示されたルエルの思考をたどることにしよう。エジプトを重視するルエルの見解は、「化学 chimie」という単語の発生をめぐる冒頭の説明のなかにすでに現れている。

語源学の書き手たちは、化学 chimie という語の起源についてあまり見解を一致させてはいない。化学が物体を分解するということに基づいて、化学という語は、汁を意味するギリシャ語 kumos から由来するという者たちもいる。つまりそう言う者たちは、化学が物質の構成要素を用いて行う、言い換えればその汁を用いて行う実験に基づいて、そう言っている。別の者たちは、隠されていることを意味するアラビア語から化学の語源を引き出している。ゾジム・パノポリトゥスは次のように述べている。すなわち、化学とは、罪深き愛によって女たちと結びついた天賦の才を持った人間によって人々に教え知らされたものであって、化学の秘儀は kema と呼ばれる書物のなかに書かれていたので、そこから化学の名前が来ている、と述べている。けれども化学という語のもっとも自然な語源的説明は、化学の揺籃期であったエジプトが用いていた chemia という語から派生したというもの、あるいは、Chamia、すなわち、シャム Cham の土地という語から派生した、というものである。Chamia という語は、ボシャールの指摘に従えば、コプト人たちがそのような呼称を今でも用いている。(63)

このように、ルエルにとって、化学の起源は、ギリシャでもなくアラビアでもなく、まず第一にエジプトに求められねばならなかった。この化学の古代性は、オラウス・ボリッキウスの援用によってさらに補強される。ボリッキウスの説に従いながら、ルエルは、「ノアの洪水以前に存在していた化学 la chimie antédiluvienne」[64]の証拠が、洪水による破壊を免れた石柱に、「古代文字によって en caractères hiéroglyphiques」[65]その全貌が書き付けられていたと述べる。大洪水以前のエジプトの化学は、遺跡のなかの古代文字として残存を証され、それがルエルにとって彼と同時代の化学の根幹をなしている。

エジプトについての言及は、ヴネルによる『百科全書』項目「化学」のなかでも同様に見出されるが、そこにおいてヴネルが与えている説明はルエルのものとは異なっている。ヴネルは、大洪水以前にエジプトに冶金術があることを認めているが、けれどもそれは、学問的な真性の化学ではないと主張する。「ボリッキウスとともに、洪水前に人々は金属を加工していたということは認めよう。けれどもそこから、こうした初期の冶金術者たちが化学者であったということを結論づけないようにしよう」とヴネルは述べる[66]。すなわち、ヴネルによれば、洪水以前の、あるいはエジプトにおけるこうした技術は「学を前提としていない」[67]ものであり、学問としての化学というよりは秘教的な錬金術に属するものでしかない。つまりエジプトの役目は、化学 chimie の起源としてではなく、錬金術 alchimie の起源へと限定される。ヴネルにとって、錬金術から分離した化学の起源は曖昧なものでしかない[68]。こうしたヴネルの見解とは対照的に、ルエルの見解のなかでは、起源としてのエジプトの存在が明確に表明されている。次に引用するきわめてよく似た二つの箇所を引き比べることによって、上述した両者の見解の違いを際立たせることができる。

［ヴネル］錬金術が、あらゆる学の共通の母であるエジプトにその生を負っていること、および、錬金術がその国の祭司や僧侶によって学ばれていたこと、これらのことはみな異存なく認める事実である[69]。

［ルエル］人々は、みな共通して、あらゆる学問の母であるエジプトを、化学あるいは錬金術の揺籃と見なしている

し、その国の祭司や僧侶を、最初の化学者として見なしている。[70]

ヴネルがエジプトに見出しているのは、ただ錬金術の起源のみであって、化学のそれではない。こうしたヴネルの考えを示す傍証として、ヴネルが『百科全書』において、項目「化学」の他に、項目「ヘルメス哲学」を執筆し、化学と錬金術とを峻別しようとしていた、ということもあげることができる。ヴネルは項目「ヘルメス哲学」のなかで、ヘルメス主義的な秘儀、すなわち錬金術的な趣向は「私たちの世紀のものでもなければ、私たちの国のものでもない」と述べている。[71]ヴネルにとって、同時代の学問は伝達可能で明証的なものでなければならず、ヘルメス的な秘儀は学問とは見なすことができない。

他方でルエルは、化学と錬金術との区別を特別には設けずに、ヴネルによっては単に錬金術的としか定義されないであろう存在も科学的な化学に属するものとして捉えている。すなわち、ルエルにとっては化学が発生する以前の錬金術的なもの、あるいは「前洪水時代のもの」さえも、近代的な意味で科学的だと見なすことが可能な存在であった。ルエルのこうした立場を表している文献として、ルエルが寄稿し、一七五〇年の『王立学会論集』*Mémoires de l'Académie Royale des Sciences* に発表された「エジプト人たちの死体防腐処理について Sur les Embaumement des égyptiens」という論文の存在をあげることもできよう。ルエルはこの論文のなかで、エジプトのミイラに見出された死体処理の技術と仕組みを科学的な対象として扱い、ヘロドトスの博物誌に残されたミイラ作成の記述や、あるいはルエルと同時代のエジプト論などに見られる死体処理の技術について、同時代の化学的な立場から検討を加えて、死体保存のために必要な物質について検討を行い、古代の化学・技術の妥当性を積極的に検証している。[72]

ここまで見てきたようなヴネルとルエルとの間の相克は、古代のものについての歴史性に対する立場の違いを表している。すなわち、ヴネルにとって重要であったのは、「聖なる歴史 l'Histoire sainte」と「俗なる歴史 l'Histoire profane」との区別であって、聖書に記載された歴史以前の出来事をアレゴリーとして捉えることは、科学的でないものを科学として転用する誤謬だと見なされた[73]。他方でルエルは、古代においても科学的な実践が、少なくとも化学的な側面においては見出され、同時代の化学も、古代の化学と連続的なつながりを保ったままで一つの科学として成立していることを認めていた。

ルエルとヴネルの立場の違いは、それゆえ、科学的なものの起源の扱いにおいて現れている。ヴネルにとって起源とは神秘的なものでしかなく、そこにおいては同時代に要請されるべき合理性は存在していない。ヴネルの思考においては、いわゆる啓蒙的な進歩史観が学問の発展と重ね合わされて、化学の科学的近代性が強調される。他方でルエルは、古代においても不変なものが存在し、同時代にまで通底していることを強調している。古さ、あるいは古い科学とは、物質の不変の性質に相対する人間技術や科学的思考の可能性を示している。人間技術はつねに連続的に発展するが、古代の思考は決して全面的に否定され乗り越えられるものではない以上、前科学的な神秘思想も、決して非科学的ではないと考えられていた。近代的切断と連続的進歩という啓蒙的な合理性の名の下で行われる二つの対照的な態度を、ヴネルとルエルは示している。

第三章　ディドロにおける化学的世界観――『百科全書』項目と後期物質論

ルエルとヴネルという二人の化学者との対比においてディドロ自身の思考を考えてみるならば、ディドロはルエルの思考と自らの思考とが親和性の高いものであったということを認めていたのではないだろうか。物質的なものとそれに関わる人間の技術的努力の通時性、すなわち非歴史性というルエルの思考の側面は、化学論にとどまらず、ディドロの多くの議論において重要視されるべき見解と思われる。本章では、ディドロのこうした考えを内包しつつその後の発展の基点となる著作として、ディドロが『百科全書』に書いた項目「カオス」および「神智学者」をまず取り上げ、次いでその後一七七〇年に発表した『物質と運動に関する哲学的原理』における物質観を一つの帰結として検討してみることで、ディドロの物質をめぐる思考を化学的物質性という視座から考えてみたい。

1　『百科全書』項目「混沌＝カオス chaos」（一七五三）

L・G・クロッカーが著作『ディドロにおけるカオス的秩序』で述べているように、「カオス」とは、ディドロの世界観にとって基本となる概念である。例えば『盲人書簡』において、すべての存在は束の間の形態しか持たない可変的なものであり、秩序とはその世界のなかでかいま見える一瞬の仮象でしかないことが、盲人の幾何学者ソンダーソンの臨終の言葉によって表されていたことからも、ディドロにおけるカオス概念の重要性は想起される。『盲人書簡』発行から数年後、一七五三年に刊行された『百科全書』第三巻において、ディドロは「カオス chaos」という項目を執筆している。この項目において記述の基盤となっているのは、萌芽状態にあるディドロの化学的思考だと考えられるものの、そのコノテーションは現在まで未だ分析されないままにとどまっている。そこでまず、項目「カオス」に見られる化学的世界観を精査することによって、ディドロにおける世界の物質的起源の位相を画定させることにしよう。

ディドロは、項目「カオス」において、カオスという観念が発生した源を、モーゼが執筆したとされる『創世記』の記述に帰せて説明している。モーゼは、世界を最初は「不定形な塊 une masse informe」でしかないものとして記述し、その塊を様々な要素が秩序なく入り乱れるカオスとして見なしていた。ディドロはさらに、モーゼはこの原初的なカオスの世界を、それが水からできているものだと見なしていたと述べている。

実際、モーゼによれば、この塊は水で覆われている。そうして、古代の哲学者のうち幾人かが、このカオスは水の塊でしかないと主張した。けれどもこれを、海や、純粋な元基の水と理解してはならない。そうではなくこれは一種の泥であって、それが発酵することによって、時のなかでこの世界が作り出されたに違いなかった。(74)

世界の起源に水の存在を見るこのような考え方を、ディドロは「モーゼの自然学 physique de Moyse」と名づけている。もちろん引用した部分からも見られるように、ここでディドロが述べている「水」とは、正確に化学的な意味での「元基の水 eau élémentaire」ではない。ディドロはここで、カドワースやグロチウスといった同時代の宇宙論者の考えを参照しながら、この水は、世界において通底する基体であって、世界の混沌を動かす愛とのアナロジーに置かれるものであるとしている。いわば起源の水とは、世界における「霊 spiritus」としての機能を有している。ここでは、『創世記』の冒頭、「神の霊が水の面を動いていた aqua per spiritum movetur」という一節が解釈の基本をなしている。すなわち、この水は、世界がまだ闇と光とに分かたれる以前から存在していたものであり、それゆえ、「哲学においても神話においても」[75]もっとも古きものとして存在している。水は、原初の混沌を成していた基体であって、この混沌と水の記憶は、「世界の配置 l'arrangement du monde」以前に、人類のあらゆる人々にとって存在していたとされる。

カオスの観念がモーゼに特有のものであったか、と考えることから離れても、それでもなお、上で述べられていたことについて、次のように結論づけることにしよう。すなわち、野蛮であれ、文明化されたものであれ、あらゆる人々は、世界の配置に先立つ混沌と闇の状態についての記憶を持ち続けていたように見える。また、この伝統が、実際には、人々の無知と詩人の想像力とによって、ひどく歪曲されてしまったが、そうした人たちが混沌の観念を汲みだしてきた源は、私たちと彼らとに共通しているらしいのだ。[76]

こうした観点に基づいて、ディドロはデカルトやスピノザに代表される「体系的」哲学者たちの物質観を批判している。物質の主要な属性を延長と運動とに分離し、その二つの所与さえあれば世界を構成することが可能だと考えたデカルトの形而上学的な物質論は、原初の水の存在を忘却した結果成立するものでしかなく、それゆえ無神論に陥らざるをえない。[77]体系的な哲学者たちは、「あらゆる存在を、あらゆる方向に動く均質な物体から抽出してくる」のみであって、そこにおいては、起源の混沌において存在していたいわばカオス的な秩序というものが無視されてしまっている。モーゼの自然学は、それ自体、「厳格な掟と意志とにより、おのおのの事物の本性と機能とに規則を与える」[78]ものであって、それは原初の状態の世界を維持するものであったが、延長を物質的世界の主要な属性と見なす機械論的な説明体系はこの原初の規則を忘却した上でのみ成立しているにすぎない。この点からすれば、ディドロにとっては、同時代の機械論よりも古代の原子論の方に妥当性が認められることになる。カオスの認識は、機械論的理解を括弧に入れ、もう一度世界を原子論的解釈のもとへと差し向ける。そこにおいて超越的な聖性と呼ばれてきたものは物質の内在的な固有性として考えられる。

項目「カオス」に見られたディドロによる「モーゼの自然学」の擁護は、機械論的形而上学に含まれる無神論を暴くと同時に、より古き知に基づいた、原子論的立場を称揚することにその本質がある。そこにおいては、神は運動の第一の原因たる不動の動者ではない。神の性質、言い換えれば神聖性は、水を起源とした物質そのものに内在する性質に認められなければならない。原初の水という起源の物質は、世界の霊性とのアナロジーにおかれる。いわばこの項目においては、世界の構造を自然学的＝物理学的見解で捉えることを否定するとともに、内在的な力を有する物質観が、神話解釈と同時生起的なものとして正当化されている。カオスとは、「神話的でもあり、哲学的でもある」概念なのである。また、ここで示されている「カオス」の内実は、物質に内在する規則を持ったものとして考えられるが、水において形象化される原初の世界の性質を化学的なものとして捉えることができる可能性も、冒頭に引用した同じ箇所から解釈できる。

実際、モーゼによれば、この塊は水で覆われている。そうして、古代の哲学者のうち幾人かが、このカオスは水の塊でしかないと主張した。けれどもこれを、海や、純粋な元基の水と理解してはならない。そうではなくこれは一種の泥であって、それが発酵すること fermentation によって、時のなかでこの世界が作り出されたに違いなかった。(79)

原初のカオス的世界の化学的な性質が、引用最後の「発酵 fermentation」という概念によって表されている。「発酵」というこの概念は、近代科学の成立以前にきわめて一般的に使用され、近代的な言い方を採用するならば、擬似－科学的な概念として、多くの現象の解明のために使用されていた。バシュラールはこの「発酵」概念を、近代的な自然科学が成立する以前の思考の歩みのなかで練り上げられた概念の典型として取り上げている。(80) バシュラールは、発酵の概念を、動物の領域と植物の領域、無機物の領域の三界にまたがって観察される現象であったとし、十八世紀のアイルランドの医師マクブライドによって行われた実験を引き合いに出す。マクブライドは、パンと水の混合、あるいはパンと水と羊肉との混合体を食物と加え、その混合物が変化していく様子を腸内の消化の様子と重ね合わせて観察と考察を行った。発酵とは、物質どうしが出会う閉域、すなわち、化学者の実験室、実験道具のレトルトのなか、あるいは動物の体内や自然現象のなかにあまねく見られる現象として認識されていたのであって、そこから、世界の原理としての「発酵」が近代科学成立以前の科学的思考として一般的な意味を有することになる。ディドロによる「発酵」概念は、バシュラールが指摘していたような前近代科学的な概念としての科学的な精密さを欠いているかもしれないが、そのような概念が提起する問題の射程は後に指摘することにして、ここでは、「混沌」という概念も、一つの化学的なヴィジョンに従い、前‐歴史的なものとして一元化された「発酵」する世界観を表明していた、ということを確認するにとどめることにしよう。

2 『百科全書』項目「神智学者 théosophes」(一七六五)
――ファン・ヘルモント注解に見られる「化学的思考」

一七六五年に出版された『百科全書』第十六巻のなかで、ディドロは「神智学者 théosophes」という項目を執筆している。この項目は、他の多くの哲学史に関する項目と同様、ブルッカーの『哲学の批判的歴史』をもとに執筆されたものであり、その意味でブルッカーの考えを敷衍しているところも多いと考えられる。とはいえ、この項目の記述は単なるブルッカーの引き写しにとどまらず、ブルッカーの思考に自らの思考を重ねていく手つきのなかに、ディドロ独自の思想がかいま見える項目でもある。とりわけこの項目においては、ディドロによって追加された脱線的記述が比較的分かりやすい形で挿入されており、それがブルッカーによる当時の化学的思考の理解と交錯しながら、項目内の記述を総体的に形づくっている[81]。

神智学者という名称は、項目冒頭の定義に従えば、「人間理性を憐憫をもって眺めるもの[82]」に対して与えられている。すなわち、神智学者とは、「超自然的で神聖で内的な原理によって照明されることを望む」者であり、それによって「もっとも崇高な認識にまで自らを高め」、「もはや自分たちでは統御できないままに自分たちを動かす想像力によって暴力的に専有され」、その結果自然と神に関する隠された重要な発見を行う者たちのことだとされている[83]。こうした神智学者は、結局のところ、「みな化学者であった」のであり、自ら「火の哲学者」と自称していたと結論づけられ[84]、そこから、「パラケルスス、ヴァレンタン、フラッド、ボエミウス、ファン・ヘルモント親子、ポアレ[85]」という化学者たちの思想が、要約的に提示される。すなわち「神智学者」とは、パラケルススから始まる錬金術的化学の思考に属する人々の総称であり、ディドロはこの思想の系譜のなかに、化学的「発酵」の思想と「狂気・情熱」の実存との交点を見出し、それを自らの思考の背景として保持していく。

『百科全書』の項目「神智学者」内では、神智学者として列挙されている化学者のなかでも、パラケルススとファン・ヘルモントの諸説の要約に多くの行数が割かれている。神智学の系譜はパラケルススから始まり、ファン・ヘルモントにいたるとされているが、火を起源とした化学的世界において人間のミクロコスモスと世界のマクロコスモスとが通底していることを説いたパラケルススの教えは、後代の神智学者ファン・ヘルモントに受容されながら発展していき、ディドロと同時代において一つの帰結を見せた、と述べられている。そこでは、ファン・ヘルモントの教えが「化学における驚くべき進歩」を達成したものであり、同時代において、「ベーコン、ボイル、ガリレオ、デカルト」と並び称されるものであったことが強調されている。このファン・ヘルモントの教説の要約において、ファン・ヘルモントの思考を媒介にしながら、項目「カオス」内でディドロが提示しようとした「水」を起源とする世界観が、完全に化学的なものとして変換され、措定されていることが確認できる。まず箇条書きで要約されたファン・ヘルモントの原理のなかで、ディドロの「カオス」的思考と直接的に関連があるものを引用してみよう。そこでは水、および発酵を促す酵母 ferment が物質の基底に存在しているという主張が表明されている。


水はすべてがそこから作られる物質である。

雄生・生殖酵母はあらゆるもののはじめにあり、もとなる基体である。

基体と胚、これは同じものである。

雄生酵母は胚の動力因である。

［…］

酵母は被造物である。それは実体でも偶有性でもない。その性質は中性である。酵母は世界が始まったときから自分が専有する場所をもっている。

［…］

酵母の場所には秩序があり、聖性によって与えられ、なにがしかの結果を生み出すべく定められた理由がある。

水は事物の唯一の物質的原因である。(86)


このように、ファン・ヘルモントの主張を通じて、前節で検討した項目「カオス」における原初の水と発酵の論理とが、より化学的な教説の要素として展開されていることが判明する。原初の水の論理は、ファン・ヘルモントの第一原理の要約、「自然において結果を引き起こすあらゆる原因は、外的なものではなく内的なものであり、自然において本質的なものである」という理論の上で、水を基体とした内在性の化学として定立される。この内在的動因が原初の水の理論と結びついていることは、第二原理の要約、すなわち、「内的原因を構成するもの、内的原因を動かすもののことを、私は古き元力 archée と名づける」という一節からも明らかであろう。物質的世界の起源とは、文字通り「古きもの」であって、それが水にほかならないということを、化学者は証明していることになる。

項目「神智学者」の特異性は、項目「カオス」の論理の化学的裏づけという点にはとどまらない。ディドロはさらに、ファン・ヘルモントの諸説を羅列した後に、ブルッカーによる解説の単純な転用から離れて、「神智学」すなわち錬金術的・化学的思考を条件づける人間存在のあり方について語る。ファン・ヘルモントの思考においては、物体の本性は化学の驚異として「錬金術的夢」の光景のなかで倒錯的に示される。この自然を化学的に思考する際の錬金術的ヴィジョンを可能にする魂の状態についての概説が、ブルッカーからの援用部分の最後において示されている。(87)ファン・ヘルモントの思考は、理性によっても感覚によっても到達することができない「純粋で完全な抽象」であって、それに達するためには、「魂の活動が打ち捨てられ」ねばならない。(88)いわば、ファン・ヘルモントの化学的思考は、魂が自己を完全に忘却し、存在しないものの内に吸収され、魂を「絶対的に自動性を持たず、受動的な」状態にすることで、物体の本性を知ることにあるとされる。ファン・ヘルモントの思考においては、この魂の状態は、魂の回りにあった偽の光と闇とを払い、より高き光で魂を満たすものとして提唱されていた。だが、ディドロはこれに独自の注解を加えている。

ディドロは、こうした魂の状態は、「機械〔＝身体〕の周期的な乱れ」によって引き起こされるものであって、そこにおいて聖性の降臨が想像されるだけだと解釈している。そこでは、引き起こされた酩酊あるいは仮死の状態のなかで、聖なる息吹によって、「古代の根源的なエネルギー son énergie ancienne & originelle」(89)が人間のなかに再び回帰すると考えられる。けれどもディドロにとって、この状態は、聖性によって引き起こされるわけではない。これは、「無知と大災害の時代」が原因となって生じるものであって、困窮した状態において救いやはけ口を求める人々が、こうした「常軌を逸した insensés」状態にある人を聖なるものとして崇拝したり、あるいは忌むべきものとして迫害したりするにすぎない。ディドロの考えに従うならば、世界と一体化する、あるいは天から直接的な啓示を受けたと考えられていた人物は、いわば「天才と狂気とがきわめて近くで触れあっていた」状態にあったのであって、それは、超越的な聖性ではなく、身体＝機械の乱調や、常軌を逸した周囲の環境によって引き起こされた想像力の過剰が原因となっていた。それゆえ、こうした天才と狂人の系譜においては、信仰していた教義の違いや行ってきた活動の違いは問題とならない。組成の変調、すなわち人体の乱調の観点からすれば、異なる文脈の上で考えられていた天才と狂気とは近傍として条件づけられる。

この部類の人々のなかに、ピンダロス、アイスキュロス、マホメット、シェイクスピア、ロジャー・ベーコン、そしてパラケルススを数え入れなければならない。審級を変えてみればよい、そうすれば、詩人であったものは、魔術師か預言者、あるいは立法者になっていたであろう(90)。

ディドロによる錬金術的思考の検討は、物質の古い本性にさかのぼることを可能にする化学的な方法が、同時に人間の精神の最も内奥にある力を呼び起こすことと通底していることを示している。精神と物質とに共通するこの古い力を、ディドロは超越的な聖性に帰するわけではなく、むしろ人間と物質とに通底する共通の本性として提示する。そこにおいては、宗教的な狂熱、芸術的な創造、あるいは殺人や断食といった常軌を逸したあらゆる行動が、すべて身体や環境の異常が原因となった想像力の過剰に由来する「天才と狂気との近傍」として考えられる。宗教的熱狂の脱神聖化が、物質的化学の理論の展開とともに進められる。ディドロはこうした人間の状態を、「熱狂 enthousiasme」と名づけ、項目「神智学者」内の別の箇所で提示している。

熱狂こそが、善きものであれ悪しきことであれ、あらゆる大きな物事の芽なのだ。徳を待ち受ける困難のただ中で、誰が熱狂なしで徳を実践することができよう？　事物の探求におけるうち続く労苦に、誰が熱狂なしで身を捧げよう？　学問と技芸の進歩、および真理の探究に、誰が熱狂なしで休息や健康、人生を捧げることができよう？　友の

ため、子供たちのため、国のために、誰が熱狂なしで身を滅ぼし、死ぬことができよう？(91)

ディドロは物質に内在する本性的な（＝自然的な）力のなかに、人間精神を昂揚させる力を見出し、そこにおいて、「近代人 les modernes」と「古代人 les anciens」とをつなぐ熱狂の系譜を構成しようと試みた。神智学者の営為を解釈することを通じて、物質的なものの力は、人間の偉業、あるいは常軌を逸した悪業さえをも説明する原理として思考される。項目「神智学者」においてディドロがブルッカーの記述に追加した箇所の記述は、時代的な状況に拘泥せずに通底する物質的なものの力を強調するディドロの思考を表明している。

3 『物質と運動に関する哲学的原理』（一七七〇）に見られる化学的思考

a 「傾向性 nisus」の創出——ジョン・トーランド『セレナへの手紙』との関係から

一七七〇年に、ディドロは『物質と運動に関する哲学的原理』*Principes philosophiques sur la matière et le mouvement*（以下、『原理』と略す）という短い論考を起草している。一七七〇年に起草されたというこの事実は、『原理』を著す契機がルエルの思考との密接な関係から生まれたということを示している。というのも、ルエルが死去したのはまさにこの一七七〇年であり、それを受けて執筆された『原理』こそ、ディドロがルエルの思考を完全に自分のものとして解釈し定立した著作である、と見なすことができるからだ。実際、今日まで指摘されることはなかったが、ディドロの後期の唯物論的一元論の原理的な要約でもあるこの『原理』においては、当時の化学的な思考が著作の思想的な骨子を形成しているのが認められる。そこでまず、この著作に見られるディドロの化学的思考を浮き彫りにした上で、その後にそうしたディドロの化学的物質観が唯物論的一元論において有する意義というものを検討していくことにする。

全集版において一〇頁にも満たないこの短い著作において、ディドロは、物質が運動と不可分な実体として存在しているということ、つまり、物質と運動とは、切り離して考えることが可能な二つの独立した属性ではなく、むしろその両者が不可分な関係のうちにおかれているということを基本的なテーゼとして主張している。デカルト的な自然学にまつわる物体と運動の関係、すなわち幾何学的な座標軸と重ね合わされた空間のなかで、数量化された物体が外在的な力によって運動する、という考え方は、ディドロにとっては幾何学者の誤った抽象に基づいているものでしかない。[92] 運動と静止という概念は、物質の絶対的な状況を表すものではなく、むしろ相関的に内在しつつ、物質に随伴するものとして捉えられねばならない。つまり、ディドロにとっては、静止と見なされる状態でさえ運動の一つの様態でしかない。あらゆる物質は、仮にそれが静止したものだと見なされる状態にあったとしても、そこには潜在的な傾向性としての運動が存在している。『原理』の冒頭で提示される主要なテーマは、このように要約される。そこにおいては、位置の移動をはじめとする可視的な運動と、物質を変化し生成させる不可視な内的な運動とに共通する法則が考察される。『原理』冒頭部においては、物質において静止状態が存在しないということが、静止とは現実的なもの réel ではない、という表現によって述べられている。

ここに静止と運動との真正な違いがある。つまり、絶対的な静止とは、抽象的な概念であって、自然のなかには決して実在していない un concept absolu qui n'existe point en nature。そうして、運動とは、長さ、大きさ、高さと同じく、現実的な性質 une qualité aussi réelle なのである。[93]

物質の静止状態を現実的なものとして認めないこうした考えには、十八世紀初頭にスピノザ的な物質世界の概念を論駁したイングランドの理神論者ジョン・トーランド John Toland の考えが影響している。スピノザ的世界観を批判するトーランドの著作『セレナへの手紙』*Letters to Serena* が発行されたのは一七〇四年のことだが、この著作は一七六八年にドルバックによってフランス語に翻訳され、フランスの理神論者や唯物論者に大きな影響を与えていた。とりわけ能動的な作用を行う物質 active matter という観念はトーランドの影響に拠るところが大きく、この著作のなかでも「物質は延長であると同様に必然的に能動的な作用を行う Matter necessarily active as well as extended」(94)ということが繰り返し根本的な命題として述べられている。デカルト＝スピノザ的形而上学に基づき幾何学的な観念によって再構成された物体概念に従うならば、物体の属性は延長と運動の二つに区別され、運動は延長に与えられる外的な力が原因となって生じる位置の移動としてのみ考えられる。物質の運動は、移動の原因として峻別され、延長に外発的に与えられるものでしかない。運動は延長の移動という現象から二次的に導出されるものにすぎない。このように、物質において延長のみを考慮する考え方、すなわち「長さ・大きさ・高さ」のみを最初に考えるデカルト＝スピノザ的な物質概念においては、運動とは、計量可能な形態が機械論的な因果関係に基づいて座標軸上を移動することのみを指す。つまり、物質はまず第一に幾何学的で静的な延長として捉えられ、運動は因果関係によって延長が動かされる事態としてのみ考察される。トーランドは、スピノザの『エチカ』第二部を引用して、物質が本性的に作用を行わないというスピノザのこうした考えを批判する。スピノザに従うならば、「あらゆる物体は、あるときは絶対的に動かされ、あるときは絶対的に静止している」(95)ということになる。物体が能動的な作用を行わない inactive ものだというこのような考え方は、トーランドによれば、「動力 moving Force」と「位置移動 local Motion」とを混同したことに由来する誤謬にほかならない(96)。それゆえトーランドは、延長という属性によっては、物質の性質のうちの半分ないしは三分の一しか考えることができないと述べる(97)。トーランドは、スピノザを反駁することを通じて、物質が自発的に活動し、そこに外在的ではない力が働いていることを強調し、その性質は延長と移動という物理学的な物質観念のみに還元することは不可能なものだと見なしていた。

『原理』において、トーランドからの影響は、動力と位置移動の違いといった見解に加えて、物体の外部から働きかける力と同じく物質に内在する力をも重要視するという見解に表れている。すなわちディドロは『原理』において、力は物質を構成する分子として物質に内在していると考えている。そこにおいては、延長を持った物体 corps ではなく、微細なものによって構成された物質 matière が思考されねばならない。ディドロは「本性に固有の性質を与えられている分子 molécule は、それ自体、作用する力 une force active なのだ[98]」と述べ、物質を構成しその意味において物質に内在している分子相互の関係を問題とする。これに伴い、自然におけるあらゆる物質も、こうした分子と同様に、多様な運動を内包したものとして捉えられる。つまり、多様な運動として表象される事象を引き起こす原因は、物体に対して外部から働きかける力ではないということが強調される[99]。ディドロのこうした考えに対応するトーランドの考え方は、『セレナへの手紙』のなかで、物質そのものがその内部で力を有しているという主張を次のような形で述べた箇所に表されている。

けれども、あなたはつねに、あらゆる物質の、内的なエネルギー、オートキネーシー、あるいは本質的な能動作用 the internal Energy, Autokinesy, or essential Action of all Matter と、外的な場所移動または場所の変位 the external local Motion or Changes of Place とを区別しなければならない。前者なしでは、いかなる変質や分解も可能ではないが、後者は物質の本質的な活動の多様な変化にすぎない[100]。

トーランドのこの箇所に従えば、位置移動させる外的な力とは異なる力が、物質の内部に、自律的なものとして存在していることになる。ディドロもこの立場に準ずる形で『原理』の著述を進めていく。まずディドロは、分子の集合だと自らが見なす「火」の存在を強調して、物質に運動が内在していることを説明する。

あなたがたはよく静止状態にある物質を想像している。けれども、静止状態にある火を想像できるだろうか？　自然の内にあるあらゆるものは多様な活動を行う。あなた方が火と呼ぶ分子のこうした集まりのように。このあなたがたが火と呼ぶ集まりのなかで、あらゆる分子は自らの本性と、自らの活動とを有している。[101]

火を分子の集まった物質と捉えるこの態度によって、理論において抽象化され措定されてきた静止状態は反証される。ディドロは燃え続ける炎のなかに、分子が運動を続けている状態が事実上認められると考える。揺らめき続ける火が、あらゆる物質の状態と類似しているものだと見なされる。(「自然の内にあるあらゆるものは多様な活動を行う。あなたがたが火と呼ぶ分子のこうした集まりのように」[102]。)すべての物質は絶え間ない運動状態に置かれている以上、構成された物質において完全な静止を認めることはできない。物質の静止を自明のものだとする思考は、過度の抽象によって物質の異質性を無化した結果生じる。つまりそれは物質あるいはその構成の質的差異を考慮に入れずに量化することに起因している。[103]ディドロによれば、幾何学者たちによって抽象化された自然、デカルト、スピノザに連なる観念論的合理主義者の自然は、この点において自然の本質を捉えそこなっていると見なされる。幾何学者たちによって中性化された自然の「力」を回復することに、「自然学者でもあり化学者でもある私」[104]、すなわち『原理』におけるディドロの目的がある。

ディドロはここで、外的な力と等質な力の概念を物質の内部にあるものとして与えるわけではない。トーランドの物質観との差異がこの点において見出される。ディドロは、力ではなく、潜在的な傾向性を物質の内部に措定することによって、静止しているように見える物質も、運動を欠いたものではなく、潜在的な運動性を有しているものとして考えることを試みる。そこにおいては、顕在的な力と潜在的な力との二重の関係が考察される。『原理』において、この二重性は力 force と傾向性 nisus[105] という概念によって思考される。まず物質に関係する力 force には二種類のものがあることが述べられる。すなわち、(1)外部から他の物質によって与えられる力と、(2)物質そのものに内在する力、言い換えれば、「内在的で、本質的で、その分子に親和的な、そうして、火や水、硅素、アルカリ、硫黄の分子によって「物質を」構成する」[106] 力の二種類が説明される。物質に外から与えられる前者の力はいずれ尽きるものであるが、内在的な後者の力は「不変で永遠な[107]」性質を有しているとされる。これに続けて、傾向性 nisus という性質が考察される。力は、それが外的なものであれ内的なものであれ、物質中に傾向性 nisus を産出すると言われる。つまり、外的なものと内的なものとに区分されていた力の概念はこの傾向性 nisus という概念に置き換えられ、潜在的な次元で通底する一元的な力とその顕れとして読み換え可能なものになる。

そもそも、傾向性 nisus というこの概念は、近世に復興した原子論者によって使用されたものであって、ディドロもその影響を受けていると言われている。この概念の端緒は、十七世紀の原子論者ガッサンディの内に見出される。ガッサンディの用法に従えば、自由で目に見える運動をする原子は動きのなかにある原子 atomes in motu と呼ばれ、動きが拘束されている原子は、動きへのコナトゥスの内にある原子 atome in conatu ad motum、あるいは傾向性の内にある原子 atome in nisu と言われる。

『原理』のなかでは正確に定義されていないこの傾向性 nisus という概念については、同時代の唯物論者ドルバックの著作『自然の体系』のなかのさらに詳細な規定を援用しながら考えることができる。ドルバックのこの著作は、ディドロが『原理』を執筆していた時期と同じ一七七〇年に出版されている。『自然の体系』中、第一部第二章の「運動とその起源」と題された部分において、傾向性 Nisus について比較的詳細な説明が施されている。そこにおいては、傾向性とは「別の見方をすれば休息を享受しているように見える物体が、他の物体に及ぼしている連続的な力[108]」として定義されている。静止している物体にも、他の物体に対する力が存在している、とドルバックは考える。止まっているように見える物体は、さまざまなそれを動かそうとする力に対して潜在的に抵抗しているのであって、そこにはつねに何らかの力が働き続けている。この見えない抵抗をドルバックは Nisus と呼び、さらにはそれを「隠れた力 une force cachée［vis inertiae］」と言い換えている。ドルバックにおける傾向性の概念は、それゆえ、慣性 inertie の概念と近い。

ディドロはこうした概念を援用しつつ、それを物質における力の外在と内在という形式のもとに読み替えていく。

物質における運動は、運動と静止という同一次元における力の量的な多寡によって考えられるのではなく、変位translationと傾向性nisusという次元が異なる二つの力によって規定される。

きわめて確実なことは、〔…〕この世界においては、すべては変位の内にあるかないしは傾向性の内にあるかということ、ないしは、同時に変位と傾向性の内にあるということである。[109]

こうして、物質の力が、顕在的な変位と潜在的な傾向性との相関において捉えられることになる。この変位と潜在的傾向性という二つの要素の関係は、一見単純な量的な加法の関係によって考えられるように思われる。ディドロの表現に従うならば、「力の量は、自然のなかで恒常的である。けれども潜在的傾向性の総和と変位の総和は変動する。潜在的傾向性の総和が大きければ大きいほど、変位の総和は小さい。逆に、変位の総和が大きければ大きいほど、潜在的傾向性の総和は小さい[110]」ということになる。潜在的な傾向性と顕在的な変位との関係は、それゆえ、作用と反作用との平衡として捉えられるかのように見える。

けれどもディドロはここで、潜在的な力と顕在的な力との関係を、物理的力学観にはよらずに化学的物質観のもとに展開させる。このことは、潜在的な位相が単に顕在的なものへの抵抗という位相にはとどまらないということを意味している。ディドロの観点に従えば、まず運動は、可視的で目に見える位置移動である外在的な変位と、不可視で内在的な傾向性とによって決定される。さらに潜在的傾向性はそれ自体質量とは無関係なものだと見なされ、それが顕在化した形で発揮される物質の力は、物質の質量から独立したものであって、物理学的法則性とは無関係な性質をもつ、とディドロは主張する。この力の存在は、実験室で起こる物質の燃焼や変化のなかに見出され、世界で起こる事象とのアナロジーにおかれる。物質の原理は、「空気の一つの分子が一塊りの鋼を爆発させ」たり、「岩を割るためには四粒の火薬で十分である」という事象によって説明され、証明される[111]。ディドロによれば、質量と力との比例は、同じ物質でできた均質な塊どうしの間に見られる関係でしかなく、異質なものでできた物質の関係においては、その法則は妥当しない。ディドロにおける反ニュートン主義とも言えるこのような考え方は、次の箇所に端的に述べられている。

作用と質量とを混同してはならない。[…] そうだ、おそらく、均質なものの塊と、同じ均質な物質でできた別の塊とを比べて、この二つの塊の作用と反作用について語るならば、両者の相互のエネルギーは質量に比例する。けれども異質なものでできた塊が問題となるときには、それはもはや同じ法則ではない。物体を構成する元素となるそれぞれの分子に固有で内在する力が多様であればあるほど、そこにおける法則も多様になる。(112)

異質な物体どうしの間では、質量にかかわらずきわめて強力な力が作用することが認められるが、ディドロはこの事実のなかに化学的反応の力を認め、それを可能にする物質の潜在的な力の原理を想定する。ディドロはこうして、潜在的な力が顕在的な力へ定量的に変換されるわけではないことを主張する。そこにおいては、力の変換の法則の多様性によって、単一の法則化は不可能なものとなる。化学的な反応という現象から考えるならば、力と質量との間の比例関係は存在しない。また、化学作用が示す力の発現という事実から考えるならば、ニュートンの機械論的物理学の法則は、ディドロが想定した化学的作用には適用されない。物質は、それが「均質な塊」である限り、質量に比例するエネルギーの法則、すなわち万有引力の法則に従うが、異質なものの塊どうしの場合は、質量との単純な比例によっては計測不可能なエネルギーが生じる。物体を異質なものの塊として捉え、その作用を考えるこの態度こそが、ディドロにおける化学的な態度にほかならない。

ディドロの考えに従うならば、自然界において、物質における化学的な作用と物理学的な作用とは相互に排除しあうわけではない。それらは共存し、複合的に物質に働きかける。物質の運動に関する結論部分においては、自然学（＝物理学）的理論と化学理論とが並列しうるものであることが述べられる。作用が複数あり、相互に混合しうる場合があることが、物質を動かす作用因の区分の記述のなかに認められる。ディドロは物質を構成する分子の性質に即して、分子に働き分子を動かす次の三種類の作用を認めている。

あらゆる分子は、実際には、三種類の作用によって動かされるということが考えられるはずである。重力、あるいは引力の作用、水、火、空気、硫黄に属する分子の性質に固有の内的な力による作用、そうして他の分子によってその分子に及ぼされる作用。(113)

物質を構成する分子は、それゆえ、(1)質量に比例する引力の力学、(2)元素に帰せられる化学的な反応、そうして、(3)それらの相互干渉という三通りの仕方によって作用を受け運動する。つまり、物質に働く作用は、同質な要素からなる均質な物体に働く引力／重力の作用、異質なものどうしの相互性において働く化学的変性の作用、そうして両者の複合した作用とに区別される。これら諸作用が複合した結果、様々な物質が様々な動きを見せる世界において、すべての物質は作用と反作用の内にあるものとして見出される。

先述した傾向性 nisus という概念が、こうした佐用と反作用の力学のなかで、一元的かつ潜在的に機能する力の概念として、ディドロの物質観において重要な役割を果たしている。というのも、この潜在的傾向性とは、物質に内在し潜在するものであるが、それは他の物質との関係において発露する力の源にほかならないからだ。潜在的傾向性 nisus という概念に従うならば、物質の力は、物質そのもののみに内属し自存する力 conatus としてではなく、他の物質との関係においてはじめて発露しうるような力として考えられる。物質を構成する要素はつねに他の要素、あるいは物質との潜在的な関係の内に平衡を保っているのであって、他の物質との関係の変化において、力を顕在化させ、運動が生じることになる。ディドロの物質論の根底にあるのは、こうした潜在的な関係性にほかならない。言い換えれば、あらゆる物質において、あらゆる他の物質との連結が潜在的に内在している。ディドロが物質概念に帰せた内在的な力の概念は、このような形で他の物質との潜在的な関係性として考えられる。このことは、ガッサンディによって提示されていたような、自存する傾向性 conatus と変わらない意味を有していた傾向性 nisus という概念が、ディドロによって物質間の潜在的な平衡関係として読み替えられたということを意味している。

このnisusという語は、従来まで conatus と同義のものと考えられてきた。だが語源的に考えるなら、動詞 nitor（よりかかる）から派生している nisus という語を、conor（試みる、努力する）を語源とする conatus と比較するならば、両者の違いは幾分か明確になる。つまり、nisus が何らかの力を意味するとしても、そこにはつねに何かによりかかろうとする力、いわばある種の相互性とでもいうべきものが含意されている。nisus は完全に自律的な力、あるいはそうした力への意志ではない。それは別のものにもたれかかる力、あるいは別のものによって引っ張られ、支えられる受動的な力を同時に含意している。ディドロにおける nisus の重要性はこの点に存している。異質なものの相互性を重視するディドロの思考においては、nisus という用語は、同時代に物体の内在的力を表すものとして用いられたその他の概念である conatus や impetus との差異において使用されている。ディドロにおける nisus 概念とは、他の物質との関係性において発露しうる潜在的な力にほかならない。『原理』における物質観、および nisus の語源的意義から結論するに、ディドロが物質に潜在する本質的な力として考えた nisus という概念は、物質が他の物質との関わりにおいて持っている「潜在的緊張」を含意したものであると解釈することがふさわしいと考えられる。

物質の相互作用は、こうして、物質に内在する潜在的緊張の原理に従って説明される。この相互作用を通じて、形をとっているあるものは諸々の作用によって破壊され、また別のものは昇華や溶解、結合といった化学的と見なされる作用のなかで変成していく。物質の元素 élément がもつ不変で永遠で破壊不可能な力は、他の元素と結合することで各々の物質を構成し、そこから物質の多様性と異質性とが生じてくる。そうした異質な物質は、内在的に持っている潜在的な力を発揮することで他の物質に影響を及ぼし続けている。異質なものが相互に力を及ぼし合うこうした世界の姿を、ディドロは再び「発酵 fermentation」という概念によって捉えている。

私は諸物体の一般的集まりに目を留めてみる。あらゆるものが作用と反作用のうちにあることが見てとれる。すべてはある形式のもとに破壊され、別の形のもとで、あらゆる種類のものが昇華や溶解、結合することによって再構成される。これらの現象は、物質が均質なものであるということとは相容れない。これによって私は次のような結論にいたる。物質が異質なものでできている。自然には多様な元素が無限に存在している。各々の元素は、その多様性を通じて、固有で、生得的で、不変で、永遠で、壊すことのできない力を有している。物体に内在するこれらの力が、物体の外部へと作用を及ぼす。そこから世界に運動が生じる、いやむしろ、世界における一般的な発酵が生じる。(114)

物質、いや、それを構成している元素に固有の力の普遍性をディドロは主張する。それらの要素の組み合わせ、反応により構成された物体間の相互作用から、自然におけるあまねき「作用と反作用」が生まれる。元素の内在的な力が物質の作用となり、物体間の運動となる。世界の運動は、発酵する世界のなかで織りなされる様々な物質の化学的反応の結果にほかならない。化学的な観点から見られた自然世界は、異質なもの相互の反応、すなわち多様なものの要素に属する潜在的な力が反応によって活性化(=作用化)することによって絶え間なく運動を続ける。「発酵する世界」という表現は、ディドロが抱いていたこのような化学的な世界像の一つの典型を表している。

ディドロが提示した発酵する自然観は、重力に支配された世界観、すなわちニュートンの法則によって一元化されつつあった世界観に対する異議申し立てとして機能している。ディドロは、『原理』において、ニュートン力学に基づいた世界に対する仮想的なもう一つの世界として、この化学的世界像の存在を主張している。燃える火が上昇を続ける事実を観察によって示すとともに、一元的な重力の支配に抵抗しようとする世界の姿をディドロはそこに見出す。

私がここで誤りと誤謬推理とを反駁した哲学者たちは、何をしているのだろうか？　彼らは、物質のあらゆる分子におそらくは共通している、ただ一つの力に執着している。私は、おそらくは、と言う。なぜなら、自然のなかに、他の分子と結合した結果、混合物をより軽くするような分子があっても、私はいささかも驚きはしないからだ。(115)

物理学的法則によって支配された世界は、ディドロにとってひとつの「ありうべき peut-être」、蓋然的なものでしかない。これに対して、もうひとつの「おそらくは＝ありうる peut-être」自然が、重力の支配する世界に対置されつつ仮構される。ディドロが示した化学的世界像はそれゆえ一つの可能的世界像であり、唯一の法則には還元されえない現実の多様性を担保している。この世界はそれ自体の真正性をもう一つの自然の学たる化学に負っている。

こうした化学的世界のなかで重力に替わって働く物質の運動原理として、ディドロはさらに慣性 inertie という概念、あるいは同じものではあるが、抵抗 résistance という概念を持ち出し、『原理』の最後部で説明している。これらは、状態、あるいは位置を変えようとする力が加わった際に物質に必然的に生じる、最初の状態にとどまろうとする傾向性のことを指す。『百科全書』項目「ホッブズ主義」に書かれているディドロの記述に従うならば、抵抗とは「接触の瞬間に生じる二つの力、あるいは nisus の対立(116)」と定義されている。抵抗という概念は、当時考えられていた重力の概念、すなわち、地球の中心にすべてを引っ張ろうとする力とは異なり、定まった方向性を持たないものとして考えうる。すなわち、抵抗という概念によって、物質は引き寄せられる中心に従属することなく、関係性の変位のみに従って、あらゆる方向に動くことが可能になる。ディドロの考える物質世界においては、作用を引き起こす力と、もとの状態にとどまろうとする物質の慣性（＝抵抗）とが相互に影響しあった結果、物質は絶えず作用と反作用の内におかれる。そこにおいては、一見静止している物体においても、二つの力の平衡が保たれている。動くもの相互の緊張は存在していても、厳密な意味での静止は存在しない。その意味で、ディドロにとって、世界は耐えざる運動の内に存在していると考えられる(117)。

以上のような考察を経て、ディドロが『原理』において展開した物質とその運動に関する思考は次のような形に要約される。

(1) 物質における力は外発的なものではない、それは内在的な力が表出したことに由来している。物質は、トーランドの概念を援用するならば、自己運動 autokinesy 的な存在である。

(2) 物質の大部分は、異質な諸要素の結合から成っている。このことは、物質を運動させる力が多様な原因によって生じるものであることを表しているとともに、物質がニュートン主義的な引力の法則にのみ則るものでないことを示している。

(3) 物質は、それぞれが内在的な運動を行いつつ、相互に干渉する。言い換えれば、あらゆる物質はつねに作用と反作用の内におかれて動き続けている。

(4) 物質の運動の内在的な原因は nisus と呼ばれる。

(5) ディドロにおける nisus の概念は分子に内在する性質が他の分子と結びついて発露させうる潜在的な力を意味している。

(6) nisus はそれゆえ、(ドルバックが示したような) 単なる慣性 inertie や抵抗 résistance の力を意味するにはとどまらない。その潜在性は、物体を物質レベルで捉えたときには、構成要素の可能的な反応すべてにおいて見出される。

(7) 物質を構成する分子、あるいは元基の潜在的な力は不変なものである。

(8) ディドロの物質概念における潜在的な力には、物体としての対象が他の力に対してとどまろうとする力 (慣性、抵抗）と、物質としての対象が他の対象と反応する可能性としての力（nisus）の二つが存在している。

4　存在者の力学と発酵する世界

本章の考察を通じて、ディドロにおける物質概念が、当時の化学的な思考の影響を強く受けて形成されていったことが判明する。『自然の解釈に関する思索』の頃から具体的に着想され始めた化学的物質論が完成していくにしたがって、物質における異質なものの結合とそれに伴う力の発生という側面が強調されていく。物質を運動させる力は、物質相互の潜在的な関係性として概念化され、ディドロ独自の思想として提示される。元素のレベルで存在している潜在的なこの力 nisus が現実化することが、運動する物質の説明原理となる。その結果、運動は物質に内在するのみならず、他の物質との関係性を潜在的に含んだものとして考えられる。物質どうしの関係性は本質的に多様なものであり、関係性の多様性は、表出される力の多様性を導く。質的差異に基づいた力の表出理論は、それゆえ力学的な法則へと容易には還元されない。

各々の物質が他の物質と潜在的な関係性を含んでいるというディドロのこの考えのなかに、ライプニッツに通底する存在のモデルを見出すことができる。ライプニッツに従えば、モナドたる各個体はつねに他のあらゆるモナドとの関係を表象しているものであって、各モナドの表面に他のモナドとのすべての関係性が映し出される。ライプニッツの『モナドロジー』に示されたこのような相互性のモデルは、ある個体が他のあらゆる個体との関係性を反映しているという意味においてディドロと共通する見解だと言えるが、ディドロのそれと比べたならば、ライプニッツの世界像の特徴として、それが光学的なモデルに基づいているということも指摘できる。他のモナドとの関係性はつねにモナドに対する写像として与えられる。言い換えれば関係性はモナドの表面に表象される。他方で、ディドロが示した存在者の関係性は、各存在者の内在的な力において他のあらゆる存在との緊張関係が影響しているということにその特徴がある。存在者相互の関係性は、写像として捉えられるのではなく、力の伝達として捉えられる。ルネサンス的ともいわれるディドロの世界内人間像も、こうした力学的関係性から帰結する。ディドロが『百科全書』項目「神智学者」においてパラケルススについて述べた次の一節は――「天」との関係という超越性を含んだ観点を除けば――ディドロの思考自身に当てはまっているように思われる。

人間はマクロコスモスの精髄である。だから人間は天を模倣することができるし、天を支配し、導くことさえできる。あらゆるものは人間の魂の動き、エネルギー、そうして欲望に従う。私たちを天にまで高め、創造物と天体の事物の連鎖を私たちに従わせるものは、私たちの内なる元型 archétype なのだ。(118)

世界の存在の連鎖が自己の内奥にいたるまで通底している、不可視な、だが根源的なこの力動的関係性は、『盲人書簡』内でディドロが重視した触覚性の概念を存在論的な原理にまで推し進めたものとして認めることもできる。たったいま引用した『百科全書』項目「神智学者」の部分に用いられた用語を援用するならば、「動き、エネルギー、欲望」こそが世界を貫く「元型」となる。さらに後には、こうした力動的な実体間交通の思考は、『ダランベールの夢』などの著作のなかで、「蜘蛛の巣」の存在論として形象化される。一言で言うならば、ディドロにとって物質の力とは、物質に内在している他の物質との関係性の表現にほかならない。関係性はつねに潜在的な力として物体の構成のなかに書き込まれている。物体の運動はその関係性が力として表出し、実現される。

関係性にもとづいたこのような物質力学を、唯物論へと、つまり生あるものの根源的な現象へと展開させて考えることを可能にする原理の一つが「発酵」の概念であった。それは『百科全書』項目「カオス」執筆の段階から着想され、『原理』において決定的なものとして指摘されるにいたった。すでに参照したバシュラールの議論に付け加えて、同時代の発酵概念をめぐる状況をもう少し明らかにすることもできる。例えば一七二一年に出たニュートンの著作、

『光学』第三版においては、発酵は、熱と光によってあらゆる物質に能動的動因を与える原理として定義されている[119]。ニュートンのこの著作においては「発酵」という概念は未だその原理が明らかにされない「隠れた力」にとどまっている。だがこの発酵という原理は、ディドロと同時代の化学や自然哲学においてさらに詳細に定義されることになる。ドルバックは『自然の体系』のなかで発酵が命ある動物を作り出すと述べ、物質を生命に変える原理としての発酵概念を提示している。また、マクルによって一七六六年に出版された『化学事典』*Dictionnaire de Chimie* においては、発酵は、「適切な温度と流動性とによって、よく合成された物体の全体にわたって構成を行っている部分の間で自己自身によって引き起こされる運動、また、その運動からは結果として、同じ物体において元素の新しい結合が生じる」と定義されている[120]。発酵は運動と物質、生命をつなぐ原理として見なされていた。

こうした発酵概念に着想を経て、ディドロは彼のキャリアの後期にさしかかろうというところで独自の世界概念を提示するにいたる。『ダランベールの夢』における発酵世界像、あるいは『ラモーの甥』に見られる発酵社会観などがそれにあたる。そこで展開されるのは化学理論と社会原理との類推に基づいた世界像であり、そこでは存在者各自があたかも原子・分子のようなものとして想定され、相互に影響を与え合うことになる。とはいえ実際のところ、存在者、別の言い方をするならば個体的存在者は、ディドロにおいて、単なる化学的な結合可能性以上の要素を含んだ複雑な存在にほかならない。個体は、原子的ではあるが、決して原子そのものではない。こうした事象をさらに詳細に吟味するために、ディドロが個別的存在者に与えた輪郭づけや形象化の仕組みを考える必要がある。原子から怪物へといたる唯物論的一元論の行程がそこにおいて問題となる。

第四部結論

第四部でなされた各種の分析を通じて、ディドロにおける化学的思考が彼独自の物質論の形成と深く関係していたことが判明した。

第一章では、『自然の解釈に関する思索』の読解を通じて、ディドロにおける実験哲学の諸相を分析した。ディドロにとって幾何学や合理哲学は、同時代において進歩の極まで達したものと見なされ、実験自然学や化学、あるいは博物学が来たるべき新しい革新を準備するものとして見なされている。『自然の解釈に関する思索』において実験哲学を問題とした背景には、ディドロのこのような学問観が存在していた。「実験哲学」の観念自体は、ベーコンの思想を基盤に批判的に構築されている。ベーコンの『学問の進歩』を参照し、それに新たな視点を加えることで、ディドロは過去の学問的痕跡の上に行われる実験哲学の意義を提唱するにいたる。実験哲学とはディドロにとって、有用性を目的とした欲望を通じて推進される学問として規定され、そこにおいては繰り返し行われる実験や観察によって自然に対する直観を獲得することが目指されていた。こうした直観を基礎において、ディドロが「解釈」と名づける学問的態度が定義される。それは観察から得られた単純な所与の分析に留まらず、解釈者が自然の内にすでに関係をもって内包されていることさえ考慮に入れた上で行われる態度にほかならない。それは内在的な次元で多重決定された自然のプロセスを関係性として捉える試みを意味している。

第二章においては、ディドロの化学的思考に影響を与えた同時代の二人の化学者、ルエルとヴネルの思考についての分析を行った。ヴネルによる『百科全書』項目「化学」においては、混合体として考えられる物体が持っている内的な性質に着目する視点が表明されている。他方でルエルもディドロがその講義に出席したことでも知られていた人物であり、ディドロによって作成された講義録も存在しているという意味で、きわめてディドロと関わりが深い化学者だと言えよう。異質なものが結合する際に発揮する力の源として潜在力 latus という概念を提唱したルエルの思考から、ディドロは物質的なものに内在する潜在的な力の存在を着想したのではないかと推測される。また、ヴネルとルエルの両者においては錬金術的な前科学の伝統に対して正反対の見解が見られた。ヴネルは錬金術を進歩によって克服すべき対象として述べたが、ルエルは逆に、古代エジプトのミイラの術などに、物質的性質の不変さとそれを扱う古代の人間技術の正しさを見出していた。

第三章ではディドロの化学的思考を『百科全書』のいくつかの項目、および後期の著作『物質と運動に関する哲学的原理』に即して分析した。初期の『百科全書』項目「カオス」において、ディドロは旧約聖書の一節を引きながら、そこで述べられている原初の水を化学的な構成要素として捉えている。この考えは『百科全書』項目「神智学者」においてさらに発展する。ディドロはファン・ヘルモントの化学的思考における水の重要性に着目することで、元基の水を世界の原初の構成要素の一つと見なすにいたる。ファン・ヘルモントの影響はディドロにおける「天才」や「熱狂」の概念にも及んでいる。熱狂は古代の根源的エネルギーに触れることによって生じるとするファン・ヘルモントの考えに影響を受けたディドロは、人間が自然の根源的秩序に触れ、その模倣を欲望することから人間の偉業が発生すると考える。こうして、ディドロの思想には当時の化学的な思考が強く影響していることが判明する。このようなディドロの化学的世界観の帰結として、『物質と運動に関する哲学的原理』における物質と力に関する考察がある。ディドロは異質な物質どうしが結合して力を及ぼす原因を、物質が持っている「潜在力 nisus」という概念に帰せる。これは物質が他の物質との関係において有している潜在的な力であって、該当する他の物質との結合においてはじめて発露する。関係性において成立する力の原因として解釈されるこの「潜在力」の概念は、ディドロの知覚理論や感性論において提示される関係性の議論と構造的な類似性におかれている。このことは言い換えれば、ディドロにおける観念の秩序が物質的な秩序と並行した関係にあることを示している。物質の秩序と心的秩序とに構造的な差異がなく、むしろ連続的に思考可能であるということの考えのなかに、すべてを物質の秩序の結果と解釈する唯物論的一元論の立場を見ることもできるだろう。別の言い方をすれば、ディドロにおける関係性概念は、物質の性質のなかにも等しく措定されていた。

こうして、ディドロの思考体系において、物質的秩序と表象の秩序、あるいは知覚の秩序との間に構造的な相同性が発見される。『ラモーの甥』における人間関係の発酵に関する言及や、『ダランベールの夢』において展開された発酵的世界生成の意義もここから帰結する。世界は異質なものの集合であり、個別の要素どうしの関係は潜在的な緊張関係にある。世界はそれゆえ、異質なものの混合が発酵によって変化するようにゆっくりと醸成されるものでもあるし、またその潜在性が要素間の作用と反作用によって顕在化するならば、人々の群れや集団が大きな力を発揮することも考えられる。「群れの哲学」の一つの可能性が明らかとなる。

第五部　一般性と怪物性——反‐理性の自然史

第五部では、ディドロの唯物論的一元論における存在者の秩序とそこから帰結する世界像とを抽出することを試みる。第一章においては、ディドロの唯物論の形成に大きな影響を与えたビュフォンの思想を視野に入れながら、ディドロの著作『ダランベールの夢』における存在者の秩序を問題とする。『ダランベールの夢』における唯物論的一元論の確立から怪物的存在者の肯定へといたるディドロの思考の過程を明らかにし、「怪物」概念の意義を明らかにすることをその目的とする。第二章は怪物と道徳の関係を主に取り扱う。『ダランベールの夢』後半部のテーマである雑種の問題が提示する道徳や狂気の問題を考察し、さらにその後の『生理学要綱』に見られる「生理学」的観点から演繹される道徳概念を分析することで、異質なものの連関と協働による、怪物的な世界像の意義について考えてみたい。

第一章　ディドロにおける自然史的思考と唯物論

1　ディドロにおける「自然史」概念の意義——ビュフォンとの関係から

化学的物質論と唯物論的一元論とを結びつけたディドロの思想は、別の表現を用いるならば、医化学的 iatrochemical な科学的伝統を享受しているとも言える。パラケルススの再生から始まるこの教説においては、身体の内的な力学と物質の内発的な変成作用が並行関係におかれながら統合され、一つの視野のもとに接合されていた。そこにおいて生体の力学は自然の力学と重ね合わされる[1]。

ディドロの思考において、自然と生体を重ね合わせて捉える化学的な試みは、自然と生体とに関するもう一つの試み——すなわち自然史的な試み——と対の関係にあった。この二重の見取り図を通じて、自然も生体の内包かつ外延にあるものとして二重化される。内的な自然に貫かれる個体はそれ自体自然の外在化であるが、同時にこの個体はつねにそれ自身を取り巻く自然のなかに置かれ、自然に内在しているものでもある。個体的自然と環境的自然とを包摂するこのような考え方として、十八世紀における「自然史（自然誌・博物誌・博物学）Histoire naturelle」の概念をあげることができる。すなわちそこにおいては、存在する各々の個体や種を包含する全体的な概念と、個体それぞれの内部に見出される発生論的・解剖学的な詳細とが密接に結びついて、十八世紀後半以降本格的に展開される生物学、とりわけ進化論的思考が準備されていた。例えば、一七四九年に出版されたビュフォンの『博物誌』*Histoire naturelle* 第一巻に所収の第一叙説「自然史を研究し、取り扱うための仕方について」において、自然に対する眼差しの二重性は次のように述べられている。

自然の探求への愛情は、精神において、一見相対立する二つの性質を想定していると言えるだろう。一つは、すべてを一つの眼差しのもとで見わたす熱烈な才能による大きな眺め、もう一つは、ただ一つの点にのみ執着する勤勉な本能による仔細な注目の数々(2)。

自然に対しては、全体を見わたす視点と細部に注目する視点の両方が必要となる。本論の対象となっているディドロの思想を考えてみるならば、ディドロが考えていた自然に対する二重の位置取りは、ビュフォンによって示された自然史的な立場と重なり合っているところも多い。実際、ビュフォンによる自然史的な思考の影響を強く受けながらディドロが自らの自然観を深めていったことは、いくつかの先行研究によっても示唆されている。ジャック・ロジェによれば、ディドロとビュフォンが面識を得た時期ははっきりと確定はされないものの、一七四九年にディドロが『盲人書簡』を起草していた段階では、両者の思想はすでに影響を与えあっていたものと推定されている。『博物誌』の出版が開始されたのは、『盲人書簡』出版の三ヶ月後であり、ビュフォンはその時出版された『博物誌』第三巻において、ディドロの思想をもっとも繊細で真なる形而上学として高い評価を与えている。ロジェはとりわけ、『盲人書簡』における視覚理論、および盲人幾何学者ソンダーソンが有するカオス的世界像において両者の直接的な影響関係が見られるという点を指摘している(3)。ディドロ自身も、『盲人書簡』出版が原因となって投獄された牢獄のなかでその後刊行されたばかりのビュフォンの『博物誌』を読み、ビュフォンによって触発され発展させた自らの思考を一七五三年の『自然の解釈に関する思索』中に表すことになる。こうした影響関係は何人かの論者によって指摘されてきたことではあるが、ディドロとビュフォンの双方向的な影響関係は『盲人書簡』や『博物誌』刊行前後のこうした経緯にとどまるものではない。ビュフォンの思想は、他にも、ディドロとダランベールが編纂した『百科全書』の理念にも明確に反映されている。のみならず、『百科全書』第一巻に掲載された項目「動物 animal」においてビュフォンの思想への言及が見られるという事実は、動物的なものの起源を考えることで得られたディドロの唯物論的な思考が、ビュフォンの考えを受容し批判することを通じて確立されたことを示している。J・プルーストに従うならば、ディドロはビュフォンの思想を経由することで、魂と身体の関係、および生命ある存在の進化という概念についての考察を深めたとされるが、このことはディドロが世界の存在を連続的な生とその運動において捉える唯物論的一元論を確立するに際してビュフォンの思想が大きく寄与したことを示している。(4)

こうした事例や先行研究からの寄与を概括するだけでも、ディドロの自然観とビュフォンのそれとが密接な影響関係にあることが分かる。けれどもそれと同時に、両者の間には、視点の取り方における大きな違いも存在している。『盲人書簡』において、自然史のヴィジョンを語っていたのは、実際上はヴィジョンを持たない存在、すなわち盲人という怪物であった。けれどもビュフォンの『博物誌』は、その正式なタイトルが示すように、あくまでも「一般的 générale」なものである。一般性か怪物性か、この二つの単語で捉えられる自然への関わり方の違いは、両者の思想における大きな違いを表している。この違いはとりわけディドロの思想の側の特異性を示すものだと考えられる。自然において自らを怪物だと規定すること、あるいは、同じことになるが、自らを奇形であると告白することは、合理的な計算主体としての人間概念を前提とするものでもなければその結果でもない。いわば、ディドロに従うならば、人間とは、自然史において、すなわち自然においても歴史においても、不可避な歪み difformité を被った存在として考えられている。ディドロの自然史的態度から導出されるのは、この奇形的存在者の像にほかならない。

2　ディドロにおける自然史概念とその展開――『百科全書』序論に見る「自然史」概念の外延

一七五一年に刊行された『百科全書』第一巻内の「序論」最後部において、ディドロは「人間知識の体系の詳細な説明 Explication détaillée du système des connaissances humaines」（以下「人間知識の体系」と略記）を執筆している。[5] ダランベールによる「百科全書序論」の後に加えられたこの箇所では、ディドロは、人間精神の諸能力と学問分野との関係性を説明している。体系と名づけられている知識の系統図は、知識を構成する一般的な原理から始まる個々の学問分野へといたる道筋であって、それは『百科全書』におかれた各項目を体系化された知識の区分へと配分するのみならず、個別の項目を関連づける組織化の原理としても機能している。

ディドロによって提示されダランベールによって図式化されたこの「人間知識の体系」は、一六〇五年にフランシス・ベーコンが『学問の進歩』内で表した「人間による学問の区分」にその基本的な構図を負っている。原理の根本としてあげられている人間精神の能力の区分において、ディドロはベーコンの考え方をほぼ忠実に引用している。すなわち、人間の精神の能力は記憶、理性、想像力の三つに区別され、それぞれに対応する学問として歴史、哲学、詩学が存在している。

自然的な存在が諸感覚に働きかける。これらの存在からの印象が、感覚を通じて知性のなかに知覚を引き起こす。知性が知覚に関わるのはただ三つの仕方による。すなわち、記憶、理性、想像力という三つの主要な能力に従う。言い換えれば次のようになる。知性は記憶によって、諸々の知覚を純粋かつ単純に枚挙する。知性は理性によって、諸知覚を吟味し、比較し、方向づける。また知性は、想像力によって、諸知覚を模倣し、模造する。これらのことから、十分うまく基礎づけられているように思える人間知識の一般的な配分が帰結する。記憶に関係づけられるものは、歴史へと配分される。理性から発するものは、哲学へと配分される。想像力から生まれるものは、詩学へと配分される。[6]

ディドロによる体系とベーコンによる区分との一番大きな違いとして、神学的な要素が持つ重要性が大いに異なっているということがまず第一にあげられる。神に関する学問を、人間精神の独立した働きによる学問に勝るものとした上で、記憶に関わる境界の歴史、想像力に関わる神の詩、理性に関わる神の教えの三区分を認めるベーコンの立場は、ディドロの体系において場所を持たない。また、人間精神の区分においても、ディドロによる詳細な説明は、ベーコンのものとは異なる含意を有している。ベーコンにおいて、三つの学問分野は精神の三つの能力に単純に結びつけられているのに比べて、ディドロの体系においては、歴史の位置は、哲学、あるいは詩学と比べた場合、精神の自律的な権能の介在が低いものとして規定されている。記憶とは基本的には、知覚、すなわち存在物によって与えられた印象を「純粋かつ単純に枚挙 un dénombrement pur & simple」するにすぎない。歴史を構成する際の記憶に対しては、それゆえ模倣とは異なる再現能力が求められることになる。端的に言えば、歴史とは事実の再現を目指すものだということになる。さらに、事実の集積としてのこうした歴史もまた、三つの種類に区分される。

歴史は事実からなる。そうして、事実とは、神に属するものであるか、人間に属するものであるか、あるいは自然に属するものであるかのいずれかである。神に属する事実は、聖なる歴史 l'Histoire Sacrée に属している。人間に属する事実は、世俗史 l'Histoire Civile に属している。自然に属する事実は、自然史 L'Histoire Naturelle に関係している。[7]

『百科全書』本文内の行数によって換算するならば、聖なる歴史の説明には四行、世俗史には一八行の文面が割かれているが、これに対して自然史の説明には九〇行近くが当てられている。このことから、『百科全書』の歴史概念にとって、自然史の存在がきわめて重要なものであったことが分かる。

自然史の区分はまず自然の事実における差異に基づいて行われる。そして自然の事実の差異は、自然の状態の差異によって与えられる。自然状態自体は三つに区分される。すなわち、(1)自然の斉一性 Uniformité de la Nature：天体や動物、あるいは植物などにおいて一般的に認められる、規則的な流れに従う斉一的な自然。(2)自然の誤謬、あるいは逸脱 Erreurs ou Ecarts de la Nature：斉一性が乱されたり歪められたりした結果生じる怪物的な自然。(3)自然の使用 Usage de la Nature：技芸 arts において見出される、様々な用途のためにたわめられ強制された自然、の三つに区分される。すべての自然はこの三つの内のいずれかに分類される。

『百科全書』創刊時のディドロにとっては、自然の使用としての自然史、すなわち人間の技芸に関わるものが重要な論点を構成していた。技術の自然史に関するこれらの事項は、『百科全書』の項目群としては「諸技芸の描写 Description des arts」と呼ばれている。そもそも、『百科全書』において工芸技術に対して向けられた独自の視点は、当時刊行された多くの辞書・辞典との比較において際立っている。チェンバースの『シクロピーディア』*Cyclopaedia* との関係は、すでに別の箇所で述べたことではあるが、「職人を見なかった」[8]チェンバースの試みに対する批判から、ディドロは独自の技術論を展開させる。ディドロにとって職人を見ることとは、職人たちの仕事を捉え、それを生きた技術の記述として辞書に掲載することを意味している。J・プルーストの説明に従うならば、ディドロは、「諸技芸の描写」によって、今まで学問的なものとして扱われてこなかった「視点」を供与し、探求の対象とされることのなかった「観察」を行った、と言うことができよう[9]。さらに言うならば、視点の供与と観察の報告という引用された二つの事項は、それ自体が自然史の重要な構成手続きとなっている。つまりディドロにとって、人間技術もまた自然史の対象の一部をなしている。このように定義される技術の自然史とでも言うべきものは、単なる自然史の領域にとどまるものではなく、もう一つの歴史区分でもある人間の歴史、つまり世俗史に関わっている。

様々な用途のためにたわめられた自然史については、それを世俗史の一つの枝となすこともできるだろう。というのも、一般的な技芸とは、必要や贅沢を原因にして、人間の勤勉さを自然の生産物へと利用することだからだ。この利用は、どういったものであれ、二種類のやり方によってのみ行われる。すなわち、自然の物体を近づけるか、遠ざけるかのどちらかによって行われる。自然の物体を近づけたり分離したりすることが可能かどうかに従って、人間が何事かをなすことが可能であったり、そうでなかったりする。(10)

技芸＝技術 arts とはそれゆえ、自然の構成を変容させることによって、自然を人間の歴史へと送り込む操作でもある。変容を被った自然の物質＝素材 matière が、それ自体もう一つの自然となり自然史の記述の対象となる。この意味で技術の歴史は、変容された自然存在である怪物的なものを扱う自然史と構造的には同一の地平におかれている。技術とは自然との距離を変えることによって新しい生産性を可能にする距離の更新の経験だと考えることもできるだろう。ディドロの自然史概念は、単なる自然的所与の分類にとどまることなく、自然による存在物の生成とは異なる仕方で人間が存在物を操作する可能性があることを示している。

技術と自然史とが不可分な関係にあること、とりわけ技術の拡張のために自然の知識が必要であるということは、ディドロによって執筆された『百科全書』項目「技術」においても述べられている。ディドロは技術を記述するために「技術を自然の産物に引き戻すこと」(11)が重要であるとして、自然の産物が生み出される局面を考慮することが技術の発展に資すると考える。というのも、技術とは、「手だてや規則 les instruments et les règles」によって、自然を再形式化することに存しているからだ。それは人間による自然の人間化であるが、人間が自然に属していることを考慮するならば、自然の再自然化と考えることもできる。そうして先の引用にあるとおり、この再自然化は、自然において与えられてきた物体や対象を接近させること、あるいは引き離すことによって行われる。技術とは、自然との距離を作り直す行為にほかならない。それゆえまず第一に自然を知ることが技術の必要条件となる。項目「技術」において技術を生み出す第一の条件としてあげられているのが「自然史についてのきわめて広い知識」であり、第二の条件として「非常に偉大なる弁証法」があげられている。[12] ここで言われている「弁証法」とは、技術と自然との相関関係を意味している。自然の認識のなかに技術の自然史を組み込み、また同時に技術の経験によって自然に関する認識を増大させるという相互性が重要になる。技術と自然史とは相補的なものであり、そこにおいて「経験と理性」とを協働させることによって「巨大な組織体系」としての自然史平面を認識することができるようになる。[13]

ディドロによる唯物論の探求は、こういった見取り図を含意しながら進行している。すなわち唯物論的一元論とは、自然の本性がどのようなものであるか、また自然によって人間の本性がどのように措定されているのかという点を、実在する最小のレベルから連続させて思考することによって始まる。ついでそれは実験と観察によって得られた同時代の科学的成果を自然の全体的な所与に対して適用することによって方向づけられる。問題系はここにおいて、科学のものから技術のものへと変換される。技術の自然史概念の重要性が示しているように、唯物論は単なる自然性の擁護にのみ従事するものではない。人間も一つの物質であるという視点から、可塑的な自然に対して人間が行う操作の圏域についての考察も随伴的に生起してくる。そして存在論と人間の権利との交点に対して、ディドロは「怪物」という名を与える。この問題は、ディドロの生涯を通じて変わることはなかった。『百科全書』の刊行以前、すなわち『盲人書簡』においてすでに始まっていた怪物的なものをめぐる思考は、一七六九年に執筆された『ダランベールの夢』という著作のなかで一つの完成を見せる。そこではあらゆる存在において見出される抽象的な怪物性と数々の怪物に関する具体的な考察とが、世界における怪物的なものの重要性を証言している。

3　唯物論的一元論の人間観とその原理——『ダランベールの夢』読解(1)

『自然の解釈に関する思索』最後部において萌芽的に提示された唯物論的一元論の思想は、『ダランベールの夢』という対話篇のなかで完成を見る。「生きている物質」と「死んでいる物質」の交錯として考えられていた世界の見取り図は「感性 sensibilité」による一元論へと変奏され、それとともに世界の物質的な連鎖構造に対してもさらに精緻な説明が加えられる。『ダランベールの夢』は、対話篇三部から構成された作品であり、それぞれ『ダランベールとディドロとの対話』『ダランベールの夢』『対話の続き』と題されている。第一部では、唯物論的一元論の原理をめぐって理神論者ダランベールと無神論者ディドロとの間での論争が主題となる。第二部はモンペリエ学派の医師ボルドゥとレスピナス嬢との対話を通して、第一部で提示された唯物論的一元論の世界観を基底におきながら、生物哲学、あるいは自然哲学的な諸問題についての検討がなされる。第一部においてディドロに論駁されたダランベールは第二部において睡眠中の人物として登場し、睡眠中のダランベールから発せられたいわゆる夢からのディスクールがボルドゥとレスピナスの対話に突然介入してくる。ダランベールの寝言は第一部において展開された対話相手ディドロの主張をさらに徹底化したものであって、第一部においてダランベール本人が自らの立場を保持するため抑圧していた無神論的思考が夢を経由することで現実化する。第三部『対話の続き』は、引き続きボルドゥとレスピナスの二者によって進められ、種の混交をその主なテーマとしている。

第一部における唯物論的問題提起は、「物質の一般的で本質的な性質 qualité générale et essentielle de la matière」[14]としての「感性」を求める問いかけとして提示される。物質に感性を全面的に見出すとき、ある物体がいかにして生命のない状態から生きた感性の状態に移行するのかという点が第一に問題となる。その転換点は摂食にある。

ディドロ：そうさ。だって君、食事をしながら、君は何をすると思うかね？ 食物の能動的な感性を妨げている障害を取り除いているのだよ。食物を君自身に同化 assimiler させているんだよ。食物を肉にしているんじゃないか。食物を動物化 animaliser しているんだ[15]。

この摂食による同化＝動物化という概念は、『ダランベールの夢』において新しく現れたもっとも重要な概念の一つと考えられる。『自然の解釈に関する思索』においてはまだこの概念は提示されていない。『自然の解釈に関する思索』における唯物論的視点の提示は、著作のほぼ最後部で行われる「生きている物質 matière vivante」と「死んでいる物質 matière morte」の二分法によって行われていた。生きた物質と死んだ物質との二分法によって、あらゆる現象を、自ら作用を行う物質と作用を被る物質のサイクルとして説明可能とする自然像が展開されてはいたが、そこにおいても、いかにして死んだ物質が生きた物質になるかという説明はなされていなかった。生と死との往還はむしろ『自然の解釈に関する思索』においては未解決なものとして残されていたのであり[16]、それに対する回答として『ダランベールの夢』でディドロが提示したのが潜在的な感性の措定だと考えることができる。動物による同化の理論は、死んだ物質にある潜在的感性の阻害要因を取り除き、感性を潜在性から解き放つことによってそれを生あるものへと変換する。『ダランベールの夢』においては、こうした摂食＝同化の理論に加えて、無機的な物質を有機的な植物に変える媒介の理論も提示されている。

ディドロ：大理石の塊が指に触ってもわからないくらいの粉末になったなら、それを肥料ないし腐蝕土に混入する。〔…〕全部がほぼ同質の一つの物質に変化したとき、すなわち堆肥に変化したとき、どうするかわかるかね？
ダランベール：君が堆肥を食べないことだけは確かだよ。
ディドロ：食べないよ。だが堆肥と僕との間の結合、摂食の手段はある。化学者が君に言うところの媒体 latus というものがある。
ダランベール：その媒体というのは植物だろう。
ディドロ：いかにも[17]。

動物的なものの位相は明らかになる。人間を含む動物は、他の生物を摂食によって同化することによって「肉、あるいは魂を作る」[18]。これは言い換えれば「現勢的に感覚を持った物質 une matière activement sensible」を作ることにほかならない[19]。ここにおいて「大理石から堆肥へ、堆肥から植物界へ、植物界から動物界、肉への道行き」と呼ばれる物質の連鎖が完成する。この道行きが、「化学者」が示した原理に基づいていることにも、注意しておこう。現勢的な感性、すなわち魂をもつと見なされる存在は、潜在的な感性を備えていた存在を同化することで成り立つ。こうした動物的なものの発生から、悟性を持つにいたるまでの連続的な発展プロセスが提示される。

ディドロ：自己自身との関係において感覚するものの存在とは何なのか、私に聞かせてくれないだろうか？
ダランベール：それは自分が反省を始めた最初の時から現在に至るまで自分であったという意識だろう。
ディドロ：ではその意識は何に基づいているのか？
ダランベール：自己の行為の記憶だ。
ディドロ：ではその記憶がなかったら？
ダランベール：この記憶がなかったなら、彼は決して自己を持たなかっただろう。印象の瞬間においてだけしか自己の存在を感じず、自己の生の歴史というものを持っていないのだから。彼の生涯は何ものによっても結ばれることのない、間の切れた一連の感覚になるだろう。
ディドロ：至極結構だ。そこで記憶とは何かね？　どこから生まれるのかね？
ダランベール：それはある種の組織から生まれる。その組織は成長し弱くなり、時にはまったく消えてしまう。
ディドロ：では、もしも感覚があり、その記憶を司る組織を持ったものが、自分の受け入れた印象を連絡させ、この連絡によって自己の生活の歴史である歴史を作り、自己の意識を得るならば、彼は否定し、肯定し、結論を下し、思考するわけではないか[20]。

自己意識は感覚印象を持続的に記憶することから生まれる。自己の行為の記憶が「生の歴史」を形成し、そこから生じた自己意識が「否定し、肯定し、結論を下し、思考する」こと、すなわち悟性の一連の活動の基盤となる。意識以前の記憶の様態は具体的には示されていないものの、現勢的な感覚を形成するものは摂食であるという先述の仕組みを考えてみるならば、意識、あるいは魂を構成する契機として、何かを求める、あるいは何かを同化しようとする能動性のようなものが基体として思考されていると考えられる。

悟性の定立に関する考察はこれにとどまるものではない。物質から感性、感性から記憶、記憶から悟性という連続的な発展のなかで最終的に形成される悟性は、潜在的なあるいは現勢的な感覚を媒介に物質的な世界と通底している。つまり悟性は物質的な秩序からの不断の影響をつねに受け続けている。ディドロにとっては悟性と対象、言い換えれば主体と客体とははっきりと峻別された静的な一対一の対置関係に還元されるわけではない。悟性も対象もともに物質的な変転の帰結であって、両者の根源には共通する物質的な生成が存在している。いわば悟性と対象とは、潜在的なレベルで共鳴しうる。第一部『ダランベールとディドロとの対話』において見出される一つの卓越した比喩「クラヴサンとしての人間」はこの共鳴状態を説明している。楽器人間のアナロジーにおいて悟性の働きは弦の振動へとたとえられる。悟性が働いている間、すなわち悟性が対象を現存しているものとして捉えている間も、他の弦は悟性の震動に触発されて震動している。ここから観念の連鎖が生じる。哲学的思考、つまり判断の連鎖として考えられる思考の連鎖も、こうした原理によって生じる観念の自然的連鎖になぞらえられる。哲学者は「感性と記憶とを賦与された楽器」として定義される(21)。悟性の動きによって生じた震動は、新たに感覚され観念となり表出される。第二の感覚と呼ばれる「自然的、あるいは人為的な声」がそこから発生する。

唯物論的一元論の観点に基づいた人間概念は、以上のような手続きをもって定立される。潜在的感性から現勢的感性への移行は「物質‐植物‐動物」という回路を経由する。人間をも含めた動物は、物質のなかにある潜在的な感性を摂食という同化作用によって取り込み、自らの感性として現勢化させる。人間はそのようにして生じた感覚を記憶として連続的に保持し、形成された連続的な感覚の歴史から自己意識が発生する。この段階において人間は意識を備えた楽器のようなものと見なされ、そこでは意識から発せられた音がコード化され、感覚と結びついた声となって言語を構成する。こうして定義された人間の能動性をさらにディドロは二つの要素に還元する。

人間の交通 le commerce des hommes のなかには音と行為 des bruits et des actions があるばかりだという事実に注目してくれたまえ。(22)

人間のあいだの交通を決定するこの二つの事実を基礎づけているものが、先に述べた二つの要因、すなわち「発音」と「摂食」ということになるだろう。ディドロによる人間概念は、いわば、悟性が成立する以前の摂食という能動性と、成立以降の発音という能動性との双方によって規定された存在と見なされる。この二つを結びつけているものが、摂食によって発生した感覚であり、感覚の継続としての記憶であり、記憶の歴史化の所産としての自己意識ということになる。唯物論的な感性を基本にしたディドロの世界観は認識主体たる人間を定立することで完成する。

第一部の『ダランベールとディドロとの対話』におけるもう一つの問題系として、生物の発生に関する議論をあげることができる。ディドロは根源的な自然現象として「生気なき状態から感覚ある状態への移行」と「生命の自然発生」の二つをあげている。(23)第一部における唯物論的一元論は、この二つの問題系をいかに統一して整合的に解釈するかという意図のもとに構築されている。このことは言い換えるならば、当時の自然学のなかで大きな問題とされていた生命の発生論を、一つの唯物論として解釈するディドロの試みを示している。そこでは生命の発生における神的創造の契機が否定される。

ディドロ：どうだい、この卵が見えるかい？　この卵一つで神学のあらゆる学派と地上におけるすべての寺院を覆せるのだ。そもそも、この卵は何だろう？　種が挿入される前は感覚のない一塊りの物質だ。種が挿入された後では何だろう？　やはり感覚のない塊だ。なぜなら、その種自体も生命のない無様な液体にすぎないのだから。いかにしてこの塊が別の組織に、感性に、生命に移行するのか？　熱によってである。何が熱を生じさせるか？　運動だ。(24)

無生物から生物への移行の原理としてあげられているのは、生命特有の原理ではなく、運動、あるいは熱といったむしろ力学的な概念であることが分かる。ディドロの思考のなかでは化学的な反応と生命の発生原理は根本的には同じ法則性に基づいて類推的に考えられている。異質なものの結合が発揮する力という観点は、異なる有機体が摂食によって同一化し変容するという現象へも適用されうる。生命の発生はそれゆえ、運動と熱とによる潜在的な感性の喚起として説明される。卵のような物質が生命あるものへと変化していく現象は、物質を単純に無機的な因果関係の総体として捉える機械論的な見方では説明できない。ディドロは「ある方法で配置された生気のない物質が他の生気のない物質に浸され、熱と運動とを加えられれば、感性と、生命と、記憶と、意識と、情動と、思想が得られる(25)」と結論づける。発生の原因は、こうして、物質の配置および物質そのものが潜在的なものとして持つ感性の存在へと帰せられる。配置された物質が別のものへと変成していくことを可能にする仕組みは、ディドロによって連続性の原理と呼ばれている。物質内において個々の要素はつねに分解可能な形で連接しているわけではない。ひとたび同化によって結合すればそれは不可分な形の連続体をなす。そこで新たな統一が生まれる。人間でさえこの統一の例外ではない。人間の諸器官はそれ自体が一つ一つ個別の動物として見なされるが、連続性の法則は、それらが集合して構成された一人の人間が一つの別の統一体として機能することを保証する。

統一に関する理論は、生物がとる諸形態についてもその原理を与える。アニー・イブライムの指摘によれば、ディドロにおける事物の形についての考えはつねに形態変化 métamorphose を前提としている。(26)ディドロの生体論においては、形而上学的な伝統とは異なり、質料に対する形相の優越性が前提とはされていない。つまり基底的＝規定的な形相に対して質料が配分されるわけではない。ある形態はつねに他のものとの同化による形態変化の可能性を潜在的に有している。変化の可能性がつねに存在している以上、ある生物にとって安定した形態など存在しない。生物はつねに同化による形態的な変化の途上に位置している。

これらの物の形態は過渡的なものではあるが、しかしそれ自体における内的統一を保っている。その結果、異なるものが接合し一つの連続体となった生体概念において、それが有している形態は本質的には分割不可能なものとして見なされる[27]。だが、形而上学的な形相にかわって物質的な凝集の可能性から導出される可塑的な形態が個物の本質となるとき、個物はもはや種や類という概念では規定されないものとなる。「すべての動物は多少とも人間であり、すべての鉱物は多少とも植物である。またすべての植物は多少とも動物である。自然界には明確に区別されるものは一つもない[28]」という一節は、あらゆるものが他のあらゆるものと物質的な相互貫入のなかで各々を形成するという事態を表している。存在の連鎖のなかに断絶はない。ディドロは「自然界においてはすべてが相互に連関していて、この鎖のなかには間隙が存在しない[29]」と述べる。

こうして、自然界において個物と認められているものは、ある連続的な作用が一時的な形態を獲得したものにすぎないことが説明される。個物の輪郭はもはや重要ではない。このことは、『ダランベールの夢』中にある別の表現において、存在物が「ある特定数の傾向の総和 la somme d'un certain nombre de tendances」と表現されていることからも理解されよう[30]。ここで言われている「傾向性」は、当時の自然学の用語で「ある物体を何らかの方向へと向けるコナトゥス」を意味している[31]。つまり、存在物は他の存在物の混合の結果生成したものであり、その混合、言い換えれば「関係性 le rapport[32]」から、存在物の固有の力が生じてくる。この見地からすれば、存在物が力を有するというより、力こそがむしろ存在物の本質を形成しているという表現の方がディドロの考えをよりよく表すことになるだろう。事物は諸関係の束であり、内在的につねに他の事物との関係のなかにおかれている。その関係性から生じる力が個物のコナトゥスとなる。食物連鎖と生死とを主たる力の発出契機としながら、自然の諸事物は生成を繰り返し、形を変えて生き続けていく。

　では私は決して死滅しないのか？……しかり、疑いもなく、決して死なない。私も、また他の何ものも死なないという意味で……生まれ、生きて、死滅する。それは形を変えることである……ある形でも別の形でも、それはどうでもよいのではないだろうか？(33)

　自らが有していると考えられる形態、および他のものがとっている形態に対しても、いかなる根源的な固有性も見出されないとするならば、人間もある仕方でなされたある配置のもとに生じた一過性の力の発露にすぎない。人間は、つねにすでに何かの混合体としてあり、別のものとの結合の末にその形態をさらに変えていく。人間はその可能的未来のなかで、潜在的な可塑性を有した、いわば混合的な怪物としてその姿を現す。唯物論的な存在論のもとで、人間は――他のあらゆる存在者と同じく――ハイブリッドな怪物として見なされる。怪物性という規定ならざる規定は人間のみに適用されるものではない。ディドロが提示した唯物論的一元論は、あらゆるものが存在論的に怪物性を帯びてしまっていることを明らかにする。ディドロの思考における怪物性概念の重要性はこの点に存している。

4　ディドロにおける怪物的人間概念の意義――『ダランベールの夢』読解(2)

　ディドロにおける怪物概念についてはすでにいくつかの重要な研究がなされている。主要なものを年代順に概括してみよう。レイドローは、ディドロにおける怪物概念の役割を、古典的神話的な怪物概念が科学的実証的な対象へ移行する啓蒙のメルクマールとして捉えている。ヒルは『ダランベールの夢』における怪物概念によって、ディドロの唯物論は形相をその中心とした伝統的哲学の枠組みを乗り越えることができたと結論づける。イブライムはこうした観点をさらに進めて、ディドロによる怪物・奇形 monstre 概念が後の実証的奇形学において提示された異常・偏差 anomalie 概念を先取りしていたと述べる。こうしたディドロの怪物概念は、シュテンガーによって、生命の発展によって世界を説明する前＝進化論的な世界観の産物だと見なされる。ディドロにおける怪物概念は種という概念を無効化し、そうしてそこからの帰結である世界には種はなく個体だけしか存在しないという主張がディドロの道徳哲学や政治理論に与えている影響をシュテンガーは指摘している[34]。

先行研究を概括して分かることだが、これまで重要なテーマとなっていたのは、主にディドロによって思考された怪物・奇形概念の一般的な役割とでも言うべきものであった。もちろんこの背景にはディドロにおける重要なテーゼである「全ての存在者は怪物・奇形的 monstreux である」という主張がある。確かに存在者のあまねきレベルにわたって浸透している怪物性は、ディドロ独自の体系的思考を構築する上で重要な役割を果たしている。とはいえディドロの思考におけるこの側面のみを強調することは、ディドロの怪物論の一面のみを見ていることになりかねない。というのもディドロは生物学的レベルでの種の概念というものを怪物概念によって否定しながらも、同時に怪物・奇形の概念を用いることによって、それまで「種」という形で定義されていた人間というものの再定義を試みようとしていたからだ。怪物性によって人間を規定することは、形相的＝形式的な観点で人間を捉えることとは異なっているが、それは人間性を抹消することではない。怪物論を通じて、人間はむしろ力動的な存在となりその生を享受するにいたる。本節では、『ダランベールの夢』に登場する複数の怪物の肖像が「人間 humain」という参照項を保持し続けていることを、具体的な言及に準拠しながら明示することで、人間概念との関わりにおいて思考されていた怪物概念の射程について考察する。唯物論的な意味での存在論的な怪物性に加えて、ディドロにおける人間的怪物概念の機能がそこでは問題となる。

ディドロの思考、とりわけ『ダランベールの夢』においては、怪物・奇形 monstre は人間の対照項として考えられている。この対照は『ダランベールの夢』中の次のような箇所において明示されている。

人間は普通の結果 un effet commun にすぎず、怪物 le monstre は稀有な結果にほかならない。どちらも等しく自然であり、等しく遍在的で一般的な秩序のなかにある。(35)

怪物・奇形の発生は自然における確率上の問題による。こうした見解のなかにビュフォンにおける蓋然性の議論の影響を見ることもできるだろう。また、両者の発生を等しい因果的な秩序において捉えるこの見解に、前成説の否定という態度を見ることもできる。つまり、怪物性は一般的なものに対する稀少なものとして考えられているが、その形成のプロセスにおいて特別なものが考慮されているわけではない。ここでディドロが言う「遍在的・一般的秩序」、およびそこから生じる偶然の「稀有な」産物としての怪物についての内実をさらに検討するために、『ダランベールの夢』第二部の後半部における、生物の発生についての仮説を参照することができる。そこにおいて、生物の発生と生体の仕組みは、起源の微細なレベルにまでさかのぼることによって説明される。生体の起源は、小さい分子から構成される「細い糸の束 un faisceau de fils」と呼ばれ、この仮説が医師ボルドゥの言葉を借りて提示される。ボルドゥは対話相手レスピナスがどのように発生したのかに関して、その起源を次のように指摘する。

ボルドゥ：［…］あなたは、始まりは、認知することのできないような一点でした。［…］この一点が細い糸となり、やがて糸の束となったのです。［…］糸の束の切れ端の一本一本が、ただ栄養摂取と組織の形成によって、特別の器官となったのです。(36)

人間の形態が胚の時から雛形として存在し、それが拡大していくという前成説的な思考をボルドゥは否定する。糸の束の継起的な発達のなかで、人間は糸が分化した結果として生じてくる。この糸の束は触覚を備えており、一種の原身体と見なされる。糸の分化した先端部分が視覚や触覚を司る各器官へと成長することで人体が構成されていく。つまり、聴覚、味覚、嗅覚、視覚といった、五官のうちのほかの感覚は、糸の組織が発展し器官へと分化した結果、糸の組織にあった触覚が変容したものだとされる。(37) この仮説自体の科学的な真偽性を別にして興味深いのは、このような形で説明される人間の発生というものが、すでにある種の怪物の発生の可能性、つまり両性具有者 hermaphrodite の誕生の可能性を孕んでいると示唆されている点にある。先に述べたボルドゥの発言に応答するレスピナスの言葉によって、そのことが述べられる。

ですけれど、あなたのおっしゃったことが私によくわかっているものとすれば、六番目の感覚 un sixième sens の可能性や、ほんとうの両性具有者 un véritable hermaphrodite を否定するものは、大ばか者ということになりますわ。われわれに未知な器官を生み出すかもしれない不思議な糸を含んだ糸の束を、自然が作ることができないなどと誰が彼らに言ったでしょうか?(38)

糸の束の可塑性は、成長において新しい形へと発展していくことを阻害しない。この点に関してディドロが展開した考えは、『百科全書』中の項目「両性具有」(これはディドロによって書かれたものではない)と対照的なものだと言える。項目「両性具有」においては、両性具有者とはまさに古代の無知ゆえにそう呼ばれた存在であって、啓蒙の時代の理性にとってはふさわしくない呼び名だとされている。(39) そこでは、一つの身体に両性の器官が二つとも完全に発達した人間が存在しないということを理由にして、「時折自然が人間の創造において迷うことがあったとしても、自然は二つの性の完全な変化やその完全な実体の混合、完全な集積にまで至ることは決してない」と述べられる。つまり、『百科全書』の項目においては、自然における産出とはまずもって定常的で規則的なものだと見なされ、両性具有とはそうした自然における例外的な存在だと考えられている。性というものが自然における実体的な区分であっていかなる存在であれそのどちらかに属するはずだというこの見解は、機械論的で目的因を持った自然観の表明だということもできる。こうした自然観はディドロのものとは対立する。

ディドロは自然における発生を可塑的なプロセスとして思考する。両性を共に備えることは、ディドロにとって、これまでに存在したことがない新しい器官が創造されることを意味している。ディドロの考えに従うならば、感覚の数は器官の数に比例している。感覚とは器官の数にしたがって喚起されるものであるから、発生した新しい器官は必然的に新しい感覚、つまり「六番目の感覚」を生じさせることになる。こうして両性具有という怪物は、ディドロにとって、自然による新しい創造の可能性を示す存在となる。それは規範に対する例外という立場におかれるわけではなく、新しい自然の可能性、自然が持つさらなる拡張の可能性を証明する存在と見なされる。

別の箇所では、発生段階にある糸の束を操作することで、別の怪物、一つ目の人間サイクロプスを生み出すことができるのではないかという思考実験がなされる。

ボルドゥ：自然が時々やることを頭の中でやってごらんなさい。束から一本の糸を切り取ってごらんなさい。例えば、いまに眼を作るやつを切り取るのです。どんなことが起こると思いますか？

レスピナス：その動物にはたぶん眼がないというのでしょう。

ボルドゥ：額の真ん中に一つつくだけですね。

レスピナス：サイクロプスですね。(40)

器官に分化する前に視覚を形成する糸をなくすことによって一つ目の人間が生まれてくるはずだというこの推論は、生物の発生段階における前成説を否定するものとして述べられている。怪物・奇形とは、組織の発生および生育段階において偶然かつ後天的な要因が働いた結果として生じてくる。

ところで、こうした糸の束の仮説において示されているのは、人間や怪物・奇形の発生要因だけではない。そもそもディドロにとっては、人間のみならずあらゆる存在は、個々の要素が不可分な形で「連続 continuité」的に結合された統一体であり、個々の要素が切りはなし可能な形で「連接 conguité」しているとは見なされない。レスピナスの「人間の器官は全て？」という問いかけに対して、ボルドゥが次のように応える場面がある。

「人間の器官は」一つ一つ別な動物でしかない。連続性の法則が、これが全般的な共感状態、統一状態、同一状態に保っている。[41]

糸に与えられる印象を判断する中枢は、その糸を起源として持つ動物的生体の感覚的統一、ひいては意識的所与の統一をも説明する原理となる。『ダランベールの夢』のなかで、ディドロは蜘蛛、および蜘蛛の巣の例えを用いてこうした仕組みを説明しようとしている。人間とは輪郭を持った外形によって規定された存在ではない[42]。人間とは内臓や感覚器官、身体のその他の構成部分が有機的につながりあったもので、蜘蛛とはその中心として何らかの統括点を持った存在の例えであり、広い網の巣とその中心に位置するものとして表現される。さて、先述したように、すべての感覚は触覚から分化したものである以上、あらゆる感覚与件は蜘蛛の糸に与えられる振動として認知される。動物、人間を統一体として機能させているものは、この中心体としての「蜘蛛」にほかならない。というのも、自我 soi というものでさえ、この蜘蛛に与えられる継起的な印象を記憶することから生じるものとされているからだ。人間の精神が持つ諸能力や特性は、蜘蛛と蜘蛛の巣、つまり神経網の本源と枝葉との関係の様態へと還元され、それは別のところでは木の幹と枝といった関係に例えられる。つまり人間とは、あらゆる感覚、時には身体という枠をも超えた微細なレベルで享受される感覚を獲得する離散的な能力と、そうした感覚すべてを一つのものへと統合していく強い求心的な力との拮抗という状態で表されることになる。それは中心化する力と周縁へと散逸させる遠心力の二つの力の作用と反作用との場にほかならない。この仮説を示すためにディドロは、もう一つの奇形の例、実際に存在したシャム双生児の話を引き合いに出す。

ボルドゥ：[…]アルビの教区のラバスタンスで、背中合わせの双生児の娘が生まれたと書いてあります。最後の腰椎と、臀部、下腹部で一緒にくっついているのです。片方を立たせておくには、もう一方が頭を下にしていなくてはなりませんでした。[…]二人は匙に入れて与えた乳を飲みましたが、先刻申し上げたように十二時間だけ生きていました。一人が気絶すると一人が息を吹き返し、一人が生きている間は片方が死んでいるのです。[…]二人とも同時刻に息が絶えました。(43)

この双生児の話はディドロの創作ではなく、『ガゼット・ド・フランス』*Gazette de France* の一七六九年九月四日号に掲載された記事に基づいてほぼ忠実に再現されている。ディドロはこのエピソードを下敷きにして、先述の神経節の原理を補強する。ボルドゥは次のように語っている。

ボルドゥ：[…]この二人の例の糸の束が完全に融合しているので、相互に作用と反作用を及ぼし agissaient et réagissaient、一方の糸束の本源が優勢になると、他方の一束を引き寄せ、他方は一時気絶するのです。共通の組織体を支配するのが後者の糸束だった場合には、その反対になるのです。(44)

双生児の意識の状態は、糸束のどちらの中枢（＝頭）に力が収束するか、という点に依存している。引っ張られている方の糸束、すなわち力を奪われた糸の束は感覚をなくした状態となる。中枢となる糸の束は自らの方に力を引き込むことで、感覚を意識的に統御できる能力を持つ。報告された双生児の様態は、ディドロが述べた糸の束の仮説を確証する事例となる。

『ダランベールの夢』における怪物・奇形の事例を通じてわかることは、怪物・奇形の存在や、その分析から得られた仮説が、ことごとく人間の発生における仕組みや人間がおかれた状況を説明しているという点にある。このことは、怪物・奇形の存在なしには、人間一般、およびそれを取り巻く諸条件を説明できないということを意味している。具体的に言うならば、両性具有は自然がもたらす新しい創造の可能性を示すものであり、またサイクロプスの存在は、人間の形態が前成的な胚 germe préexistant によって決定されているわけではなく、後天的な原因によって決定されていることを示している。さらにシャム双生児の事例は、神経の本源である糸の束がもつ中心的な役割と、その張力が生物の意識や感覚に与える影響についての説明を与える。『ダランベールの夢』中でのボルドゥの台詞を借りるならば、怪物・奇形とは規則に反する例外的な存在ではなく、それ自体が自然の生成の測りがたい仕組みの表出ということになる。[45] このような点から、ディドロの怪物概念において、示すもの dé-montrer (dé-monstration) としての怪物、すなわち古典古代よりある「しるしとしての怪物」という機能を認めることができるだろう。そうして、すでに述べたように、こうした怪物・奇形は、単に古典古代においてそうであったように、自然の豊穣さや驚異的な力を示すものとしてのみならず、人間に固有の生物学的な性質や一般的な発生の仕組みを示すものとして、『ダランベールの夢』のなかに登場してくる。

アリストテレスの学説に基盤を置く種の概念(「類/種構造」)は、個体間の形態的な類似性を基本に生物を分類していく。すなわち、事物の本質には、まず形相 forme (eidos) があり、それを伝えるものが系統的発生であるとされていた。この観点からすれば、怪物・奇形 teras は、「親に似ていない子供」として表現される。ところが、ディドロにおいては、形態とは合成された諸々の物質が結果的に発露した結果にほかならず、それゆえ、あらゆる存在者は、結果的に混成物、つまり一種のハイブリッドとして捉えられる。

すべての存在するものは互いに循環している、したがってすべての種は互いに循環している……すべては永遠の流れのなかにある……すべての動物は多少とも人間であり、すべての鉱物は多少とも植物である。またすべての植物は多少とも動物である。自然界には明確に区別されるものは一つもない[46]。

こうした思考において、人間という種は共通の傾向性を持った集団＝群れとして認知される。大多数の人間に対して一定の器官の配置が与えられている人間という種においては、器官の一定の配置から生じる欲望こそが、人間の共通性、あるいは共同性を保証している。種としての人間をこのような形で再定義したディドロの目的が、怪物的な自然性を肯定することを通じて道徳の地平を再構成しようとしたものであったということは言うまでもない。

レスピナス：何ですって！　種の囲みに閉じこもろうと、そこから外れようと、どちらでもよいと！
ボルドゥ：それは真実です。
レスピナス：あなたは怪物的 monstreux です。
ボルドゥ：私じゃありません。怪物的なものは、自然か、あるいは社会です[47]。

ディドロにおける自然の原理は、これまで見てきたように、「怪物的」な存在を許容するものであった。いやむしろ、それはすべてを怪物的なものとして捉えることを可能にする。レスピナスは種の囲みをやぶってハイブリッドの可能性を模索するボルドゥを「怪物的」として非難するが、それはレスピナスが自然の「怪物性」を理解していないことに起因している。ここから、自然の怪物性と、人間を中心とした道徳性との軋轢という問題が浮上してくる。ディドロの意図とは、自然の怪物性を保持したまま、それに則った新たな道徳性を立ち上げることであり、そこにおいて、既存の秩序においては「怪物」と呼ばれていた存在を理論的に肯定し、自然の可能性を拡張する必要があった。

あらゆるものが怪物であるならば、まず第一に、人間こそが自分自身が怪物であることを認め、その可能性を肯定する必要があった。存在論的な変容の条件である怪物性は、自然の可塑性と接合しながら、技術を介して自然を加工していく人間の条件とも結びついている。

第二章　生理学と政治学——ディドロにおける生態と政治とのエコノミー

糸束からの発生論を基礎におくディドロの唯物論的体系において、存在者は必然的に怪物性をまとわざるをえない。けれども怪物的存在とは、法＝権利においてつねに規範を侵犯する非‐道徳的な存在として見なされてもいる。フーコーの研究を参照するまでもなく、ディドロが考える人間においては事実としての怪物性と法＝権利としての怪物性とが軋轢を起こしている。ディドロの思考はこの軋轢自体を受け入れながら、人間における自然的なものを拡張することを通じて、既存の法＝権利体系に対して異議申し立てを行うことを試みている。いわば、怪物性の概念に、抵抗のための始点としての機能を認めることができるだろう。あらゆる存在を怪物として形成するものが物質あるいは器官の配置であったということを考えるならば、人間における怪物性の出来に関する考察が人間の内的器官の配置、すなわち生理学的な構造と関連づけられていることは明らかだと言えよう。ならば、怪物の存在は、生理を起点にして法＝権利、政治に対するどのような批判が可能なのか、という問題を提起するものでもある。第二章では、『ダランベールの夢』第二部や第三部に見られる怪物と道徳の関係、あるいは『生理学要綱』における器官の生理学に関する記述を分析対象とすることで、ディドロの道徳・政治観において自然の怪物性がどのような権利を持ち、いかなる役割を果たしているのかという点について検討してみたい。

1　怪物と狂気――『ダランベールの夢』における極端性の位相

『ダランベールの夢』における糸束の議論を再検討することから始めよう。糸束の理論において、一人の人間内部における糸束の張力と感覚との関係が、政治的な隠喩を用いて語られている箇所がある。糸の中枢から力が失われて感覚が統御できない状態は、動物における「無政府状態 anarchie」と呼ばれ、逆に本源からの張力が末端を完全に支配している状態は、「専制 despotisme」と呼ばれる。前者の無政府状態は一種の錯乱状態を意味していて、譫妄 délire、あるいは錯乱 vapeur という言葉によって形容されている。逆に本源＝中枢に完全に力が集積されたときは、末端における感覚は生じない。思考や信仰において高度に集中している、あるいはさらにそれが過剰になると、先のものとは質の違う狂気にとらわれていることになるのだが、こうした場合は、専制状態にあると説明される。専制の状態を示す用語としては、méditer、fanatique、sauvage、extase、aliénation などが挙げられている。

専制状態においても、あるいは無政府状態においても、どちらにも等しく狂気や錯乱の可能性がある。二つの極端な状態にはさまれながらも、不断の感覚印象を中心部分である意識がどれだけ統御できるかという点に人間の偉大さがかかっている。[48] もちろん人間に望まれるべきは錯乱よりは偉大さであるから、人間とは、ディドロの表現に従えば、「自分自身ならびに彼を取り巻くものことごとくに君臨」すべき存在なのだと言えるだろう。けれどもこうした偉大な人間においても、その定義においては、狂気、あるいは錯乱といったものの可能性を排除することはできない。端的に言えば、人間は狂気の可能性を免れることができない状態におかれている。微細なレベルで生成を続ける世界を享受する感覚と、それを統制する意識主体という二極のあいだを振幅しながら、人間は後者の方へと意識の統合を進めていく。けれどもそこにはつねに錯乱の可能性がある。理性的な判断主体の定立においても、末端の麻痺による狂気の可能性は本質的に含まれている。

『ダランベールの夢』において中枢と末端との関係を述べたもう一つの著名な箇所として、蜘蛛の巣の例えがある。作中でレスピナス嬢が好んで用いるこの例えは、最初は世界における働きを感取するすべての中心存在、すなわち神の働きを唯物論的に説明するために用いられていたが、人間における感覚の統括や、外界との関係を説明するために用いられるようになる。蜘蛛の巣とその中心に位置する蜘蛛との関係から理解されるように、蜘蛛の巣の例えに従うならば、人間は輪郭によって境界づけられた外形によって規定されるものではない。人間は内臓や器官、あるいは四肢といった身体の各部位が無数の糸として相互につながりあったものとして見なされ、その中心にすべての感覚を判断し統括する部位としての蜘蛛が位置している。この蜘蛛の糸は、あらゆる外界からの刺激を受容するべく張り巡らされている。いわばそれは、潜在的なレベルにおいて、不断に外界と接続されている。対象の認知が巣の糸に接触することによって行われるという意味で、蜘蛛の巣の例えもまた、触覚的な作用を媒介にした感覚モデルだと言えるだろう。あらゆる感覚与件がそこでは巣に与えられる震動として認知される。蜘蛛は「共通の起源」と呼ばれ、そこにおいて生じる継起的な印象と記憶とが自我を構成する。蜘蛛の理論は唯物論的一元論的な糸束の発生理論に対して局所的な判断の座を設定する。より具体的には、そこにおいて中枢は脳へと局所化される。

中枢の機能は、視覚と触覚とを通じて「〔あなたの〕現実の拡がり、感性の真実の領域[49]」を規定することにある。いわば中枢はこうした感覚を通じて身体の実在性を感覚として、あるいは感覚された実在の領域として把握する。けれどもこうした仕方での身体性の把握においては、感覚的な働きが無化されたならば、身体の実在性自体がその現実的な基盤を失ってしまう。そこにおいて中枢が末端との距離感を喪失するといった事態が生じる。例えば瞑想や集中といった意図的な仕方で感覚的なものの介在が排除された場合、それは「存在を集中した形式の最後の到達点」と呼ばれる[50]。純粋な思惟と化した自己の存在は、場所や運動、あるいは物体や距離といったものの存在を否定するにいたり、そこにおいて自己は無 rien となる。デカルトのコギトがもつ静謐を思わせるこの状態もディドロにとっては自らの唯物論的帰結の一例にすぎない。ディドロはむしろ、感覚される自己性とそこから想定される身体そのものとの平衡に関して、「自分の身体を自分自身に近づけること」「自分自身の中に集中すること」「外へ拡げていくこと」という三つの基準を設けることで、自己性と身体性との折り合いが決して自明ではないことを主張する。自己性と身体性との調和を構成するものは自然の働きにほかならない。

ボルドゥ：自然な平静な状態においては、例の糸束の糸はある程度の張度 tension、調子 ton、およそ一定のエネルギー énergie を持っており、これが身体の実在のある想像の拡がりを決定しているのです。いま実在のあるいは想像のと言いましたが、それはこの張度、調子、エネルギーが変化しうるものであり、われわれの身体はつねに同一の堆積を持っているものではないからです。(51)

ボルドゥのこの発言は、糸束の理論から自己の認識が生まれる仕組みを説明していると同時に、そうした自己の構造それ自体が決して安定していないということをも示している。「張度」「エネルギー」という表現が示すように、糸においては決定的な要因となっているのは形式ではなく力であって、それは糸それ自体にテンションとして内包されるものでもあり、糸が他のものとの関係において有する力でもある。糸が恒常的な緊張を維持しながらも結局のところ変化していく可能性を排除できないことが、身体性と意識との間の関係が根本的に不安定であることの証拠となる。この変化の可能性を蕩尽することとは、すなわち自分の感性の限界を超えることを意味している。それは今まで知られている知性や感性の領域の外部にある身体性の領域に身を置くことだと言えよう。一定の強度で一定の距離の内につなぎ止められていた身体や感覚器官は、そのつなぎ目をほどかれ、拡散、あるいは収縮していく。例えば、糸の力が激しく活性化し強度を増すことは、糸が過敏になることを意味している。その結果、張り切った繊細な糸の上で、糸のあらゆる点が鋭敏になった結果、感覚される質や量が甚だしく増加し、結果的に震動を感じ取る身体の表面の点それぞれが無限に隔てられているような感覚を持つにいたる。そのとき自己は自らの身体が巨大になったと感じる。

あるいはその逆に、糸が不活性の極みに押しやられ、本源の知覚にまで無感覚状態が浸透したとき、自らが感じる身体性は小さなものとなる。ボルドゥが述べるように、「その起源においては一点にすぎなかった動物は、いまなお自分が実際それ以上の何ものであるかを知らない」のであって、錯乱や狂気、あるいは奇形の存在は、少なくとも一つの物質の変状として発生した心身の協働状態がとりうる可能的な状態を示している。狂気も怪物性もどちらもともに異常と見なされていたものではあるが、原理的にはそれ自体が自然的なものの範疇にある。自然的なものから発生する極端な審級が怪物および狂気の問題を構成しているにすぎない。

極端性というこの審級に対して、イブライムは「偏差 anomalie」という名を与えて定義を試みている[52]。それは事実における不規則性であり、そこにはいかなる規範的な意味合いも介在していない。数多性と希少性という確率論的な観点の下で偏差という概念は機能している。これに対してさらにカンギレムによる分析を参照することで、イブライムが提示した偏差概念の意義を理解することができる。

カンギレムは『生命の認識』のなかで、偏差 anomalie と非 - 規範性 anormalité という二つの概念の形而上学的な差異について言及している。偏差とは十八世紀におけるニュートン主義から、すなわち「知覚するがままにもろもろの結果を、直接また先入見なしに、ただもっぱら記述し整序しなければならない人間たち[53]」から生まれた観点であって、それは生命という現象を事実として承認する。他方で、カンギレム自身は明確には示していないが、非 - 規範性とは十七世紀の機械論的システムから派生した概念であって、それは世界における法則性が確立し、その法則の外にあるもの a-nomos という範疇がそれに伴って生じた結果と考えられる。十七世紀の機械論的自然観から、ビュフォンにおいて見出された確率的数多性に重きをおいた博物学的自然観への移行の原因として、カンギレムはライプニッツによる「不可識別者同一の原理」をあげている。世界において同じ個体は決して存在しないというこの原理は、あらゆる個体に対してその実存が必然的であることを保証する。例外的な存在を必然的な法則外として見なすことによって成立していた「法則／例外」という二分法は、類型的な多数性とそれに属さない少数の偏差によって構成される「類型

／個体」という二分法へと転化する。個体は交換不可能な実在であり、自然の法則性は一般的な類的本質としてしか妥当しない。偏差とはこうした自然観において定式化しえない確率論的な逸脱と見なされる。この概念の背景には、自らの法則性を超出するほど豊かで多産的な自然像が存在している(54)。カンギレムは偏差の存在を、人間の計算によっては説明できない誤謬、失敗、あるいは浪費としてしか記述されえないものとして定式化するが、逆にこの存在が、自然の秩序構成 économie を際立たせてもいる。

ディドロの怪物は自然のエコノミーを保証するという意味でカンギレム的な意味合いを有しながらも、その積極的な意味合いにおいてカンギレムが指摘した役割を超えた意義を有している。自然は欠如や規範という善悪の価値を定める規定的概念ではない。それは、行為によって自然の様態そのものを変革しうる人間の潜在的な資質を明らかにする概念にほかならない。人為＝技芸の概念は、明らかにこの自然を改良する方向へと開かれている。ディドロにおける怪物や狂気の概念はそれゆえ人間の限界を開放する臨界概念として機能する。自然は狂気や怪物といった偏差の位相に位置するものによる開放を人間へと訴えかけてくる。

2　種を超えることの問題——『ダランベールの夢』第二部から

唯物論的一元論を基点にした解釈から、ディドロにとって怪物とは少なくとも例外的存在者ではないという結論が得られる。怪物的な要素は存在者全体に見られる普遍的な仕組みであり、人間存在の規定をなす秩序さえ確証させる。ところで、自然の生成から生じた人間は、自然性における連続的な生成の結果であるにもかかわらず、一つの種として切り離された存在でもある。類や種、あるいは個体といった分類学的な範疇が唯名論的な視座から生じたものだと考えるならば、連続性と種的分節とのこの分裂自体は不可思議なものではない。存在するもののグループ化、およびそれに伴いグループへと名を付与するという出来事自体が、グループ化し名指す権能を持つある主体的視座による特権的な行為であるという指摘は、すでにビュフォンにおいてもなされていた。ビュフォンにおいては人間は自然史の発展の果てに位置しながらも、まさに観念と言語とを使用することによって自然史の総体と分岐とを記述する権利を有していた。実際ディドロも、人間と動物との差異として、言語の存在と感覚の比較という内的な能力が人間には存在するという点をあげている。ところが、怪物という枠組みは個体と種という境界づけを無視してしまう。あらゆるものの絶対的な個別性を担保することによって、種という囲いを原理的に保持することは困難になる。フーコーは『異常者たち』と題された講義において、怪物的なものを混成物 mixte として定義しているが、ディドロにおいても存在者は他の存在者との混合として想定されていた。種という概念が唯名論的に、すなわち人間の観念的な枠組みから発生したものだと考えるならば、そのとき混成の怪物は領域を侵犯する概念となる。すなわち怪物は自然を区分すべき種の論理に抵触し、法的な意味における個体性をも時として問いに付す。『ダランベールの夢』第三部において取り上げられているのは、まさしくこうした「種の混合 le mélange des espèces」の問題にほかならない[55]。ディドロはここでは怪物的存在を道徳と自然との問題として考えている。

「種の混血をどう考えるのか」というレスピナスの問いに対して、ボルドゥは、既存の法、すなわち社会的な法および宗教的な法に対する不満を表明する。生殖の論理を考慮に入れずに作られた二つの法体系は「事物の本性や公共の利益」を考えないまま作られた不十分なものでしかない。生殖とその行為、そうしてそこから引き出される帰結を考慮することが、自然性を考慮することであり、それによって既存の法体系の不備を補うことができるのだと考えられる。ボルドゥによるこの考察は、まず最初にボルドゥが「種の問題」という言葉で含まれる問題系を次のような形で整理することから始まる。

ボルドゥ：あなたの質問は、自然学 physique と、道徳 morale と、詩学 poétique とに属するものです[56]。

ここで、自然学と道徳とに加えて詩学が含まれている点に注意する必要がある。ここでの詩学は単に美学的な表現と制作に関わる問題ではない。詩学とはむしろ語源的な意味での製作 poiesis、すなわち人間の手によって諸事物を発生させる手続きに関わっている。

ボルドゥ：疑いなくそうです。存在していない存在物を、存在しているものを模倣することによって創造する人間技術 l'art は、真の詩に属します。[57]

『ダランベールの夢』第三部において、詩学とは人間が人間を製作する行為、具体的には生殖行為を意味している。それは「自分を相手のなかに相手とともに再生産する reproduire」という表現によっても表されている。[58] ボルドゥはここでホラティウスを引用しながら、詩学、すなわち自然の美的な模倣に伴って生じる美的価値判断における有用性と快の側面が持つ重要性を示す。生殖における有用性と快とを重視するこの観点は、両者がともにキリスト教的な道徳において貞潔 la chasteté と節欲 la continence という名の下で抑圧されてきたことに由来している。貞潔と節欲は個人に対して快楽を与えるものでもなければ、社会に対して利益を与えるものでもない。こうした二つの禁欲的態度よりは、むしろ自慰行為の方がましでさえあると作中でボルドゥは述べている。[59] もちろん自慰行為も子供を作るという観点からすれば社会にとって有益なものではない。『ブーガンヴィル号航海記補遺』でも述べられていることだが、子供は社会にとっての財産であり、来るべき幸福に結びついた存在として考えられている。[60] だが、『ダランベールの夢』においてディドロにとって肯定されるべきものは、実際のところは生殖への欲望であって、自慰という個別の性的行為ではない。のみならず自慰も機械論的な仕組みによって貯蔵された過剰な体液を排出することとして肯定的に解釈される。これは無用なものを許さない自然性の掟に従うことであって、自然の仕組みに手を貸す aider ことによって、快を授ける ad-juvo ことにほかならない。これとまったく同様な理由で、同性愛も肯定される。自然の多産性を満たさないまでも、そこには少なくとも快楽が存在しているからだ。つまり、自然性とそこから生じる欲求、さらにそれを満たしたときに得られる快楽を肯定するという視点からすれば、キリスト教的な禁欲こそが戒められなければならない。禁欲は自然性にも公共の利益にも反している。

ボルドゥ：存在するものはことごとく自然に反することも自然の外にいることもできません。私はこの中から自ら進んでやる節欲や貞潔さえも例外としてとりのけることはしません。しかも自然に反して罪を犯すことができるとすれば、こういうものこそ自然に反した第一の罪でしょうし、また狂信と偏見との秤とは違う別の秤にかけて人間の行動をはかる国においては、社会の法則に反した第一の罪でしょう[61]。

子を産み出さない節欲と貞潔とは有用性に反するのみならず快を与えるものでもない。キリスト教的な道徳は価値を剝奪されて転倒し、自慰や同性愛といった肉体的快楽を与える手段の方に価値が認められるようになる。フーコーの表現に従うならば、「欲望と快楽の身体」が言説の領域に介入してきたということになるだろう[62]。フーコーは十八世紀半ばに出現した自慰をめぐるテクスト群を対象にした分析において、そこでは「欲望」あるいは「快楽」といった用語がそのままではほとんど使用されることなく、それらの行為が名指されないまま罪の告白のなかへ織り込まれていくことを指摘した。キリスト教的告解のなかで自慰が名指されることなく否定されるのに対して、それと名指すことなく自慰と同性愛とを肯定するディドロの言説のなかに、反キリスト教的な構造を読みとることもできるだろう。自慰や同性愛といった性的な異常、すなわち道徳的怪物は、ディドロにとって当時のキリスト教的道徳の妥当性を問いに付すものであった。

詩学における模倣の問題についての言及から始まる種の混交の問題は、製作における快と有用性という観点を生物の発生に適用することによって、キリスト教的道徳の欠点を明らかにする。そこには美的なものと善性との乖離が見られる。道徳的秩序、すなわち「かくあるべき」という価値の階梯に、有用性と快を備えた自然的模倣の論理を介入させることが、種の混交という問題が示す第一の要請であったと言うことができるだろう。

『ダランベールの夢』第三部で言及されるもう一つの怪物、「山羊足の人間 le chèvre-pieds」は、実在する人間に対して新たな自然的な要素を接ぎ木する可能性とそれによって引き起こされる道徳的および社会的な問題を浮き彫りにしている。種の混交に関する問題は前半部よりもさらに具体的な形象をまとって、人間と山羊との混交、すなわち雑種 hybride である山羊足の人間に関する議論として提示されている。山羊足の人間の例において、種の混交は自然学的な視点から分析される。雑種の形成によって新しい種を作りそれを役立てるということは、交配という快楽を伴う行為を有用性へと結びつける試みとして見なされる。交配を繰り返す継続的な企てによって種そのものの変質を目指すこの試みが持つ有用性は、次のボルドゥの台詞によって明示されている。

ボルドゥ：つまり何ですよ……つまり強い、賢い、疲れることを知らない、敏捷な種族を作ろうというのです。卓越した家畜 d'excellents domestiques に仕立て上げようというのですよ。(63)

ここで「種族」と訳された単語には、race という語が用いられている。種族とは、ビュフォンによればある種の内部で発生した恒常的な変種として定義されている。ビュフォンは種と科との間にこの種族発生の原理を見出し、さらにそれを種の上位観念へと適用し、同一の原形的な動物から現存するあらゆる種が発生してきたと考えるにいたる。ディドロは一七五〇年代にビュフォンが提唱したこの生物転移説 transformisme の仮説を通じて、新しい種族を地上にもたらし、それによって人間の奴隷を製作しようとさえ主張する。なぜなら新しい種族の製作は、植民地奴隷の解放につながっていくからだ。

ボルドゥ：つまりわれわれの同胞を彼らにもわれわれにもふさわしくない役割に隷属させて堕落させることをもうやめようというのです。

レスピナス：ますます結構ですわ。

ボルドゥ：人間をわれわれの植民地において駄獣の位置にまで引き下げていることをやめようというのです。(64)

山羊足の人間を製作する目的は、人間の奴隷状態を代わりに引き受けさせることにある。山羊足の人間は「卓越した家畜」となることによって人間が奴隷状態へと陥ることを防ぐ。だが同時に、山羊足の人間の存在は道徳的な混乱を生じさせかねない。そもそも、伝統的な意味合いからするならば、山羊 chèvre という単語はすでに性的な貪欲さを象徴的に含意している。レスピナスは、山羊足の人間による不道徳な振る舞いが女性にとっては安全なものではなく、結果的に山羊足の人間たちを滅ぼすか、彼らに支配されるかというどちらかしか将来の選択肢がないのではないかと危惧するにいたる。自然学的な議論は再び道徳へと折り返される。

怪物が喚起する問題の道徳的側面が明らかになる。『ダランベールの夢』第三部において、怪物は明らかに、性的な道徳や風俗を壊乱させる役割を果たしている。怪物の発生を思考することは、既存の秩序に生の原理を持ち込むことによって人間の自然的幸福を阻害する従来までの制度的障壁を打破しようという実験にほかならない。別の言い方をするならば、それは法律や偏見によって狭められてきた経験の領域を増大させることでもある。異なる種を混ぜ合わせる試みが少なく、それに伴い人間の理解も伸張しない当時の状況を批判して、ボルドゥは次のように述べる。

私たちの臆病さ、私たちの毛嫌い、私たちの法律、私たちの偏見のおかげで、今までになされた実験や経験はごくわずかです。それゆえ実際に実を結ばない交合とはいかなるものなのかが知られることがないのです。有用が快さと結びつく場合、種々の継続的な企てからいかなる種類の種族を約束しうるか、半獣神が実在のものであるかそれとも作り話のものか、騾馬の種族を多くの変わった方法で殖やすことができないか、現在私たちの知っている種族がほんとうに子を産めないかどうかはわかっていないのです[65]。

ディドロにとって、人間の法とは人間の経験を制限するものではない。むしろ人間の権利は自らの属する自然性の拡張にあるのであって、そこから快を伴う有用な成果を導き出すことこそが人間の務めだとディドロは考えている。けれども自然性の拡張は、それ自体が人間の変容をも伴う行為にほかならない。自然的存在としての人間の潜在的な可塑性からいかなる道徳的な帰結を導き出しうるのかという点にこそディドロの思考の賭金がある。晩年のディドロにおける「生理学」という枠組みを参照することを通じて、ディドロの唯物論の道徳的帰結の一つを確認したい。

3　器官の生理と群れの哲学――『ダランベールの夢』から『生理学要綱』へ

ディドロの思想においては、「器官 organes」という単位によって、唯物論的秩序と道徳的な秩序との紐帯が担保されている。人間が異なる器官の集合体であることは『ダランベールの夢』においてもすでに見られる考えであったが、ディドロがこうした考えを体系的に展開した著作として『生理学要綱』*Éléments de physiologie* がある。この著作において、晩年にさしかかったディドロは人間概念を生物学的・心理学的・社会的な総体として定立しようと試みている。同時代の著作家の様々な影響のもとに生まれたこの『生理学要綱』のなかで展開されているディドロの人間観と、そこにおける「器官」の役割を考察することによって、ディドロにおける器官的人間像を抽出することができる。そこでは一人の人間でさえ器官の集合からなる「群れ」として見なされる。

『生理学要綱』中で、器官という単位はそれ自体生命を持ったものとして見なされている。すなわち生命とは、それを持っているものを「感性を持ち、連続的で、エネルギーを備え、生きた全体」として形づくるものとして定義されている。[66] 部分部分を連続させて統一し、感性を顕在化させ、その結果エネルギーを備えた存在を形成するということの生命の原理は、ディドロの唯物論的一元論の原理を敷衍したものだと言えよう。こうした生命は、「動物全体の生命」「その器官それぞれの生命」「分子の生命」の三つのレベルでそれぞれ存在している。[67] 器官を単位とした独立した生命の存在がそこでは認められている。器官の独立とは、単にそれぞれの器官が異なったものであるということのみを意味するものではない。独立とは、それぞれの器官が独自の年齢を経たものであり、独自の欲求を持っているということを意味している。端的に言えば、器官はそれぞれが固有の生命を持っている。[68] その意味で一つの器官はいわば一匹の動物と変わるものではない。[69] これは言い換えれば、一つ一つの器官が、それぞれの自律性を備えているということでもある。器官におけるこのオートノミーによって、意識されることなく習慣や感覚によって行われている行動が障害なく遂行される。ディドロが用いている例えを参照するならば、何も考えず放心した状態でパリを横切ることや、あるいは夜間に自宅の階段を上がることができるのは、すべてこうした器官の自律性による。「考えることが少なければ少ないほど、習慣と純粋な感覚における物事をうまく進めること」ができるのは、器官の自律性の所産にほかならない。[70] いわばそれは無意識の行動を方向づけている。ところがこの自律性は、ディドロにとっては単なる習慣のみによる産物ではない。

眼が私たちを導く。私たちは盲目だ。眼は私たちを導く犬だ。もし眼が、実際に多様な感覚に応じる動物でなかったならば、どうして私たちを導くのだろうか？　というのも、ここではそれは習慣の問題ではないからだ。眼が避ける障害は眼にとってその瞬間ごとに新しい。眼は見る。眼は生きている。眼は感覚し、自己自身によって導く。眼は障害を避け、私たちを導く。私たちを確実に導く。眼は自らが見ていないものにおいてのみ誤る。眼は急速に外界の刺激を受け、それを留める。眼は加速し、遅らせ、方向転換させ、自己の保存とほかの仲間たちの保存のために見張っている。［…］眼は一匹の動物であり、自分一人だけで自分の機能をよく果たす一匹の動物のなかにいる。[71]

眼という器官を例に出して、ディドロは器官が独自の判断を下す存在であることを主張する。眼は自らが見ているものに関して誤ることはない。かくして、独立した器官の機能に対して、固有の確実性が認められる、のみならずここでは、眼という一つの器官がつねにほかの器官との協働状態にあることも示唆されている。眼は自らの利益関心のためにのみ働くわけではない。障害を避ける眼は結果的には生体全部を守ることになり、そこには自己のみならずほかの器官や全体の保存のために働く機能が見出される。部分がつねに全体を志向しながら協働するこの「群れ」のオートノミーという考えから、人体は異なる動物が共通した目的を持って運動する集団的存在として定義される。器官＝動物のこの共同性が「共感」と呼ばれる。

したがって、人間は動物の集合として見なされうる。そこでは各々の動物が、固有の機能を果たし、自然によってか、あるいは習慣によってか、他の動物たちと共感 sympathise している。(72)

集合と共感という二つの契機が異なる動物どうしの集まりとしての人間を条件づける。単に異質な動物が集合するだけではなく、そこには共感 sympathie が生起する。眼と脳との関係、あるいは子宮と乳房、膀胱結石と生殖腺などの関係において、一方の状態が他方に働きかけ、その結果として独自の感覚、すなわち共感を引き起こす様子が見られる。器官の集合としての人間とは、いわば異質な動物からなる群れにほかならない。人間のなかの動物たちは互いに影響を及ぼしあって共感状態を形成し、そこから多様な徴候が生まれてくる。

共感の発生は、器官相互の位置、構造、機能によって規定される。器官の相互性は、人間が安定して存在するための必要条件を構成している。「一つの感覚に還元された人間は狂人となるであろう(73)」とディドロは述べている。言い換えれば、器官の相互性と協働こそが正常性の条件を構成している。このことは、ある一つの器官が失調することだけで全体における異常な状態が引き起こされる可能性がつねにあるということを示している。

こうした共感の原理が一個の人間だけではなく人間相互の状態にも影響するという点にも注意する必要がある。そこでは明確には理解されえない共感の構造が、想像力の媒介を経ることによって集団へと伝播していく。

諸器官のなかには、よくは分からない猿まね je ne sais quelle singerie が存在している。それは共感の効果である。あるいはこの猿まねは想像力が器官に命じることによって起こる。人が笑っているのを見ると人は笑う。人が泣いているのを見ると人は泣く。このことは、大衆の情動 les émotions populaires やその他の伝染性の病に関して何らかの光を投げかけて明らかにする。(74)

無意識の構造とヒステリーの伝播を指摘しているとも言えるこの現象の分析のなかには、想像力による模倣の理論が介入している。『劇詩論』において、想像の地平で遂行された観念的モデルは、「心の中にある、自然によって刻まれた、自分ではよく分からないイメージ je ne sais quelle image」を認知することを通じて行われていたということが想起されよう。(75) 芸術家による意図的な制作行為において働いていた無意識的な自然の模倣は、生理学の文脈へと転化され、集団的な情動喚起の原因として措定される。個人の意図の手前のレベル、つまり明確に意識されない器官の欲望のレベルで模倣の契機が働いている。個体の意識では感じ取れない器官の意図が、集団的な情動喚起という自然的模倣を通じて現れてくる。器官の共感によるこの模倣の契機を、「猿まね」という用語になぞらえて動物的模倣と定義することができるならば、動物的模倣こそが無意識の挙動や集団ヒステリーの原因となる。狂気の原因でもある器官はまた、同様の理由で悪徳と美徳の原因ともなる。器官の欠如は感覚の欠如を引き起こし、その結果普通ならば同情を感じたりするような状況でもそうした感覚が発生しなくなるときがあるとディドロは述べる。(76)

異質な器官の力学の総体として人間を捉えるこの視線から、人間における社会的な紐帯がもう一度問いに付される。

ディドロの考えに従えば規範的な意味での正常な人間など実在していない。言い換えれば人間がほかの人間と等価であるということはありえない。理性や判断力といったものにさえ普遍性が与えられることはない。というのも、それは唯物論的発生論の観点から見れば、原初の糸に生起した感覚を相互比較することから生まれてきたものでしかないからだ。アプリオリな共通性はそれゆえ人間相互のなかには決して見出されない。生理学は人間相互の偏差を説明し、それによって個体間の内在的な共約不可能性を明らかにする。

とはいえディドロは共同性の原理をあきらめるわけではない。摂食と同化にまつわる根源的な欲求の存在から類推することで、生体組織においても欲望の不可避な発生が確認される。欲望の発生は動物レベルでの自己保存と結びついていることから、人間においても欲望は意志に先行したものだと見なされている。

欲望は意志から生まれるといわれる。それは逆だ。欲望から意志が生まれる。欲望は組織の息子であり、幸福と不幸は肉体的快適さあるいは不快さから生まれてくる。人間は幸福でありたいと望む。(77)

快適さを求める欲望が第一のものとしてあり、快適さが幸福を目指すものであるならば、人間とは幸福を目指すものであるとディドロは考える。ディドロはここに人間という名の下にある一つの共通性を見出す。人間は幸福を目指す共通の欲望を通じて、はじめて一つの合目的的な集団を形成することができる。『一七六七年のサロン』における次の一節は、生理学を基盤におくことで人間的道徳を定立しようとするディドロの立場を表明している。「第五の場所」と題されたヴェルネの風景のなかで、哲学者は「事象のなかに私たちの幸福に必要なアナロジーがあるだろうか?」と問いかける。この問いに対する答えは、人間固有の幸福を探求するディドロの宣言にほかならない。

この探求において、認識すべき第一の対象とは何であろうか?……私……私は何であるか? 人間とは何か?……

動物なのか？……おそらくそうだ。けれども犬もまた動物だ。狼もまた動物だ。けれども人間は犬でも狼でもない……人間という事前の観念なしに、利や害の、美や醜の、善や悪の、真や偽の正確な観念を持つことができるだろうか？……けれどももし人間を定義することが不可能ならば……すべておしまいだ……どれだけ多くの哲学者たちが、こうした非常に単純な観察もしないで、人間に対して狼たちの道徳を、すなわち狼たちに人間の道徳を規定するかのような、けだものじみた道徳をこしらえあげたことか？……あらゆる存在は固有の幸福に向かう。そうしてある存在に対しての幸福は他の存在に対しての幸福ではない……したがって道徳は種という囲いの中に限定される……種とは何か？……同じやり方で組成された多数の個体である……なんと、組織が道徳の基盤になるというのか……私はそう思っている。(78)

事物のなかにある幸福へのアナロジーの存在は肯定される。道徳は、自然の組成のなかにその基盤を持つ欲望の共通性から導出される。だがこの幸福とは結局のところ何なのだろうか？　ディドロにおける個体性の議論は、共通性に関するこのテーゼをむしろ認めることがないようにさえ思われる。というのも、人間といわれる集団においても、そこにおけるあらゆる個体の差異はきわめて大きく、結局のところそこにおいて、「同じやり方で組成された」状態など、原理的に認めることができないからだ。存在論的な怪物性は、たとえそれが傾向性という潜在的な形のもとで表明されるとしても、種の幸福という共通概念とは相容れるものではない。結局のところ、「人間を定義することが不可能ならば」、「すべてはおしまい」になってしまうのではないだろうか。道徳を種という囲いに限定してしまうことは、道徳を破産させることにしかならないように思える。

けれども、一見撞着的に見えるこの構造も、幸福という概念の身分規定を考え直すことによって、そこから別の解釈を引き出すことができる。この解釈は『生理学要綱』において示された幸福概念の、いわば純粋な形式性に関わる。幸福とは何かということに関して、ディドロは、少なくともそれが肉体的な快から生じるものだという発生原因を除けば、その具体的な内実を述べることをしていない。幸福の概念は開かれているように見える。『生理学要綱』の「結論」と題された最終部を、この開かれた幸福に向かって捧げられたものとして解釈することができる。ディドロはそこで、人間が世界の説明原理として提出した霊魂や創造主の議論を否定し、神の存在証明として提出された目的因や機械論的世界像を否定する。霊と肉との二元論の否定は、幸福が単純な意味での物質的なものでもなければ、逆に霊的なものでもないということを含意している。このことは言い換えれば、人間も、例えば狼や兎、あるいは犬や昆虫と同じく、幸福に関して開かれている存在だということを意味している。分子や器官、あるいは動物の協働としての思考が幸福を開きつつ、それを一元的なものとして基礎づけている。ディドロがここで神の存在を否定し、生理学的な体系を重視する原因は、来世にいるとされる神の概念が人々に死を想起させるからという理由にほかならない。ディドロにとって死を思うことは人間の本質的な生を阻害するものでしかない。

生者たちにかなりありふれた空想は、自分が死んだと仮定し、自らの亡骸のそばに立っていて、その葬列にしたがっているという空想である。それは岸に拡げられた自分の着物を見る泳ぎ手だ。もはや恐れられることもないような人間たちよ、きみたちは、では何を理解したというのか？[79]

死を対象化し眺めることは、泳いでいる自らを見ることなく自分の抜け殻だけを見つめているに等しい。生きながらにして死を恐れることの不毛さを抱くよりは、むしろ泳いでいる自分自身、すなわち生を理解すべきだという主張がここには込められている。人間たちはまだ生という名の下に何も理解してはいない。生きているものの形を見ることはできても、生きているものそのものを理解しているわけではない。ディドロにとって生理学とは生の仕組みを理解することであって、それは死に取り憑かれることの対極にある。自らを捉えて彼方へと運び去る死の影こそが取り除かれなければならない。哲学の務めはそこにある。引用した箇所に続いてディドロは、哲学とは「死に付き従うこと＝死を訓練すること L'apprentissage de la mort」であって、それは「私たちを取り巻き、私たちを滅ぼしてしまうすべてのものの上へと私たちを高めていく不断の、深い思索」だと述べる(80)。死を思うことではなく、死の上に立つことをディドロはここで述べている。ならば、死の恐怖による束縛を離れて生を思考することが生理学の目的だと考えられるであろう。それは生における生の圏域を増大させることであって、生をいっそう理解し、生を一層享受することにほかならない。快を増すことが魂の能動であると考えたスピノザ的な生の思考が変奏され、ディドロの「生理学」の一つの帰結として響きわたる。

こうして、『生理学要綱』の最終部において、人間は幸福への傾向性に導かれたように見える。けれどもそこで示されたストア派的な死の克服とスピノザ的な至福の境地が実際は理念にすぎず、いわばある種の極でしかないということを、ディドロの思想は同時に示してもいる。もう一度『ダランベールの夢』を参照することで、人間を取り巻く両極について考察することにしよう。先にあげた『生理学要綱』の最終部とほぼ同じ内容がボルドゥの台詞として述べられている箇所が見出される。だがそうした偉大な人間に対するレスピナス嬢の反応は、むしろその偉大さを敬遠しているようにさえ見える。

ボルドゥ：彼［＝偉大な人間］は死を恐れないでしょう。この死の恐怖は、例のストア主義者がいみじくも言ったように、弱者を思いのままにどこへでも引き回すために強者が捉える取っ手ですが、彼はこの取っ手を打ち折り、同時にこの世界のあらゆる圧政から自分を解放するでしょう。感じやすい人間や狂人は舞台にいるが、彼は後方の客席にいるのです。賢明なのは彼です。

レスピナス：そんな賢人とのつきあいはまっぴらですわ(81)。

ボルドゥのこの台詞は、人間が偉人と狂人という二つの極に引き裂かれた状態にあることを示している。ボルドゥは偉人の側に与し、レスピナスは狂人の側に与している。感じやすさに取り憑かれた狂人の様子はボルドゥによって次のように述べられている。

あなたが激しい苦痛をなめたかと思うと、強烈な快楽を味わうことが交互に起こり、一生涯を笑うことと泣くことで過ごし、永久に一人の子どもにすぎなくなる。みんなこの賢人に似ようと努めないとそうなりますよ。(82)

快と苦が「交互に alternativement」身を襲い、相反するいくつもの情動を次々と引き受け続けるこの「舞台の上の狂人」の姿に甥ラモーの肖像を認めることはもはや困難ではない。生理学的な条件は人を偉人にもすれば狂人にもする。こうした条件は身体の複雑さによって規定されたものであって、その因果関係は微細にわたっていて、すべてを理解することは不可能だとされる。行動の原理とされる意志と自由について、ボルドゥは次のように述べている。

[…]自由に関してはあなたに一言だけ述べることにしましょう。つまり、私たちの行動のどんなつまらないものでも、ある一つの原因の必然的な結果なのです。この原因は、私たちという、非常に複雑なものです。だがひとつのものです。(83)

原因としての「私たち」をどう捉えるかという点に、行為と自由、ひいては善と悪との解釈が賭けられている。あらゆる原因は一つのものとして考えることもできるが、それは微視的に見るならば非常に複雑なものでもある。微細なレベルでの因果性を完全に理解できたならば、あらゆるものは必然であり、そこにはもはやいかなる善も悪も存在しえないということになるだろう。だが人間の認識にはあらゆる意味において限界が設けられている。それは各人が各人に対して根本的には異なっているという相対的な原理にも起因しているし、あるいは人間個人の認識能力それ自体が物質的諸原因を完全には認識しえないという認識論的な限界にも起因している。

いかなる人間も別の人間に完全には似ていないという理由からだけでも、私たちは決して正確に理解しないし、また決して正確に理解されることもない。すべてにおいて不足しているか過剰であるかのどちらかだ。私たちの言説はつねに、感覚の手前側にあるか向こう側にあるかのどちらかだ。判断のなかには多くの差異が認められる。人が認知しない、そうして幸いにして人が認知できない差異はその千倍もある……(84)

あらゆる微細さにおいて見られたならば、各人の相違は無限に拡がり、のみならず人間が理解しえない世界がいたるところに無限に拡がっていることが分かる。例えばディドロが生理学において設定した器官という存在でさえ、それは欲望を仮に規定する単位でしかない。人間は微細なものから巨大なものまで、あらゆるスケールのものに取り巻かれ、そこから不断の影響を被りながら生きている。人間は怪物であり、ひいてはあらゆるものはあらゆるものに対して怪物的な存在者としてある。絶対的な指標のなき世界で、人間というものは、仮にそれが存在するとしても、ある傾向性を備えた存在でしかない。そうしてそれさえ、「一般的な激流によって抗うこともできないままひきずられる」なかで別のものへと生成する潜在的な要素をつねに孕んでいる。ディドロが定立した怪物的人間像は、絶対的な自然の生成と無限に相対化する差異のただなかであらゆる諸力に引っ張られ、同時にあらゆるものへと自己のエネルギーを委ねながら生きる人間の姿を描き出している。そこでは生へと向かう根源的な欲求それ自体も、言うなれば諸力の「群れ」にほかならない。あらゆるところに張り巡らされた力の諸関係から存在を捉えたとき、ディドロにおける「善悪の彼岸」とも言うべき世界が現れる。

「賢人とのつきあいはまっぴらだ」というレスピナスの言葉は、この狂おしい世界に対する決定的な立場を表明している。「後方の客席」にいて、すべてを分かっているかのように振る舞ってはならない。微細なものの諸力に圧倒されつつ、それでも「舞台に立つ」ことに、人間の務めがある。

人間と非‐人間のあいだで、いや、つねに非‐人間的な境位に押しやられながら、それでも「私」であり「私たち」であることを欲望すること。それこそが、怪物＝非人間たるわれら人間が持ちうる、最初にして最後の「人間的な」賭金にほかならない。

第五部結論

第五部では二章にわけてディドロにおける唯物論的一元論の体系が吟味された。

第一章においては、同時代の自然史家ビュフォンとの関係を考察することから始めて、『百科全書』における自然史概念の検討を経て、『ダランベールの夢』における唯物論的一元論の形成を確認した。ディドロの唯物論の根底には、連続的な生成を続ける自然観が存在しているが、それはビュフォンの影響を強く受けて成立している。とはいえディドロの自然史概念は、ビュフォンのそれとは異なり、怪物性や奇形といったものの存在を重要なものとして捉えている。『百科全書』「技術」の項目などからディドロの自然史概念における「技術」の観念の重要性を指摘することができる。つまりディドロは自然と技術とを相関的なものと捉え、お互いがお互いを触発することでその可能性を拡げていくという考えを抱いていたことが分かる。怪物の存在は自然の法則性というよりもむしろその拡張可能性を証言するものであり、こうした意味で怪物とはディドロにとってきわめて独自な重要性を備えた概念であった。

『ダランベールの夢』は、自然のこうした可能性を唯物論的一元論の立場から示した著作と考えることができる。そこでは感性という原理からあらゆる物質の生成の原因が説明される。ディドロが『ダランベールの夢』において重要な概念として示した摂食と同化という契機を経て、物質のなかにある潜在的な感性が顕在的なものとなるプロセスが説明され、さらには鉱物から植物を経由して動物へと至る感性の現実化の道筋が説明される。これと並行した形で進められる生物の発生に関する議論のなかで、ディドロは生物の発生を、物質がある種の仕方で配置された結果、統一体となって運動を行うようになったものと考える。こうした過程において、異なるものの統一が新しい力を生み出し、その結果物質は別の物質へと変成する。事物の連続的な生成変化の理論によって、ディドロの唯物論的一元論のなかでは、自然界において個物と認められているものは、ある連続的な作用が一時的な形態を獲得したものにすぎないことが説明された。統一に関する連続性の理論と、形態に先行する力の存在とが事物の形態を規定する自然観によって、プラトン的な伝統に基づく形相の優位は否定されることになる。

さらに本論は、人間の発生を説明するにあたってディドロが提示した糸束の仮説に注目した。生命の原初の形態は触覚だけを備えた糸として定義され、それに与えられる継起的な感覚から感覚、記憶、悟性が順番に発生し、生体が自己意識を持つにいたる過程が糸の仮説によって説明される。感覚器官は糸から派生したものであって、この糸の発達上の変形が奇形的存在者が生まれてくる原因であることが指摘された。だが、『ダランベールの夢』に登場するサイクロプスやシャム双生児といった具体的な怪物は、発生における糸の理論の存在を確証するだけではないということも確認された。つまりそれぞれの怪物たちは、奇形とは見なされることのない人間の規範性を問いに付す存在として引き合いに出されている。あらゆるものがアプリオリな形相を持たないディドロの唯物論的一元論においては、あらゆるものが怪物的と見なされうるが、ディドロはこうした相対的な状況における人間の規範性を問うために具体的な怪物を参照し、それらを登場させたと考えられる。

第二章では、前章で述べられた怪物的なものが投げかける人間への問いの内実がさらに具体的に検討された。糸束の発生仮説は、狂気や怪物といった存在が自然の産物であることを証明している。カンギレムの解釈に従うならば、これらの発生はディドロにとって確率論的なものであったと見なすことができる。怪物は自然からの逸脱ではなくむしろ自然のエコノミーの存在を示すものであり、また逆に人間の技術という観点から見たときに、技術的な限界を明るみに出すものとして現れてくる可能性があることを指摘した。規範的ではない怪物の姿が明らかとなる。

怪物における道徳の問題としては、『ダランベールの夢』第三部を中心に分析を行った。異なる種の交配、すなわち雑種を作る試みを吟味する該当部の議論において、種の組成を変えることで異なる道徳が立ち上がる可能性が主張されていることが証明された。異なる個体をどのように協働＝共同させるのかという問いは、さらに引き継がれて、個体の内在的な「生理」学的側面からその根拠を獲得する。すなわちディドロは、『生理学要綱』という著作において、人間の共通性を器官の欲望に基づいて立ち上げようと試みる。摂食と同化に基づく自己保存の観念を吟味することで、ディドロは種に固有の幸福があることを指摘する。とはいえ、先の分析からも明らかなように、あらゆる存在者が怪物的であるならば、種の概念は瓦解してしまう。ディドロにとって道徳を立ち上げる試みとは、全体的な統一のなかに、ある程度の共通した傾向性を見出しうる単位を設定することによって、集団的な方向性を組織しようとする試みであったということがここから帰結する。ディドロの唯物論的一元論にとって、その単位とは、一つには人間であり、一つには器官であった。このような単位なしでは、人間という存在が消失するばかりか、交換される諸力のなかであらゆる存在は消失してしまうことになる。善悪の彼岸としての唯物論的生成と、人間的なものの束の間の擁護との緊張関係のなかにディドロの人間＝怪物擁護の立場がある。ディドロにとって、人間における幸福への志向性は虚構のものかもしれないが、とはいえこの虚構を認めることの内に、自然に対する人間の権利をも認めることができるのではないだろうか。怪物的なものへの志向はこうして、人間という虚構をよりよいもの、より有益なもの、あるいはより能動的なものへと作り替えていこうというディドロの道徳的立場と強く結びついていることが判明する。

結論

本論文で行った分析を踏まえて、ディドロ分析の解釈格子として題字に掲げた「群れ」と「変容」という二つの概念の有効性をまずは確認したい。ディドロの思想の多岐にわたる領域をこの二つの視角から分析することで、従来までの啓蒙思想家ディドロの姿とは異なる、一貫した問題意識を持って進められた一つの思考の歩みが姿を現したと言えるだろう。この思考は、現前するあらゆるものを取り集め、異なる要素どうしを触発させ、内在する力を解放することで、そのものの様態を変えてしまう。要素を取り集める力を理性の語源にまで求めることができるとするならば、ディドロが示したこの手続きは、まさしく理性的という名にふさわしい。感覚を協働させること、音声やイメージを競合させヒエログリフを見出すこと、化学変化の原理を思考すること、身体の身振りと絵画とを共振させること、絵画における視線と批評的言語とを寄り添わせること、あるいは存在するものの内奥にその形態を形づくっている複数の力を見出すこと、多岐にわたる辞書の項目を関連づけ新しい秩序のもとに示すこと、これらすべての営為は、異なる要素を取り集め別の力へと変容させる手続きを示している。そこにおいて、再編成された古き秩序は、新しい形態をまとった新しい力となる。

ディドロが提示し、また同時に『百科全書』の賭金となった概念「技術」もまた、この「群れ」の形成に関わる方法を示している。例えば怪物性とは自然を変容させつつ人為的なものの可能性を拡げる概念であり、そこでは自然と人為とをつなげる技術的な発展と洗練とが問題となる。あるいは芸術的模倣の局面において、自然をいかに自然的な人為にするか、人為的に表象された自然を人としていかに評価すべきかという問題が生じる。詩的表象と絵画的表象との関係性やエクフラシスといった技法がそこでは問題となる。あるいは狭い意味での唯物論的一元論は、相異なりつつもつながれた物質がどのように物質や世界を形成するかを説明し、そこにおいて一つの物質的集塊たる人間がいかに振る舞うべきかを教示する。群れを作り、内的傾向性を変えて発展させる一連の手続きは、おそらくはディドロという思想家に固有の手法に違いない。一見散逸した主題を扱っているかに見えるディドロの営為は、こうした意味においてきわめて一貫している。

ディドロがこうした手法を発展させた理由を、自然と人間との距離という観点からも考えることができるだろう。おそらくディドロにとって、本来的な自然はあまりに遠くに距たってしまっていた。だがディドロはそこでその距離を計測することなく、「手探りで」自然へと遡行する。いわばその道行きは徹底して「盲目」的なものにほかならない。不可視なレベルで探求されたこの自然の原理は、当時の文脈にあわせて、可視化できない力として措定される。ものとものとの間に働くこの力をディドロはある場所で潜在力 nisus と呼び、異なる要素の間に力が存在し、その力が距離や質料には必ずしも比例するものではないと考えた。そうしてディドロは、その力が自らの身体を取り巻くあらゆる場所に張り巡らされていることを「手探りで」知るにいたる。あらゆるものは作用と反作用のただなかにある。だからこの身体は、ほかのあらゆるものと同様に、他のものとの結合や触発によって、予想もしえない力を引き起こす可能性がある。そうしてそのときこの身体は炸裂し、変容する。私は怪物となる。それに呼応して、私の精神といわれているものも変容するだろう。私は狂人となる。私はめまぐるしく替わる情動の表出となる。内在的な力の哲学が、私をつねに無限の危機のなかへとさらし続ける。

「群れ」の技術とは、こうした危機に際してディドロが作り上げた一つの方策として考えることができるのではないか。あらゆるものは何とでもなりうる。ならば、比較的似通ったものを集めることで、その力を多少なりとも方向づけることができるのではないだろうか？　人間を器官の群れとして考えること、種を人間の群れとして考えること、法を言語の織物として考えること、ここから、それぞれに対して、欲望、幸福、そうして虚構という仮の秩序が与えられる。同様の仕組みで、絵画を前にして自然そのものを感じる熱狂に対して批評的言語が与えられるだろう。それ自体は自然における微細なものによる壊乱に対して、群れの哲学は一つの緩衝剤となる。それは変容を組織化する技術にほかならない。群れの哲学は、対立する二項の間を止揚する弁証法を避け、むしろ無限に中間を構成していくことで、対立する両者の緊張関係を別の方向へと拡散させる試みである。

ヘーゲルに対する反論から始められた本論文は、ディドロを読解する際の基調として、目的論的な合理性に対する問題意識を有している。理性が自らに固有の関心を持つことは否めない。だが、ディドロにとっては、その理性がすべてを主体化していくことに関して、いかなる必然性も感じられない。哲学史的な文脈から言うならば、ここにはヘーゲル的な思考とスピノザ的思考との対立が存在している[1]。ヘーゲル的な理性にとって、個物の様態が無限に繰り広げられていくスピノザ的展開（＝表現）は存在を暗くしていくものでしかない。それはヘーゲルにとって、存在が光から離れて影へと落ちていくように見える。だがスピノザは個物の固有性がもつ永遠の方に重きを置く。それは大文字の精神から遠ざかるにつれてさらに強く輝く。ディドロはスピノザ的思考をラディカルな仕方で推し進めたと言える。個物の固有性であったコナトゥスを関係性へと押し広げることで、個物はさらに精神から遠ざかり、それは永遠にではないにせよ、無限に多様な力を発揮することになる。ディドロの著作名を見るだけで、個物が固有性を失い、関係性のみとなっていることが分かる。『ラモーの甥』『ダランベールの夢』『盲人書簡』……これらすべてはある欠落を示しているように見える。けれどもこれらは、実際には、本質的なものは関係性でしかないのだということを示している。怪物や非理性的なものとは、こうした実体なき関係性に対してある種の理性的な立場から与えられた一方的な命名でしかない。『狂気の歴史』のM・フーコーは甥ラモーを非理性的存在の先駆として読解し、現代的な狂気を告げ知らせるものとして提示した。[2]「理性／非理性」というフーコーが立てたこの対立を、いまやようやく言い換えることができる。それは、実体と関係性との対立であり、あるいは目的と微細なものとの対立であったのだ、と。ディドロの思考は、微細なものと全体の間で、たとえ錯乱のリスクがあったとしても、両者を同時に認識しながら生きることの重要性を教える。そうしてその生＝認識を徹底化することによってはじめて、全面的同時多発的な錯乱の可能性を群れの力学へと変容させることができるのだろう。おそらく世界はそこからしか「革新」されない。

今回の論考で取り上げたディドロの思想は、それでも実際のところ部分的なものでしかない。上記の結論を補強する、あるいは批判的に改変する重要なテーマを論じることができなかったのは、すべて筆者の非力に帰せられる。『盲人書簡補遺』で示されている明晰でも判明でもないリアリティとしての音楽の位相、晩年の歴史論で現れた暴力と革命の可能性、あるいは『百科全書』項目「動物」において見出されるビュフォン主義とディドロの思考との相克などが主な論点としてあげられる。こうしたテーマを分析することで、ディドロの思考はさらに強度とアクチュアリティを増すであろう。ポスト近代の「啓蒙の弁証法」からすれば、啓蒙は終わり新しい野蛮が生まれただけかもしれない。けれども「弁証法なき啓蒙」はまだ始まってもいない。

補論　十八世紀自然史概念における一般性の領域
――ビュフォン『一般的個別的博物誌』より

補論では、『百科全書』における人間知識の体系における自然史の位置づけ、およびビュフォンによって与えられた自然史概念の吟味を行う。すなわち自然が打ち立てる存在者の秩序とその現れの様態をビュフォンの博物学体系に照らして検討することを試みる。当時もっとも影響力の強い人物の一人であった自然哲学者ビュフォンにおける「博物誌＝自然史 histoire naturelle」の概念を検討することで、当時の自然学的エピステーメを明らかにし、同時にディドロの「怪物」概念と対照をなす、ビュフォンの自然史＝博物学の特徴を提示することができる。

1　現実性と一般性――ビュフォン「自然史」の「方法」

一七四九年から刊行が開始されたビュフォンの『一般的個別的博物誌』（以下、『博物誌』）においては、自然の全体を概観する視線と、詳細を丹念に精査する視線とが二重化されて存在している。「博物誌（＝自然史）」における

「記述＝歴史」という概念がこの二重性を担保している。自然史を規定するべくおかれたこの概念には、出来事レベルでの時間性を表す現代の意味での歴史性のみならず、自然における対象を知り記述するという意味が含まれている。『博物誌』冒頭で、自然史における描写と歴史との不可分な関係が、次のようなかたちで述べられている。

正確な描写と忠実な記述［＝歴史］とが、すでに述べたように、最初に掲げなければならない唯一の目的なのである。描写のなかには、形、大きさ、重さ、色、運動と静止の状況、各部分の位置、部分相互の関係、それらの形、動作、そうしてあらゆる外的な機能を入れなければならない。それらに内部を開陳して付け加えることができるなら、描写はさらに完全になる。［…］記述は描写に従わなければならないし、自然の事物の間に相互にあって、私たちとの間にも存在している様々な関係の上でもっぱら展開されなければならない。(1)

描写から記述へといたる経緯を述べることから始まるこうしたくだりにおいて、描写は個々の事物の詳細に注目し、それを転写する技術として考えられている。「記述」はそのような描写を基盤においた上で展開されねばならない。すなわち、記述とは、描写によって再構成された事物の関係性を考慮し、自然の総体のなかへと位置づける試みとして解釈される。『博物誌』におけるビュフォンの目的は、こうして、細部の描写を介して、存在物を自然史の平面へと配置する試みとして定義される。「記述」の語源はギリシャ語の istoria、すなわち知ること、探求することを意味しているが、「自然史」において自然を知ることとは、描写によって自然の総体を可視化することにあるのであって、そこにおいては、個別の対象を記述することから始まって、対象を所定の位置に配列 distribution することが目指される。対象から与えられる事実性にとどまるのみならず、諸々の事実を一般的な秩序の上に配列していくことが問題となる。個物に見出された複数の事実から、諸々の観察結果が結びつけられ、諸事実は一般化を被る。すなわち、事実は類比 analogie の力によって相互に結びつけられ、さらに高次の知識を形成してゆく。個別の事象を含み込む一般性が、こういった「操作 opération」によって形成される[2]。ビュフォンにおける自然史の意図は、自然における一般性の探求でもある。秩序を見出すためにビュフォンは、事物の関係性を画定するための「一般的な視点 des vues générales」の必要性を述べる。

> 一般的な視線、揺るぎなき一瞥、研究熱心さよりも熟慮に基づいた確固たる推論が必要とされる。結局のところ、正確に本当らしさを見積もり、その蓋然性を考量した後では、離れた諸関係を把握し、それらをとり集め、そこから合理的な観念の総体を作り出す精神の資質が必要とされる[3]。

こうした手続きが、ビュフォンによって「方法」と呼ばれる。推論を導くための秩序を定め、視野を明らかにしつつ拡張するこの方法は、デカルト的な響きを伴って「精神を導くための方法[4]」と呼ばれている。とはいえビュフォンは自らの方法としてデカルト主義を直接導入したわけではない。ビュフォンにとって、デカルトに端を発する方法的な合理主義哲学者たちは、「自らの思考の来歴」か、あるいは「自らの想像力による寓話」しか残さなかったとされている。言い換えれば、「諸学において精神をうまく導く方法[5]」は、デカルトによってもまだ発見されてはいなかったということになる。技術が発展し、学問が進歩したビュフォンの同時代においては、それによって拡張された経験の諸相は、デカルト的な真理の演繹的体系によって説明されるものではない。いわば、合理主義哲学は不十分な思考の基盤しか与えない混乱した形而上学でしかなかった。極言すれば、ビュフォンにとってデカルトの哲学は、その方法的な態度を除いて、真理を保証する手段を与えるものではなかった。

デカルト的な真理の体系と自らのそれとの違いを、ビュフォンは数学的な真理と自然学的な真理との違いとして捉えている。数学的真理とは、いわば定義による真理だと言われる。定義とは代数幾何的なものだとされている。すなわち、数の比例や線分、平面の諸関係によって定義は構成され、その意味でそれは抽象的なものにとどまっている[6]。

定義とそこから演繹される仮定の連鎖によって、すなわち単純で抽象的な諸仮定の組み合わせによって真なる学の体系を構築するこの方法は、仮説演繹的な方法と言うこともできよう。ビュフォンの指摘に従うならば、こうした方法によって演繹的に導出された真理は、第一の定義から派生したものにすぎない以上、結果的に第一原理を反復することにしかならない。演繹的体系におけるこうした状態は、「観念の自己同一性」[7]と呼ばれる。そこにおいて第一原理が恣意的で相対的なものでしかなかった場合、体系が現実性を全く持たないものになってしまう。

以下のことを証明したことで、われわれには十分だ。すなわち、数学的真理は定義の真理でしかなく、こういってよければ、同じことを異なって説明しているにすぎない。数学的真理が真理であるのは、われわれがかつて作った定義とそれが関係している限りにおいてなのだ。こういった理由で、数学的真理はつねに精密で論証的なものではあるが、けれどもそれは、抽象的で、知性的で、恣意的なものでもあるのだ[8]。

数学的な抽象性は、それが数学的対象から離れて適用されたときに、結局のところ恣意的なものにしかならないリスクがある。結果として同語反復でしかないような「数学的」な明証性の体系をこのように恣意的で観念的で非現実的なものであるとするビュフォンにとって、別の観点から構成される真理の基準が必要となる。ビュフォンはそれを「自然学的な真理」と名づけている。この自然学的真理はただ事実にのみ基づくとされ、立脚すべき事実概念の内包は次のように定義されている。

それ［＝自然学的真理］はただ事実にのみ立脚している。つまり、類似した一連の諸事実、あるいは、こういってよければ、同じ出来事の頻繁な反復や中断されることのない継起によって、自然学的真理が作られる[9]。

自然学の名において、定義ではなく事実から発する真理性が問題となる。事実とは観察によって見出されるものであって、そこにおいて、仮定や定義では捉えることのできなかった現実性を把握することが可能になる。この現実性とは、ビュフォンの言い方に従うならば、「類似」にほかならない。時間的空間的に見出される類似の事実としての反復・契機こそが、自然における現実性を担保している。また、事実とは時間的にも空間的にも連続して与えられる所与の総体であって、それは世界内の現象の総体を意味している。反復される連続的な秩序を捉えるための示標《クライテリア》は、それゆえ、不動の体系の論証的な明証性 évidence にではなく、ある事象と別の事象の間の連関から事後的に見出される確実性 certitude に基づく。そこにおいて、諸現象の連関は、類似した事象が生起する蓋然性 probabilité において把握される。ビュフォンの言い方に従うならば、「したがって、自然学的真理と呼ばれるものは、一つの蓋然性でしかないが、けれども非常に大きな蓋然性は、確実性と等しい価値を持っているのである」(10)ということになる。明証性に基づいた観念の体系ではなく、蓋然性によって結びついた事実の連関が自然学の規定をなしている。そこにおいて、時空間の秩序が相対的な現象界へと編成され、事物は類似性と反復性とに基づいた確率論的分布の内におかれる。事実に基づいた自然学的態度によって、独我論的視座に基づいた明証性の連関のみによって学知を構成しようとする試みの一面性は批判される。事実の検証は、むしろ人間の学それ自身が自然によってつねに限界づけられていることを知らせる(11)。

さらに言えば、観念の明証性と事実の蓋然性とは、単純に二律背反的な認識の二側面を述べるものではない。ビュフォンはこの二つの態度を連接することで、自然史の特徴的な方法としてその標題にも冠せられた「一般性」を獲得することを試みる。この試みは、「一般的な結果」を認識することをその目的とする。

けれども、観察を反復して事実を十分に認めたとき、また、精密な実験によって新しい真理を打ち立てたとき、われわれはこれら同一の事実の理由、すなわちこれらの結果の原因を探求することを欲する。われわれはそこで立ち止まり、結果を、すなわちより一般的な結果を導き出すよう努めるにいたる。そうして、諸原因はわれわれには永遠に認識されないし、今後も認識されることがないであろうと告白することを余儀なくされる。なぜなら、われわれの感覚もそれ自体われわれの知らない諸原因の結果であって、感覚が与えることができる観念は、ただ結果のもののみであって、決して原因のそれではないからだ。したがって、われわれは、原因を一般的な結果と呼ぶことにとどまって、それを越えて知ろうとすることをあきらめなければならない[12]。

観察と実験という二つの手続きを経て事象の因果性を探る試みは、事実を測定し判断に与件を与える感覚自体の相対的位相によって曖昧なものにならざるをえない。そこにおいて見出されるのは、真正な「因果律」などではない。というのも、感覚を持った観察者の位相自体も対象と同じく不測で不定の因果性によって規定されている以上、感覚を通じて発見された原因の観念でさえ複合的な原因の結果でしかないからだ。それゆえビュフォンは因果律を解消し、それを一般性の区分へと転換させる。ビュフォンにとって、原因の観念と見なされうるものは、一般的な結果でしかない。物事は原因からではなく「一般的な結果」から生じる。言い換えれば、一般的な結果とは、「そこから個別的な結果が由来する[13]」ものとして定義される。

この一般性の地平において数学と自然学という二つの学が結合した結果、大きな利点がもたらされることになるとビュフォンは考える。ビュフォンの言い方に従うならば、数学は事象が「どれだけあるか le combien」を思考対象とし、自然学は事象が「どのようなものであるか le comment」を思考の対象としている[14]。自然学的な眼差しは、事象の相互連関の内で問題となる事象はどの事象に依存して生じているのかを判別する。連関が見出された後で、そうした事象がどれだけあるのかを計算し、蓋然性の度合いを測るのが数学的な操作に求められる。事象の連関が多くの観察によって確証されたときに、この蓋然性は確実性へと転化する。数学的な確率論を通じて、すなわち数多性によって事象の存立を確証することによって、ありうべきことが確実なことへと転換していく。機械論的な原理は数学的な秩序、すなわち観念の世界においてのみ妥当するものでしかなく、それは物体の秩序に直接転用されるべきものではない。「この原理［＝機械論的効果の証明］を物体における諸効果に対して表象することは浅薄なものでしかない」[15]。ビュフォンにとって、物体の機械論的説明は「誤り abus」[16]に属している。

機械論的物体観が誤謬であり、物体は観念的体系の表象の触れえない底部にあるものだというテーゼは、当時の学問人たちにとって深く共有されていたように思われる。例えば、ダランベールによる『百科全書』項目「実験 Expérimentale」において、実験と観察という手続きは次のような形で定義されている。「誤り」に立ち向かう「実験」という手続きは、ダランベールにとって、物体の次元に触れることができるものであり、観念的な演繹に代わって重視されるべき知的な作業として定義されている。

実験的自然学は、混同されてはならない二つの地点で展開される。それは、まさしく実験と呼ばれるものと、観察との二つである。観察は、それほど厳密でも精妙なものでもなく、観察が目にする事実に限定され、自然のスペクタクルが示すあらゆる種類の現象をよく見て詳細を知ることに限定される。実験はそれとは逆に、自然をより深く貫き、自然に対して自然が隠しているものを露わにさせるよう探求する。実験は、何らかの仕方で、物体の異なる組み合わせによって、研究すべき新しい現象を想像する試みである。最終的には実験とは自然を聞くことにとどまるものではない。実験は自然を問いつめ、それをせき立てる[17]。

ダランベールにとっては、実験の深層性が観察の表層性に卓越する。ダランベールにおける実験が物体の深淵への道を開く手段であったとするならば、ビュフォンにとっての手段は、まず第一に観察であったと言うことができるだろう。複雑な事象を過度に単純化し、観念的に組み立てた場合、その体系からは「現実性」が失われてしまい、現実に対して適応したときに多くの誤謬や不都合が生じることをビュフォンは危惧している。自然史の対象は数学的抽象化を行うにはあまりに複雑で相対的なものであり、そうしたものに対しては、観察から始めることによって蓋然的認識を獲得し、ひいてはそれを確実なものへと変換して考えていくことがふさわしい。かくして、『博物誌』の第一叙説「自然史を研究し、扱う仕方について」の最後部において、ビュフォンの「方法」が述べられる。

精神をこれら［＝自然史や個別の自然学］へと導く真の方法は、観察に頼り、観察されたものを取り集め、そこから新しい観察をなし、そのようにして多くの観察をなすことで、主たる諸事実に属する真理をわれわれが確信することにあるし、また、これらの事実から引き出すことのできる結果における蓋然性を見積もる際においてしか数学的な方法を用いないことにあるように思われる。とりわけ、事実を一般化し、考察している事柄に関して本質的な事実と付随的な事実とを区別すべく試みなければならない。次いで、それらの事実を類似によって結びつけて、実験という手段によって不確実な部分を確かめあるいは取り除いて、あらゆる関係が結びついたことを説明する平面を形成しなければならない。あらゆる関係を、最も自然と思われる秩序のなかで示さなければならない(18)。

事実の一般化とは、すでに述べてきたように、事実の観察から得られた蓋然性を確実性へと転化させることを意味している。一般化された事実の相互性のうちに、諸事実を連関させている類似性を見出すことが自然学者の務めとなる。発見された類似性は、実験によって吟味され、諸事物の間の関係性として規定される。この諸関係の総体が、ビュフォンにとって現実性としての意味を有している。「現実性」とは、ありのままに表象された現象のことではなく、見出された類似性の網の目のなかにおかれた関係性としての事物の総体にほかならない。言い換えれば、事物の現実性は関係性によって保証されることになる。ビュフォンの「方法」は、このように、類似性の発見による自然の一般化にその核心がある。一般化された相対的な自然の関係性のなかに類似性を見出すことが自然学の役目だが、同時にそこにおいて、類似性なき一般性は、蓋然性にのみとどまりその確実性を持ちえないということにも帰着しかねない。

類似性の発見と蓋然性を確実性へと高める数多性とは事実上対をなして存在している。見出された類似性の数多性により、一般的な自然の関係性、いわばその現実性が規定される。

さらに言えば、見出された自然の関係は、再度説明の平面のなかで、いわば自然史の記述として展開されねばならない。そこにおいて、説明とは、ビュフォンの言い方を援用して言うならば、観念的な抽象性ではなく、現実的な抽象性を他の現実性との相互関係において可視化する技術にほかならない。そのようにして可視化され、書き付けられた自然の総体が、ビュフォンにとっての自然史であって、それこそが「一般的な平面」[19]を形成している。ここから、関係を見抜く人間の眼差し、および、関係を記述する「文体」の位相が、ビュフォンの自然史における賭金となることが分かる。

2　自然史のなかの人間

人間は自然のなかにおかれたときにどのような秩序を発見するのか。この問題を検討するために、ビュフォンは自然のなかに人間を措定する思考実験を行う。いわばいかなる先入観にも影響されていないタブラ・ラサ的精神を自然のなかにおくことによって、人間が自然のうちに見出す感覚や認識といった精神的所与を検討することが試みられる。ビュフォンが著作『博物誌』の二カ所に渡って、すなわち第一論文である「自然史を研究し、取り扱うための仕方について」と、同年に発表された第三巻に掲載された「感覚一般について」においてさらに発展させた形でこの思考実験を行っているという点からも、自然に向けられるべき人間の眼差しが大きな問題であったことが分かる。そこでは、ティエリー・オケ Thierry Hoquet の用語に従うならば、人間を取り巻く「様々な形而上学的布置 des dispositifs métaphysiques」が吟味される[20]。

ビュフォンはまず、「天地創造のときの最初の人間 le premier homme au moment de la création」[21]を仮構することから始める。第一論文では、この「新しい人間 homme neuf」が抱く世界に対する目覚めは次のように記されている。

実際にすべてを忘却してしまい、その人を取り巻くものに対してまったく新しく目覚めた一人の人間を想像してみよう。この人間を、ある地方のなかにおいてみよう。そこでは、動物、鳥、魚、植物、石などが、その人の目の前に次々と現れてくる。最初の段階では、この人間は、何ものを識別することもなく、すべてを混同するであろう。けれども、それらの観念は、徐々に、同じものを反復して感覚することによってはっきりとしてくる。すぐにその人間は動く物質の一般的な観念を形成し、それを動かない物質からたやすく区別し、もう少したてば、植物的物質を動く物質から区別するようになり、動物、植物、鉱物という第一の大きな区分へと自然に至るだろう。(22)

こうして、いかなる観念を持たずに環境世界に投げ出された人間が抱く外的対象についての観念の順序が設定される。それに従うならば、人間はまず第一に動くものと動かないものを区別し、次いで動くもののなかで植物と動物とを区別するようになる。鉱物界、植物界、動物界の三区分が立てられると同時に、人間は環境に関する三つの主要概念、「大地、水、風」を獲得し、それとともに、水棲動物、陸棲動物、および空中で活動する動物の区分がなされる。ここから第二の大区分である「四足動物、鳥、魚」の区別が与えられる。

人間が認識を獲得するこのような段階についての考察は、ビュフォンは、「第一言説」と同年に発表された『博物誌』第三巻の「感覚一般について」において繰り返し進められる。そこでは人間の目覚めの情景と世界像の獲得の光景がさらに詳細に描写されている。比較的簡潔で、学術的な、いわば俯瞰的な視点から書かれている先述の人間とは異なり、「感覚一般について」の記述においては、タブラ・ラサ的状態から世界の認識を獲得した人間が、自らの一人称によって世界認識を持ちうるまでの行程を語るという設定のもとに記述が進められる。ビュフォンはこの想定を、「もしこの人間が、その人の最初に考えたことの歴史＝物語をわれわれに対してつくることを欲するならば、その人はわれわれに何を述べる必要があるだろうか?」[23]と表現している。そこにおいては、原初の人間が世界像を獲得するための個体的な歴史性も考慮されていると言える。ビュフォンはこの主体の歴史性をもたらす記述の様態を「哲学的語り récit philosophique」[24]と名づけている。

「感覚一般について」における「哲学的語り」はそれゆえ、想起の形式で始められる。かつて原初の人間であった存在が、起源の瞬間を想起し、そこから現在に連なる諸々の契機を半過去の時制で語り続ける。この描写＝語りにおいては、世界のなかで目覚めた人間が最初に持つ意識様態が最初に強調されている。ビュフォンはこれをまず第一に存在の感情として定義する。想起可能な最初の瞬間は、多くの喜びと困惑とに満ちており、そこで最初に「私の単独存在の感覚」が与えられる。[25]

この人間をアダムのような原初の人間だと見なすこともできよう。とはいえこの原初の人間は、当時の典型的なアダム像がそうであったように、自己の存在を創造した造物主の存在を確信しその恵みに感謝している存在ではない。[26]それとは逆に、この人間は周囲から多くの影響を被り、そこから喜びを受けるとともに、それによって脅かされる存在でもある。原初の人間は光や天球、緑の大地や水面の輝きなどに喜びを感じ、それらすべてがあたかも自らの一部をなしていると感じる。けれどもこの喜びも、太陽を直接見てしまって思わず目を閉じ、まぶたの裏に痛みを感じるという経験を通じることによって、再び闇へと帰る可能性を持っている。喜び、あるいは存在の感情は、いつでも闇に転化しうるものでしかない。再び闇に閉じこもり、無化されつつある存在を、今度は聴覚的な喜びが再び呼び覚ます。鳥の歌、空気のざわめきが魂の奥底まで動かすような甘美な印象を与え、再び調和を見出そうという希望を持って、人間は再び目を開ける。そこにおいて、今度こそ、感覚的喜びのなかで、事物の真の「所有 possesion」[27]が達成される。人間は周囲にある諸存在を、輝かしい自己の一部と見なす。調和の感情が存在の感情と結びつくことによって、根源的な光の暴力を忘却し、世界を視線のうちに所有することが可能になる。

再び目を開いた人間の眼差しは、このような過程を経た結果、かつてのそれとは異なったものとなる。人間は自らに、周りのものを見失ってはまた見つけ出す能力を見出し、さらには、「自己自身のこの美しい一部分を破壊し、再生する能力[28]」を手に入れる。外部に広がる膨大な視座も、「光の偶有的な量と、色彩の多様性による[29]」ものでしかなく、それらすべてを自己に含まれるものとして見なすことができるようになる。感情の揺らぎは沈静化され、自己への愛情が生じる。自然におかれた自己の存在の揺るぎなさを確立していくこのプロセスによって、人間は世界を発見し、それを揺るぎないものとして我有化する眼差しを手に入れる。「私は激情を伴わずに見て、煩わされることなく理解することを始めた[30]」という一節は、自然と分離した主体として形成された人間の新しい目覚めを宣告する一節であって、この目覚めを通して、人間は、自然に対して新たな自然史的（＝歴史的）開けを可能にする「私の状況の新しさ la nouveauté de ma situation[31]」へといたる。

この第二の誕生とも言える審級の後、自己の境界が画定される。自他の境界なく混沌とした世界のなかで、身体を手で触れることによって、感覚の源でもある自己の感覚が触知される。「私の手はその時私の存在の第一の器官のように思えた[32]」と原初の人間は述べる。感覚を与える感覚というこの「二重の観念[33]」によって、延長を持った身体としての自己の境界が明らかになる。

身体の感覚を獲得した自己が外界の事物に手を伸ばしたときに、最初の自然史的営みとでもいうべきものが始まる。具体的にはそれは、木陰で休息しているときにブドウのようなものを手に入れたときから始まる。果実をつかむこと、すなわち自然の物体を獲得するということが、原初の人間が自己の内に見る力の一つであって、そこにおいては、果実の重さによって与えられる抵抗を押さえ込んで、自らの手の内にそれを奪い取ることに、所有と奪取の感覚が随伴する。原初の人間は、奪取と所有を経て、果実の内部に秘められていた香りを口に入れて味わうにいたる[34]。果実の味は欲望を増大させ、人間はより多くの果実を集めるよう促される。満腹した人間はもう一度眠りに落ち、目覚めたとき、自らの傍らに、自分とよく似たもう一人の人間、すなわち自らの分身たるイヴを見出す。

「感覚一般について」において詳述された以上の「哲学的語り」をもとに、人間が自然に対して行う序列化の意義をより詳細に理解することができる。自然の序列化については、「自然史を研究し、取り扱うための仕方について」中で、次のように述べられている。

原初の人間は、自然史の諸対象を、それらの対象と自らとの間にある様々な関係によって判断することになるだろう。人間にとってもっとも必要でもっとも有益であろうものが第一の位階を占める。例えば、動物の秩序のなかでは、最初の人間は、馬、犬、牛などを好むであろう。そうして、人間はつねに、自らにとってもっとも親しいものをよりよく知ることになるであろう。次いで人間は、親しくはないけれども、同じ場所、同じ気候に住まう、鹿や兎、またあらゆる野生の動物たちに取り組むだろう。これらの知識が獲得されてはじめて、人間の好奇心は、象や駱駝といった異なる気候に住まう動物たちが何であるか、ということを探求すべく人間を促すことになるだろう(35)。

人間にとっての重要度で動物は序列化され、それに従って自然史のなかでの位置が定められる。つまり動物の重要度は人間との距離によって規定されることがこの一節から判明する。距離はまた、親しさと言い換えられ、必要性と有益性とがその基準となる。自然物の優先度を決定するこれらの必要性および有益性は、「哲学的語り」に従うならば、人間が持っている二つの感覚、すなわち所有の感覚と所有物の享受から発する感覚に基づいている。極言すれば、ここでは必要性と有益性とは、活力とその源となる栄養を人間に与えるという事実を意味している。自己保存と欲求充足に基づいた所有されるべき自然の諸存在が原初の人間の目覚めを通じて現れる。人間による所有と享受とが自然史の基底に埋め込まれている。神への感謝なき原初のアダムのエピソードは、自然のうちに神なき人間が存在しうることを教える。

原初の状態において周囲に見出される自然の存在物は、とはいえ、ビュフォンの言い方を借りるならば、まだ「現実的」なものではない。原初の人間の挿話を少し遡って考察してみるならば、自己の存在の感覚を獲得したばかりの人間は、自然のなかで混乱した状態に置かれたものでしかなかった。

これらすべての感覚に揺り動かされ、一つのきわめて美しくきわめて偉大な存在からの快楽にせき立てられ、私は突然目覚めた。そうして私は自らが何か知られざる力によって運ばれていくのを感じた。

私は一歩しか踏み出していなかった。私の状況の新しさは、私を動けなくしていた。私の驚きは極度のものであった。私は自らの存在が逃げ去ると強く思った。私がなした動きは対象と混ざり合っていた。私はすべてが無秩序のなかにあると思った。[36]

人間は自己を確定することのみで揺るぎなき存在となるわけではない。自己の感覚は無秩序な自然に飲み込まれ、絶えず動揺している。原初の覚醒と「自然史」の地平の間には、まだ埋められるべき間隙が存在している。原初の人間は、周囲のものに手を伸ばし、それを味わうことによって、自然に対する権能を獲得するにいたった。その一連の手続きは、ビュフォンの言い方を借りるならば、「哲学的語り」として、いわば挿話的に表されていた。とはいえビュフォンにとって、人間の権能は、一つの原初的欲求を充足させることにとどまるものではない。結局のところ、それは単純な意味での人間の動物化にとどまる。ビュフォンによる自然史の当初の目的は、人間と動物との違いを平準化することではなく、連続する自然の相のなかで、人間の特殊な位置を、その特殊性に自足することなく、他の自然の存在と比較可能な形で示そうという試みであった。

なぜ人間の自然史を省略するのか？　自然史の存在のもっとも高貴な部分をなぜ省略するのか？　なぜ誤って人間の価値を下げるのか？　そうして、人間をある動物としてしか見ないようわれわれに強いることを望むのか？　実際のところ人間は、動物の本性とはきわめて異なって区別される、非常に優れた本性を備えているというのに。[37]

自然史から人間を分離することは、逆に人間の価値を貶める。ビュフォンにとって、動物と人間との比較可能性は、同質性をつきつめた極みに存している。[38] そこにおいて対照的に、両者の真正な差異が浮き彫りになる。人間と動物との間の物質的な類似性は「外的な」ものとして見出されるが、他方で、両者における「内的な」仕組みの違いを考慮しなければ人間と動物との違いは見出されない。内的な仕組みにおける根源的な違いから、すなわち理性に基づく思考の存在から、人間が動物に対して持っている優越性が生じてくる。ビュフォンの表現に従うならば、人間は「理性による計画、行動の秩序、人間に動物を従わせるべく強制される一連の手段[39]」によって、動物を人間にとって有益な存在に仕立て上げることができる。これこそ人間の内的な優越性、いわば理性を備えたものが持つ存在論的な差異にほかならない。その意味で、人間と動物との間には中間的ないかなる段階も存在しえない。人間は、魂と理性の働きを通じて、「知覚不可能な度合いと微細さによってつねに進行し、全体において活動する[40]」自然のなかに諸存在の分類を設定することができるが、これは人間理性によって設立された秩序であって、それ自体がきわめて唯名論的な立場のもとに構築される。自然そのものの内には連続的に推移する個体しかなく、人間がそこから類似性を発見することによって類と種とを想定していく。

このように、自然史の試みは人間理性の特権的存在を認める二元論的立場から始められたものであって、比較可能性と類似性とに基づいて世界の事物を分類していくビュフォンの自然史における態度は、人間精神を特権的な中心とした視点によって決定されていたことが分かる。

3　発生と類似の原理――ビュフォン『博物誌』における生物のエコノミー

ビュフォンによる自然史定立の試みを特徴づけるものとして、一般性の発見という要請が存在していたことがあげられる。ビュフォンの自然認識においては、唯一の起源を措定することなしに、すなわち超越的で形而上的な因果性を想定することなしに、一般性から個別性への行程として事実の推移が認識される。ここにおいて諸事実は類似の諸関係のなかに捉えられる。すなわち、諸事実は関係性の網の目のなかに置かれ、隣接した事実の類似性の高さが、認識された事象の現実性の高さと通底している。ビュフォンにおける現実性とはそれゆえ、実在する類似の諸関係に基づいたものではあるが、とはいえそれは端的な事実的所与としての現実性ではなく、共通する関係性を分有する度合いに基づいた抽象的な尺度であることが分かる。こうした見解から、自然界における動物と植物、あるいは人間と動物との差異と類似性とが説明される。

諸存在のこのような関係性に関しては、一七四九年に書かれた「動物誌」中に具体的な見解が見られる。すなわち動物は植物と比べたとき、その形や感覚、運動などを通じて、自らを取り巻く世界とより多くの関係性を取り結んでいるとされ、植物もまた、鉱物と比べて、形があり増大し、諸部分からなるという構造上の特徴から、周囲のものとより多くの関係性を取り結んでいるとされる。環境に適応し、働きかける能力の度合いによって自然物は分類されるが、そこには生体そのものが持つ能力の多様性が反映している[41]。個々の生体はそれ自体が世界との多様な関係性を潜在的に内包している、あるいは顕在的な構造として自らを示している[42]。こうした見解のもとで、まず環境との相関関係の差異によって生物における界が定められる。この点において動物と植物の差異とは、関係において可能とされる行為の差異と言い換えることができるだろう。動物と植物との具体的なこの差異は、三つの能力上の差異、すなわち⑴運動し自らの位置を変える能力の有無、⑵感覚する能力の有無、⑶自らに栄養を与える仕方の違いの各側面において認められる[43]。

とはいえビュフォンは差異の指摘にとどまって動物や植物の違いを認めることにはとどまらない。実際、先に示した差異それ自体も、植物や動物の多様な種類を考慮すれば反駁可能なものでしかない。例えば牡蠣のような貝はいかなる運動も行わないように見えるし、感覚を持っていないように見えるという意味においては、犬よりも植物の方に近い存在と見なされうる。植物の根の組織や障害を避けるその運動は、それ自体動物の外部器官と類似している。そうした観察を経て、結局のところ、「動物と植物の間には絶対的に本質的で一般的な差異はいささかも存在しないこと」[44]が証明されるにいたる。ビュフォンにおける決定的な自然観がここから帰結する。すなわち、「自然は、知覚不可能な段階とニュアンスに従って、われわれにとってもっとも完全に思える動物からもっとも完全性の低い動物にまで下降し、またそうしたもっとも完全性の低い動物から植物まで下降する」[45]ものとして捉えられる。

目に見えないほどの差異によって連続的に推移するこの自然のなかに、ビュフォンは動植物すべての存在に共通した三つの類似性を見出す。具体的にはそれは、(1)生殖の能力、(2)個体における成長する能力、および(3)植物と同様の仕方で生み出される動物の存在、の三点があげられる。これらすべての類似性は、個体の発生という現象と密接に関連している。動植物の両者は生殖の仕組みにおいて限りなくよく似た仕組みを備えており、また、動物個体における骨や毛といった各部分の成長は植物の成長に等しい。単性生殖を行うアリマキのような昆虫や、分裂して増殖するヒドラのような腔腸動物のように、発生の仕組みがむしろ植物のそれに等しい動物が存在している。こうした類似の存在から、ビュフォンは自然の存在の連続性と、そこに動植物にかかわらず妥当する同じ秩序が存在していることを確信する。自然の総体は、段階的に区分された「存在の連鎖」ではなく、あらゆる種が隙間なく充満した「自然史のタブロー」となる。

ここでビュフォンにおける種という概念について付言するならば、ビュフォンにとっては、種の概念の重要性とその内実も、この類似性という観点から帰結する。実際、ビュフォンにとってもっとも驚異に思われたのは、生物の各個体の存在ではなく、動物、植物にかかわらず生物一般に見受けられる「自らに似たものを作る能力」[46]であった。ビュフォンは同じものを作成する能力を「種」に属するものとして規定し、このような形で種を規定する生殖の問題を『博物誌』第二巻の「動物誌」における中心的な問題として据える。種について、あるいは生物の生殖についてのビュフォンの議論は、類似したものを生み出す種の存在に対するこうした驚きから始まり、また、それに伴って、動植物の全存在に認められる機能としての生殖の概念を打ち立てることが、自然における一般性探求の目的として措定されていた。類似性から一般性を導出するビュフォンの試みは、こうして種の概念を一般性として考察することに帰着する。ビュフォンの表現を借りるならば、「動物と植物とに共通する固有性、すなわち自らに似たものを作り出す力、継起的に存在する個体の連関が、種の実在的存在を構成する」[47]。種の実在的存在とそれを担保する類似するものの連鎖としての生殖が問題となる。別の言い方をするならばそれは諸存在の発生論的な秩序について思考することでもある[48]。

種の論理を中心にして自然を考察したとき、観念のプランと自然のプランとの間に質的な差異が見出される。このことは「自然のプランはわれわれの諸観念のカンバスと非常に異なったものである[49]」という表現が明確に示している。観念の地平と自然の地平の相違は、「第一叙説」の分析で触れたが、ビュフォンのここでの指摘もそれと重なっている。ビュフォンは観念の地平を幾何学的な真理の空間、すなわち単純な定義とそれの構成による複雑な説明とによって織りなされたものとして考えている。そこにおいては、もっとも抽象的な単純観念が、より複雑なものを構成する。自然においては事情は異なる。鉱物に比べて植物がより複雑に見え、植物に比べて動物がより複雑に見えるとしても、それは人間的な尺度に基づいた推測でしかない。言い換えるならば、動物や植物、あるいは鉱物などが有している複雑さは、人間が定める観念上の単位に還元できるものではなく、その意味であらゆるものが同様に複雑なものであるとも言える。幾何学的な観念の体系、いわゆるスピノザ主義的「体系論者 systématiques」の考えは、自然に対して適用されえない誤謬でしかない。還元主義は、ここでも再び批判の対象となる。自らのこうした方法を、ビュフォンは「なぜ le pourquoi」を問うことではなく、「いかに le comment」、および「どの程度 le combien」を問うことだと規定している。第一原因へと帰着する体系的因果性を求める考察は、ビュフォンにとって「なぜ」に属するものでしかなく、そうした態度によっては自然における事実を説明することはできない。これに対して「いかに」、および「どの程度」という問いを立てることによって、原因と結果との対応ではなく、その結果が生じてくる過程を考察し、あるいはその結果の度合いを考量することができる。これによって、超越的な観念による形而上学的な存在論を忌避することが可能になり、事実のレベル、すなわち存在者相互の関係における比較が可能になる[50]。

こうした過程を経て、「動物誌」のなかで、ビュフォンは個体の発展と種の存在に関わる類似性を保証する「鋳型 moule」の仮説を提起する。ビュフォンにおける生物発生論の核となるこの概念の提起の仕方のなかに、ビュフォンにおける「類似性」概念の特徴がもっとも良く示されている。

われわれがわれわれの望む形を物体の外側に与えることができる鋳型を作ることができるのと同様に、自然が鋳型を作ることができて、それによって自然が外側の形のみならず内側の形も作ることができると想定してみよう。これがひょっとして、発生が行われる手段ではないだろうか？[51]

シェルニが述べるように、ここには二重のアナロジーが存在している。すなわち、可塑的な物体と有機体とがアナロジーにおかれ、人間の技術と自然の仕組みとがアナロジーにおかれている[52]。この二重のアナロジーは人間と自然の関係性を錯綜させせつつ統一しているものなのだが、その点を詳述するためにも、まずはこの「鋳型」の概念を精査する必要があるだろう。

鋳型とはそもそも、自然における形を模倣するための技術として、絵画や彫刻と同列のものと考えられている。それはいわば、「表象する数多くのやり方 différentes voies de représentation[53]」の一つであって、表象が模像によって実現化され感覚を通じて見出されるものである以上、事物の外的なレベルに働きかける技術でしかない。このことは同時に、感覚によって物体の内的な性質は知られないということを意味している。そうしてここでビュフォンは、感覚によっては知られない物体の内的で一般的な性質が存在する事実を参照することで、逆に物体において感覚不可能な性質が他にも存在することを証明しようと試みる。すなわち重力 pesanteur というものが存在しその一般性が証明されている以上、感覚することができない物体の内的な性質も存在すると主張する。[54]「力 force」とも言い換えられる重力は、その性質上、物体の表面積にではなく物体の質量に比例して作用する。つまり重力は物質の量に関係して働く。ビュフォンはここから、重力のような一般的な力が存在すること、およびその力は物質の一番内部にまで貫いて働いていることを結論づける。

さらにビュフォンは論を進めて、物体の内部で生じていることを論証するために、表層と内奥との関係を逆転させる。目の表象機能が物体の表面ではなく物体の深層を見せるものであると仮定されたならば、内的な造形を可能にする鋳型の存在が理解できるだろうとビュフォンは推測し、この「良きアナロジー」によって、重力のように物体の内部を貫く力としての鋳型の概念が見出されるはずだと結論する。事物を内側から形作ることのできるこの鋳型は、ビュフォンによって「内的鋳型 moule intérieur」と呼ばれる。[55] 不可視の深層を顕在化することによって成立するこの概念は、外部形態として表象されるモデルを内在的な力と関連させて考えるものでもあるが、そこには深層と表層との逆転、あるいは錯乱とでもいうべき状況が帰結している。ビュフォン自身もこの観念に含まれる矛盾を表明している。

この、内的鋳型という表現は、最初は二つの矛盾する観念を含んでいるように見える。すなわち鋳型の観念は表面だけにしか関係しないものであるし、内的という概念は逆に物質の質量にのみ関係づけられなくてはならないからだ。それはあたかも、表面と質量という観念を一つに接合しようと望むようなものだろうし、内的鋳型を言うことは、質量平面を言うことと同様なのであろう。[56]

とはいえこの矛盾は必要不可欠なものと見なされている。ビュフォンによれば、この矛盾は言葉のレベルにのみ見出されるものであって、観念のレベルではそうではない。新しい観念にはつねに言語上の矛盾が随伴する。重力の概念が結果的には距離と重さという異なる二つの観念を結びつけることを可能にしていたのと同様に、内的鋳型の観念は、表層と深層とを同時に貫いて形作る力の存在を説明する。アナロジーによって成立するこの内的鋳型の観念は、それゆえ、形質を形作る力を物質の内部に帰せる役目を持つ。生命ある物体、すなわち有機的物質は、外側から型押しされるのと同じ効果を内在的な仕方で実現させているものとして捉えられなければならない。自然はその意味で、ビュフォンにとって、つねに人間の観念の枠組みを超出するものであり、また人間の技術をも超出している。こうして内的鋳型の概念は生命のモデルへと適用されうるものとなり、その仕組みが次のように説明されるにいたる。

動物の身体は一種の内的鋳型であり、そのなかで身体の増大に役立つ物質が形作られ全体に同化する。[57]

動物の個体におけるこうした成長は、部分部分が形態的な同一性を保ったまま、他の部分と同等の比率を保ったまま進行する。『博物誌』執筆初期のビュフォンにとって、個体発生は系統発生を含むものではない。生体は、秩序と尺度にのっとって発達するものであって、その成長は動物の各部分を貫いて存在している力によって実現化される。すでに述べたようにこの力は重力と類似したもので、人間の知覚の外部において働いている。表象不可能な力として有機体の形態を決定するこの内的鋳型は、当時発見されたヒドラにおいて見出されたように、[58]切り離された各部分部分から全体を再構成することができる。有機体の最小部分は生体の再生を可能にする力を有しているのであって、いわば全体から微小部分にまで浸透する力としてある内的鋳型の理論によって、最小限の有機的部分に、全体を構成する力が与えられる。内的鋳型と有機的部分との両者が、生殖と成長とを同時に説明する。成長に必要な成分はまた栄養摂取によって与えられるが、この仕組みもまた、自らと同質の「有機的分子 molécules organiques」をより分け摂取することにほかならない。[59]結局のところ、ビュフォンにとっては栄養摂取と個体成長と生殖とは同じ原理によって説明される。生物はそれゆえ、自らに同質なものを凝集させ、拡大させる力の総体として捉えられることになる。表出された力の形態を内的に定めるものが内的鋳型であって、分子をある形態へと方向づけるものとして考えられる。内外部から発せられる形態への傾向性であると同時に、内部的鋳型とは表象であると同時に表象不可能な力でもあり、むしろ物質において見出される形態のひな形でもある。また、この内的鋳型は単なる論理的因果性の総称ではなく、むしろ物質的実在として、有機的分子の内に存在が想定されている。自然の存在を構成するものは形而上学的な体系の内に抽象的な原理としてあるのではなく、むしろ最小の物質の内に具体的な力として宿りつつ実在している。

さらにビュフォンは、生きる力そのものでもある有機体を「自然におけるもっとも普通の製作物」と見なしている。有機体は生なき物質、つまり「自然のままの物質 matières brutes」とは異なり、自らを生産し続け、繁殖を続ける。[60]「一般的な自然は私にとって、死よりも生への傾向性をきわめて多く有している[61]」という表現が明らかに示すように、ビュフォンにとって自然に属する一般的傾向性はまずもって生の側に存在している。生なき物質は生ある物質が破壊された結果生じたものでしかない。こうした意味において、ビュフォンは自然を生あるものの円環と見なしている。とはいえこれは単純な意味での食物連鎖の構造とは異なる。ビュフォンによる自然のエコノミーにおいては、自然のなかで人間が中心的な位置を占めていたことが想起されよう。人間にとっては生あるものの数を増やす方が石や岩を増やすよりも容易であり、また十年で千粒の種をつける樹木が地球の表面を覆い尽くすために計算上では一五〇年しかかからないことを述べながら、ビュフォンは自然の生産力こそもっともコストがかからないものだと述べる。こうして、この自然の生産性、言い換えれば「自然の活動的な力 la puissance active de la Nature」[62] こそが人間にとっての自然の本質だと規定され、このような考察の帰結として、物質に関する一般的な区別として、「生きる物質 matière vivante」と「自然のままの物質 matière brute」との区別が導き出される。自然のままの物質は、例えば貝殻や灰のように、生きる物質の残骸から生じたものでしかなく、死んだ物質から生きた物質が生じることはない[63]。生なき物質は一般的な存在である生ある物質から派生したものでしかない。こうして、自然における一般的存在、すなわち生ける有機体を構成する最小の単位である「有機的分子 molécules organiques」の存在が、内的鋳型の仮説に加えてビュフォンの自然史のもう一つの理論的骨子となる。

4　自然史記述の発生論――『文体論』に見るプランと文体の概念

人間が理性を有する唯一の存在であるという根拠を、ビュフォンは人間が言語を用いるということに求めている。ビュフォンの表現に従うならば、人間は「外的な記号 signe extérieur」を用いて発話することによって思考を他人に伝えることができるとされる。動物は反響、あるいは人工的な機械のように言葉を反復するにとどまり、思考を秩序立てて並べ、観念を表明することができない。内的な思考の連鎖と外的な記号の結合との対によって人間の言語は構成されるのであって、そこには動物には見出されることがない観念の「創出 invention」と「完成 perfectionner」という契機が存在している。それゆえ、ビュフォンにとって、ビーバーの巣は世代を超えて発展することもなければ、蜂の巣が後代になるほど完成度を高めていくこともない。動物の特徴は「単一性 uniformité」と名づけられ、他方で人間には「進歩 progrès」の可能性が与えられる。[64] 進歩の可能性は、言語の可能性と等価なものとなる。人間を序列の上位におく自然史記述の試みは、それゆえ、言語の位相と切り離すことはできない。こうした観点から、ビュフォンが一七五三年に発表した『文体論』*Discours sur le style* における文体の概念についての考え方のなかに、対象を描写しようとしたビュフォンの「記述 histoire」の力学を認めることができる。

『文体論』は、ビュフォンが一七五三年にアカデミー・フランセーズの会員に選出された際に、前任者の功績を引き継ぎつつ自らの立場を表明するために執筆された。シュミットによる近年の校訂版ではこの著作におけるビュフォンの思考はビュフォンが称揚していた古典主義的美学の範疇に属するものであって、啓蒙の美学に属するものではないとされている。[65] ところが、『文体論』に表されたビュフォンの思想の内には――先述したデカルト主義からの批判的離脱と同じく――古典主義的文体論、あるいは言語観からの批判的な展開というものが存在しているように思われる。さらに言えば、ビュフォンが行ったこの批判的展開は、文体に内在する運動性を通じて対象を再構成する基盤を構成しようという試みであって、それこそが自然史の「基盤 base」となる地平、すなわち自然史のタブロー le tableau historique de la Nature の存立平面を構成していたと考えることができる。そうした意味において、『文体論』とは、歴史を記述する文体の運動を思考する試みではなかったか。言語論から文体論へと論を進めていくビュフォンの思考のなかに、自然を「記述＝歴史化」する一連の手続きを見出すことができよう。

ビュフォンは、『文体論』冒頭において、人間と動物との差異をなす言語に対して、観念に由来する存在論的差異以外にもう一つの側面を認める。「言葉の力 puissance de la parole」には、思考の創出のみならず、他者への働きかけも含まれているという指摘がその差異を述べている。ビュフォンのこの指摘は、言語において、対象を描写し記述する力と、それを他人に対して伝達し説得する力とが、実際のところ離れがたく結びついているということを強調している。さらに、言語が根本的に情動と深く結びついたものである以上、ビュフォンにとって、言語とは観念を無媒介的に伝達するものではなく、そこにはつねに身体と結びついた情動の契機が随伴している。伝達の力は身体と情動の側面へと委ねられる。ビュフォンの表現に従うならば、「身体こそが、身体に対して語る C'est le corps qui parle au corps」ということになり、その次元においては「あらゆる運動、あらゆる記号が等しく競合し、役立っている」[66]。言語に帰せられるこうした身体性から、言語によって人を動かす力が説明される。具体的にその力とは、「激烈で心に迫る調子、表現力豊かで繰り返される仕草、きびきびしてテンポのいい話し言葉」といった伝達のダイナミクスに関わる要素と、「事柄、思考、理由」といった内容に関わる要素とに大別される。情動的部分、すなわち、ビュフォンの区分に従うならば「心 le cœur」に働きかける前者の要素と、理性の部分、すなわち「精神 l'esprit」に働きかける後者の要素との両者を効果的に用いた言葉遣いは、人の「魂 l'âme」を動かすことができる。ビュフォンにとって、こうした言語行為が「文体 style」と呼ばれる。「文体とは、［魂の］思考のなかに置かれる秩序と運動にほかならない」[67]。

文体に関するこの簡潔な定義の後に、自然史記述の試みと共通する方法が見られる。いったん定義された文体は差し戻される。すなわち、ビュフォンは文体そのものよりも、文体が存在する地平をまず問題とする。

けれども、思考が示されるであろう秩序を探求するよりも前に、もう一つ別のいっそう一般的な秩序が作られていなければならない。この秩序のなかに入るべきものは、ただ最初の眺望と主要な観念のみである。このプランの上でそれらの位置を示すことによって、主題が限定され、その領域を知ることができるのだろう。(68)

文体が思考を乗せる秩序であったとしても、ビュフォンはさらにそれ以前に「もう一つ別のいっそう一般的な秩序」を要請する。秩序以前のこの秩序は、ビュフォンによって「プラン plan」と呼ばれている。プランの上で、対象が対象化され、その輪郭が定まる。いわばプランとは対象を精査するための一般性を担保するものであって、そこでは理性や情動に先駆けて、「天才 génie」や「判断力 discernement」、「叡智 sagacité」が働いている。

天才の力によって、正しい視点のもとに、あらゆる一般的な観念と個別的な観念が表象されるだろう。判断力の偉大な繊細さによって、不毛な思考と豊かな観念とが区別されるだろう。書くという偉大な習慣が与える叡智によって、精神のあらゆる操作による産物が何になるかということが、前もって感じられるだろう。(69)

プランの働きは、このように三つの能力からなり、それぞれの役割が区別されている。これらは次のように要約される。すなわち、(1)視点の選択による全体の表象、(2)産出性ある観念の区別、(3)思考結果の予見。この三つの働きが、プラン上で働き、秩序ある思考を発生させる。いわばビュフォンにおけるプランの概念は、全体的な構想を先取りして、かつ思考の端緒となるべき差異を与える能力であって、それによって個々の記述は、他のものと区別されながらも結果的に統一されることになる。ビュフォンの別の表現を援用するならば、プランとは、「未だに文体ではないが、文体の基盤である」(70)ようなものにほかならない。プランとは文体を支え、文体を導き、文体の運動に規則を与え、それを法則に従わせる。プランなき作品は、ディテールがいかに優れていようと、それらの多様性を統一することはできない。三つの要素の統一（＝一致）unitéに基づくプランの法則は、それ自体古典的な形式を保存しているとも言えるが、とはいえそれは規則に先立つ規則を発生させる規則であり、静的な体系的統一を秩序づける古典的規則とは異なっている。いわばプランとは観念の産出・発生を可能にする場だと言えよう。プランにおける観念産出の地平の働きとしてビュフォンは、「糸（＝関係）の連続性 la continuité du fil」「諸観念が調和しつつ相互に依存していること la dépendance harmonique des idées」「継起的な発展、グラデーションの保持、中断によって破壊され、あるいは衰弱させられる均一な運動 un développement successif, une gradation soutenue, un mouvement uniforme que toute interruption détruit ou fait languir」をあげているが[71]、このことは、プランそれ自体が観念とその秩序を生起させる内在的な運動を含んだ平面であって、そこに独自の運動の契機と時間の契機とが存在していることを意味している。プランにおけるこのような連続的な運動から個物の輪郭が生じ、ひいてはそれが言語と結びついた観念を発生させる。こうして、連続的運動が充満した自然史の平面があってはじめて、対象の運動性とエネルギーとを記述によって再現することが可能になる。文体はプランのなかに埋もれていた対象を「表現によって実現化する réaliser par expression」[72]機能を持つ。

プランの機能はこのようにして、自然とその記述とを結びつける。プランなしの思考は対象の対象化を不徹底なものとし、その結果、思考対象を他の観念と比較したり、それによって別の概念へと包摂することが困難となる。さらに言えば、プランから文体へのこの道行きは、記述における観念の静的・光学的な古典主義的配置を離れて、表現によって実現化される文体の力学への通路さえ開いている。プランに見出される自然の不断の運動とその力が文体へと投影される。

プランが作成されたならば、すなわち人が主題に関するあらゆる主要な観念を取り集め、秩序のなかに置くことができたならば、人は自らが筆を執るべき瞬間をたやすく知ることができるだろうし、精神による生産が成熟の段階に達したことを感じることができるだろう。人はそれを孵化させるべく急き立てられるだろうし、書くことの快のみを抱くようにさえなるだろう。思考は容易につながり、文体は簡便で自然なものとなるだろう。この快から熱が生まれ、それがあらゆるところに拡がり、各々の表現に生を与えるだろう。すべては程度の差こそあれ生気を与えられて活性化され、調子は高まり、対象は色彩を帯び、感情は光と結びついて、色彩を増加させ、それをさらに彼方へと運んでいき、言われていることから言われるであろうことへと色彩を推移させていく。そのとき色彩は、関心を惹きつける、光あふれるものとなるだろう。(73)

文体は連続的な自然の層から生まれる。いわば、生物学的な発生のプロセスが文体の発生論を根拠づけている。引用された箇所にある「孵化する éclore」という表現が、発生のこのメカニズムを明示している。この仕組みは、「自然は沈黙のなかで自然による生産の胚を下書きしている」という別の箇所の表現にも見られる。(74)連続的な自然はいわばそれ自体が未分化な生体を宿した自然の胚種であって、そこから様々な自然の産物が生じてくる可能性がつねに担保されている。また、「自然は自然から決して隔たることのない永遠的なプランの上に働きかける」(75)という箇所から理解されるように、連続的な自然の層と、永遠的なプラン、つまり比較考量に基づく数学的・幾何学的なプランの地平の両者は、実際は不可分なものであることも指摘されている。連続的な自然に重ね書きされているプランを媒介にして、自然から発生した静的な観念が再度連接し、文体による表現を通じて「実現化 réaliser」されるにいたる。そこにおいて文体は再び「熱 chaleur」を帯びる。運動する自然はプランによっていったん観念の光学的な配置へと置き直されるが、人はそこから再び「熱」を、言い換えるなら「生」を与える権能を手に入れることができる。熱から光へ、そうして再び熱へ。光と熱を変換する一連のプロセスは、ビュフォンが自然科学におけるキャリアの初期に証明と応用を試みたテーマでもある。(76)いわばビュフォンにとって光は熱と等値されうる。熱を帯びた文体はそれゆえ、また、不可避的に光をも帯びていることになる。文体の輝かしさ、明証性は、このプロセスから説明される。

このようにして獲得された文体はそれ自体一つの永遠な真理でもある。ビュフォンのものとして知られる有名な文句「文は人なり［＝文体は人間である］le style est l'homme même」(77)はこのことを端的に表している。この文句は単純な反映論ではない。文章のなかに示されている事実や知識、あるいは発見などは進歩の結果刷新されることを余儀なくされるものだが、それを伝える文体の力は後代まで伝えられ、それを変質させることはできない。ある人間が到達した不朽の文体は、それゆえ、それ自体が永続し永遠のものであるという意味において真理と同じ価値を有している(78)。けれども同時に、文体は多様なものを伝える多様な媒体であって、唯一の絶対的な文体が存在するわけではない。多様性を担保する文体のこうした価値は、それゆえ美学的な範疇において考えられる。

また、美しい文体が実際に永遠的でさえあるのは、ただその文体が示す無限の数の真理による。そこにおいて見出されるあらゆる知的な美しさや、文体を構成するあらゆる諸関係もまた、人間の精神にとっては真理であって、それは主題の基底をなす幾多の真理と同じく、有益で、ひょっとすればそれよりもいっそう価値のある数々の真理なのである(79)。

文体によって示される真理とはそれゆえ、さまざまな「知的な美しさ」や「関係」であって、それはまた、「主題の基底をなす真理」、すなわち自然によって人間を基礎づける真理とは異なりつつ、それと匹敵しているものとして捉えられる。両者は通底しつつも質的には異なっている。いわば、自然の真理が力として表出したとき、それが美的な真理へと転換される。文体を生み出す主体、すなわち文体そのものである「人」は、そのとき美学的な中心として世界を記述し始める。換言すれば、文体による世界の記述とは、自然の諸力を人間を蝶番にして再度折り返したところで成立している。「文体は知性に属するあらゆる諸能力を再統一して行使することを前提としている la réunion et l'exercice de toutes les facultés intellectuelles」(80)という表現の「再統合 ré-union」という語が、文体によって実現化される自然の人為的反復を含意している。この反復＝再構成において必要とされる能力は、単に観念と感受性の領域にとどまらない。文体の獲得には悟性の領域である「精神」、感性の受容を可能にする「魂」の他に、「趣味 le goût」が必要とされる。「規則は［…］天才を補うことはできない」[81]以上、再構成＝再記述には美的な「天才 génie」を欠かすことはできない。そうしてこの天才と趣味とは、ビュフォンにとって、古典的な雄弁家の模倣のみを通じて獲得されるものではなかった。ビュフォンにとって文体とは単純に人工的なものではなく、そこにはやはり、プランの構図にも似た自然性への通路が開いている。ビュフォンはそれを文体の「調べ le ton」の発生論として提示する。

文体の二側面としてビュフォンは「基底 le fond」と「調べ le ton」とをあげている。[82]このうち前者は、すでに明らかにしたように、能産的自然の不断の連続性と緊密に結びついている。文体の基底をなすのは連続して生成を続ける自然と、そこに見出される永遠的関係性の網の目であるプランであって、そこから伝わる自然のエネルギーが文体へと伝導され、文体を通じて表出する。「調べ」を発生させる仕組みも基本的にはこの基底からの自発的湧出にほかならない。つまり「調べ」自体もプランの構造と不可分なものとしてそこから発生する。

調べとは主題の性質と文体との適合にほかならない。それは強いられたものではない。調べは事物の基底それ自体から自然に生まれるし、事物についての思考に向けられた一般性の点に強く依存している。もっとも一般的な観念にまで上昇して到達し、またその対象そのものが偉大であったならば、調べも同じ高みにまで昇るように見えるだろう。そうして、調べをこの高みで保持しつつ天才が多くのものを供給してそれぞれの対象に強い光を与えたときや、描線のエネルギーに色彩の美しさを加えることができたとき、また、一言で言うならば、それぞれの観念を生き生きとしてはっきりと限定されたイメージによって表象し、一連の観念をもとに調和があって運動するタブローを形成することができたならば、調べは高貴であるのみならず、崇高なものとなるだろう。[83]

崇高にまで至りうるとされる文体の調べも、ビュフォンにとっては自然からのプランと同じ構造を通じて発生することがここから分かる。すなわちもっとも「高い」一般性の観念に到達したときに、それを語る「調べ」も随伴的に、だが「自然に」引き上げられる。プランによる一般化の行程と、文体の高さとは、いわば自然状態での比例を保って共に構成されるものであって、それは決して「強いられた＝たわめられた」道行きではない。文体の調べは人為的に強制された変容を強いられたものではなく、その自然性はむしろビュフォンの言う「一般性」の要請に従って現れる。のみならず、すでに見たように、プランの働きによって輪郭づけられた「描線」はそれ自体自然のエネルギーを内包するものであるが、それに「配色＝彩色 coloris」を施すことといった「天才」による介入を通じて、生気ある観念の連動が現実化される。「調和ある動くタブロー」が、こうした段階を経て表象＝再現前化される。自然のプロセスを実現化しうる文体は、プランによって浮き彫りにされた対象の観念に、天才の助けによって連続的な配置に置かれることによって構築される。そのときこの文体の持つ「調べ」は「崇高 sublime」なものとなる。文体はそれが崇高なものになったときにもっとも完成度が高いものとなる。(84)

以上のような一連の考察を通じて、ビュフォンの自然史の方法が持つ特徴と、それが実践的に「記述」や「文体」を形成する構造が明らかになった。自然史＝博物学は、観察された事実の間に見出された類似性を再度記述し比較可能なものとして提示することに存しているとまず考えることができる。輪郭づけられた観念が秩序に基づいて配置される平面、すなわちプランの上で類似性は見出されることになるのだが、他方で世界の事象を比較可能な範疇へと置くこのような類似のカテゴリーは、不断に生成を続ける自然の影響を被ることによって生まれてくる。いわばそれは生成する世界から発生する一般性の領域にほかならない。類似の集合は、いわば世界を転写した平面の上で表象されている。そうしてこのプランの成立は、卵の孵化の比喩や原初の人間の説話を通じて説明される。プランはいわば発生論的な装置であり、自然発生的に獲得される。自然からプランへといたるこの力学は、深層から表層へと浸透する力によって説明される生物の個体の発生秩序とも重ね合わされている。自然史記述の試みと自然における発生の現象は、類似した仕組みによって説明される。表層まで貫いて可視的な形式、ないしは形式化を可能にする深層の力がそこでは想定されている。人間自体も有機的分子が集合した一つの力の現実態ではあるが、それは同時に、自然の多産性を増大させる文字通り人為的な力を有している存在でもある。いわば人間は技術によって自然に内在しつつも自然を超え出るものであり、自然からのこの逸脱によって自然における人間の中心性が担保される。ビュフォンによる自然史記述の試みにおいては、自然を超出しつつ別の形へと変換する行為それ自体が持つ脱自然化の手続きと、その行為自体が人間の自然の一つの様態であるという主張が結びついて、人間的視点による記述の自然性が担保されると同時に、人間の脱自然的中心性とが担保されている。そこにおいて一般性とは、分離した中心から見出された普遍的な類似性を意味している。

あとがき

本書の内容は、平成二十一年（二〇〇九年）に東京大学大学院総合文化研究科に提出された博士論文『群れと変容の哲学――ドニ・ディドロの唯物論的一元論とその展開』が元になっている。刊行に際しては、提出された論文に最低限の修正を加えるのみにとどまっており、大幅な加筆や修正はほとんど行っていない。なお本書は、独立行政法人日本学術振興会平成二十二年度科学研究費補助金（研究成果公開促進費）の交付を受けて刊行されたものである。また、本書所収の補論「十八世紀自然史概念における一般性の領域」には、平成二十一年度に交付された日本学術振興会科学研究費補助金（若手(B)）「ビュフォン『一般的個別的博物誌』に見られる自然概念と自然記述の形成について」（研究代表者：大橋完太郎）による研究成果が反映されている。

本書の初出一覧を左記に示しておく。ただし、いずれも発表時のものに大幅に加筆・修正を施してあり、初出と全く異なっているものも多い。

第一部　第一章・第二章　書き下ろし

第三章　「悪しきパントマイム」、表象文化論学会第三回大会パネル「物体的な、あまりに物体的な」における口頭発表（二〇〇八年）

第二部　第一章　「盲者の感性論と唯物論的一元論――ディドロ『盲人書簡』読解」、『表象文化論研究』第三号、東京大学大学院総合文化研究科超域文化科学専攻表象文化論研究室発行、一八―三八頁（二〇〇四年）

第二章　「聾唖者と魂の位相に見る唯物論的一元論の基礎付け――ディドロ『聾唖者書簡』読解」、『超域文化科学紀要』第一二号、東京大学大学院総合文化研究科超域文化科学専攻発行、六七―八六頁（二〇〇七年）

第三章　書き下ろし

第三部　第一章　第2節のみ「タブローを越えて――『百科全書』とスクリーン」、『水声通信』第一一号、二〇〇六年九月号、水声社発行、七七―八五頁（二〇〇六年）

第二章　「ディドロにおける中国――『百科全書』項目「中国（人の哲学）」を中心に」、『日本フランス語フランス文学会　関東支部論集』第一五号、日本フランス語フランス文学会関東支部会発行、三五―五〇頁（二〇〇七年）

第三章　「絵画の中を歩くことはいかにして可能か？――タブローを貫くディドロの唯物論について」、フォーラム『イメージ（論）の臨界』（科学研究費補助金萌芽研究「美術史の脱構築と再構築」（代表：岡田温司））における口頭発表（二〇〇八年）

第四部　第一章・第二章　書き下ろし

第三章「ディドロにおける物質論と化学的思考（1）――『百科全書』項目と後期物質論」、「18世紀研究会」における口頭発表（二〇〇八年）

第五部　第一章　“La Question du monstre chez Diderot dans Le Rêve de d' Alembert”, *Études de langue et littérature françaises* 第八九号、日本フランス語フランス文学会発行、四五―五九頁（二〇〇六年）

第二章　書き下ろし

補　論　「ビュフォンにおける自然認識と記述の問題」、日仏哲学会平成二十年度秋季大会における口頭発表（二〇〇八年）

本書の出版は、ある見方をすれば、研究者としてまだ何事もなしたわけでもなく、ただ遅きに失したキャリアがようやく始まろうとしている一学徒が、公的な出版補助の申請が認可された結果、博士論文を書籍として刊行することが可能になった、ということ以上のものではない。だが、今日の若手研究者にとって、単著の刊行は業績のなかでも重要な割合を占めるものでもある。のみならず、打ち続く不況に疲弊している学術書出版界の昨今の状況のなかで、専門的であるのみならず難解で読者層もきわめて限定された学位論文を刊行してくれる版元を探し出すことはそれほど容易いものではない。その意味で筆者にとって、今回の出版はまことに僥倖だと言わざるを得ない。

折角の機会であるから、本書の成立した私的な背景について少し述べてみるのも許されるだろうか。学部時代はフランス文学を専攻していたにもかかわらず、文学作品をもっぱらその範疇のみで享受するという文学科的な研究手法に筆者はうまく馴染めないでいた。自分の関心は、大きく言えば「人間とは何か」という問い、小さく言えば人間の表現としての文学というところにあった。その意味では思想や文学にジャンル上の違いを認めないで読んでいきたかったし、舶来の文学作品をフランス人のように味わうことそれ自体に多少の違和感もあったように思われる。別の言い方をすれば、文学の普遍的な価値に引き寄せられつつ、そのローカリティが持っている壁をなかなか越えることができずにいたのかもしれない。「思想」と言われているものはその意味ではアクセスしやすく見えた。パリの町並みは世紀を経て移り変わるものかもしれないが、人類の歴史が始まって以来猫は猫であり、猿は猿であり、人間も人間として思考を続けてきたのではないか。そう思って、モンテーニュやデカルトやパスカルの古典的な思想から始まり、現代思想と呼ばれているフーコー、デリダ、レヴィ＝ストロースにいたるまで、手当り次第に読み続けてきた。本書において従来の意味での「哲学的」な問題に収まらない思考の数々が扱われているとするならば、それは、このような読書経験に依るものが大きい。筆者がそこに見つけたのは近代の学問制度のなかで伝承されてきた問題の系譜ではなく、「人間」を中心課題として数々の才能が織りなす関心の星座であった。布置としての人間の思想史のなかで、それぞれの人間が人間についてどのように考え、そして、彼ら彼女ら自身も人間としてどのように生きることができたのか、それこそが今でも考えられるべき問題だと思っている。なぜなら、どのような状況に置かれても人は生きねばならないし、考えながらより良く生きることを目指すことができるからだ。その意味で、人間的なものの本質とは、それをめぐる逡巡のあいだにのみあるのかもしれない。本書の方向性も筆者のこうした考えと根本的には一致している。その結果本書は、狭義の文学史や哲学史、あるいは思想史を傍らに置きつつ、人間とその知の条件を思考し続けたディドロが一つの「体系なき体系」を構築していく道筋を追いかけるものとなった。十八世紀の「怪物」的な営為を支点にしつつ、二十一世紀以降の「ポスト－ヒューマン」の諸相を考えるきっかけとして本書を役立ててもらえるなら、それにまさる喜びはない。

さて、筆者はキャリアにおいていくつかの致命的な失敗や遠回りを経つつも、なんとか東京大学の総合文化研究科にある表象文化論コースの大学院で研究を再始動することができた。そこで選んだディドロという対象は、こうした中途半端な経歴を持つ筆者や、学際性を標榜するコースの方針と比較的相性が良かったのではないかと今になって思えてくる。大学院で中心的に学んだ哲学・思想の領域のみならず、並行して学んだ美学、演劇、絵画、あるいは映画に関する考えや知見は、実際、本書のいたるところに反映されている。文化領域の横断を体現した人物であるディドロの研究に関してこれほど相応しい場所もなかったようだ。まだまた勉強不足の身だが、総合的な知識人たるユマニストを理解するためには総合的な手法によってしか把握できないことがあるということに、最後になって気づいた気もする。

先にも述べたが本書の刊行はまさしく僥倖であり、そこに辿り着くまでには多くの方々の見えない力が動因となっている。とりわけ本書の元になった博士論文を審査していただいた五人の先生方は、単なる審査員ではなく、筆者の東京での研究生活に深いレベルで影響を与え、学問を続けることの喜びを教えてくれた方々でもある。指導教員であった小林康夫先生には、審査の主査を務めていただいたのみならず、その後も今日に至るまで様々にお世話になっている。執筆中も大胆かつ的を射た指摘にどれだけ救われたことだろう。先生の繊細な感受性と鋭い洞察力には今でも大いに学ばせていただいている。修士論文の指導教員でもあった高橋哲哉先生には、その展開形となる博士論文も審査していただけた。先生の強靭かつ明解な合理性とそれに反比例するような懐の深いお人柄は、研究を続ける上で一つの大きな模範であり続けている。高田康成先生からは、奥深い古典的教養にとどまることなく現代的課題へと問いを開いていく姿勢を教えていただいた。闊達なそのお人柄と旺盛な知的好奇心には今でも大きく励まされることが多い。中島隆博先生がいなかったならば、東大駒場の大学院には入学していなかっただろう。長い付き合いに倦むことなく、先生はつねに筆者を教え励ましてくれる。先生が発する「強い問い」に応えることが、これからの課題である。最後に鷲見洋一先生。新潟で行ったおぼつかない発表を発端に、なんとか一人前の専門研究者の仲間入りをするまでに導いてくださったのは先生に他ならない。本書の刊行に際しても、有益な助言を数多くいただいた。他にも、松浦寿輝先生や田中純先生、佐藤良明先生、岡田温司先生など、学恩をあげれば数限りない。すべての人をあげることはできなかったが、お世話になった先生方すべてに、この場を借りて心からのお礼を述べさせていただきたく思う。また、本書の刊行は、学恩という縦糸のみならず、さまざまな横糸によって紡がれた結果でもある。研究会や読書会、学会発表をともに行った同世代や年齢の近い先輩後輩のすべての方々に——ここでいちいちその名を挙げることは差し控えるが——大いなる感謝の念をお伝えしたい。担当編集者であった法政大学出版局の郷間雅俊さんは、筆者の博士論文を書籍化することに非常な情熱を傾けてくださった。氏の尽力なくしてはこの書物の刊行は決して実現することがなかったであろう。また、東京ピストルの加藤賢策さんは、実に切迫したスケジュールのなか見事な装幀デザインを施してくれた。両者にも厚く御礼申し上げる次第である。最後に、遅々として進まない執筆作業を温かく見守りつつ、同時に一級の研究者として筆者を多いに触発してくれた妻柳澤田実と、毎日生きること食べることの楽しみを全身で伝えてくれる娘和呼にもお礼を伝えたい。ありがとう、あなたたちの微笑みが私をハイにする。

『ラモーの甥』は去っていった女性、甥ラモーの妻のエピソードで幕を閉じる。いささか長くなったこのあとがきの締めくくりも、その顰みにならうことにしよう。遅すぎる筆者の人生の歩みを我慢強く見守りながら、昨年四月に逝去した母大橋エミに本書を捧ぐ。彼女になにひとつ届けることができなかったことが、今でも強く悔やまれる。いつか、月日が流れお互いが一粒の砂に化したとき、どこかでその砂粒が再び触れ合い、共振したならば、そのとき、砂粒どうしが許し合い、再び理解し合うことも可能だろうか。唯物論的一元論ならば、死後の生さえ希望に変容させることができるだろうか。伝えたかった言葉は今でも、波のように止むことなく、いつまでも響き続けている。「ありがとう、大丈夫だよ、みんな元気だよ」と。

二〇一一年一月

澄み渡る冬晴れのなかで

大橋　完太郎

●著者紹介

大橋完太郎（おおはし・かんたろう）

1973年生まれ．東京大学大学院総合文化研究科超域文化科学専攻（表象文化論）博士課程単位取得退学．博士（学術）．東京大学グローバルCOE「共生のための国際哲学教育研究センター（UTCP）」特任講師．専門は思想史・表象文化論．17−18世紀の哲学・思想を題材に，近代，および近代的人間の概念的布置や形象を解釈することで，人間像の批判的再構築を目指している．著書に『ディスポジション——配置としての世界』（共著，現代企画室），論文に「自由の徒弟時代——スピノザ『エチカ』における理性の諸相」『UTCP研究論集』第6号（UTCP），共訳書にストイキツァ『絵画をいかに楽しむか』（平凡社）など．

ディドロの唯物論
群れと変容の哲学

2011年2月21日　初版第1刷発行

著　者　大橋 完太郎
発行所　財団法人 法政大学出版局
〒102-0073 東京都千代田区九段北3-2-7
電話 03（5214）5540　振替 00160-6-95814
組版：HUP　印刷：三和印刷　製本：誠製本
装丁　加藤賢策（東京ピストル）

ISBN978-4-588-15063-0

人名索引

（　）内の数字は，注のページ数を示す．事項および書名索引でも同様．

ア　行

アイスキュロス　Eschyle　270
アリストテレス　Aristote　103, 172, 238, 240, 251, 314
アリストファネス　Aristophane　54, 57
イソップ　Ésope　239-41
イブライム　Annie Ibrahim　305, 307, 321, (52), (53), (54)
イポリット　Jean Hyppolite　11, 13, 19-21, 28, 55-56, (27), (28), (29), (31)
ヴァレンタン（ヴァイゲル）　Valentin Weigel　267
ヴァン・ルー　Louis-Michel van Loo　ii, 257
ヴァンドゥイユ夫人　Madame de Vendeuil　4
ヴィンケルマン　Johann Joachim Winckelmann　210
ウェーバー　Max Weber　161
ウェルギリウス　Virgile　(40)
ヴェルネ　Joseph Vernet　197-99, 201, 215-16, 218-21, 224, 332, (41), (44), (46)
ヴェントゥーリ　Franco Venturi　(27)
ウォーバートン　William Warburton　125, 131, 134-38, 150, 156, (39), (40)
ヴォルテール　Voltaire　iv, 31, 232
ヴネル　Gabriel François Venel　248-51, 253-54, 256-57, 259-62, 287-88, (48), (49)
エカテリーナ二世　Catherine II　4
エピクテトス　Épictète　(54)
エルヴェシウス　Helvétius　42-43, (30)
エンゲルス　Friedrich Engels　iii, (27)
オケ　Thierry Hoquet　355
オッカム　Guillaume d'Ockham　80, (38)

カ　行

カイタロ　Timo Kaitaro　(34)
カステルノダリ　Fabre de Casternaudari　257
カゾット　Jacques Cazotte　30
ガッサンディ　Pierre Gassendi　276, 280
カドワース　Ralph Cudworth　263
ガリレオ　Galileo Galilei　267
カンギレム　Georges Canguilhem　321-22, 340, (54)
カント　Immanuel Kant　126, 160, 177, 179, 202, (41), (45), (58)
キルヒャー　Athanasius Kircher　183
クインティッリ　Paolo Quintili　(54)
クーレ　Henri Coulet　30, (29), (30)
クテシアス　Ctésias　182
グリム　Melchior Grimm　197, 210, 239
クレロン　Mademoiselle Clairon　31
グロチウス　Hugo Grotius　263
クロッカー　Lester G. Crocker　262
グンドゥリング　Jacob Paul von Gundling　187, 195
ゲアハルト　Suzanne Gearhart　7, (28)
ゲーテ　Johann Wolfgang von Goethe　4-5, 53
ゲドン　Jean-Claude Guédon　(51), (52)
孔子　Confucius　188-91, 193, 195, 223
コルネイユ　Pierre Corneille　63
コンディヤック　Étienne Bonnot de Condillac　70, 110, 112, 116, 128, 131-32, 134, 162, (38), (40)

サ 行

佐々木健一 (41)
シェイクスピア William Shakespeare 270
シェルニ Amor Cherni 365, (57)
シャール Johann Adam Schall von Bell 187
シャフツベリ Earl of Schaftesbury (38)
シュイエ Jacques Chouillet 121, 131, 139, 148, 209, 213, (39), (40), (41), (45), (46)
シュタール Georg Ernst Stahl 253-55
シュテンガー Gerhardt Stenger 308
シュミット Stéphane Schmitt (58)
シュローバッハ Jochen Schlobach (27)
ジョクール Louis de Jaucourt 59, 167
スタロバンスキー Jean Starobinski 32-33, 38-39, 199, (30), (44), (50)
ストイキツァ Victor I. Stoichita (42)
スピッツレイ J. G. Spitzley 252
スピノザ Baruch de Spinoza 72, 180, 264, 272-73, 275, 335, 345, 364, (55)
スローン Phillip R. Sloan (45)
セール Michel Serres (33)
ソクラテス Socrate iv, 7, 242, (28), (33)
ソフォクレス Sophocle 54
ソンダーソン Nicholas Saunderson 29, 86-88, 91, 94, 96, 99, 101, 107-08, 114, 262, 293, (34), (35), (37)

タ 行

ダヴィッド Madeleine V.-David (39)
高山宏 (43)
ダランベール Jean le Rond d'Alembert iv, 29, 123, 164-66, 168, 232, 294-95, 300-02, 353
タンサン夫人 Madame Tencin 33
チェンバース Ephraim Chambers 167-68, 297
チセルデン William Cheselden 92
ディーバス Allen G. Debus (50)
程顥 Cheng Hao 190
ディディエ Béatrice Didier (27)
デカルト René Descartes iv, 101, 103, 107-08, 120, 126, 132, 150, 161, 225, 228-29, 249, 253, 264, 267, 272-73, 275, 319, 349, 369, (38), (55), (58)
デスネ Roland Desné (30)
デヘナール Marjolein Degenaar (35), (36)
デモクリトス Démocrite 257
デュボス Jean-Baptiste DuBos (41)
テレンティウス Publius Afer Terentius 60
ドゥーリトル James Doolittle (39)
ドゥロン Michel Delon (27), (44), (51)
トーランド John Toland 271-75, 283, (50)
トール Patrick Tort 137, (39), (40)
トマジウス Christian Thomasius 187, 195
トマス・アクィナス Thomas d'Aquin 103
ドラ Claude Joseph Dorat 32-33
ドルバック Paul Henri Thiry D'Holbach 273, 276, 283, 286, (50)

ナ 行

ニュートン Isaac Newton 230, 232-33, 249, 251, 278, 281, 283, 285-86, 321, (48), (51)

ハ 行

バーク Edmund Burke (58)
バークリー George Berkeley 88-89, 107, 238, (38)
パーティントン J. R. Partington (49)
バシュラール Gaston Bachelard 265-66, 285, (50)
バトー Charles Batteaux 210-11
パノポリトゥス（ゾジム） Zozime Panopolite 258
パラケルスス Paracelse 267, 270, 285, 292, (46)
バラシュ Moche Barasch (34)
パリソ Charles Palissot 31-33
バルザック Jean-Louis Guez de Balzac 63
ハルバート James Hulbert 7, (28)
バレーム François Barrême 203, 205, (45)
ピノ Virgile Pinot (44)
ピュイゾーの盲人 aveugle du Puiseaux 86, 89, 91, (35)
ヒューム David Hume (32)
ビュデ Guillaume Budé 187, 195

ビュフォン　Georges-Louis Leclerc, Comte de Buffon　vi, 72, 101, 239, 292-94, 309, 321, 323, 326, 339, 346-57, 359-77, (47), (48), (51), (55), (56), (57), (58)
ヒル　Emita Hill　(53)
ピンダロス　Pindare　270
ピント=コレイア　Clara Pinto-Correia　(57)
ファブル　Jean Fabre　(27)
ファン・クレイ　E. J. Van Kley　(43)
ファン・ヘルモント　Jean-Baptiste Van Helmont　266-69, 288, (50)
ファン・ミエリス　Frans Van Mieris de Oudere　147, (40)
フーコー　Michel Foucault　126, 160, 317, 323, 325, 345-46, (39), (42), (54), (55)
ブールハーフェ　Herman Boerhaave　249
ブーレ　Étienne-Michel Bouret de Silhouette　21, 41
フェルビースト　Ferdinand Verbiest　187
フェローズ　Otis E. Fellows　(58)
ブクダル　Else Marie Bukdahl　(44)
フラゴナール　Jean Honoré Fragonard　198
フラッド　Robert Fludd　267
プラトン　Platon　iv, 172, 202, 210, 214, 340, (33)
フリード　Michael Fried　199, 220, (44), (46)
プルースト　Jacques Proust　iii, 37, 239, 294, 297, (27), (30), (47)
ブルダン　Jean-Claude Bourdin　(35)
ブルッカー　Johann Jacob Brucker　184-96, 223, 266-67, 269, 271, (43), (44)
ヘウマン　Christoph August Heumann　187, 195
ヘーゲル　Georg Wilhelm Friedrich Hegel　iii, v, vi, 4-23, 25-29, 49, 51-58, 68, 73, 80-81, 83, 345, (27), (28), (29), (55)
ベーコン　Francis Bacon　9, 233, 238-42, 267, 287, 295-96, (48)
ベーコン　Roger Bacon　270
ベッヒャー　Johann Joachim Becher　253-55
ベラヴァル　Yvon Belaval　v, 230, (27), (34), (39), (47)
ベルタン　Henri Léonard Jean Baptiste Bertin　6, 21, 28-33, 38-42, 44, 46-49, (29), (30)
ヘロドトス　Hérodote　260
ポアレ　Pierre (Petrus) Poiret　267
ボイル　Robert Boyle　253, 267
ボエミウス　Boëhmius　267
ポープ　Alexander Pope　134
ボシャール　Samuel Bochart　258
ホッブズ　Thomas Hobbes　35, 282, (51)
ホブソン　Marian Hobson　8, 49, 70, (28), (32), (33)
ホラティウス　Horace　324
ホラポロン　Horapollon　136
ボリッキウス（オラウス）　Olaus Borrichius　257, 259, (49)
ボルドゥ　Théophile de Bordeu　29, 122-23, 300, 309-15, 320-21, 323-27, 335-36, (53)
ボワロー　Nicolas Boileau　140-41

マ　行

マクブライド　David Macbride　266
マクル　Pierre Joseph Macquer　(51)
マッハ　Ernst Mach　(47)
マホメット　Mahomet　270
マルクス　Karl Marx　iii
マルティニ　Martino Martini　183
ミドルトン　W. E. Knowles Middleton　(58)
ミリカン　Stephen F. Milliken　(58)
ムンゲロ　David E. Mungello　(44)
メイエ　Jean Mayer　229-31, (47), (49)
モージ　Robert Mauzi　(30)
モーゼ　Moïse　263-65
モーペルチュイ　Pierre Louis Moreau de Maupertuis　(57)
モリエール　Molière　60
モリヌー　William Molyneux　86, 88-89, 91-93, 107, 155, (35), (36)
モルチエ　Roland Mortier　(27)
モルネ　Daniel Mornet　i, (27)

ヤ　行

ヤウス　Hans Robert Jauss　7, (28)
ユス　Adélaïde-Louise Hus　21, 29, 31, 41, (30)

ラ 行

ラ・フォンテーヌ　Jean de la Fontaine　239
ラ・ポルト神父　l'abbé de La Porte　32-33, 39
ラ・メトリ　Julien Offray de La Mettrie　119-21, (39)
ライプニッツ　Gottfried Wilhelm Leibniz　64, 73, 80, 123, 183, 186, 190, 223, 229, 284, 321, (32), (44), (46)
ラヴォアジェ　Antoine Lavoisier　161-62, 179, 180, 252, (42)
ラック　Donald F. Lach　(43)
ラモー　Jean-François Rameau　5-8, 10-11, 14, 21-36, 38-42, 44-49, 52-54, 58, 68-73, 75-79, 336, 345
ラモー　Jean-Philippe Rameau　5, 29-30, 54
リッチ　Matteo Ricci　182-83, 187, 190
リニャック　Lelarge de Lignac　(56)
ルエル　Guillaume-François Rouelle　230-31, 248-49, 252-62, 271, 287-88, (49)
ルクレティウス　Lucrèce　147, 170, (40), (42)
ルコント　Louis Lecomte　184, 187, 189, 223, (43), (44)
ルソー　Jean-Jacques Rousseau　iii, 30, 70, 132, 229, (47)
レイドロー　G. Norman Laidlaw　307, (53)
レオナール（ド・マルピヌ）　Leonard des Malpines　135
レオミュール　René Antoine Ferchault de Réaumur　77, (43)
レスピナス　Jeanne Julie Éléonore de Lespinasse　29, 122-23, 300, 309-12, 315, 319, 323, 327, 335-37
レタ　Pierre Rétat　(44)
レムリ　Nicolas Lémery　252-53
ロジェ　Jacques Roger　293, (51), (56)
ロック　John Locke　iv, 9, 88-89, 92, 107, 111, (35), (36), (38)
ロンゴバルディ　Nicholas Longobardi　183

事項索引

あ 行

アイロニー／エイロネイア　ironie　v, 28-29, 42, 45-46, 48
唖者　muet　112, 115, 132-34
アナロジー／相同性／類推／類比　analogie　47, 59-60, 90-91, 97, 137, 170, 206-07, 219, 231, 263, 265, 277, 286, 289, 303, 332-33, 348, 365-67, (55)
アリア　aria　26, 53-54
アリスト　Ariste　63-65, 67, (32)
イエズス会　Jésuites　6, 182-84, 187, 195
医化学　iatrochimie　292
生きている物質，死んだ物質　matière vivante, matière morte　229, 247, 299, 301
遺跡　vestiges　237, 259
位置移動　local motion　273-74, 277
逸脱　écart　11, 152, 218, 297, 322, 340, 377
一般意志　volonté générale　37
一般性　généralité　347-49, 351-52, 354, 361-62, 364-65, 371, 375-77, (51), (55)
糸／糸束　fils　8, 82, 87, 99, 119-23, 156, 239, 309-14, 317-21, 332, 340, 372, (53)
ヴァンセンヌ　Vincenne　ii, iv, v
美しき自然　la belle nature　210-11
生まれつきの唖者　muet de naissance　112-13
運命　destin　30, 42, 46, 49, 56-57
英雄　héro　55-57, (31)
エクフラシス　ekphrasis　201, 344
エクリチュール　écriture　130-32, 134-38, 199, (40)
エコノミー／秩序構成　économie, œconomie　18, 34-35, 38, 46, 49, 82, 203, 215, 217, 221, 233, 235, 317, 322, 340, 361, 368, (57)
エジプト　Egypte　133-38, 150, 153, 237, 258-60, 288
エネルギー　énergie　60, 71, 130, 174, 177, 269, 274, 278, 285, 288, 320, 328-29, 337, 372, 375-76, (41)
遠近法　perspective　165-66, 219, 224-25
延長　étendu　101, 108, 111, 251, 264, 273-74, 358
エンブレム　emblême　128, 130-31, 139, 142, 144, 147, 218
オネットム　honnête homme　iv
オペラ　opéra　6, 26
音楽家　musicien　5, 25-26, 29-30, 52-53, 71, 119, 146, 148

か 行

懐疑主義　scepticisme　iv
外国人　étranger　94, 114
蓋然性　probabilité　309, 349, 351-52, 354-55
怪物／怪物性／奇形　monstre, monstruosité　vi, 11, 80, 84-85, 87, 105, 124, 126-27, 174, 203, 207-08, 286, 291, 294, 297, 299, 307-12, 314-18, 321-23, 325-27, 333, 337, 339-41, 344-45, 347, (35), (45), (54)
解剖学　anatomie　212, 292
鏡　miroir　91, 123, 162, (35), (58)
確実性　certitude　330, 351-52, 354-55
革命／転回　révolution　i, iii, 12, 14, 28, 52, 161, 163, 235, 237, 346
貨幣　monnaie　45, 48, 203-05
仮面　masque　ii, v, 41-42, 56-57, 74, 79, (31)
感覚論　sensualisme　vi, 85, 89, 102-03, 106-07,

109, 113-16, 128, 133, 155-57, 204
観客／観者　spectateur　55-56, 61, 63, 150, 198, 200, 215, 218-21, 224, (41)
環境　milieu　44, 66, 113, 270, 292, 356, 362
感性　sensibilité　104, 121, 129-30, 132, 152, 216-17, 300-05, 319-20, 328-29, 339, 375
慣性　inertie　276, 282-83
観念的モデル　modèle idéal　62, 65-67, 75, 205, 209-15, 218, 221, 224, 331, (32), (33), (46)
観念論　idéalisme　v, 9, 234, 238, 250, 275
記憶　mémoire　64, 75, 98, 100, 102, 113, 116, 123, 163, 264, 295-96, 302-05, 312, 319, 340, (37)
機械　machine　18, 42, 62, 116, 118-20, 126, 151-52, 167-71, 177, 203, 222, 269-70, 369, (35), (37), (56)
機械論　mécanisme　37, 49, 118-20, 161, 246, 250-51, 253, 264-65, 273, 278, 305, 311, 321, 324, 334, 352-53
幾何学　géometrie　87, 132, 144, 148, 150, 235-37, 242-43, 272-73, 286, 364, 373, (37)
器官　organe　65, 81-83, 87, 89, 91, 95, 97, 121-22, 155, 233, 305, 309-12, 315, 317, 319-20, 328-31, 334, 337, 340-41, 345, 358, 363, (32), (41), (53), (54)
器具　dévice　234-35, 245
喜劇　comédie　25, 31, 52-57, 59, 74
記号／徴　signe　70, 81, 91, 94-97, 113, 116-17, 124, 128, 130, 132-33, 136-37, 148, 155, 162, 164, 203, 241-42, 369, 370, (38)
技術／技芸　art　17, 24, 26, 55, 60-61, 84, 136, 138, 149, 151-52, 156, 164, 166-69, 172, 175, 177-81, 183, 186, 202, 207-10, 217-18, 220-23, 231, 234-35, 239, 253-54, 259-62, 270, 288, 297-99, 316, 322, 324, 339-40, 343-45, 348-49, 355, 365, 367, 377, (43), (52)
寄食者　parasite　5-6, 10-11, 23, 28, 32-40, 42, 44-49, 52, 71
キマイラ　chimère　62, 67
義務論　déontologie　209
共感　sympathie　70, 312, 330-31
狂気　folie　200, 267, 269-70, 318, 321-22, 331, 340, 345, (38), (46), (55)
凝集体　agrégat　251, 255-56
教養　Bildung　6, 12-13, 15, 19, 22-23, 25, (29)
禁欲／節欲　ascèse　324-25
偶有性　accident　145, 149, 206-07, 238, 268
蜘蛛　araignée　122-23, 285, 312, 319
クラヴサン　clavecin　303
経験的＝超越論的二重体　le doublet empirico-transcendantal　126
傾向性／潜在力　nisus　271-72, 275-77, 279-80, 282-84, 288, 306, 315, 333, 337, 344, 368, (49), (50)
形而上学的解剖　anatomie métaphysique　110, 116, 156
形相　forme　80, 103-04, 107, 111, 305-08, 314, 340
系統樹　arbre phylogénétique　72, 165-66
啓蒙　Lumières　5, 7, 9, 11, 12, 14, 22, 126, 138, 160-64, 170-71, 176-77, 179-81, 196, 223, 261, 307, 310, 343, 346, 369, (35), (42), (43), (53)
現実性　réalité　vi, 19, 22, 56-57, 347, 350-51, 353-55, 362, (31)
原子論　atomisme　265, 276
権力　pouvoir　i, 9, 10, 13-15, 21-23, 27, 29, 38-42, 47, 49, 76-77, 178, 237, (28), (53)
洪水　déluge　116, 259-60
幸福　bonheur　i, 24, 37, 48-49, 55, 57, 75, 83-84, 177, 181, 324, 327, 332-35, 341, 345, (30), (34)
酵母　ferment　268
合理哲学　philosophie rationnelle　232-34, 236-37, 242, 287
個体　individu　15, 37, 63-65, 73, 80, 82, 111, 123, 174, 202, 205-08, 211-12, 222, 224, 284, 286, 292, 308, 314, 321-23, 331-33, 341, 357, 361, 363-65, 367, 377, (33), (52), (53)
古典主義　classicisme　58, 63, 74, 129, 139-40, 144, 150, 160, 167, 171, 369, 372
コナトゥス　conatus　276, 306, 345
媚びへつらい　flatterie　22-24, 40, 44-46, 49,

76
個別意志　volonté particulière　37
混合物　mixtion　251, 253, 255, 266, 282, (49), (52)
混沌／カオス　chaos　87, 244, 262-64, 266, 358

さ　行

サイクロプス　cyclope　311, 314, 340
財富　richesse　13-15, 18-21, 23-25, 27-29, 40, 43, 46, 49, 76, 79, (28)
細部／仔細／詳細　détail　10, 83, 118, 153, 156, 177, 198, 207, 210-11, 218, 221, 224, 292-93, 347-48, 353
錯乱→倒錯
作用，反作用　action / réaction　102, 104-05, 123, 177, 180, 212, 215, 225, 277-79, 281-83, 289, 313, 344, (50)
サロン　salon　33, 47, 197-98, 200, 216, 224, (41), (44), (46)
三一致の原則　trois unités　167
産業革命　révolution industrielle　179
産出的想像力　imagination productive　202
参照記号　renvoi　170, 180
自慰　masturbation　324-25
視覚　vue　88-98, 100, 103, 108-09, 113-14, 130, 155, 165, 218, 293, 310-11, 319, (35), (36)
詩学　poétique　74, 132, 199, 203, 205, 216, 223-24, 295-96, 323-25, (49)
時間性　temps, temporalité　79, 125, 212, 214, 348
視線／眼差し　regard　8-9, 77, 95, 162, 165, 167, 177, 180-81, 183, 186, 195-96, 218-22, 293, 331, 343, 347, 349, 352, 355, 357-58
自然学／物理学　physique　178, 193, 196, 229-30, 233, 237-41, 243, 246, 249-51, 253, 263-65, 272-73, 275, 277-79, 282, 287, 304, 306, 323-24, 326-27, 347, 349-54, (47), (48)
自然状態　nature　35-36, 47, 49, 61, 66, 83, 112-13, 209-10, 214, 297, 376
自然法　droit naturel　37, 47, (30)
実験哲学／実験自然学　philosophie (physique) expérimentale　229, 232-43, 245, 247, 287
実体　substance　12, 21, 46, 49, 55-56, 64, 80, 109, 111, 120, 123, 144, 150, 157, 206-07, 238, 240, 253, 268, 272, 285, 310, 345-46, (28)
質量　masse　172, 240, 250-51, 277-79, 366, (51)
「詩は絵のごとく」　ut pictura poesis　62
シャム双生児　siamois　313-14, 340
種　éspèce　6, 16-18, 36-37, 58, 63, 65, 71-72, 77, 80-81, 92, 101, 104, 108, 121, 126-27, 137, 146, 162, 164, 173-75, 192, 195-96, 202, 206-08, 217, 222, 240, 263, 265, 275, 287, 292, 300, 302, 305-06, 308-10, 314-15, 322-23, 325-27, 333, 339-41, 345, 353, 361, 363-65, 367-68, (33), (37), (53), (57)
自由思想家　libertin　iv
重力　pesanteur　279, 281-82, 365-67, (51), (57)
種族　race　326-28
主体　sujet　16, 18, 46, 49, 54-55, 99, 102, 104-05, 107-08, 119, 127, 157, 161, 176-77, 212, 218, 246, 294, 303-04, 318, 322, 345, 357-58, 374, (34), (58)
趣味　goût　64, 67, 144-45, 149, 152-54, 157, 172, 200-02, 205-07, 213, 220-21, 224, 375, (41)
肖像　portrait　i, ii, 38, 75, 175, 210-12, 218, 308, 336, (33), (45)
象徴　symbole　33, 38, 45, 97, 153
情動　émotion　67, 70-71, 117, 130, 141, 203, 305, 331, 336, 344, 370-71, (30), (45)
情念　passion　37-38, 59, 70-71, 74, 76, 116-17, 174, (45)
職人　métier　43, 168-69, 180, 297
触覚　toucher　88, 91, 94-105, 107-10, 113-14, 121, 123, 126, 155, 157, 166, 225, 285, 309-10, 312, 319, 340, (35), (36), (37), (53)
所有　possession　11, 15-18, 20, 357-59, (29), (42)
調べ　ton　29, 375-76
身体　corps　i, 8-9, 11, 14-16, 18-19, 21-22, 26,

36, 43-46, 48-52, 54, 56-58, 61-65, 67-70, 73-76, 78-79, 81-84, 86, 88-90, 95, 99, 104-05, 107, 119-21, 141, 143, 230, 269-70, 292, 294, 310, 312, 319-21, 325, 336, 343-44, 358, 367, 370, (31), (32), (36), (41), (56)
神智学者　théosophe　267, 271, 285, (46)
進歩　progrès　43, 138, 143, 153, 161-62, 171-75, 178-80, 182, 202, 205-06, 222-23, 235, 237, 243, 257, 261, 267, 270, 287-88, 295, 349, 369, 374, (48), (58)
人民　peuple　134, 136, 186, 188, 190, 196, 234-35
人類　humanité　37, 133, 179, 181, 223, 236, 264
神話　mythe　86, 161, 163, 264-65, 307
親和性／親和力　affection, affinité　251, 253
数学　mathématique　29, 97, 144, 150, 164, 186, 229-30, 232, 250, 349-50, 352-54, 373
崇高／崇高さ　sublime　6, 74-77, 176, 221, 267, 375-76, (46), (58)
数量化　quantitativité　202, 204
ストア主義／ストア派　stoïcisme　iv, 335, (54)
図版　figure　135, 168-71, 177, 222
スピノザ主義　spinozisme　72, 180, 364
スペクタクル　spectacle　176, 353
斉一性　uniformité　84, 107-09, 126, 262-65, 267-69, 285, 288, 293, 297, (48), (49)
生殖　génération　268, 323-24, 330, 363, 364, 367
生成　devenir　87, 95, 101-02, 108-09, 135, 137, 164, 166, 170, 205, 214, 247, 272, 289, 298, 303, 306, 314, 318, 322, 337, 339-41, 375-76, (28), (37)
聖性　divinité　138, 156, 191, 216, 265, 268-70
生物学　biologie　8, 121, 206, 213, 230, 292, 308, 314, 328, 373, (45)
生物転移説　transformisme　326
生命　vie　64, 68, 100, 129, 147, 177, 180, 222-23, 228, 286, 294, 300, 304-05, 308, 321, 328-29, 340, 367, (28), (37), (52), (54)
生理学　physiologie　iii, 8, 37, 70, 83, 88, 212, 230, 317, 328, 331-37, 341, (34)
世界全図　mappemonde　164-65
世俗史　histoire　296-97
摂食　assimilation　64, 300-01, 303-05, 332, 339, 341
潜在性　virtualité　167, 283, 289, 301
専制　déspotisme　20, 157, 318
前成説　préformisme　309, 311
宋学（朱子学）　néo-confucianisme　183-84, 190
操作　opération　6, 54, 58, 116, 120, 162, 169, 203, 232, 244-45, 254, 298-99, 311, 349, 352, 371
想像力　imagination　61-62, 64, 75, 98-100, 103, 129-30, 146, 198-203, 205, 207, 212, 216-17, 220, 224-25, 240, 264, 267, 270, 295-96, 331, 349, (37), (46)
相対主義　relativisme　65, 103
存在の（大いなる）連鎖　the great chain of being　285, 306, 363
存在論　ontologie　35, 72, 84, 128, 157, 160, 202-03, 207, 238, 285, 299, 307-08, 316, 333, 361, 365, 370

た　行

体系論者　systemiste　180
タブロー　tableau　60-61, 115-16, 150, 160, 164, 166-67, 169-71, 180-81, 197, 201, 203, 215, 217-21, 224, 246, 363, 370, 375-76, (31), (42)
魂　âme　ii, 15, 28, 34-35, 44, 64, 74, 85, 93, 96, 104, 106, 109, 111, 116-21, 123-25, 128-30, 155-57, 169-70, 269, 285, 294, 302-03, 334-35, 357, 361, 370, 375, (28), (33), (38), (42), (58)
単位／単位化　unité　16, 96-97, 204, 328-29, 337, 341, 364, 368
単純観念　idée simple　89, 364
弾性体　corps plastique　243-45, (48)
力　latus　255-56, 288, 301, (52)
力　nisus →傾向性
地図　carte　164-66

知的イメージ　image intellectuelle　212
抽象　abstraction　54, 67, 87, 96-99, 101-04, 108-11, 125, 128, 143, 211-12, 215, 269, 272, 275, (38)
貞潔　chasteté　324-25
抵抗　résistance　17, 23, 30, 132, 243, 276-77, 282-84, 358
帝国　empire　179
哲学者　philosophe　iii, iv, v, 5-7, 10, 14, 23-26, 28, 31, 41, 44-45, 47, 52-53, 66-68, 75, 77-78, 164, 182-83, 193, 200, 216-17, 235, 254, 263-64, 265, 267, 282, 303, 332-33, 349
天／天上　Ciel　8-9, 53, 189-93, 223, 269, 285
転回→革命
天才　génie　5-6, 48, 172-75, 179-80, 213, 215-17, 222, 233, 236, 269-70, 288, 371, 375-76, (38)
同化→摂食
同義語　synonyme　172, 180
道化　bouffon　32, 34, 39, 44, 48, 58-59
倒錯　perversité　6, 23, 36, 108, 199-200, 203, 221, 225, 269
同時性　simultaneité　118, 120, 124, 128
倒置　inversion　111-13, 129
道徳　morale　i, vi, 5-6, 24, 67, 86, 89-90, 95, 115, 125, 182-83, 187, 190, 193-96, 235, 237, 308, 315, 317, 323-28, 332-33, 340-41, (38), (43), (54)
動物／動物性　animal, animalité　14-19, 33-35, 37-38, 47, 68, 70-71, 81, 90, 96, 104, 113, 119, 121-22, 175, 208, 212, 255, 266, 286, 294, 297, 300-06, 311-12, 315, 318, 321, 323, 326, 329-34, 339, 346, 356, 359-65, 367, 369-70, (52), (54), (56)
東洋　Orient　183, 186, 193, 223-24, (43)
動力　moving force　iii, 268, 273
徳　vertu　i, 192, 194, 223, 270
取り決め上の唖者　muet de convention　112-13
奴隷　esclave　14, 16, 20, 23, 28, 39-40, 43-45, 48, 326-27

な　行

内在　immanence　16, 192, 223, 268, 271, 275-76, 280-81, 292, 377
内的鋳型／鋳型　moule intérieur　97, 365-68
人間の分解→形而上学的解剖
認識論　épistémologie　84, 88, 97, 337, (41)
人相学／骨相学　physionomie　81
熱　chaleur　252, 286, 305, 373
熱狂　enthousiasme　ii, 26, 216-18, 220-21, 270-71, 288, 345, (30), (46)
脳　cerveau　81, 83, 119, 236, 319, 330, (34)

は　行

胚　germe　268, 309, 314, 373
廃墟　ruines　235-37
ハイブリッド／雑種　hybride　127, 257, 291, 307, 314-15, 326, 341
俳優　acteur　8, 55-57, 61-63, 67-69, 74-77, 79, 115, (32)
博物学／自然史／博物誌／自然誌　histoire naturelle　vi, 72, 178, 230, 232, 235, 237-40, 247, 260, 287, 292-99, 321, 323, 339, 347-49, 351, 353-55, 358-61, 363, 368-70, 372, 376-77, (55), (56), (57)
発酵　fermantation　252, 263, 265-68, 279, 281, 284-85, 286, 289
発生論　genèse　111, 206, 304, 332, 364-65, 369, 373, 375-76
反作用→作用
判断力　jugement　145, 201-02, 205, 216, 332, 371
パントマイム　pantomime　6, 8, 11, 22, 26, 42, 44-46, 48-52, 54, 58-63, 68-70, 72-73, 75-79, (31), (32)
反演劇性　anti-théâtralité　220
火　feu　245, 255, 267, 274-75, 279, 282
ヒエログリフ　hiéroglyphe　124-25, 128, 130-51, 153-54, 156-57, 218, 343, (39), (40), (41), (45)
非−規範性　a-normalité　321
悲劇　tragédie　25, 52-57

微小粒子　corpuscule　250-51
否定性　négativité　13, 38, 58
批評家　critique　61, 63, 67, 216
百科全書（理念としての）　encyclopédie　9, 160, 164-66, 171, 177, 222
比喩　trope　33, 94-95, 109, 113-14, 118-19, 125, 136-37, 199, 303, 376
卑劣さ　abjection　20, 22-23, 30, 44-45, 78-79
貧者　pauvre　5, 20-21, 45, 76, 78
フィクション／虚構　fiction　48, 198, 201, 341, 345
風景　paysage　165, 171, 175-76, 199-01, 203, 215, 218-22, 332
孵化　éclore, éclosion　373, 376
不可識別者同一の原理（ライプニッツ）　principe de l'identité des indiscernables　64, 80, 321
富者　riche　5, 20-21, 23, 25
物質／質料　matière　v, 8, 17, 65, 67-68, 79, 81, 83-84, 87, 101-02, 105, 107-08, 119, 121-22, 131, 155, 162, 163, 228-32, 238, 240, 243-45, 247, 249, 250-56, 258, 261-62, 264-66, 268, 270-86, 288-89, 298-303, 305-06, 317, 339-40, 344, 356, 366-67, 368, (33), (34), (37), (48), (50), (51), (52), (56), (58)
物体　corps　82, 98, 100-01, 104, 109, 111, 119, 133-34, 170, 207, 238, 240, 243-44, 250-52, 254-55, 258, 264, 269, 272, 273-74, 276, 278-81, 283, 285-86, 288, 298, 300, 306, 319, 353, 358, 365-67, (36), (37), (52), (57)
普遍概念　universaux　104
普遍的化学　chimie universelle　231
プラトン主義　platonisme　iv, 210, 214
プラン／平面　plan　97, 161, 164-65, 201, 221, 299, 348-49, 354-55, 364, 366, 369-73, 375-76
フランス革命　Révolution française　i, 9, 12, 163, (27)
ブルジョワジー　bourgeois　76
フロギストン　phlogiston　253-55, (48)
フロギストン主義　phlogistonisme　253-54
分子　particle　64-65, 81, 121, 240, 243, 274-75, 277-79, 282-83, 286, 309, 329, 334, 367, (52)
文体　style　129, 143-44, 149, 175, 355, 369-76, (58)
「文は人なり」　le style est l'homme même　374
分類　classification　77, 181, 222, 249, 251, 297-98, 314, 322, 361-62
分裂　scission　4, 5, 7, 10, 12-14, 19-23, 25-28, 48-49, 52-53, 57, 127, 322
隔たり／距離　écart, distance　57, 74, 92, 98, 114-15, 125, 144, 165, 221, 224-25, 298, 319-20, 344, 359, 366, (38), (41)
偏差　anomalie　13, 308, 321-22, 332
弁証法　dialectique　iii, 5-10, 13-14, 28-29, 48, 51, 54, 57-58, 73, 81, 83, 202, 299, 345-46, (27)
変容　transformation　14, 17, 19-20, 33, 38, 58, 67, 82-83, 143, 151, 172, 174, 180, 182, 198, 203, 298, 305, 310, 316, 328, 343-46, 376, (30)
ポイエーシス／詩的創出　poiesis　vi, 59
ポリプ（腔腸動物／淡水ヒドラ）　polype　71, 72, 363, (57)
翻訳　traduction　91, 94-96, 109-10, 113-14, 116, 139, 142, 149-51, 155-56, 170, (27), (35)

ま　行

水　eau　163, 175, 199, 219, 252-53, 255-56, 263-69, 275, 279, 288, 356, (48)
身振り　geste　33, 45, 52-54, 58-61, 68-70, 72, 74, 78-79, 109, 112, 114-15, 117, 124-25, 133-34, 343, (32)
無神論　athéisme　86, 191, 223, 232, 264-65, 300, (35), (57)
無政府状態　anarchie　318
群れ　troupeau　vi, 34, 83-84, 171, 289, 315, 328, 330, 337, 343-46
明証性　évidence　104, 126, 246, 350-51, 373
盲人／盲者　aveugle　29, 86-95, 97-102, 106-09, 114, 155, 157, 262, 293-94, 346, (34), (35), (36), (37)
モナド　monade　123, 171, 284, (32)
模倣　imitation, mimesis　35, 45-46, 54, 61, 67-68, 70, 72, 74, 76-78, 132-33, 137, 139, 143,

146-48, 150-51, 200-03, 205, 207-11, 214-18, 224, 285, 288, 295-96, 324-26, 331, 344, 365, 375, (41), (45), (46)
モリヌー（モリヌークス）問題　Molyneux's problem　86, 88-89, 91-93, 107, 155, (35), (36)

や　行

山羊足の人間　chèvre-pieds　326-27
野蛮／野蛮人　barbarie　9, 37, 93, 134, 162, 213, 264, 346, (36)
唯物論（者）　matérialisme, matérialiste　i, iii, v, vi, 9, 14, 64-65, 81, 86-87, 95-96, 101-03, 105-07, 116, 118-21, 124, 129, 131, 133, 155-56, 160, 170, 196, 198, 213-15, 228, 230-31, 246, 250, 256, 271, 273, 276, 285-86, 289, 292, 294, 299-301, 303-04, 307-08, 317, 319, 322, 328-29, 332, 339-41, 344, (30), (35), (37), (46), (57)
唯名論　nominalisme　80, 101, 322-23, 361, (38)
有機体　organisme　82, 228, 256, 305, 365, 367-68, (57)
有機的統一　unité organique　89, 95
有機的分子　molécule organique　367-68, 377
有用性　utilité　138, 152, 180-81, 235, 237, 287, 324-26
幽霊　fantôme　75, 120, 211
欲望　désir　6, 44, 83, 160, 236, 241-42, 285, 287-88, 315, 324-25, 331-33, 337-38, 341, 345, 358
欲求　appétit　15, 17-19, 34, 38, 44, 83-84, 116-17, 174, 212, 325, 329, 332, 337, 359-60, (54)

ら　行

理神論　déisme　135, 190, 232, 272-73, 300
両性具有者　hermaphrodite　310, (53)
錬金術　alchimie　240-42, 249, 259-60, 267, 269-70, 288, (46), (47), (48), (50)
連続性　continuité　48, 68, 72, 76, 98, 118, 120, 124, 141, 207, 223, 305, 312, 322, 340, 363, 372, 375, (46)
聾者　sourd　115
朗誦／雄弁　déclamation　61-62, 70, 74, 139, 217-18, (31)
労働　travail　16-19, 42-46, 49, 78, 81, 212
ロマン主義　romantisme　i, v, 161, (58)

書名索引

あ 行

『新しい学』 *Principi di scienza nuova* 132-34, (39)
『アンドリエンヌ』 *L'Andrienne* 60
『異常者たち』 *Les Anormaux* 323, (54)
『一家の父』 *Le Père de famille* i
『一般的個別的博物誌』(『博物誌』) *Histoire naturelle générale* 239, 29-94, 347-48, 354-56, 363, 367, (47), (51), (55), (56), (57), (58)
『イリアス』 *Iliade* 142
『エジプト人たちのヒエログリフに関する試論』 134-35
『エチカ』 *Ethica* 273
『エミール』 *Émile, ou de l'éducation* (47)
『エルヴェシウス論駁』 *Réfutation suivie de l'ouvrage d'Helvétius intitulé* L'Homme 42-43, (30)
『オイディプス』 *Œdipe roi* 54
『王立学会論集』 *Mémoires de l'Académie Royale des Sciences* 249, 260

か 行

『化学事典』 *Dictionnaire de Chimie* 286
『科学的精神の形成』 *La formation de l'esprit scientifique* (50)
『化学命名法』 *Méthode de nomenclature chimique* 162, (42)
『画家ミシェル・ヴァン・ルーと化学者ルエルについて』 257
『学問の進歩』 *De Augmentis Scientiarum* 239, 287, 295, (48)
『ガゼット・ド・フランス』 *Gazette de France* 313
『気象学』 *Météorologie* 238
『近代錬金術の歴史』 *The chemical philosophy: Paracelsian science and medicine in the sixteenth and seventeenth centuries* (50)
『屈折光学』 *La Dioptrique* 107
『雲』 *Les Nuées* 54
『啓蒙主義の哲学』 *Die Philosophie der Aufklärung* 88, (27), (35), (42)
『劇詩論』 *De la poésie dramatique* 8, 58-60, 62-63, 65-67, 69, 217, 331, (32)
『光学』 *Opticks or a treatise of the reflections, refractions, inflections and colours of light* 286, (48), (51)
『国家』 *La République* 202
『言葉と物』 *Les Mots et les choses* 160, (39), (42)

さ 行

『最新中国情報』 *Novissima Sinica* 183, 186, (44)
『作用と反作用』 *Action et Réaction* (50)
『シクロピーディア』 *Cyclopaedia* 167, 297
『自然の解釈に関する思索』 *Pensées sur l'interprétation de la nature* 67, 106, 229-33, 237-39, 241, 243, 245, 248, 284, 287, 293, 299, 301, (37), (47)
『自然の体系』 *Système de la nature ou des lois du monde physique et du monde moral* 276, 286
『事物の本性について』 *De rerum natura* 147
『守銭奴』 *L'Avare* 60
『新ラメイッド』 *Nouvelle Raméide* 30

『精神現象学』 *Phänomenologie des Geistes* vi, 5-14, 19-23, 25, 28, 52-54, 80-81, (27), (28), (29), (31), (32), (33), (34)
『生成消滅論』 *De la génération et de la corruption* 238
『生理学要綱』 *Éléments de physiologie* iii, 8, 83, 230, 317, 328, 333-35, 341
『セレナへの手紙』 *Letters to Serena* 271-72, 274, (50)
『1765 年のサロン』 *Salon de 1765* 198, 200, (44)
『1767 年のサロン』 *Salon de 1767* ii, vi, 197-99, 202, 209-10, 213, 216, 224, 332, (27), (44), (45), (46), (47), (54)
『創世記』 *La Genèse* 263-64

た 行

『ダランベールの夢』 *Le Rêve de d'Alembert* iii, 29, 121, 123, 285-86, 289, 299-01, 306-09, 312, 314, 317-19, 322-24, 326-28, 335, 339-40, 345, (33), (37), (34), (39), (52), (53), (54), (55)
『中国図説』 *China illustrata* 183
『中国の今日の状況に関する新しい覚え書き』 *Nouveaux mémoires sur l'état présent de la Chine* 184, 187
『ディドロ，学問の人』 *Diderot, homme de science* 229, (47)
『ディドロにおけるカオス的秩序』 *Diderot's Chaotic Order* 262-63
『木偶の哲学者』 *Les Philosophes de bois* 31
『哲学者たち』 *Les Philosophes* 31
『哲学の批判的歴史』 *Historia critica philosophiae* 184, 187-88, 193, 223, 266, (43)
『トレヴー辞典』 *Dictionnaire de Trévoux* 104
『トレヴー論集』 *Mémoires de Trévoux* (40)

な 行

『人間知性論』 *An Essay concerning Human Understanding* 92, (36)
『人間認識起源論』 *Essai sur l'origine des connaissances humaines* 116, 134, (38), (40)
『人間不平等起源論』 *Discours sur l'origine et les fondements de l'inégalité parmi les hommes* iii
『人間論』（デカルト） *L'Homme* 120
『人間論』（ポープ） *An essay on man* 134

は 行

『俳優に関する逆説』 *Paradoxe sur le comédien* 8, 73, 75, (33)
『ヒエログリュフィカ』 *Hieroglyphica* 136
『百科全書』
「カオス」 Chaos 262-63, 265, 267-68, 285, 288, (49)
「化学」 Chimie 248-50, 253, 256-57, 259-60, 288, (48), (49)
「技術」 Arts 298, 339, (52)
「靴下（織り機）」 Bas 178
「自然法」 Droit naturel (30)
「実験」 Expérimental 353
「神智学者」 Théosophe 262, 266-67, 269-71, 285, 288, (46), (50), (51)
「世界全図」 Mappenmonde 165, (42)
「折衷主義」 Éclectisme 193, (44)
「タブロー」 Tableau 167, (42)
「地図」 Carte 165
「中国」 Chine 185, (44)
「中国人（の哲学）」 Chinoises（philosophie des） 183-85, 187-89, 196, 223, (43)
「動物」 Animal 294, 346
「パントマイム」 Pantomime 59, 62, (31)
「美」 Beau 103
「百科全書」 Encyclopédie 171, 175, 177, 222
「不完全」 Imparfait (45)
「ヘルメス哲学」 Hermétique 260, (49)
「ホッブズ主義」 Hobbisme 282, (51)
「模倣」 Imitation 208, 215, 217, (45), (46)
「ライプニッツ主義」 Leibnizianisme (32)
「両性具有」 Hermaphrodite 310, (53)
「連続性（の法則）」 Continuité（loi de） (46)
『百科全書趣意書』 *Prospectus* 166, 168, 171, (42)

『百科全書序論』 *Discours préliminaire* 164-65, (42)
『ブーガンヴィル号航海記補遺』 *Supplément au voyage de Bougainville* 127, 324, (54)
『物質と運動に関する哲学的原理』 *Principes philosophiques sur la matière et le mouvement* 262, 271, 288, (47)
『フランス革命の知的起源』 *Les origines intellectuelles de la Révolution française* i, (27)
『文芸通信』 *Correspondance littéraire* ii, 197, 239
『文体論』 *Discours sur le style* 369-70
『ヘーゲル精神現象学の生成と構造』 *Genèse et structure de la Phénoménologie de l'esprit de Hegel* (28)
『法哲学講義』 *Vorlesungen über Rechtsphilosophie* 14-15, 18, (28)

ま　行

『盲人書簡』 *Lettre sur les aveugles* ii, vi, 29, 86-88, 92, 95-96, 101, 103, 106-10, 113-14, 123, 126, 128, 155, 157, 207, 262-63, 285, 293-94, 299, 345, (34), (35), (36), (37), (38), (54)
『盲人書簡補遺』 *Additions à la Lettre sur les aveugles* 346, (37)
『モーゼの神聖な道行き』 *The Divine Legation of Moses* 135
『モナドロジー』 *La Monadologie* 229, 284

ら　行

『ラメイッド』 *La Raméide* 30
『ラモーの甥』 *Le Neveu de Rameau* iii, v-vi, 4-11, 14, 19-23, 25-26, 28-31, 38, 40-42, 44-49, 51-54, 58-59, 68, 75-76, 127, 286, 289, 345, (27), (28), (29), (30), (31), (32), (33)
『力学史』 *Die Mechanik in ihrer Entwicklung historisch-kritisch dargestellt* (47)
『ルエルの化学講義』 *Cours de Chimie de Rouelle* 230-31, 248, 252, 254, 257
『聾唖者書簡』 *Lettre sur les sourd et muets* vi, 103, 106-07, 109, 115-16, 118-21, 123-25, 127-29, 131-32, 139-40, 147-49, 151, 153, 155-57, (38), (39), (40), (41), (42), (45)
『論理学』（コンディヤック） *La Logique* 162

文献目録

1. ドニ・ディドロの著作

Œuvres complètes, éd. Assézat et Tourneux, Paris, 1875-1877.
Œuvres complètes de Diderot, éd. Herbert Dieckmann, et al., Hermann, Paris, 1975-.
Diderot, Œuvres, éd. Laurent Versini, Laffont, Paris, 1994-1997.
『ディドロ著作集』小場瀬卓三ほか訳，既刊 3 巻，法政大学出版局，1976-1989 年

Encyclopédie, ou Dictionnaire raisonné des sciences, des arts, et des métiers, par une société de gens de lettres, Readex Microprint Corp., New York, 1969.
Encyclopédie, ou Dictionnaire raisonné des sciences, des arts, et des métiers, par une société de gens de lettres, éd. Alain Pons, Flammarion, Paris, 1986.
Correspondance Littéraire, Philosophique et Critique par Grimm, Diderot, Raynal, Meister, Etc. éd. par Maurice Tourneux, Garnier, Paris, 1877（Reprint 1968）.

Pensées sur l'interprétation de la nature, éd. Colas Duflo, Flammarion, Paris, 2005.
Le Neveu de Rameau, éd. Roland Desné, éditions Sociales, Paris, 1972.
Éléments de physiologie, éd. Paolo Quintili, Honoré Champion, Paris, 2004.

2. ディドロと同時代，およびそれ以前の著作家

Bacon, Francis, *The Works of Francis Bacon*, eds. by James Spedding et al., London, 1858.
Brucker, Johann Jacob, *Historia critica philosophiae*, ed. Richard H. Popkin et Giorgio Tonelli, Georg Olms Verlag Hildesheim, New York, 1975.
Buffon, *Buffon Œuvres*, éd. Stéphane Schmitt et Cédric Crémière, Gallimard, 2007.
Condillac, Étienne de, *Essai sur l'origine des connaissances humaines*, in *Œuvres complètes*, Slatkine Reprints, Genève, 1970.
ダランベール，ディドロ『百科全書――序論及び代表項目』桑原武夫訳編，岩波文庫，1971 年
Descartes, René, *Discours de la Méthode*, éd. d'Étienne Gilson, Vrin, Paris, 1987.
D'Holbach, *Œuvres Philosophiques*, 2 vols., éd. de Jean-Pierre Jackson, Éditions ALIVE, Paris, 1999.
Fréret, Nicolas, *Mémoires académiques*, Fayard, Paris, 1996.

Hegel, *Phénoménologie de l'Esprit*, tr. par Jean Hyppolite, Aubier, Paris, 1941.
ヘーゲル『精神現象学』上下巻，樫山欽四郎訳，平凡社，1997 年.
La Mettrie, *Œuvres philosophiques*, éd. Francine Markovits, 2 vols, Fayard, Paris, 1984-1987.
（ド・）ラ・メトリ『人間機械論』杉捷夫訳，岩波文庫，1996 年.
ラボアジエ『化学命名法』田中豊助ほか訳，内田老鶴圃新社，1976 年.
Lecomte, Louis, *Un jésuite à Pékin : Nouveaux mémoires sur l'état présent de la Chine*, éd. de Frédérique Touboul-Bouyeure, Phébus, Paris, 1990.
ライプニッツ『ライプニッツ著作集』下村寅太郎ほか監修，原享吉ほか訳，全 10 巻，工作舎，1988-1999 年.
Lucretius（Lucrèce）, *De la nature — de rerum natura*, Flammarion, Paris, 1999.
ニュートン『光学』島尾永康訳，岩波文庫，1983 年 .
ルソー『エミール』今野一雄訳，岩波文庫，全三巻，1963 年.
Toland, John, *Letters to Serena*, London, 1707.
ヴィーコ『新しい学』全 3 巻，上村忠男訳，法政大学出版局，2007-2008 年
Warburton, William, *Essai sur les hiéroglyphes des égyptiens*, éd. Patrick Tort, Flammarion, 1977.
Dictionnaire universel français et latin, vulgairement appelé Dictionnaire de Trévoux, 1771（Genève, Slatkine Reprints, 2002）.

3. 個別研究

＊略号に関する注記：以下の略号は次の学術雑誌を表す.

DHS : *Dix-huitième siècle*, Garnier, Paris, 1969-
DS : *Diderot Studies*, Droz, Genève, 1949-
RDE : *Recherche sur Diderot et sur l'Encyclopédie*, Aux Amateurs de livres, Paris, 1986-
SVEC : *Studies on Voltaire and the Eighteenth Century*, Institut et musée Voltaire, Genève, 1955-

Aldridge, A. Owen, « Voltaire and the cult of China », in *Tamkang review*, 2, no.2 ; 3, no.1, 1971-72.
Althusser, Louis, *Écrits philosophiques et politiques*, éd. François Matheron, Paris, 1994.
安藤隆穂『フランス自由主義の成立』名古屋大学出版会，2007 年.
Ashworth, Jr., William B., « Natural History and the emblematic world view », in *Reappraisals of the Scientific Revolution*, ed. David C. Lindberg and Robert S. Westman, Cambridge Univ. Pr., 1990, pp.303-332.
Atan, Scott, *Cognitive foundations of natural history : Towards an anthropology of science*, Cambridge Univ. Pr., 1990.
Auroux, Sylvain, *Barbarie et philosophie,* Paris, 1990.
Bachelard, Gaston, *Les Institutions atomistiques*, Paris, 1933.（『原子と直観』豊田彰訳，国文社，1977 年）
バシュラール『科学的精神の形成』及川馥ほか訳，国文社，1975 年.

Barasch, Moche, *Blindness*, Routledge, New York, 2001.

Barker, Joseph E., *Diderot's treatment of the Christian religion in the Encyclopédie*, New York, 1941.

Barsanti, Giulio, « Linné et Buffon : deux visions différentes de la nature et de l'histoire naturelle », *Revue de Synthèse*, IIIe s., t.105, no.113-114, 1984, pp.83-107.

Baratay, Eric, « Zoologie et Église cathorique dans la France du XVIIIe siècle (1670-1840) : une science au service de Dieu », *Revue de l'Histoire des Sciences*, XLVIII-3, 1995, pp.241-265.

Becq, Annie, *Genèse de l'esthétique française moderne 1680-1814*, Paris, Albin Michel, 1994 (Pacini, 1984).

Bedel, Charles, « L'Avènement de la chimie moderne », *Revue d'histoire des sciences et de leurs applications*, t.IV, no.3-4, Juillet-Décembre 1951, pp.324-333.

Belaval, Yvon, *Leibniz de l'âge classique aux Lumières*, Paris, 1995.

—— *Études sur Diderot*, Paris, 2003.

Benfey, O. T., « "The Great Chain of Being" and the Periodic Table of the Elements », *Journal of Chemical Education*, vol.42, n.1, 1965, pp.39-41.

Bénitez, Miguel, « Anatomie de la matière : matière et mouvement dans le naturalisme clandestin du XVIIIe siècle en France », *SVEC*, 205, 1982, pp.7-30.

Benot, Yves, *Diderot, de l'athéisme à l'anticolonialisme*, Paris, 1970.

Berri, Kenneth, « Diderot's Hieroglyphs », *Substance*, 92, 2000, pp.68-93.

Ballstadt, Kurt, *Diderot : natural philosopher*, *SVEC*, 2008 : 9, Oxford, 2008.

Bloch, Olivier, *La Philosophie de Gassendi*, Martinus Nijhoff, La Haye, 1971.

—— *Le Matérialisme*, Paris, 1985.

—— « L'Héritage libertin dans le matérialisme des Lumières », *DHS*, 24, 1992, pp.73-82.

—— *Matière à histoires*, Paris, 1997.

Bluche, François, *Le Despotisme éclairé*, Paris, 1968.

Booy, Jean de, « A propos d'un texte de Diderot sur Newton », *DS*, IV, 1963, pp.41-51.

Bourdin, Jean-Claude, *Hegel et les matérialistes français du XVIIIe siècle*, Paris, 1992.

—— « Formes et écriture chez Diderot philosophe », in *Diderot et la question de la forme*, coordonné par Annie Ibrahim, Paris, PUF, 1999, pp.17-36.

—— « Comment (ne pas) hériter de Diderot ? », *SVEC*, 2006 : 9, pp.197-223.

Bowler, Peter J., *Evolution : The History of an idea*, Univ. of California Press, 1984.

Bremner, Geoffrey, « L'Impossibilité d'une théorie de l'évolution dans la pensée française du XVIIIe siècle », *Revue de Synthèse*, IIIe s., t.105, no.113-114, 1984, pp.171-179.

Brunetti, Frantz, « De la loi naturelle à la loi civile », traduit de l'italien par Jean-Baptise Para, in *Europe*, n.661, Paris, 1984, pp.42-50.

Bunge, Mario, « Is Chemistry a Branch of Physics ? », *Zeitschrift für allgemeine Wissenschaftstheorie*, XIII/2, 1982, pp.209-223.

Canguilhem, Georges, *La connaissance de la vie*, Vrin, Paris, 1965.（『生命の認識』杉山吉弘訳，法政大学出版局，2002 年）

Carrier, Martin, « Newton's ideas on the structure of matter and their impact on eighteenth-century chemistry : some historical and methodological remarks », *International Studies on Philosophy*

of Science, 1, 1986, pp.85-105.

Casini, Paolo, « Le "Newtonianisme" au siècle des Lumière », *DHS*, 1969, pp.139-159.

—— « La revanche de l'inconscient : D'Alembert vu par Diderot », *DHS*, 16, 1984, pp.17-25.

—— « Newton, Diderot, et la vulgate de l'atomisme », *DHS*, 24, 1992, pp.29-37.

カッシーラー『啓蒙主義の哲学』上下巻，中野好之訳，ちくま学芸文庫，2003 年．

Chabut, Marie-Hélène, « La Lettre sur les aveugles : l'écriture comme écart », in *Actes du Huitième congres international des Lumières*, *SVEC*, 304, Univ. of Oxford, 1992, pp.1245-1249.

Châtelet, François, *Les Lumières, XVIIIe siècle*（*Histoire de la Philosophie*, t.IV）, Hachette, Paris, 1999（Hachette, 1972）.

Cherni, Amor, « Haller et Buffon : à propos des *Réflexions* », *Revue de l'Histoire des Sciences*, XLVIII-3, 1995, pp.267-305.

—— *Buffon : la nature et son histoire*, Paris, PUF, 1998.

Cherpack, Clifton, « Warburton and the Encyclopédie », *Comparative Literature*, vol.7, 1955, pp.226-239.

Chouillet, Jacques, « Le Personnage du sceptique dans les premières œuvres de Diderot（1745-1747）», *DHS*, 1969, pp.195-211.

—— *La Formation des idées esthétiques de Diderot*, Armand Colin, Paris, 1973.

—— *Diderot, poète de l'énergie*, PUF, Paris, 1984.

Cohen, Huguette, « The intent of the digressions on father Castel and father Porée in Diderot's *Lettre sur les sourds et muets* », *SVEC*, 201, 1982, pp.163-183.

Comte-Sponville, André, « La Mettrie et le « système d'Epicule » », *DHS*, 24, 1992, pp.105-115.

Cordier, Henri, *La Chine en France au XVIIIe siècle*, Paris, 1910.

Cotoni, Marie-Hélène, « Voltaire, Rousseau, Diderot » in *Le Siècle des Lumières et la Bible, Beauschesne*, 1986, pp.779-803.

Coulet, Henri, « Diderot et le problème du changement », *RDE*, 2, 1987, pp.59-67.

Crocker, Lester G., « John Toland et le matérialisme de Diderot », *Revue d'Histoire littéraire de la France*, LIII, 1953, pp.289-295.

—— « *Le Neveu de Rameau*, une expérience morale », *Cahiers de l'Association internationale des Études Françaises*, no.13, 1961, pp.133-155.

—— *Diderot's Chaotic Order*, Princeton University Press, 1974.

Curran, Andrew, *Sublime disorder : Physical Monstrosity in Diderot's universe*, *SVEC*, 2001（01）.

—— « Diderot and the Encyclopédie's construction of the black African », *SVEC*, 2006:09, pp.35-53.

Curran, Andrew and Patrick Graille, « The Faces of Eighteenth-Century Monstrosity », in *Faces of Monstrosity in Eighteenth-Century Thought*（*Eighteenth-Century Life*, vol.21, n.2）, The Johns Hopkins University Press, 1997, pp.1-15.

Dagenaar, Marjolein, *Molyneux's Problem*, tr. by Michael J. Collins, Kluwer Academic Publishers, Dordrecht, 1996.

Daumas, Maurice, « La chimie dans l'Encyclopédie et dans l'Encyclopédie méthodique », *Revue d'histoire des sciences et de leurs applications*, t.IV, no.3-4., Juillet-Décembre 1951, pp.334-343.

David, Madeleine, *Le Débat sur les écritures et l'hyéroglyphe aux XVIIe et XVIIIe siècles*, Paris, S.E.V.P.E.N, 1965.

ディーバス『近代錬金術の歴史』川崎勝・大谷卓史訳，平凡社，1999 年．

Deleuze, Gilles et Félix Guattari, *Milles plateaux*, Minuit, Paris, 1980.

Delon, Michel, « Le prétexte anatomique », *DHS*, 12, 1980, pp.35-48.

—— *L'Idée d'énergie au tournant des lumières (1770-1820)*, PUF, 1988.

——（sous la direction de）, *Dictionnaire européen des Lumières*, PUF, 2007.

Démoris, René, « Peinture et cruauté chez Diderot », in *Denis Diderot 1713-1784. Colloque international*, recueilli par Anne-Marie Chouillet, Aux Amateurs de Livres, Paris, 1985, pp.299-307.

Deprun, Jean, « Deux emplois du mot *matérialisme* : Christian Wolff et Jean-Jacques Rousseau », *DHS*, 24, 1992, pp.11-15.

Didier, Béatrice, *Diderot*, Ellipse, Paris, 2001.

Dieckmann, Herbert, « Le thème de l'acteur dans la pensée de Diderot », *Cahiers de l'Association internationale des Études Françaises*, no.13, 1961, pp.157-172.

—— « Diderot's Conception of Genius », *Journal of the History of Ideas*, vol.2, n.2, 1941, pp.151-182.

Doolittle, James, « Hieroglyph and emblem in Diderot's *Lettre sur les sourds et muets* », *DS*, II, 1952, pp.148-167.

Douthwaite, Julia, « Homo ferus : Between Monster and Model », in *Faces of Monstrosity in Eighteenth-Century Thought*（*Eighteenth-Century Life*, vol.21, n.2）, The Johns Hopkins University Press, 1997, pp.176-202.

Drouin, Jean-Marc, « L'image des sociétés d'insectes en France à l'époque de la révolution », *Revue de synthèse*, 4e S., No.1, 1997, pp.333-345.

Duchet, Michèle, *Diderot er l'histoire des deux Indes ou l'écriture frangmentaire*, Paris, 1978.

—— *Anthropologie et histoire au siècle des Lumières*, Albin Michel, Paris, 1995.

Duchesneau, François, « Diderot et la physiologie de la sensibilité », *DHS*, 31, 1999, pp.195-216.

Duflo, Colas, « « La nature ne fait rien d'incorrect. » Forme artistique et forme naturelle chez Diderot », in *Diderot et la question de la forme*, coordonné par Annie Ibrahim, Paris, PUF, 1999, pp.61-86.

—— « Diderot : un matérialisme stratégique ? », *Critique*, t.LX, no.691, 2004, pp.1020-1032.

Eddy Jr., John H., « Buffon's Histoire naturelle : History ? A Critique of Recent Interpretations », *Isis*, 85, 1994, pp.644-661.

Ehrard, Jean, « Matérialisme et naturalisme : les sources occultistes de la pensée de Diderot », *Cahiers de l'Association internationale des Études Françaises*, no.13, 1961, pp.189-201.

—— *L'Idée de nature en France dans la première moitié du XVIIIe siècle*, Albin Michel, Paris, 1994（S.E.V.P.E.N., 1963）.

エンゲルス『反デューリング論』村田陽一訳，大月書店，1955 年．

Etiemble, « De la pensée chinoise aux « philosophes » français », *Revue de littérature comparée*, 30, n.4, 1956, pp.465-478.

Fabre, Jean, « Diderot et les théosophes », *Cahiers de l'Association internationale des Études

Françaises, no.13, 1961, pp.203-222.
Falls, William F., « Buffon et les premières bêtes du Jardin du Roi : Histoire ou Légende ? », *Isis*, vol.30（3）, no.82, 1939, pp.491-494.
Farber, Paul Lawrence, « Buffon and the Concept of Species », *Journal of the History of Biology*, Vol.5, n.2, 1972, pp.259-284.
—— « Buffon and Daubenton : Divergent Traditions within the *Histoire naturelle* », *Isis*, vol.66, 1975, pp.63-74.
Fellows, Otis, « Metaphysics and the *Bijoux indiscrets* : Diderot's debt to Prior », *SVEC*, LVI, 1967, pp.509-540.
Fellows, Otis, Stephen Milliken, *Buffon*, Twayne Publisher, Inc., New York, 1972.
Ferris, David S., « Post-modern Interdisciplinarity : Kant, Diderot and the Encyclopedic Project », *MLN*, 118, 2004, pp.1251-1277.
Fichman, Martin, « French stahlism and chemical studies of air », *Ambix*, 18, 1971. pp.94-122.
Fischer, Jean-Louis, « L'Hybriodologie et la zootaxie du siècle des Lumières à l'Origine des espèces », *Revue de synthèse*, 101-102, Paris, 1981, pp.47-72.
Fontenay, Elisabeth de, *Diderot ou le matérialisme enchanté*, Paris, Grasset, 1981.
Foucault, Michel, *Les Mots et les choses*, Gallimard, Paris, 1966.（『言葉と物』渡辺一民ほか訳，新潮社，1976 年）
—— *Les Anormaux. Cours au Collège de France*, Gallimard, Paris, 1999.（『異常者たち』慎改康之訳，筑摩書房，2002 年）
——『狂気の歴史』田村俶訳，新潮社，1975 年.
Fried, Michael, *Absorption and theatricality*, Univ. of Chicago Press, 1980.
Gandt, François de, « D'Alembert et la chaîne des sciences », *Revue de synthèse*, 4e S., No.1-2, 1994, pp.39-53.
Gayon, Jean, « The Individuality of the Species : A Darwinian Theory ? – from Buffon to Ghiselin, and back to Darwin », *Biology and Philosophy*, 11, 1996, pp.215-244.
Gearhart, Suzanne, « The Dialectic and its Aesthetic Other : Hegel and Diderot », *MLN*, vol.101, no.5, 1986, pp.1042-1066.
Gilman, Margaret, « Imagination and creation in Diderot », *DS*, II, 1952, pp.200-220.
ギンズブルグ『ピノッキオの眼――距離についての九つの省察』竹山博英訳，せりか書房，2001 年.
Glass, Bentry（ed.）, *Forerunners of Darwin 1745-1859*, The Johns Hopkins Press, 1968.
後藤末雄『中国思想のフランス西漸』平凡社，1969 年.
Graille, Patrick, « Portrait scientifique et littéraire de l'hybride au siècle des Lumières », in *Faces of Monstrosity in Eighteenth-Century Thought*（*Eighteenth-Century Life*, vol.21, n.2）, The Johns Hopkins University Press, 1997, pp.70-88.
Grava, Arnolds, « Diderot and recent philosophical trends », *DS*, IV, 1963, pp.73-103.
Groult, Martine, « L'évolution de la philosophie de l'*Encyclopédie* au *Rêve de D'Alembert* », *RDE*, 34, 2003, pp.111-139.
Guédon, Jean-Claude, « Chimie et matérialisme : la stratégie anti-newtonienne de Diderot », *DHS*, 11,

1979, pp.185-200.
Guicciardi, Jean-Pierre, « Hermaphrodite et le prolétaire », *DHS*, 12, 1980, pp.49-96.
Hanna, Blake T., « Diderot théologien », *Revue d'histoire littéraire de la France*, 78, 1978.
Hazard, Paul, *La Pensée européenne au XVIIIe siècle*, Fayard, Paris, 1963.
Hill, Emita, « The Role of 'le monstre' in Diderot's thought », *SVEC*, vol.157, 1972, pp.147-261.
Hirshman, A. O., The Passions and the Interests. Political Arguments for Capitalism before Its Triumph, Princeton Univ. Press., 1977.（『情念の政治経済学』佐々木毅ほか訳，法政大学出版局，1985 年）
Hobson, Marian, « Pantomime, spasme et parataxe : « Le Neveu du Rameau » », *Revue de métaphysique et de morale*, n.2, 1984, pp.197-213.
Hoffman, Paul, « La Théorie de l'âme dans la pensée médicale vers 1778 », *DHS*, 11, 1979, pp.201-212.
Hoquet, Thierry, *Buffon : Histoire naturelle et philosophie*, Honoré Champion, Paris, 2005.
ホーイカース他『理性と信仰——科学革命とキリスト教Ⅱ』藤井清久訳，すぐ書房，2003 年．
堀池信夫『中国哲学とヨーロッパの哲学者』上下，明治書院，1996-2002 年．
Hulbert, James, « Diderot in the Text of Hegel : A Question of Intertextuality », *Studies in Romanticism*, vol.22, no.2, 1983, pp.267-291.
Hundert, E. J., « A Satire of Self-disclosure : From Hegel through Rameau to the Augustins », *Journal of the History of Ideas*, vol.47, no.2, 1986, pp.235-248.
Ibrahim, Annie, « Le Statut des anomalies dans la philosophie de Diderot », *DHS*, 15, 1983, pp.318-328.
—— « Matière inerte et matière vivante : la théorie de la perception chez Maupertuis », *DHS*, 24, 1992, pp.95-103.
—— « Introduction. Diderot : forme, diforme, informe », in *Diderot et la question de la forme*, coordonné par Annie Ibrahim, PUF, Paris, 1999, pp.1-15.
—— « Le matérialisme de Diderot : formes et forces dans l'ordre des vivants », in *Diderot et la question de la forme*, coordonné par Annie Ibrahim, PUF, Paris, 1999, pp.87-103.
市田良彦「ディドロあるいは原子の飛躍」『空間の世紀』樋口謹一編，筑摩書房，1988 年，195-222 頁．
Israel, Jonathan, « Enlightenment ! Which Enlightenment ? », *Journal of the History of Ideas*, vol.67, no.3, 2006, pp.523-545.
Iversen, Erik, *The Myth of Egypt and its Hieroglyphs in European Tradition*, Princeton Univ. Pr., 1993.
Jauss, H. R., « "Le Neveu de Rameau" Dialogique et dialectique（ou : Diderot lecteur de Socrate et Hegel lecteur de Diderot）», *Revue de métaphysique et de morale*, no.2, 1984, pp.145-181.
Josephs, Herbert, *Diderot's dialogue of language and gesture*, Ohio State Univ. Press, 1969.
Kaitaro, Timo, *Diderot's holism*, Frankhurt am Main, 1997.
Kiernan, Colm, « Additional Reflections on Diderot and science », *DS*, XIV, 1971, pp.113-142.
Knight, David, « Chemistry and Metaphores », *Chemistry & Industry*, 20 December, 1993, pp.996-999.

Königson, Marie-Jeanne, « Hegel, Adam Smith et Diderot », in *Hegel et le siècle des Lumières*, publié sous la direction de Jacques D'hondt, PUF, 1974, pp.51-70.

Kors, Alan Charles, « Monsters and the Problem of Naturalism in French Thought », in *Faces of Monstrosity in Eighteenth-Century Thought*（*Eighteenth-Century Life*, vol.21, n.2）, The Johns Hopkins University Press, 1997, pp.23-47.

小関武史「『百科全書』研究にとっての典拠調査の意義」『一橋論叢』123 巻第 4 号，2000 年 4 月，704-718 頁．

Lacoue-Labarthe, Philippe, *L'Imitation des Modernes*, Galilée, Paris, 1986.

Laidlaw, Norman G., « Diderot's tetatology », *DS*, IV, 1963, pp.105-129.

Laufer, Roger, « Structure et signification du « Neveu de Rameau » de Diderot », *Revue des sciences humaines*, 100, 1960, pp.517-535.

Lovaland, Jeff, *Rhetoric and natural history : Buffon in polemical and literary context*, *SVEC*, 2001:03, Voltaire foundation, 2001.

Lawrence Farber, Paul, « Buffon and Daubenton : Divergent Traditions within the *Histoire naturelle* », *Isis*, 66, 1975, pp.63-74.

Lefebvre, Frédéric, « La vertu des images, analogie, proportion et métaphore dans la genèse des sciences sociales au XVIIIe siècle », *Revue de synthèse*, 4e S., No.1, 2000, pp.45-77.

Lévi-Strauss, Claude, *Regarder Écouter Lire*, Plon, Paris, 1993.

Llana, James, « Natural History and the *Encyclopédie* », *Journal of the History of Biology*, 33, 2000, pp.1-25.

Lovejoy, Arthur O., *The Great Chain of Being*, Harvard Univ. Press, 1950.

Loveland, Jeff, « Buffon, the Certainty of Sunrise, and the probabilistic Reductio ad Absurdum », *Archives of History of the Exact Sciences*, 55, 2001, pp.465-477.

Loy, J. R., « L'Essai sur les règnes de Claude et de Néron », *Cahiers de l'Association internationale des Études Françaises*, no.13, 1961, pp.239-254.

マッハ『力学史』上下，岩野秀明訳，ちくま学芸文庫，2006 年．

マシュレ『ヘーゲルかスピノザか』鈴木一策ほか訳，新評論，1986 年．

Marcuzzi, Max, « La fabrique de l'infini phénoménologie du désordre et genèse sensible de l'idée d'infini chez Diderot », *Revue de synthèse*, 4e S., No.1, 1997, pp.7-35.

Matousek, Otakar, « Buffon and the Philosophy of his Natural History », *Archives Internationales d'Histoire des Sciences*, t.29, 1950, pp.312-319.

Mauzi, Robert, *L'Idée du bonheur au XVIIIe siècle*, Armand Colin, Paris, 1960.

Maverick, Lewis A., *China, a model for Europe*, San Antonio, Texas, 1946

Mayer, Jean, *Diderot, homme de science*, Rennes, 1959.

—— « Portrait d'un chimiste : Gillaume-François Rouelle（1703-1770）», *Revue d'Histoire des Sciences*, 1970, pp.305-332.

—— « Les êtres et les monstres dans la philosophie de Diderot », in *Denis Diderot 1713-1784. Colloque international*, recueilli par Anne-Marie Chouillet, Aux Amateurs de Livres, Paris, 1985, pp.281-287.

Mensching, Günther, « La Nature et le premier principe de la métaphysique chez D'Holbach et

Diderot », *DHS*, 24, 1992, pp.117-136.
Mehlman, Jeffrey, *Cataract : A Study in Diderot*, Wesleyan Univ. Press, Conneticut, 1979.
Middleton, W. E. Knowles, « Archimedes, Kircher, Buffon, and the Burning-Mirrors », *Isis*, 52（4）, no.170, 1961, pp.533-543.
Moravia, Sergio, « 'Moral'-'physique': genesis and evolution of a 'rapport' », in *Enlightenment studies in honour of Lester G. Crocker*, The Voltaire Foundation, Oxford, 1979, pp.163-174.
Morin, Robert, *Les Pensées philosophiques de Diderot*, Les Belles Lettres, Paris, 1975.
森岡邦泰『増補版　深層のフランス啓蒙思想』晃洋書房，2003 年.
Mornet, Daniel, « La Véritable signification du Neveu de Rameau », *Revue de deux mondes*, t.40, 1927, pp.881-908.
—— *Les origines intellectuelles de la Révolution française*, Armand Colin, Paris, 1933.（『フランス革命の知的起源』坂田太郎・山田九郎監訳，勁草書房；1969 年）
Mortier, Roland, *Diderot en Allemagne (1750-1850)*, PUF, Paris, 1954.
—— « Diderot et le problème de l'expressivité : de la pensée au dialogue heuristique », *Cahiers de l'Association internationale des Études Françaises*, no.13, 1961, pp.283-297.
—— « Diderot, Ernesti, et la "Philosophie populaire" », in *Essays on Diderot and the Enlightenment in honor of Otis Fellows*, ed. By John Pappas, Genève, Droz, 1974, pp.207-230.
—— et Trousson Raymond（éd.）, *Dictionnaire de Diderot*, Honoré Champion, Paris, 1999.
Multhauf, Robert P., *The Origins of Chemistry*, London, Oldbourne, 1966.
Mungello, David E., *Curious Land : Jesuit accomodation and the origins of sinology*, Frantz Steiner Verlag Wiesbaden GMBH, Stuttgart, 1985.
中川久定『啓蒙の世紀の光のもとで』岩波書店，1994 年.
Negri, Antimo, « Valorisation du travail et destinée de la propriété individuelle dans le matérialisme des Lumières », *DHS*, 24, 1992, pp.199-212.
Niderst, Alain, « Esthétique et matérialisme à la fin du siècle », *DHS*, 24, 1992, pp.189-197.
岡本さえ『近世中国の比較思想——異文化との邂逅』東京大学東洋文化研究所，2000 年.
O'Neal, John C., « Esthétique et épistémologie sensualiste », *DHS*, 31, 1999, pp.77-92.
Nye, Mary Jo, « Physics and chemistry : Commensurate or incommensurate sciences ? », in *The Invention of Physical Science*, M. J. Nye et al.（eds.）, Netherlands, Kluwer Acad. Pub., 1992. pp.205-224.
Perkins, M. L., « The Crisis of sensationalism in Diderot's *Lettre sur les aveugles* », *SVEC*, 174, 1978, pp.167-188.
Partington, J. R., *A History of Chemisry*, 3 vols., London, Macmillan, 1970.
Philippe, Wolfgang, « Physicotheology in the age of Enlightenment : appearance and history », *SVEC*, 57, 1967, pp.1233-1267.
Pinot, Virgile, *La Chine et la formation de l'esprit philosophique en France*, Paul Geuthner, Paris, 1932.
Pinto-Correia, Clara, *The ovary of Eve*, Univ. of Chicago Press, 1997.
Proust, Jacques, « Diderot et la physiognomonie », *Cahiers de l'Association internationale des Études Françaises*, no.13, 1961, pp.317-329.

—— *Diderot et l'Encyclopédie*, Paris, Albin Michel, 1995（Armand Colin, 1962).
—— *Lecture de Diderot*, Armand Colin, Paris, 1974.
—— « Diderot et le système des connaissances humaines », *SVEC*, 256, 1988, pp.117-127.
Rappaport, Rhoda, « G.-F. Rouelle : An Eighteenth-Century Chemist and Teacher », *Chymia*, 6, 1960, pp.68-101.
—— « Rouelle and Stahl – The Philogistic revolution in France », *Chymia*, 7, 1961, pp.73-102.
Rétat, Pierre, *Le Dictionnaire de Bayle et la lutte philosophique*, Belles Lettres, Paris, 1971, pp.385-419.
Rey, Roselyne, « Dynamique des formes et interprétation de la nature », *RDE*, 11, 1991, pp.49-62.
—— « Diderot et la science de la vie dans l'*Encyclopédie* », *RDE*, n.18-19., 1995, pp.47-53.
—— *Naissance et développement du vitalisme en France de la deuxième moitié du 18e siècle à la fin du Premier Empire*, Voltaire Foundation, Oxford, 2000.
Roger, Jacques, *Les Sciences de la vie dans la pensée française du XVIIIe siècle*, Armand Colon, Paris, 1963.
—— « Diderot et Buffon en 1749 », *DS*, IV, 1963, pp.221-236.
Rowbotham, Arnold H., *Missionary and Mandarin : The Jesuits at the Court of China*, Berkeley, 1942.
—— « The Jesuit Figurists and Eighteenth-Century Religious Thought », *Journal of the History of Ideas*, v.17, 1956, pp.471-485.
Rossi, Paolo, *I filosofi e le macchine 1400-1700*, Feltrinelli, Milano, 1962.（『哲学者と機械』伊藤和行訳，学術書房，1989 年）
Salaün, Franck, « La forme des mœurs. Notes sur *Le Neveu de Rameau* », in *Diderot et la question de la forme*, coordonné par Annie Ibrahim, Paris, PUF, 1999, pp.159-180.
佐々木健一『フランスを中心とする 18 世紀美学史の研究——ヴァトーからモーツァルトへ』岩波書店，1999 年.
Scerri, E. R., « Bibliography on philosophy of chemistry », *Synthse*, 111, 1997, pp.305-324.
Schmidt, James, « The Fool's Truth : Diderot, Goethe, and Hegel », *Journal of the History of Ideas*, vol.57, no.4, 1996, pp.625-644.
Schmitt, Eric-Emmanuel, « L'Ordre du désordre », *Europe*, n.661, Paris, 1984, pp.35-41.
Schwartz, Jerome, *Diderot and Montaigne*, Droz, Genève, 1966.
Schwarzbach, Bertran Eugene, « L'Encyclopédie de Diderot et de D'Alembert », in *Le Siècle des Lumières et la Bible*, Beauchesne, 1986, pp.759-777.
Seiden, Milton F., « Jean-François Rameau and Diderot's neveu », *DS*, I, pp.143-191.
Seznec, Jean, « L'Autographe du Salon de 1767 », *Cahiers de l'Association internationale des Études Françaises*, no.13, 1961, pp.331-351.
柴田寿子「フランス啓蒙思想とスピノザ」『一橋論叢』第 108 巻，第 2 号，1992 年，297-315 頁.
Sloan, Phillip R., « The Buffon-Linnaeus Controversy », *Isis*, 67（3), 1976, pp.356-375.
—— « Descartes, the Sceptics, and the rejection of vitalism in seventeenth-century physiology », *Stud. Hist. Phil. Sci.*, 8, 1977, pp.1-28.
—— « Buffon, german biology, and the historical interpretation of biological species », *The British*

Journal of the History of Science, vol.12, n.41, 1979, pp.109-153.

—— « Preforming the Categories : Eighteenth-Century Generation Theory and the Biological Roots of Kant's A Priori », *Journal of the History of Philosophy*, vol.40, n.2, 2002, pp.229-253.

—— « Kant on the history of nature : The ambiguous heritage of the critical philosophy for natural history », *Studies in History and Philosophy of Biological and Biomedical Sciences*, 37, 2006, pp.627-648.

Souviron, Marie, « Les Pensées philosophiques de Diderot ou les 'Provinciales' de l'athéisme », *SVEC*, 238, 1985, pp.200-267.

Stamos, David N., « Buffon, Darwin, and the Non-Individuality of Species – A reply to Jean Gayon », *Biology and Philosophy*, 13, 1998, pp.443-470.

Starobinski, Jean, "Le Diner chez Bertin", in *Das Komische*, Herausgegeben von Wolfgang Preisendanz und Rainer Warning, München, Wilhelm Fink Verlag, 1976, pp.191-204.

—— En guise de conclusion, in *Phantasia~Imagination*, Roma, Ateneo, 1988.

—— *Action et Réaction, Vie et aventures d'un couple*, Seuil, Paris, 1999.（『作用と反作用』井田尚訳，法政大学出版局，2004 年）

Steintrager, James A., « Perfectly Inhuman : Moral Monstrosity in Eighteenth-Century Discourse », in *Faces of Monstrosity in Eighteenth-Century Thought*（*Eighteenth-Century Life*, vol.21, n.2）, The Johns Hopkins University Press, 1997, pp.114-132.

Stenger, Gerhardt, *Nature et liberté chez Diderot après L'Encyclopédie*, Universitas, Paris, 1994.

—— « L'ordre et les monstres dans la pensée philosophique, politique, et morale de Diderot », in *Diderot et la question de la forme*, coordonné par Annie Ibrahim, PUF, Paris, 1999, pp.139-157.

Stoichita, Victor I., *L'Instauration du tableau*, Droz, Genève, 1999.

Strungnell, Anthony, *Diderot's Politics*, Martinus Nijhoff, Hague, 1973.

Suratteau, Aurélie, « Les Hermaphrodites de Diderot », in *Diderot et la question de la forme*, coordonné par Annie Ibrahim, PUF, Paris, 1999, pp.105-137.

Strenski, Ellen Marie, « Diderot, for and against the Physiocrats », *SVEC*, 57, 1967, pp.1435-1455.

高山宏『メデューサの知』青土社，1987 年．

Terrall, Mary, « Salon, Academy, and Boudoir : Generation and Desire in Maupertui's Science of Life », *Isis*, 87, 1996, pp.217-229.

Thielemann, Leland, « Diderot and Hobbes », *DS*, II, 1952, pp.221-277.

Tort, Patrick, « L'Ordre du corps » in *Venus physique*, Aubier-Montaigne, Paris, 1980.

—— *L'Ordre et les monstres*, Syllepse, Paris, 1998.

Trilling, Lionel, « Literary and Aesthetic », *Kenyon Review*, 1940, pp.152-173.

Vartanian, Alain, « From deist to atheist : Diderot's philosophical orientation 1746-1769 », *DS*, I, 1949, pp.46-63.

—— *Diderot and Descartes*, Princeton Univ. Press, 1953.

Vernière, Paul, « Diderot et le despotisme éclairé », in *Denis Diderot*, Herausgegeben von Jochen Schlobach, Wissenschaftliche Buchgesellschaft, Darmstadt, 1971, pp.126-140.

—— *Spinoza et la pensée française avant la Révolution*, PUF, Paris, 1963.

Vidan, Gabrijela, « Style libertin et imagination ludique dans la correspondance de Diderot », *SVEC*,

90, 1972, pp.1731-1745.

Wahl, Jean, *Tableau de la philosophie française*, Fontaine, Paris, 1946.

Walden, Paul, « Ancient Natural-Philosophical Ideas in Modern Chemistry », *Journal of Chemical Education*, August, 1952, pp.386-391.

Wartofsky, Marx W., « Diderot and the development of materialist monism », *DS*, II, 1952, pp.279-329.

Wilkie, J. S., « The Idea of Evolution in the Writings of Buffon », I-III, *Annals of Science*, vol.12, 1956, Issue 1, pp.48-62, Issue 3, pp.212-217, Issue 4, pp.255-266.

Willard, Nedd, *Le Génie et la folie au dix-huitième siècle*, PUF, Paris, 1963.

Williams, Elizabeth A., *A Cultural History of Medical Vitalism in Enlightenment*, Montpellier, ASHGATE, 2003.

Wilson, Arthur M., « The development and scope of Diderot's political thought », *SVEC*, 27, 1963, pp.1871-1900.

Wohl, Robert, « Buffon and his Project for a New Science », *Isis*, 51（2）, no.164, 1960, pp.186-199.

吉田静一『フランス重商主義論』未來社，1962 年.

注

序

(1) D. モルネ『フランス革命の知的起源』坂田太郎・山田九郎監訳，勁草書房，1969 年，上巻 126-130 頁.

(2) E. カッシーラー『啓蒙主義の哲学』中野好之訳，ちくま学芸文庫，2003 年，下巻 85-88 頁.

(3) Franco Venturi, *Jeunesse de Diderot*, Slatkine, Genève, 1967, pp.7-12.

(4) *Salon de 1767*, pp.82-83.

(5) エンゲルス『反デューリング論』村田陽一訳，大月書店，1955 年，26 頁.

(6) J. Proust, *Lectures de Diderot*, Armand Colin, Paris, 1974, pp.99-105.

(7) Jochen Schlobach, Article 'Philosophe', in *Dictionnaire européen des Lumières*, sous la direction de Michel Delon, PUF, 2007, pp.979-982.

(8) Yvon Belaval, « Un Philosophe ? », dans *Études sur Diderot*, PUF, 2003.

第一部　弁証法の手前側――ヘーゲルによる『ラモーの甥』読解に関する考察

(1) 最初期に出た代表的な版として，Jean Fabre による 1950 年刊行の『ラモーの甥』があげられる.

(2) 『ラモーの甥』が当時のドイツにおいて翻訳および受容された経緯，および当時のドイツにおけるディドロ受容一般の詳細については Roland Mortier, *Diderot en Allemagne (1750-1850)*, PUF, Paris, 1954 を参照．とりわけ『ラモーの甥』に関しては pp.254-301.

(3) Béatrice Didier, *Diderot*, Ellipses, Paris, 2001, pp.93-96.

(4) 『ラモーの甥』の概要に関しては以下を参照．Daniel Mornet, « La Véritable signification du *Neveu de Rameau* », *Revue des deux mondes*, t.40, 1927, pp.881-908. Béatrice Didier, *Ibid.*, pp.90-97.

(5) Hegel, *Phénoménologie de l'Esprit*, tr. par Jean Hyppolite, Aubier, Paris, 1941, t.2, p.56. なお本論では，ヘーゲルの『精神現象学』に関しては，樫山欽四郎による日本語訳『精神現象学』上下巻，平凡社，1997 年，およびジャン・イポリットによる仏語訳（Hegel, *Phénoménologie de l'Esprit*, Aubier, Paris, 1941, 2vols.）を主なテクストとして検討する．ただし，ドイツ語原文による含意が重要となる場合はその限りではない．以下イポリッ

トによる『精神現象学』からの出典の場合は PE と略記.

(6) 以下の研究を参照. James Hulbert, « Diderot in the Text of Hegel : A Question of Intertextuality », *Studies in Romanticism*, vol.22, n.2, 1983, pp.267-291. H. R. Jauss, « "Le Neveu de Rameau" Dialogique et dialectique (ou : Diderot lecteur de Socrate et Hegel lecteur de Diderot », *Revue de Métaphysique et de Morale*, n.2, 1984, pp.145-181. Suzanne Gearhart, « The Dialectic and its Aesthetic Other : Hegel and Diderot », *MLN*, vol.101, n.5, 1986, pp.1042-1066.

(7) Marian Hobson, « Pantomime, spasme et parataxe : « Le Neveu de Rameau » », *Revue de métaphysique et de morale*, n.2, 1984, pp.197-213.

(8) 『精神現象学』上巻 23-24 頁. (強調はヘーゲルによる)

(9) 『精神現象学』下巻 103 頁.

(10) *Le Neveu de Rameau*, pp.70-71.

(11) J. イポリット『ヘーゲル精神現象学の生成と構造』市倉宏祐訳, 岩波書店, 1973 年, 下巻 81-103 頁.

(12) イポリット, 前掲書, 下巻 84 頁:「〈自己〉は, 一方において, 自分の直接的な〈自己〉確信を外化することによって自らをふたたび普遍的なるものに結びつけ, 自分自身を実体的あるいは普遍的たらしめるのであるが, ところが他方において, この同じ行動によって, この〈自己〉は, 実体そのものをうみだし, これに生命を与えることになる.」

(13) イポリット, 前掲書, 下巻 101 頁.

(14) 『精神現象学』下巻 83-84 頁 :「そこで自己意識にとっては, 自分自身がそのなかに現にいる対象は, 善であり自体であるが, 自分の反対が現に在る対象は, 悪であることになる. 善とは, 対象的実在と自己意識が等しいことであるが, 悪とは両者が等しくないことである.」

(15) 『精神現象学』下巻 78 頁 (PE, t.2, p.58) :「固定的な存在がじつは, 反対のものへの移行を自分の魂としており, また疎外が全体の生命であり支えである.」

(16) 『精神現象学』下巻 87 頁 :「一方は, 国家権力と財富に対し, それぞれ等しいものとして関係している. 他方は, 不等のものとして関係している. ——等しいとみる関係の意識は高貴である. 公の権力においては, 意識は自分と等しいものを考察し, その権力の中には自分の単一な本質があり, その活動があるとし, この本質に対する現実的従順と, 内的尊敬とで, 奉仕している. 意識は財富においても同じであって, 自分のもう一方の本質的な側面, つまり自独存在の意識を, つくり出してくれるものとしている. それゆえ, 意識は富を, やはり, 自分との関係において本質であると考えており, 自分の享楽のもとになる人を恩人と認め, その人に感謝する義務があるとする.」

(17) イポリット, 前掲書, 下巻 109-110 頁.

(18) イポリット, 前掲書, 下巻 112 頁.

(19) ヘーゲル『法哲学講義』長谷川宏訳, 作品社, 2000 年, 113 頁.

(20) ヘーゲル, 前掲書, 153-154 頁.

(21) ヘーゲル, 前掲書, 129 頁.

(22) ヘーゲル, 前掲書, 129 頁.

(23) ヘーゲル, 前掲書, 380 頁.

(24) ヘーゲル, 前掲書, 383 頁.

(25) ヘーゲル，前掲書，384 頁：「無限の富を持つ都市ロンドンの，困窮，貧困，窮乏は，想像を絶するほどすさまじいものです．富が増大するにつれて，富はわずかな人の手に集中し，大きな資本をもつ少数者は，小さな財産の所有者より簡単にもうけをふやすことができるから，貧富の差はいよいよ大きくなる．」

(26) ヘーゲル，前掲書，391 頁．

(27) ヘーゲル，前掲書，408 頁．

(28) ヘーゲル，前掲書，411 頁．

(29) 『精神現象学』下巻 104-105 頁． PE, t.2, pp.76-80.

(30) イポリット，前掲書，下巻 130 頁．

(31) 『精神現象学』下巻 104 頁．

(32) 『精神現象学』下巻 104 頁．

(33) 『精神現象学』下巻 105 頁．

(34) 『精神現象学』下巻 105 頁．

(35) イポリット，前掲書，下巻 133 頁．

(36) イポリット，前掲書，下巻 133 頁．

(37) 『精神現象学』下巻 98-99 頁．

(38) 『精神現象学』下巻 106 頁．

(39) 『精神現象学』下巻 106 頁．

(40) *Le Neveu de Rameau*, p.177.

(41) *Le Neveu de Rameau*, p.178.

(42) *Le Neveu de Rameau*, p.179.

(43) 『精神現象学』下巻 109 頁：「誠実な意識は，すべての契機が永続する本質だと受けとり，自分でもやはり逆のことを行いながら，そのことを知っていないのだから，教養なき無思想である．」

(44) 『精神現象学』下巻 110 頁．

(45) 『精神現象学』下巻 109-110 頁．

(46) 『精神現象学』下巻 111 頁：「このように自分自身ではっきりと理解されている混乱の語らいと，真と善とを単一に受け取る意識との語らいとを比べて考えるならば，後者は，教養の精神の開放的で自己意識的な語らいと比べて，単調なものでしかありえない．」

(47) 『精神現象学』下巻 113 頁．

(48) 『精神現象学』下巻 115 頁．

(49) イポリット，前掲書，下巻 114 頁．

(50) 甥ラモーおよびベルタンという作中人物とその実像との詳細に関しては，H. クーレが『ラモーの甥』の冒頭解説に付した付録を参考にした． Henri Coulet, Annexes du *Neveu de Rameau*, *DPV*, t.XII, Hermann, 1989, pp.54-60.

(51) Henri Coulet, *ibid.*, p.55.

(52) *Le Neveu de Rameau*, p.149：「かりにベルチニュスが恋人とおだやかに安らかに暮らしているとしたら，また，二人がその性格のまじめさのおかげでまじめな知り合いを作ったんだとしたら，また，彼らが才能のある人たちや徳のために世間に知られている人々をまわりに集めたとしたら，また，彼らがひっそりとした二人だけの隠れ場所で，互い

に愛し合い，睦言を交わすその楽しみから割いた気晴らしの数時間を，狭い範囲の選ばれた識者たちとの交際に取っておいたとしたら，あなたは，世間の人が，できが良いか悪いかは別にして，この二人を題材にした噂話を流しただろうと思いますか.」なお，クーレはこの「ベルチニュス」という名称がディドロによる創作ではないとしている．ベルチニュスという人物はベルタン一人のみを示しているという説もあるが，1759 年のディドロの著作に「Bertin-Hus」という表記があることから，ここではベルチニュスをベルタンとユスの二人の人格とそれにまつわる逸話を一つに接合して造形した人物として考えることにした．*Le Neveu de Rameau*, p.149, n.236 de H. Coulet 参照.

(53) *Le Neveu de Rameau*, p.141.

(54) Jean Starobinski, « Le Diner chez Bertin », in *Das Komische*, Herausgegeben von Wolfgang Preisendanz und Rainer Warning, Wilhelm Fink Verlag München, 1974, pp.191-204.

(55) *Le Neveu de Rameau*, p.134.

(56) *Le Neveu de Rameau*, p.134, n.187 de Coulet.

(57) *Le Neveu de Rameau*, p.134.

(58) *Le Neveu de Rameau*, p.146.

(59) *Le Neveu de Rameau*, p.148.

(60) *Le Neveu de Rameau*, p.150.

(61) *Le Neveu de Rameau*, p.111.

(62) 『百科全書』項目「自然法」, *DPV*, t.VII, p.28.

(63) Jacques Proust, *Diderot et l'Encyclopédie*, Albin Michel, Paris, 1995 (1962), p.389.

(64) ディドロにおける幸福概念はさまざまな著作内で相互に矛盾しており，定義することは困難だとされている．R. モージはこれらの矛盾を考慮しつつ，唯物論的観点からディドロの幸福概念を総括して「自然の運動に忠実であること．情動や熱狂が噴出し，変容し，流れるようなもの」と定義している．R. Mauzi, *L'Idée du bonheur au XVIII siècle*, Armand Colin, Paris, 1960, pp.253-255.

(65) *Le Neveu de Rameau*, pp.138-139.

(66) 例えば貴族に関して，甥ラモーはいかなる手柄もなくとも代々続いていくだけで家の輝きが増すものだと考えている．cf. *Le Neveu de Rameau*, p.183.

(67) *Le Neveu de Rameau*, pp.92-93.

(68) *Le Neveu de Rameau*, p.114.

(69) *Le Neveu de Rameau*, p.112.

(70) *Le Neveu de Rameau*, pp.126-128.

(71) *Le Neveu de Rameau*, p.191.

(72) *Le Neveu de Rameau*, p.122.

(73) *Le Neveu de Rameau*, pp.122-123.

(74) *Le Neveu de Rameau*, p.123.

(75) *Le Neveu de Rameau*, p.123.

(76) ロラン・デスネによれば，『エルヴェシウス論駁』は『第一の諷刺』『ラモーの甥』（第二の諷刺）に続く第三の風刺的な作品とも見なしうると考えられている．Roland Desné, Présentation de *Réfutation suivie de l'ouvrage d'Helvétius intitulé* L'Homme, *DPV*, XXIV, p.436

参照.

(77) *Réfutation suivie de l'ouvrage d'Helvétius intitulé* L'Homme, p.714.

(78) *Réfutation suivie de l'ouvrage d'Helvétius intitulé* L'Homme, p.718.

(79) *Le Neveu de Rameau*, p.193.

(80) *Le Neveu de Rameau*, p.190.

(81) 『精神現象学』下巻 109-110 頁.

(82) *Le Neveu de Rameau*, p.165.

(83) 『精神現象学』下巻 325 頁.

(84) PE, t.2, p.241, 注 52.

(85) イポリット，前掲書，下巻 332 頁.

(86) 『精神現象学』下巻 325 頁:「この性格［＝一般的な個人態の形で本質を表現する性格］が定在するのは，結局現実の人間としてであるが，この人間は英雄の仮面をつけてはいても，それを物語的な言葉の形でではなく，自己の現実的な言葉で述べるのである.」

(87) 『精神現象学』下巻 335 頁.

(88) 『精神現象学』下巻 335 頁.

(89) イポリット，前掲書，下巻 336 頁.

(90) 『精神現象学』下巻 338 頁.

(91) 『精神現象学』下巻 338 頁.

(92) 『百科全書』項目「パントマイム pantomime」, t.11, 1765, pp.827b-829b.

(93) *De la poésie dramatique,* p.409.

(94) *De la poésie dramatique*, pp.409-410.

(95) *De la poésie dramatique*, p.409.

(96) *De la poésie dramatique*, p.410.

(97) *De la poésie dramatique*, p.416：「絵画の構成の理論をパントマイムに適用してみればよい．両者が同じだということが分かるだろう.」

(98) *De la poésie dramatique*, p.411.

(99) *De la poésie dramatique*, p.416.

(100) *De la poésie dramatique*, p.417：「パントマイムが私たちの演劇に打ち立てられることになるだろう．なぜなら，自らの戯曲を上演しない詩人は，もし演技を台本に書かないならば，生気を欠き，ときとして理解不能な存在にさえなるからだ．その詩人が考えとして抱いていたような演技を知ることは，読者にとっても喜びをいやますものではないだろうか？　私たちがそうであるように，様式化され，見事な調和の内に書かれて，真実から非常に隔たってしまっている朗唱にならされてしまっている人々の多くは，そうした朗唱なしで済ますことができるのではないだろうか？」

(101) ディドロの演劇論の射程はこの重ね合わせにとどまるものではない．別の言い方をするならば，この重ね合わせはディドロにとってあくまでも理念的なものにとどまっている．連続するタブローの狭間で動き続けているものの存在と現実性とについて思考するとき，現実世界と演劇的パントマイムの二つに共通した要素が否応なく析出される．そのときパントマイムの源泉は，潜在的な運動性を担保したものとなる．すなわちパントマイムは原理的には決して静止しない身体の諸相を再度概念化したものへと送り返さ

れる．こうした考えの手がかりが，ディドロが家庭小説 roman domestique と家庭劇 drame（domestique）とを比較した記述の中に示されている．舞台の上に浮かび上がるパントマイムの残余が，言語のイメージ作用の中に託される．小説的と言われる語りにおいては，一つ一つの言葉がイメージを喚起する力を有しているために，パントマイムは単に静止した姿勢の瞬間のみならずあらゆる瞬間において表現されうる．他方で演劇的構成に基づいた劇詩の場面においては，切りつめられた言葉と沈黙の身振りとが相補的な関係を取り結んでいる．Cf. *De la poésie dramatique*, p.417：「家庭小説と家庭劇との主要な違いの一つは，小説は身振りやパントマイムを，そのあらゆるディテールにおいて追い続けることができる点にある．小説の作者は主としてさまざまな動きや印象を描くことに専念している．他方で劇詩作家は推移する中でただ一つの単語のみを投げかける．」

（102） *De la poésie dramatique*, p.418.

（103） *De la poésie dramatique*, p.419.

（104） たとえば，『劇詩論』以外の著作においては，初期の対話篇『懐疑論者の散歩』のなかで，ディドロは自らの主張の代理人としてアリストを登場させている．

（105） *De la poésie dramatique*, p.423.

（106） *De la poésie dramatique*, p.423.

（107） 『百科全書』項目「ライプニッツ主義」, *DPV*, VII, p.692：「さらに次のことは必然的である．すなわち，あるモナドは他の何らかのモナドと異なっている．なぜなら，自然においては，ある一つのものと絶対的に等しくて類似しているような別のものは存在していないからだ……」

（108） *De la poésie dramatique*, pp.423-424.

（109） *De la poésie dramatique*, p.424.

（110） *De la poésie dramatique*, p.425：「僕が求めていた観念的人間像は僕と同じ合成物で……古代の彫刻家たちが彼らにとってもっとも美しく見える割合を決定して，それがモデルの一部をなしている．［…］そのモデルに，人間が持ちうるもっとも完全な器官を与えたまえ．それに対して，死すべきものが持ちうるあらゆる資質を与えたまえ．わたしたちの観念的モデルができるだろう．」

（111） *De la poésie dramatique*, p.424.

（112） *De la poésie dramatique*, p.426.

（113） *De la poésie dramatique*, p.426.

（114） *De la poésie dramatique*, p.427.

（115） *De la poésie dramatique*, p.426.

（116） *De la poésie dramatique*, p.427.

（117） だがそれは，積極的な言い方をするならば，現実的諸関係の中でさまざまなものを取り結ぶ結節点となることであり，その意味で俳優的身体とはヒューム的な「感覚の束」を体現する存在だと言えるだろう．

（118） 『精神現象学』下巻，277-278 頁．

（119） *Le Neveu de Rameau*, pp.166-167.

（120） Hobson, *op.cit.*, p.209.

(121)　Hobson, *op.cit.*, p.211.

(122)　*Le Neveu de Rameau*, p.170.

(123)　ミシェル・セール『パラジット——寄食者の論理』及川馥ほか訳，法政大学出版局，1987 年.

(124)　*Le Neveu de Rameau*, p.169.

(125)　こうした歴史化の痕跡をディドロの思考の内に見出すならば，ディドロという一個人の人生につねにまとわりついていた「ソクラテス」的肖像の存在や，「観念的モデル」という概念の背後にあるプラトン的なニュアンスなどが問題とされるであろう.

(126)　*Paradoxe sur le comédien*, in *Œuvres esthétiques de Diderot*, éd. Paul Vernière, Classiques Garnier, p.376.

(127)　*Paradoxe sur le comédien*, p.362.

(128)　*Le Neveu de Rameau*, pp.70-71：「この男［＝甥ラモー］ときたら，高邁と低劣との，良識と非理性との化合物だ．まじめなものとふまじめなものとの想念が彼の頭の中では奇妙にこんがらがっているに違いない．というのは，彼は自然から与えられた長所の部分をなんの衒いもなく示すばかりでなく，また自然からさずかった短所の部分をもなんの恥じらいもなく示すからだ．そのうえ，彼には頑丈な体格と特異な強烈な想像と並々ならぬたくましい肺活量とがそなわっている.」

(129)　*Le Neveu de Rameau*, p.189.

(130)　*Le Neveu de Rameau*, p.189：「だが，食欲を持つということが自然のなかにあることならば，——なにしろ，私がいつも話を戻すのは，食欲に決まっているし，いつも目の前にちらつくこのことに決まっているのですが——それなら，しょっちゅう食べるものがないなんていうのは，良い世の中ではないと思いますよ．なんといういやな世の中の仕組みでしょう！　なんでもあふれるほど持っている者がいるかと思うと，そんな連中と同じようにしつこい胃袋を持ち，しかも食べるものに事欠く者もいる.」

(131)　*Le Neveu de Rameau*, p.184.

(132)　*Le Neveu de Rameau*, p.132：「ところが，君は，一度は君の技法の原理に背いて，口に苦いそうした真理をいくつかうっかり口を滑らせたに違いない．というのは，そんなにみじめで，いやしくて，下劣で，不愉快極まる役割は演じていても，君は本当のところは繊細な魂を持っていると僕は思うからね.」

(133)　*Le Neveu de Rameau*, pp.188-189.

(134)　*Le Neveu de Rameau*, pp.189-190

(135)　*Le Neveu de Rameau*, p.190.

(136)　『精神現象学』上巻 75 頁.

(137)　『精神現象学』上巻 76 頁.

(138)　*Le Rêve de d'Alembert*, p.139：「では種とは？……種とは特有の共通の到達点に向かっている傾向にほかならない.」なお，個体概念に関して『ダランベールの夢』において展開される考えを概括的に述べるならば，最初にあらゆるレベルにおいて同一の個体は二つ以上存在しないことが不可入性の原理に従って述べられているが，議論がさらに進められた結果，物質の総量と見なされた世界のみを不変の個体と呼びうるという考えが最終的に示される.

(139)　『精神現象学』上巻 351 頁.
(140)　『精神現象学』上巻 365 頁.
(141)　『精神現象学』上巻 369-377 頁.
(142)　『精神現象学』上巻 377 頁：「自分で自分の内に在るのは，実在であり，脳髄において存在を持っている主体である．この存在は脳髄の内に包まれており，内在する意味によってのみ，その価値を持っている．だが，自己意識的個別性のもう一つの側面，つまりその定在の側面は，自立的なものとしての，基体としての存在である．そこで，人間の現実と定在とは人間の頭蓋骨である．――これこそこの関係の両側面が，両側面を観察する意識において，もっている関係であり，分別である．」
(143)　*Le Rêve de d'Alembert*, p.141.
(144)　この，「最大多数の最大幸福」的生理学は，それを達成するための方法を伴った実践的なものではなく，むしろ最晩年のディドロがたどり着いた理念的な境地だと言えるかもしれない．
(145)　ディドロにおけるこうした全体の思考をまさしく「ホーリズム」と名づけて分析した研究として，Timo Kaitaro, *Diderot's Holism*, Peter Lang, 1997 がある．

第二部　抽象と形象

(1)　本章では『盲人書簡』のテクストとして，*Lettre sur les aveugles*, éd. Robert Niklaus, in *DPV*, t.IV, 1978 を使用する．他に参考として *Lettre sur les aveugles*, in *Diderot, Œuvres*, t.1, éd. de Robert Versini, Laffont, Paris, 1994，日本語版として「盲人書簡」（平岡昇訳，『ディドロ著作集第 1 巻』所収，法政大学出版局，1976 年）を使用した．なお，『盲人書簡』の正式な題は『見ることができる者たちに対して役立つ盲人に関する手紙』*Lettre sur les aveugles à l'usage de ceux qui voient* だが，本論では『盲人書簡』という略記を用いる．
(2)　Barasch, *Blindness*, Routlegde, New York, 2001.
(3)　*Lettre sur les aveugles*, p.52：「ホームズさん，この世界とはなんであろう．さまざまな変動を受けやすい一つの複合体であり，その変動は一つ残らず絶えず破壊に向かうことを示している．それは次々に現れては，ひしめきあい，やがて消え行く多くの存在のめまぐるしい継続であり，束の間の均衡であり，一瞬の秩序である．」なお，ソンダーソン自身は実在する盲目の幾何学者であったが，『盲人書簡』におけるソンダーソンの臨終の言葉はディドロによる創作である．これに関しては，Inrtroduction de *Lettre sur les aveugles*, par Yvon Belaval, in *Lettre sur les aveugles*, éd. Robert Niklaus, in *DPV*, t.IV, 1978, pp.3-4 を参照．
(4)　*Lettre sur les aveugles*, p.51：「どんなに多くの不具の，欠落した世界が，はるかな遠い空間のなかで，かつて消えてなくなり，また各瞬間に，再び形成され，消えてなくなっていることだろう．そこは私の手には触れず，またあなたの眼にも見えないところではあるけれども，そこでは物質の塊を結合する運動が，それらの物質が存続できるような何らかの配列に達するまで，絶え間なく続きこれからも続くだろう．」
(5)　*Lettre sur les aveugles*, p.51：「仮にしっかりした形を持たない存在がいまだかつて現れ

たことがないとしたら，今からもそんなものは現れないし，お前は幻想的な仮説に陥っているのだろう，と主張することだろう．けれども，秩序とはそんなに完全なものではない，今でも時折は，怪物のようなものが現れることがあるほどだ．［…］私をよく見るがいい，ホームズ氏よ，私には眼がない．」

(6) 近年はこうした難点に対して新しい解釈の方向性が見出され，本論もそこから大きな恩恵を被っている．とりわけ，Jean-Claude Bourdin の « Le matérialisme dans la Lettre sur les aveugles »（in *RDE*, n.28, 2000）は，『盲人書簡』におけるディドロの主張の核心を本論と同じく「盲人における抽象化」として提示している．とはいえブルダンはこの抽象化を『盲人書簡』内部の論理として内的に一貫して分析するというよりは，哲学史的な影響関係や無神論との関わりなどに対する考察を中心にして『盲人書簡』の唯物論を位置づけている．

(7) カッシーラー『啓蒙主義の哲学』中野好之訳，ちくま学芸文庫，2003 年，上巻 193 頁．ただし，『盲人書簡』中に登場する盲人の幾何学者 Saounderson の日本語表記は，翻訳されたカッシーラーの著作においては「サーンダーソン」とされているが，本論においては「ソンダーソン」と統一する．

(8) モリヌー問題，および 17 ～ 18 世紀におけるその解釈については，Marjolein Dagenaar, *Molyneux's Problem*（tr. by Michael J. Collins, Kluwer Academic Publishers, Dordrecht, 1996）を主に参照した．

(9) *Lettre sur les aveugles*, p.26.

(10) *Lettre sur les aveugles*, p.23.

(11) *Lettre sur les aveugles*, p.27.

(12) *Lettre sur les aveugles*, p.28.

(13) *Lettre sur les aveugles*, p.26.

(14) *Lettre sur les aveugles*, p.33.

(15) *Lettre sur les aveugles*, p.33.

(16) *Lettre sur les aveugles*, p.20：「私は，彼［＝ピュイゾーの盲人］に，彼が鏡というものによって何を理解しているかをたずねてみた．彼はこう答えた．『一種の機械です，事物がその機械に対して適当な位置に置かれている場合には，その事物自体から遠く離れていても，その機械はその事物を浮き彫りにします．』」

(17) *Lettre sur les aveugles*, p.59.

(18) 前述した Degenaar の *Molyneux' Problem* において，モリヌー問題の経緯が詳細に示されている．モリヌー問題の端緒となった，1688 年に出されたモリヌーからロックへの書簡は次のようなものである：「ある人が，生まれつき盲目で，どちらも同じ大きさの球と四面体とを持っている．それらを手渡され，どちらか一方を球と呼び，もう一方を四面体と呼ぶのだということを教えられるか言われるかすれば，触覚あるいは感触によってそれら二つを区別することは非常に容易にできる．そこでそれら二つをその人から遠ざけ，テーブルの上におき，その人の視力が回復した，ということを想定してみよう．その人は，視覚によって，それら二つに触れるよりも先に，どちらが球でどちらが四面体かを判別することができるのだろうか？　あるいは，それら二つがその人のところから 20 あるいは 1000 フィート遠ざけられている場合にも，その人が手を伸ばすより先に，

視覚によってそれらに手が届くかどうかを判別することができるだろうか？」ロックはこれを受けて，1694年の『人間知性論』第2版（第2巻9章 §8）のなかでこの問題を取り上げ，そこからいわゆる「モリヌー問題」と呼ばれる論議が展開されることになる．ロックによる提示は次のようなものである：「生まれついての盲者が，いまや成長し，同じ金属でできたほぼ同じ大きさの四面体と球とを触覚によって区別するように教えられ，結果的に，一方および他方に触れたときに，どちらが球でどちらが四面体であるかを判別できるようになったと仮定しよう．今度は球と四面体とをテーブルの上において，その盲人がものが見えるようになったと仮定してみよう．その盲人は，視覚によって，球および四面体に触れるより先に，どちらが球でどちらが四面体であるかを判別し，それを述べることが今すぐにできるだろうか．」cf. Degenaar, *Ibid*., pp.17-23.

(19)　Degenaar, *Ibid*., pp.53-65.

(20)　*Lettre sur les aveugles*, p.60.

(21)　*Lettre sur les aveugles*, p.59.

(22)　*Lettre sur les aveugles*, p.61.

(23)　*Lettre sur les aveugles*, p.61.：「さらに絵画は，それを初めて見た野蛮人たちにも同じ効果を及ぼした．野蛮人たちは描かれた人物を生きている人間と思い，それらに対して質問を発し，なんの返事も返ってこないのでひどく驚いた．」

(24)　*Lettre sur les aveugles*, p.61.

(25)　*Lettre sur les aveugles*, p.60.

(26)　*Lettre sur les aveugles*, p.63.

(27)　*Lettre sur les aveugles*, p.62.：「ある感覚の使い方が，他の感覚からの観察によって完成させられ促進されることは苦もなく理解できる．けれどもそれらの感覚の機能の間に本質的な依存関係 une dépendance essentielle があるとはいかようにも考えられない．［…］（視覚や触覚相互の）奉仕は相互的なものだ．」

(28)　*Lettre sur les aveugles*, p.41.

(29)　*Lettre sur les aveugles*, p.33.

(30)　*Lettre sur les aveugles*, p.34.

(31)　*Lettre sur les aveugles*, p.33.

(32)　*Lettre sur les aveugles*, p.32.

(33)　*Lettre sur les aveugles*, p.32.

(34)　*Lettre sur les aveugles*, p.30.

(35)　*Lettre sur les aveugles*, p.30.

(36)　*Lettre sur les aveugles*, p.32.

(37)　*Lettre sur les aveugles*, p.47.

(38)　*Lettre sur les aveugles*, p.29.

(39)　*Lettre sur les aveugles*, p.29：「私の考えでは，盲人の身体の運動や，彼の手が次々と数ヶ所におかれることや，自分の指のあいだを通る物体の絶え間ない感触などで，盲人は方向の概念を身につける．」

(40)　*Lettre sur les aveugles*, p.48.

(41)　*Lettre sur les aveugles*, p.29：「つまり，盲人は想像ということをしない．なぜなら，想

像を働かすには，地に色をつけ，その地の色とは違った色がいくつかの点にあるものと想像して，それらの点をその地から浮き上がらせなくてはならないからだ．［…］だから，もし私が一本の直線を，その特性を介さないで，頭のなかに知覚してみようと企てるならば，まず最初に，頭のなかに一枚の白いカンバスを張り巡らせ，次に同じ方向に並べたひとつらなりの黒い点をそこから浮かび上がらせる．地とそれらの点の色が際立っていればいるほど，私はそれらの点を明瞭に知覚する．」

(42)　とはいえ，ディドロは1782年頃に執筆した『盲人書簡補遺』においては，別の盲人の証言を参照して，盲人にも視者に近い想像力がある可能性を認めている．けれどもそこにおいてディドロは明らかに戸惑いを見せている．ディドロのこの戸惑いは大きな問題を提示する可能性もあるが，ここではそれを引用して提示するにとどめたい．「白状するが，私は今日まで，どうして彼女［＝盲目の女性サリニャック］が色彩なしで頭のなかに形を描くことができるのかを，はっきり理解したことがない．この立方体は，触覚の印象の記憶によって形作られたものだろうか．彼女の脳髄は，物質がその下に実感されるような一種の腕になったのだろうか．二つの異なった感覚の間に，ついにある種の連絡が生じたのだろうか．どうしてこのような交渉は私の中には存在しないのか．彩色を施さなければ私は頭のなかに何ものも見えないのだろうか．盲人の想像力とは一体なんであろうか．この現象は人が思うほど簡単に解決されるものではない．」（*Additions à la Lettre sur les aveugles*, in *DPV*, 1978, t.4, p.104.）

(43)　*Lettre sur les aveugles*, p.70：「けれども，はじめて眼を開いた生まれつきの盲人にとって，ものがより多くの形を持っていればいるほど，それを正しく識別することが難しいとすれば，彼が，前におかれた肘掛け椅子に洋服を着込んでじっと動かずに座っている観察者のことを家具か機械と取り違え，また風に葉や枝を揺り動かされている木を，運動し生命を持ち考える存在と取り違えるのは，むしろ当然のことかもしれない．」

(44)　*Lettre sur les aveugles*, p.32.

(45)　*Lettre sur les aveugles*, p.32.

(46)　*Lettre sur les aveugles*, p.28.

(47)　「思考する物質」を基盤とする唯物論的一元論が『盲人書簡』において主要なものとして展開されることはないが，この概念が後のディドロの著作『自然の解釈に関する思索』における「生きた物質」「死んだ物質」といった区別や，あるいはさらに後に『ダランベールの夢』で提示される「感性を持つ物質」という概念の近傍にあることは明白である．

(48)　*Lettre sur les aveugles*, p.52.

(49)　*Lettre sur les aveugles*, p.30.

(50)　*Lettre sur les aveugles*, p.31：「私は，物体がその場に存在しなくて，もう働きかけてこないのに，その物体の感覚を感じたり思い出したりする，私たちでは弱くても生まれながらの盲人では強いあの機能ほど，内部感覚の実在をよく証明するものを他に知らない．」

(51)　こうした見解がソンダーソンという臨終の際の幾何学者によって語られるという点にも注意を払っておきたい．ソンダーソンは死の床で，錯乱の一歩手前において，彼が生涯にわたって保持してきた幾何学の秩序を乗り越える．世界の生成という側面は，まさ

に理性と非理性との狭間において，幾何学という「純粋知性的な」営みの彼岸においてのみ触知され，語られうるものであるというディドロの見解が，ここに示されているといえるのではないだろうか．この点に関しては，ディドロにおける狂気，あるいは天才の概念などを詳細に吟味する必要があるだろう．

(52)　『聾唖者書簡』に関してはこの後に続く第二部第二章，および第三章を参照されたい．

(53)　『神学大全』，I-a, art.89, 7.

(54)　Descartes, *Discours de la Méthode*, éd. d'Etienne Gilson, Vrin, Paris, 1987, p.18.

(55)　*Dictionnaire universel français et latin, vulgairement appelé Dictionnaire de Trévoux*, 1771 (Genève, Slatkine Reprints, 2002), article "Abstraction".

(56)　他にも，ディドロの思想との関わりで言うならば，古くはウィリアム・オッカムの唯名論を，また，ディドロに直接的な影響を与えた同時代人としてはロックやバークリー，あるいはシャフツベリなどの「抽象」概念を論じる必要があるだろう．

(57)　*Lettre sur les aveugles*, p.61.

(58)　*Lettre sur les sourds et muets*, p.140.

(59)　*Lettre sur les aveugles*, p.28.

(60)　*Lettre sur les sourds et muets*., p.140.

(61)　魂の基礎づけ，あるいはその決定的な局在化の議論にディドロが拘泥していたことは，ディドロの最初期の著作において同様の議論が見出されることからも明らかだと言える．Cf. *Les Bijoux indiscret*, ch.XXVI. (Edition Naigeon, ch. XXIX), in *DPV*, 1978, t.III, pp.119-125.

(62)　*Lettre sur les sourds et muets*, p.135.

(63)　*Lettre sur les sourds et muets*, p.136.

(64)　記号における「自然」と「制度」の区別は，ポール＝ロワイヤル文法によって提唱され，記号を分類する際の重要な指標となった．ディドロの用法は，コンディヤックによって打ち立てられた区別に基づいている．コンディヤックは記号を観念と対象とが結びついたものとして規定し，それを3つに区分している．すなわち，1）偶然的記号，2）自然的記号，3）制度的記号．(Condillac, *Essai sur l'origine des connaissances humaines*, 1st part., Sec.2, Chap.IV, §35.)

(65)　*Lettre sur les sourds et muets*, p.142.

(66)　*Lettre sur les sourds et muets*, p.141.

(67)　*Lettre sur les aveugles*, p.41.

(68)　*Lettre sur les aveugles,* p.41.

(69)　*Lettre sur les sourds et muets*, p.144.

(70)　カルロ・ギンズブルグ「中国人官吏を殺すこと――距離の道徳的意味」『ピノッキオの眼』所収，せりか書房，2001年，317-344頁．

(71)　*Lettre sur les sourds et muets*, p.148.

(72)　*Lettre sur les sourds et muets*, p.149.

(73)　*Lettre sur les sourds et muets*, p.148.

(74)　Condillac, *op.cit.*, 2nd part., Sec.1, Chap.IX, §84, 86.

(75)　*Lettre sur les sourds et muets*, p.158.

(76) *Lettre sur les sourds et muets*, p.161.

(77) *Lettre sur les sourds et muets*, p.161.

(78) ラ・メトリ『人間機械論』杉捷夫訳，岩波文庫，1996 年，52 頁.

(79) *Lettre sur les sourds et muets*, p.159.

(80) *Lettre sur les sourds et muets*, p.159.

(81) J. Chouillet, INTRODUCTION de la *Lettre sur les sourds et les muets*, in *DPV*, éd. de Yvon Belaval et al., Hermann, Paris, 1978, t.4, p.113.

(82) *Le Rêve de d'Alembert*, p.230.

(83) *Le Rêve de d'Alembert*, p.225.

(84) *Le Rêve de d'Alembert*, p.225.

(85) *Le Rêve de d'Alembert*, p.226.

(86) *Lettre sur les sourds et muets*, p.150.

(87) *Lettre sur les sourds et muets*, p.169.

(88) ディドロのヒエログリフに関しては以下を参照．J. Doolittle, « Hieroglyph and Emblem in Diderot's *Lettre sur les sourds et muets* », in *Diderot Studies*, II, 1952, pp.148-167. 18 世紀ヨーロッパにおけるヒエログリフの問題については以下の書が詳しい．Madeleine V.-David, *Le Débat sur les écritures et l'hyéroglyphe aux XVII*[e] *et XVIII*[e] *siècles*, S.E.V.P.E.N., Paris, 1965.

(89) *Lettre sur les sourds et muets*, pp.197-198.

(90) *Lettre sur les sourds et muets*, p.198.

(91) M. フーコー『言葉と物』渡辺一民ほか訳，新潮社，1974 年，342-343 頁.

(92) *Lettre sur les sourds et muets*, p.169.

(93) *Lettre sur les sourds et muets*, p.169.

(94) *Lettre sur les sourds et muets*, p.169.

(95) Jacques Chouillet, *La Formation des idées esthétiques de Diderot*, Armand Colin, Paris, 1973, p.223.

(96) Madeleine V.-David, *op.cit.*, p.98.

(97) ヴィーコ『新しい学』，1 巻 148 頁（§218）．（上村忠男訳，法政大学出版局，2007-2008 年）

(98) ヴィーコ，前掲書，152 頁．（強調は引用者）

(99) ヴィーコ，前掲書，2 巻 67-69 頁（§429-430）.

(100) ヴィーコ，前掲書，1 巻 150 頁（§225-226）.

(101) ウォーバートンの思想の同時代フランスにおける受容については以下を参照した．Clifton Cherpack, « Warburton and the Encyclopédie », *Comparative Literature*, vol.7, 1955, pp.226-239.

(102) Madeleine V.-David, *op.cit.*, p.95.

(103) William Warburton, *Essai sur les hiéroglyphes des Egyptiens*, traduit par Leonard des Malpines, éd. par Patrick Tort, Flammarion, 1977, p.99.

(104) Warburton, *Ibid.*, p.104.

(105) Warburton, *Ibid.*, p.105.

(106) Warburton, *Ibid.*, p.106.

(107) Patrick Tort, *Transfigurations,* p.64., Fig.5, in William Warburton, *op.cit.*

(108) Warburton, *op.cit.*, p.117.

(109) Warburton, *Ibid.*, p.117.

(110) Warburton. *Ibid.*, p.117.

(111) なお，ディドロの『聾唖者書簡』におけるヒエログリフ概念に強い影響を与えたその他の著作として，1746年に発表されたコンディヤックの『人間認識起源論』がある．コンディヤックのこの著作において，「エクリチュールについて」と題された第1章第13節の全体がヒエログリフの発生に関する考察に充てられている．コンディヤックはこの節の冒頭で，節中の考察がほとんどウォーバートンの象形文字論に拠っていることに言及し，実際両者の考えの間にはほとんど相違が見出されない．それゆえ本論ではコンディヤックの主張の主な骨子を構成しているウォーバートンの思考にのみ焦点を当て，コンディヤックに関しての考察は扱わないことにした．

(112) Jacques Chouillet, *op.cit.,* pp.228-229.

(113) *Lettre sur les sourds et muets*, p.211.

(114) 実際，『聾唖者書簡』における「諸考察」は，1751年4月の『トレヴー論集』*Mémoires de Trévoux* に掲載された『聾唖者書簡』前半部への批判に対するために後に付け加えられた，ディドロからの応答にほかならない．ディドロはそこで寄せられた「大多数の読者にとってはっきりと分からない peu sensible su commun des lecteurs」という批判に対して，この著作が読者を選ぶことを前提として書かれたものであることを述べつつ，自分の主張を繰り返すことを試みている．Cf. *Lettre sur les sourds et muets*, p.209, n.205 et 206 de Jacques Chouillet.

(115) *Lettre sur les sourds et muets*, p.170.

(116) *Lettre sur les sourds et muets*, p.170.

(117) *Lettre sur les sourds et muets*, p.173.

(118) *Lettre sur les sourds et muets*, p.171.

(119) *Lettre sur les sourds et muets*, p.177.

(120) *Lettre sur les sourds et muets*, p.177.

(121) *Lettre sur les sourds et muets*, p.177.

(122) *Lettre sur les sourds et muets*, p.176, n.121 de Jacques Chouillet.

(123) *Lettre sur les sourds et muets*, p.178.

(124) *Lettre sur les sourds et muets*, p.181.

(125) *Lettre sur les sourds et muets*, p.178.

(126) *Lettre sur les sourds et muets*, p.181.

(127) *Lettre sur les sourds et muets*, p.182.

(128) *Lettre sur les sourds et muets*, p.182.

(129) *Lettre sur les sourds et muets*, p.183.

(130) 『聾唖者書簡』における死にかけた女性を表現したものの比較において，ディドロはウェルギリウスとルクレティウスが同じ情景を描いた詩句と，オランダの画家フランス・ファン・ミエリス（1689-1763）による版画，そうして一つの楽譜に示された音楽とを

比較している．このうち楽譜に関しては出典があるものなのか，当時の作曲家にディドロが作らせたものなのか，あるいはディドロ自らが作ったものなのかなど，典拠に関する多くの点が未解決のまま現在にまで至っている．出典の曖昧さに加えて，音楽の学理的な分析は筆者の能力を超えているという理由で，本論は詩句と絵画との比較に関する考察にとどまる．

（131） *Lettre sur les sourds et muets*, p.184.

（132） *Lettre sur les sourds et muets*, p.185.

（133） *Lettre sur les sourds et muets*, p.185.

（134） *Lettre sur les sourds et muets*, p.185. n. 153 de Jacques Chouillet.

（135） 佐々木健一は，カント以後の近代美学を彩る特徴を「距離」の問題として捉え，著作の内の一章を割いている．そこでは距離の生起は，デュボスによって提示された理論を中心に，美学的な無関心，当時の通人における比較趣味，イリュージョニズムの誕生による絵画の二重焦点化というテーマの下に考えられている．美学理論的にはおそらくは正当性が認められるであろうこの整理は，とはいえ，当時のディドロにおける痛切な問題であった現代性と古典性との関係といった観点から見たときに，一面的であることを免れていないように思える．本論ではむしろ，感性的な契機の中においてのみ歴史性が――極めて混乱した形で――出現するという認識論的な問題としてディドロの著述を捉えている．cf. 佐々木健一『フランスを中心とする 18 世紀美学史の研究』岩波書店，1999 年，203-235 頁．

（136） 関係性が総合的な効果として表出するというこの構図の内には，観者という位相が介入していることを指摘することもできるだろう．

（137） *Lettre sur les sourds et muets*, p.202.

（138） *Lettre sur les sourds et muets*, p.202.

（139） *Lettre sur les sourds et muets*, p.204.

（140） このことは，『聾唖者書簡』における趣味判断が反省的なものであるという点からも補強されうる．ディドロによれば，カンバスの上に描かれた星空は，模倣から生まれた反省的な快と自然を直接的に見ることによって得られた快とを統合するものであるがゆえに，自然の存在物そのものを見るよりもいっそう美の感情をかき立てるとされる．ディドロはこの観点からヴェルネの絵を高く評価し，ヴェルネへのこの評価がそのまま後のサロン批評へと引き続いて展開される．

（141） ディドロは趣味が時間的変移を前提とした相対的な認識能力だと措定することのみにはとどまらない．歴史的な相対性と反対側の極として，身体的な所与を基幹に据えた根源的な認識能力を思考する．音楽におけるヒエログリフの存在に関する思考は，身体という無媒介性への架け橋となる．この問題は，具体的なイメージをいささかも喚起することができない音楽的経験において絵画と同様のヒエログリフは存在するのかという形で『聾唖者書簡』中に数回提起される．いわば美的な快は媒介なしでもたらされうるのではないかという点が問題となる．「……嬢への手紙」最終部はこの問題に対する考察に費やされている．そこでは趣味判断に関する思考とは別の枠組みの中でディドロ独自の感性論が提示されている．それは特定の仕方で配置された身体器官によって「生きたエネルギーを持つイメージ」を直接捉えるという行為に基盤をおいている．

第三部　表象と実在

(1)　フーコー『言葉と物』, 227 頁.
(2)　カッシーラー『啓蒙主義の哲学』, 上巻 24 頁.
(3)　ラボアジエ『化学命名法』田中豊助ほか訳, 内田老鶴圃新社, 1976 年, 8 頁.
(4)　ラボアジエ, 前掲書, 12 頁.
(5)　本節における用語について簡単な注記を施しておきたい.『百科全書』とは, ディドロおよびダランベールによって編集・刊行された具体的な書物を意味する.「百科全書」とは, こうした書物を作成する上でディドロおよびダランベールが必要とした理念を指示している. 後者は前者の形成原理となっている.
(6)　ダランベール『百科全書序論』桑原武夫訳編, 岩波文庫, 1971 年, 66-67 頁.
(7)　『百科全書』項目「世界全図」.
(8)　Victor I. Stoichita, *L'Instauration du tableau*, Droz, Genève, 1999, pp.234-248.
(9)　『百科全書』「趣意書」, *DPV*, V, p.87.
(10)　『百科全書』「趣意書」, *DPV*, V, p.91.
(11)　『百科全書』, 項目「タブロー」.
(12)　『百科全書』「趣意書」, *DPV*, V. p.89.（強調は引用者による）
(13)　ダランベール『百科全書序論』, 164 頁.
(14)　ダランベール『百科全書序論』, 101 頁
(15)　『百科全書』「趣意書」, *DPV*, V, p.102.
(16)　*Lettre sur les sourds et muets*, p.161-162 :「わたしたちの魂は動くタブロー tableau mouvant であって, それの上で, わたしたちは絶え間なく描画を行っている. わたしたちはそれを忠実に表すために多くの時間を用いる. けれどもそのタブローは全体として, 同時的に存在している. 精神は, ［言語］表現のように, 数えられる歩みでは進まない. ［言語表現の］筆は, 画家である眼がただ一度で見渡しているものを次第次第にしか制作しない. 言語による構成は分解を必要とする. けれども対象を見ること, それを美であると判断すること, 快い感覚を感じること, その所有を望むこと, これらは同一の瞬間内での魂の状態である.」
(17)　ルクレティウス『物の本性について』, 第 4 巻, 48-53 行. ルクレティウスが言う「薄膜」は, 現代の英語ではフィルム film と訳される. 事物がフィルムとして投影されるタブローが存在するならば, それをスクリーンと呼ぶことも可能だろう.
(18)　『百科全書』項目「百科全書」, *DPV*, VII, p.184.
(19)　『百科全書』項目「百科全書」, *DPV*, VII, p.185.
(20)　『百科全書』項目「百科全書」, *DPV*, VII, p.186.
(21)　『百科全書』項目「百科全書」, *DPV*, VII, pp.186-187.
(22)　『百科全書』項目「百科全書」, *DPV*, VII, p.187.
(23)　『百科全書』項目「百科全書」, *DPV*, VII, p.258.
(24)　『百科全書』項目「百科全書」, *DPV*, VII, p.254.
(25)　『百科全書』項目「百科全書」, *DPV*, VII, p.212.

(26) 『百科全書』項目「百科全書」, *DPV*, VII, p.213：「これとは別の道を好きなように辿ってもいいのだけれども，人間を押し黙った無感覚の血の通わない存在へと変えることはできない.」

(27) 『百科全書』項目「百科全書」, *DPV*, VII, p.213.

(28) 『百科全書』項目「百科全書」, *DPV*. VII, pp.250-251.

(29) 『百科全書』項目「百科全書」, *DPV*, VII, p.252.

(30) このような局面において，特定の国民性と結びついた「よき市民」は，ディドロによってむしろ技芸の公共的発展を阻害する要因と見なされている点にも注意をしておきたい．本論ではディドロにおける市民的道徳と国家的秩序の関係を論じることはできなかったが，ディドロにおけるよき市民秩序の問題自体，現在まで注目されてきたものではない．こうした技術の共有という問題から考えたとき啓蒙という運動の特徴づけに関して一つの視点を提供しうるのではないかと考えられる.

(31) 高山宏『メデューサの知』青土社，1987 年，109 頁.

(32) Donald F. Lach, et E. J. Van Kley, *Asia in the making of Europe*, vol.III., Book 4., pp.1662-1676.

(33) 当時ヨーロッパで出版された中国に関する出版物に関しては, 以下の書物に詳しい(ただしブルッカーの書誌は記載されていない)．岡本さえ『近世中国の比較思想——異文化との邂逅』東京大学東洋文化研究所，2000 年，527-558 頁.

(34) 本論で用いる『百科全書』の項目「中国人（の哲学)」については以下のものを参照した．« Chinois (Philosophie des) », *DPV*, t. VI, 1976, pp.411-434．なお，本文中で「エルマン版」と記されているのはこの版を意味する.

(35) 主要な先行研究として, 次の二点が挙げられる．後藤末雄『中国思想のフランス西漸』平凡社，1969 年．堀池信夫『中国哲学とヨーロッパの哲学者』下巻，明治書院，2002 年，494-524 頁.

(36) 小関武史「『百科全書』研究にとっての典拠調査の意義」『一橋論叢』，123 巻第 4 号，2000 年 4 月号，704-718 頁.

(37) ルコントの著作として，以下の版を参照した．Louis Lecomte, *Un jésuite à Pékin : Nouveaux mémoires sur l'état présent de la Chine*, éd. de Frédérique Touboul-Bouyeure, Phébus, Paris, 1990. ただし，当時実際に参照された版はこれとは異なる．cf. P. Lecomte, *Nouvaux mémoires sur l'état présent de la Chine*, Paris, Amisson, 1696.

(38) 本稿で扱った二点の文献に加えて，さらにもう一点，今日までの研究において見落とされていたものとして．ディドロ自身が項目末尾で « *Mém. de l'Acad.*, ann. 1727. » として挙げている文献を指摘することができる．これはおそらく，1727 年に王立科学アカデミーに発表されたレオミュールの論文,「陶磁器を作るための異なる手法に関する一般的な観念，および，中国の陶磁器における真正の素材は何であるか Idée générale des différentes manières dont on peut faire la porcelaine; & quelles sont les véritables matières de celle de la Chine」だと考えられる．本稿はこの点に関する詳細な検討を行うことができなかった．稿を改めて別の機会に考察したく思う．Cf. Diderot, *op.cit.*, p.433.

(39) ブルッカーのテクストは以下のものを使用した．Johann Jacob Brucker, *Historia critica philosophiae*, ed. Richard H. Popkin et Giorgio Tonelli, Georg Olms Verlag Hildesheim, New

York, 1975.

(40) 『百科全書』，項目「中国」.

(41) ライプニッツ『最新中国情報』山下正男訳，『ライプニッツ著作集』第 10 巻，工作舎，1991 年，94 頁.

(42) ライプニッツ，前掲書，100-101 頁.

(43) Diderot, *op.cit.*, p.433.

(44) ルコントの中国に対する考えと彼の著作の影響に関しては以下を参照．David E. Mungello, *Curious Land : Jesuit accomodation and the origins of sinology*, Frantz Steiner Verlag Wiesbaden GMBH, Stuttgart, 1985, pp.329-342.

(45) Diderot, *op.cit.*, p.428.

(46) Brucker, *op.cit.*, p.902.

(47) Brucker, *ibid.*, p.866. Brucker, *ibid.*, p.864, 867 参照.

(48) Lecomte, *op.cit.*, p.358.

(49) ベールの思想については以下を参照．堀池，前掲書，下巻，265-289 頁．P. Rétat, *Le Dictionnaire de Bayle et la lutte philosophique*, Belles Lettres, Paris, 1971, pp.385-419. V. Pinot, *La Chine et la formation de l'esprit philosophique en France*, Paul Geuthner, Paris, pp.314-327.

(50) Diderot, *op.cit.*, p.429.

(51) Brucker, *op.cit.*, p.904.

(52) Diderot, *op.cit.*, p.429.

(53) Brucker, *op.cit.*, p.904.（強調は引用者による）

(54) Diderot, *op.cit.*, p.433.

(55) Diderot, *ibid.*, p.431.

(56) 『百科全書』項目「折衷主義」:「人間は，自然から受けた力の助けによるだけで，最低の堕落から完成の極みまで次々と昇ることができる.」

(57) Brucker, *op.cit.*, p.906.

(58) Diderot, *op.cit.*, p.412.（強調は引用者による）

(59) Diderot, *ibid.*, p.431.

(60) Diderot, *ibid.*「中国人に太古から続く古さが認められればそれだけ一層，中国人の言語と書物の不完全性に関してそれだけ多くの非難がなされるだろう.」「中国人たちの演劇は極めて不完全である.」（強調は引用者による.）

(61) ディドロのサロンにおける方法の推移やその特徴に関しては以下を参照した．Else Marie Bukdahl, « Diderot entre le « modèle idéal » et le « sublime » », in *Salon de 1767*, éd. de Else Marie Bukdahl, Michel Delon, Annette Lorenceau, Hermann, Paris, 1995, pp.5-7.

(62) J. スタロバンスキー『絵画を見るディドロ』小西嘉幸訳，法政大学出版局，1995 年.

(63) 現在ヴェルネのこの作品は失われており，写真だけが残されている．cf. *Salon de 1767*, *op.cit.*, p.210, n.332.

(64) Michael Fried, *Absorption and theatricality*, Univ. of Chicago Press, 1980, pp.126-127.

(65) *Salon de 1767*, p.211.

(66) *Salon de 1767*, pp.211-212.

(67) *Salon de 1765*, p.165.

(68) *Salon de 1767*, p.213.

(69) *Salon de 1767*, p.214.

(70) *Salon de 1767*, p.215.

(71) 怪物的なものの発生をめぐるディドロの思考については第五部を参照.

(72) 言語の発生時におけるイメージと情動の必要性は，初期の言語がヒエログリフ的であったという『聾唖者書簡』の考察とも関係している．これに関しては第二部で行われた考察も併せて参照されたい.

(73) *Salon de 1767*, p.218.

(74) *Salon de 1767*, p.218. なお，バレームとはフランソワ・バレーム François Barrême（1640-1703）のことを指している．コルベールのお気に入りだったバレームは，代数術と簿記について多くの書物を著したことで当時知られていた.

(75) *Salon de 1767*, p.221.

(76) *Salon de 1767*, p.219.

(77) *Salon de 1767*, p.218.

(78) *Salon de 1767*, p.220.

(79) *Salon de 1767*, p.220.

(80) *Salon de 1767*, p.213.

(81) *Salon de 1767*, pp.213-214.

(82) *Salon de 1767*, p.213.

(83) 実際，カントの超越論的カテゴリー自体も当時の生物学的な知見なしには成立しえなかったとする見解も存在している．cf. Sloan, « Preforming the Categories : Eighteenth-Century Generation Theory and the Biological Roots of Kant's A Priori », *Journal of the History of Philosophy*, vol.40, n.2, 2002, pp.229-253.

(84) 『百科全書』項目「不完全 imparfait」, ENC, t.VIII, 584a.

(85) 『百科全書』項目「模倣 imitation」, ENC, t.VIII, 567a.

(86) 『百科全書』項目「模倣」, ENC, t.VIII, 567a.

(87) Jacques Chouillet, *op.cit.*, pp.462-472.

(88) *Salon de 1767*, p.62.

(89) *Salon de 1767*, pp.63-64.

(90) *Salon de 1767*, pp.64-65.

(91) *Salon de 1767*, p.65.

(92) *Salon de 1767*, pp.66, 70-71.

(93) *Salon de 1767*, p.67.

(94) *Salon de 1767*, p.65 :「顕微鏡的な眼にとっては，一つの爪や一本の髪の厳密な模倣こそが肖像であるということも劣らず真実ではないか？　そうして私はあなたに，あなたがそのような眼を持っていて，絶え間なくそれを用いているということを後で示そう．あらゆる存在，とりわけ動く存在が，それぞれの機能を持ち，情念を持って，生の中で決定づけられているということ，そうして時間と行為の中で，これらの機能が全組織へ変質を及ぼしていかざるをえなくなっていくこと，その変質はしばしば非常に特徴的であるがゆえに，変質したものを見れば機能を見抜くことができるようになるかもしれな

いということ，これらのこともお認めいただけはしないか？」
（95） *Salon de 1767*, p.66.
（96） *Salon de 1767*, p.69.
（97） *Salon de 1767*, p.69.
（98） *Salon de 1767*, p.70.
（99） *Salon de 1767*, p.68.
（100） *Salon de 1767*, p.71.
（101） *Salon de 1767*, p.71.
（102） J. Chouillet, *op.cit.*, p.462：なお，シュイエによる定式化は以下の通り．「1. 一般的な観念的モデルの廃棄．2. 個別的観念的モデルの構成．3. 獲得された個別的な観念的モデルを条件の中におく，4. このモデルを演劇的，あるいは絵画的に表象［＝上演］する．」
（103） *Salon de 1767*, p.74. なお，飛躍のなき自然という世界観は，ライプニッツ的な連続性の原理を前提としている．ディドロは『百科全書』項目「連続性（の法則）CONTINUITÉ（loi de）」において，『1767年のサロン』とほぼ同じ表現を用いてライプニッツの原理を敷衍している．
（104） 『百科全書』項目「連続性（の法則）」, ENC, t.IV, 116a.
（105） 『百科全書』項目「模倣」, ENC, t.VIII, 567a
（106） *Salon de 1767*, p.216.
（107） *Salon de 1767*, p.216.
（108） *Salon de 1767*, p.215.
（109） 唯物論的な仕方で形成される熱狂の仕組みに関して，サロン評の活動とほとんど同時期，1765年に出版された『百科全書』第16巻に掲載され，ディドロによって執筆された「神智学者 théosophes」という項目を参照することができる．神智学者とは，「超自然的で神聖で内的な原理によって照明されることを望む」ものであり，それによって「もっとも崇高な認識にまで自らを高め」，「もはや自分たちでは統御できないままに自分たちを動かす想像力によって暴力的に専有され」，その結果自然と神に関する隠された重要な発見を行う者たちのことだとされている．こうした神智学者とは，パラケルススから始まる錬金術的化学の思考に属する者たちの総称なのだが，ディドロはこの思想の系譜のなかに，自らの化学的思想と「狂気・熱狂」の実存との交点を見いだしていく．なお，項目「神智学者」における物質論がディドロの唯物論的一元論の形成において果たす役割に関しては，本論の第四部においてさらに詳細な分析が施されている．
（110） *De la poésie dramatique*, p.417.
（111） *Salon de 1767*, p.175.
（112） フリードも同様の観点からディドロにおけるヴェルネの絵画の重要性を指摘している．cf. Michael Fried, *op.cit.*, pp.132-136.
（113） *Salon de 1767*, p.210.
（114） *Salon de 1767*, p.211.
（115） *Salon de 1767*, p.211.
（116） *Salon de 1767*, p.211.
（117） *Salon de 1767*, p.224.

(118) *Salon de 1767*, p.224

(119) *Salon de 1767*, p.224：「私はあなたに繰り返し述べよう，それは，あらゆるときに無駄のない économe 自然の豊かさとつましさであって，決してそれは貪欲であったり貧しくあったりはしないのだ.」

第四部　化学的思考と物質論

——『自然の解釈に関する思索』から『物質と運動に関する哲学的原理』まで

(1) この観点は, 20 世紀以降の科学論においても妥当している．マッハは『力学史』の中で，物質の物理学的性質は物質の性質の一つの側面に過ぎず，物質力学は本質的には化学的，電磁気学的，あるいは熱力学的や物理学的な諸性質によって多重決定されたものだと考えている．

(2) ルソー『エミール』「サヴォワ助任司祭の信仰告白」参照（今野一雄訳，岩波文庫，中巻，1963 年，172-175 頁).

(3) Yvon Belaval, « Sur le matérialisme de Diderot », in *Études sur Diderot*, p.367.

(4) Jean Mayer, *Diderot, homme de science*, Rennes, 1959, pp.171-189.

(5) Mayer, *Ibid.*, p.189.

(6) *De l'interprétation de la nature*, p.32.

(7) *De l'interprétation de la nature*, p.33.

(8) *De l'interprétation de la nature*, p.34.

(9) *De l'interprétation de la nature*, p.41.

(10) *De l'interprétation de la nature*, p.41.

(11) *De l'interprétation de la nature*, p.41. cf. pp.46-47.

(12) *De l'interprétation de la nature*, p.30.

(13) *De l'interprétation de la nature*, p.31.

(14) *De l'interprétation de la nature*, p.42.

(15) *De l'interprétation de la nature*, p.30-31.

(16) *De l'interprétation de la nature*, p.30. cf. n.10.

(17) *De l'interprétation de la nature*, p.44.

(18) *De l'interprétation de la nature*, p.44.

(19) *De l'interprétation de la nature*, p.39.

(20) *De l'interprétation de la nature*, pp.33-34.

(21) *Corréspondance Littéraires*, décembre 1753, in *Correspondance Littéraire, Philosophique et Critique par Grimm, Diderot, Raynal, Meister, Etc*. éd. par Maurice Tourneux, t.12, Paris, Garnier, 1877（Reprint 1968), pp.307-308.

(22) J. Proust, *Diderot et l'Encyclopédie*, pp.196-202.

(23) 例えばビュフォンは，1749 年の『博物誌』第 1 巻でこの寓話を援用し，錬金術において賢者の石を求める無駄な試みが多くの有益なものをもたらしたのと同じことが，同時代の植物学において起こったと述べている．cf. Buffon, Premier discours de l'*Histoire*

naturelle générale（in *Buffon Œuvres*, éd. Stéphane Schmitt et Cédric Crémière, Gallimard, 2007, p.37）.

(24) Francis Bacon, *De Augmentis Scientiarum*, Liv.I, p.457（in *The Works of Francis Bacon*, eds. by James Spedding et al., Vol. 1., London, 1858）. 日本語訳，『学問の進歩』服部英次郎・多田英次訳，岩波書店，1974 年.

(25) ベーコンは chymica という語を用いている．この語は「化学」を意味するとも「錬金術」を意味するとも考えられるが，これに続くくだりでこの語が「黄金を作ること aurum conficiendum」と言い換えられていることから，この語が化学というよりは錬金術という意味合いを強く持っていることが分かる．Bacon, *Ibid.*, p.457.

(26) Bacon, *Ibid.*, p.457.

(27) Bacon, *Ibid.*, Liv.III, p.551.（日本語版，前掲書，p.165.）

(28) *De l'interprétation de la nature*, pp.46-47.

(29) *De l'interprétation de la nature*, p.47.

(30) *De l'interprétation de la nature*, p.47.

(31) *De l'interprétation de la nature*, p.60 :「この体系 A を，私は弾性体と名づける．この一般的で抽象的な意味において，惑星の体系や宇宙も弾性体に過ぎない.」

(32) *De l'interprétation de la nature*, p.60 :「……カオスは不可能だ．なぜなら，体系は物質の原初の性質から本質的に帰結する秩序だからだ.」

(33) *De l'interprétation de la nature*, p.62.

(34) *De l'interprétation de la nature*, p.62.

(35) ヴネルによる『百科全書』項目「混合体 mixte」参照.

(36) *De l'interprétation de la nature*, p.74.

(37) *De l'interprétation de la nature*, p.63.

(38) *De l'interprétation de la nature*, p.63.

(39) *De l'interprétation de la nature*, p.88.（強調はディドロ）

(40) *De l'interprétation de la nature*, p.44.

(41) ダランベールによって『百科全書』に置かれた「学問の系統図」においても，化学は自然学の下位区分の一つとしておかれている.

(42) 「ここで私たちは，あえて錬金術については語らない.」(『百科全書』項目「化学」, t.3, 1753 年 , 420a)

(43) 項目「化学」, 409a.

(44) 項目「化学」, 409a-b. 1699 年の *Mémoire de l'Académie des Science* からの引用として項目中に挿入されている．ただし，引用された部分と重複する記述は，該当文献からは見いだされない.

(45) ニュートン『光学』英語版第 3 版，疑問 31.

(46) 項目「化学」, 412b. 強調はヴネルによる.

(47) 項目「化学」, 412b :「これらの性質は，次のようなものだ．すなわち，水の中には，単純性，揮発性，また塩を溶かす能力や，それらと混合した物質となる能力がある．黄金の内には，金属化する力，不動性，水銀や王水による溶解性が存在している．硝石の内には，中性塩を含む性質や，結晶の形をとる性質，あるいはフロギストンや硫酸によ

って分解される傾向性がある.」

(48) ルエルの生涯についての詳細は以下を参照した. Jean Mayer, « Portrait d'un chimiste : Guillaume-François Rouelle（1703-1770）», *Revue d'Histoire des Sciences*, 1970, pp.305-332 ; J. R. Partington, *A History of Chemistry*, vol.3, London, 1962, pp.73-76.

(49) *Cours de Chimie de Rouelle*, pp.207-208, p.221.

(50) 項目「化学」, 437b.

(51) *Cours de Chimie de Rouelle*, pp.207-208.

(52) *Cours de Chimie de Rouelle*, p.183.

(53) *Cours de Chimie de Rouelle*, IX, p.216.

(54) *Cours de Chimie de Rouelle*, IX, p.216.

(55) *Cours de Chimie de Rouelle*, IX, p.216.

(56) *Cours de Chimie de Rouelle*, IX, p.217.

(57) *Cours de Chimie de Rouelle*, p.218.

(58) *Cours de Chimie de Rouelle*, p.219.

(59) *Cours de Chimie de Rouelle*, p.219.

(60) 項目「化学」, 422a-b ; *DPV*, IX, p.185

(61) 項目「化学」, 422b-424b ; *Cours de Chimie de Rouelle*, p.185. オラウス・ボリッキウスは17世紀後半の化学史家（1626-90）. コペンハーゲン大学で詩学と植物学, 化学を教え, 同時に宮廷付きの医者でもあった. ボリッキウスは, 硝酸によってテルペンチンの主成分が燃焼することを発見し, 硫黄と硝石の混合物は可燃性があるが, 硝酸のみでは可燃性がないことを示した. cf. J. R. Partington, *op.cit.*, pp.159-162.

(62) 項目「化学」, 437b.

(63) *Cours de Chimie de Rouelle*, pp.183-184.

(64) *Cours de Chimie de Rouelle*, p.185.

(65) *Cours de Chimie de Rouelle*, p.185.

(66) 項目「化学」, 424b.

(67) 項目「化学」, 425a.

(68) 項目「化学」, 421a.

(69) 項目「化学」, 425b.（強調は引用者）

(70) *Cours de Chimie de Rouelle*, p.189.（強調は引用者）

(71) ヴネル, 項目「ヘルメス哲学」, t.VIII, 1765, 171a.

(72) « Sur les embaumements des égyptiens », *Mémoires de l'Académie Royale des Sciences*, 1750, pp.123-150.

(73) 項目「化学」, 421a.

(74) 項目「カオス」, *DPV*, VI, p.360.

(75) 項目「カオス」, *DPV*, VI, p.360.

(76) 項目「カオス」, *DPV*, VI, pp.362-363.

(77) 項目「カオス」, *DPV*, VI, p.362.

(78) 項目「カオス」, *DPV*, VI, p.361.

(79) 項目「カオス」, *DPV*, VI, p.360.

(80) バシュラール『科学的精神の形成』及川馥ほか訳，国文社，1975 年，91-99 頁.
(81) スタロバンスキー『作用と反作用』井田尚訳，法政大学出版局，2004 年，69 頁.
(82) 項目「神智学者」, *DPV*, VIII, 365.
(83) 項目「神智学者」, *DPV*, VIII, 365.
(84) 項目「神智学者」, *DPV*, VIII, 367.
(85) 項目「神智学者」, *DPV*, VIII, 368.
(86) 項目「神智学者」, *DPV*, VIII, pp.383-384.
(87) ファン・ヘルモントの錬金術的夢に関しては，アレン・G. ディーバス『近代錬金術の歴史』参照．ファン・ヘルモントの錬金術的夢として以下のようなくだりが引用されている：「……ちょうど夢のなかに入っていくようにして，私は自分が人間の業ではつくりえない王宮のなかにいるのを見た．そこには近づきがたい霊光が覆った高い玉座があった．しかし，その玉座に坐る者は「主」と呼ばれ，また，彼の足乗せは「自然」と呼ばれた．宮廷の門衛は「理解」と呼ばれ，言葉を発せずに，私に闇の中から選び出した小さな書物を運んできた．その名前は『開化前の薔薇の書』であった.」J. B. van Helmont, "Potestas medicaminum", (sect.3-4), Ortus, p.471; Oniatrike pp.470-471; ディーバス，前掲書，298 頁.
(88) 項目「神智学者」, *DPV*, VIII, p.389.
(89) 項目「神智学者」, *DPV*, VIII, p.390.
(90) 項目「神智学者」, *DPV*, VIII, p.391.
(91) 項目「神智学者」, *DPV*, VIII, pp.368-369.
(92) *Principes philosophiques sur la matière et le mouvement*, p.13.
(93) *Principes philosophiques sur la matière et le mouvement*, p.14.
(94) Toland, *Letters to Serena*, Letter IV, p.161, Letter V, p.164.（綴りは引用者により現代化）
(95) Toland, *Ibid.*, Letter IV, p.143.
(96) Toland, *Ibid.*, Letter IV, p.155.
(97) Toland, *Ibid.*, Letter V, p.165.
(98) *Principes philosophiques sur la matière et le mouvement*, p.14.
(99) *Principes philosophiques sur la matière et le mouvement*, p.14.
(100) Toland, *op.cit.*, Letter V, pp.193-194.
(101) *Principes philosophiques sur la matière et le mouvement*, p.14.
(102) *Principes philosophiques sur la matière et le mouvement*, p.14.
(103) *Principes philosophiques sur la matière et le mouvement*, p.14.
(104) *Principes philosophiques sur la matière et le mouvement*, p.15.
(105) nisus という概念について，本論ではまず通例に従って「傾向性」という訳語を当てる．分析が進むにつれて明らかになるが，ディドロが用いた nisus 概念を説明するためには，「潜在的緊張力」と訳出することがふさわしいということが後に判明する.
(106) *Principes philosophiques sur la matière et le mouvement*, p.15.
(107) *Principes philosophiques sur la matière et le mouvement*, p.15.
(108) D'Holbach, « Système de la nature », in *Œuvres Philosophiques*, t.2, éd. de Jean-Pierre Jackson, Éditions ALIVE, Paris, 1999, 1ère Partie. Chapitre II, p.177.

(109) *Principes philosophiques sur la matière et le mouvement*, p.13.

(110) *Principes philosophiques sur la matière et le mouvement*, p.16.

(111) *Principes philosophiques sur la matière et le mouvement*, p.16.

(112) *Principes philosophiques sur la matière et le mouvement*, p.16.

(113) *Principes philosophiques sur la matière et le mouvement*, p.17.

(114) *Principes philosophiques sur la matière et le mouvement*, p.18.

(115) *Principes philosophiques sur la matière et le mouvement*, p.18.

(116) 項目「ホッブズ主義」, *DPV*, VII, p.390.

(117) こうしたディドロの考えの内には，すでに本論で述べたように，まずニュートン主義に対する反論が認められる．ディドロにとって，質量に比例した力の釣り合いのみからでは，世界は説明できない．ゲドン J.-C. Guédon は，ディドロのこうした化学的世界観をディドロの「反ニュートン的戦略」の一つと見なしている（cf. J.-C. Guédon, « Chimie et matérialisme. la stratégie antinewtonienne de Diderot », *DHS*, n.11, 1979）．とはいえ，物質の内的な力を含めた複数の力が世界に存在することを，ニュートンは否定していたわけではない．ニュートンによる『光学』の末尾の「問題 31」，すなわち，彼の光学の体系の最終部において，重力以外に物質相互に働く他の引力の可能性が認められている．この考えに従えば，例えば酒石塩の粒子が溶解するときに発する熱や，あるいは硝酸と鉄の粒子がぶつかったときに生じる熱や運動も，ある種の引力によって説明される．ディドロがいわゆるニュートン的秩序に本当の意味で異を唱えるのは，むしろそうした様々な力や微細な粒子から合成された物質や，それらの物質からなる世界が，それでも斉一的 uniform なものであるというニュートンの考え方に対してである．

(118) 『百科全書』項目「神智学者」, *DPV*, VIII, p.380. cf. Michel Delon, *L'idée d'énergie au tournant des lumières*（*1770-1820*）, PUF, 1988, pp.183-185.

(119) ニュートン『光学』,「問題 31」, 第 3 篇第 1 部.（島尾永康訳，岩波文庫，1983 年，353 頁）

(120) Macquer, *Dictionnaire de Chimie*, Paris, 1766, I, pp.493-494.

第五部　一般性と怪物性——反－理性の自然史

(1) 当時の医科学的な潮流と生気論の発生に関しては以下を参照．Roselyne Rey, *Naissance et développement du vitalisme en France de la deuxième moitié du 18e siècle à la fin du Premier Empire*, Voltaire Foundation, Oxford, 2000.

(2) Buffon, Premier discours de l'*Histoire naturelle générale*（in *Buffon Œuvres*, éd. Stéphane Schmitt et Cédric Crémière, Gallimard, 2007, p.30）.

(3) Jacques Roger, « Diderot et Buffon en 1749 », *DS*, IV, 1963, pp.221-236.

(4) J. Proust, *Diderot et l'Encyclopédie*, *op.cit.*, pp.288-291.

(5) 「人間知識の体系の詳細な説明」の題字の前には，この記述がディドロのものであることを示すアステリスク（*）の印が付されている．cf. Avertissement de l'*Encyclopédie*, t.1, p.xlvj：「最後部にいかなる文字もない項目，あるいは最初に星印がある項目は，ディド

ロ氏による．」
(6)　Explication détaillée du système des connaissances humaines, *Encyclopédie*, t.1, 1751, p.xlvij.
(7)　Explication détaillée du système des connaissances humaines, *Encyclopédie*, t.1, 1751, p.xlvij.
(8)　*Prospectus* de l'*Encyclopédie*, *DPV*, t.V, p.89.
(9)　J. Proust, *Diderot et l'Encyclopédie*, pp.202-205.
(10)　*Encyclopédie*, t.1, 1751, p.xlvij.
(11)　項目「技術＝技芸」, *DPV*, V, p.499.
(12)　項目「技術＝技芸」, *DPV*, V, p.499.
(13)　項目「技術＝技芸」, *DPV*, V, p.500.
(14)　*Le Rêve de d'Alembert*, p.90.
(15)　*Le Rêve de d'Alembert*, p.93.
(16)　*De l'interprétation de la nature*, p.97：「その集合体［＝分子の集合体］が生きたもの，または死んだものでありうるとすれば，それはいつ，またなぜ生きたものとなるのか？いつ，また死んだものとなるのか？」
(17)　*Le Rêve de d'Alembert*, pp.94-95．なお，媒体 latus という言葉からも分かるように，植物の位相は『ダランベールの夢』の中でも曖昧な位置を占めている．第四部の化学的思考に関する分析で述べたことだが，媒体 latus とは当時の化学用語で元素間の結合を促す潜在的な力を意味していた．植物は無機物と動物の間の媒体として設定されるにとどまり，植物自身が動物化する，あるいは植物が動物的なものに近づいていくという主張は直接的にはなされていない．植物はここでは無機物と動物との間で自らを隠す［＝lateo］ものとして措定されている．Cf. J.-C. Guédon, « Chimie et matérialisme. la stratégie antinew-tonienne de Diderot », *op.cit.*
(18)　*Le Rêve de d'Alembert*, p.95.
(19)　*Le Rêve de d'Alembert*, p.95.
(20)　*Le Rêve de d'Alembert*, pp.99-100.
(21)　*Le Rêve de d'Alembert*, p.102.
(22)　*Le Rêve de d'Alembert*, p.108.
(23)　*Le Rêve de d'Alembert*, p.132：「諸君の前に二つの大現象がある．生気なき状態から感覚ある状態への移行，および生命の自然発生．これで十分ではないか．」
(24)　*Le Rêve de d'Alembert*, pp.103-104.
(25)　*Le Rêve de d'Alembert*, p.105.
(26)　Annie Ibrahim, « Le matérialisme de Diderot : formes et forces dans l'ordre des vivants », in *Diderot et la question de la forme*, coordonné par Annie Ibrahim, PUF, Paris, 1999.
(27)　*Le Rêve de d'Alembert*, pp.106-107：「何だって，君はあらゆる性質が，物体がまとっている感覚可能なあらゆる形が，本質的には不可分だということを分かっていないのかね？」
(28)　*Le Rêve de d'Alembert*, p.138.
(29)　*Le Rêve de d'Alembert*, p.139．個体はつねに何かの混合物であるというこの考えは，結局のところ個体性の概念をも突き崩してしまう．最終的にディドロは，個物と見なされるものさえ諸物質の束の間の結合にすぎず，ただ自然の全体のみが存在するという帰

結にいたる．cf. *Le Rêve de d'Alembert*, p.138：「自然界においてはすべてが相連関しており，この鎖のなかには間隙が存在しえないということを諸君は認めないか？　しからば個体とやらを持ち出して何を言わんとするのか？　個体なんかは断じて存在しない．しかり，断じて存在しない……ただ一つの偉大な個体が存在するのみである．それはすなわち全体 le tout である．」

(30)　*Le Rêve de d'Alembert*, p.139.

(31)　*Le Rêve de d'Alembert*, p.139, n.2.

(32)　*Le Rêve de d'Alembert*, p.138.

(33)　*Le Rêve de d'Alembert*, pp.139-140.

(34)　具体的には以下の論考を参照．G. Norman Laidlaw, « Diderot's tetatology », *DS*, IV, 1963; Emita Hill, « The Role of 'le monstre' in Diderot's thought », *SVEC*, vol.157, 1972; Annie Ibrahim, « Le Statut des anomalies dans la philosophie de Diderot », *DHS*, 15, 1983; Gerhardt Stenger, « L'ordre et les monstres dans la pensée philosophique, politique, et morale de Diderot », in *Diderot et la question de la forme*, *op.cit.*

(35)　*Le Rêve de d'Alembert*, p.138.

(36)　*Le Rêve de d'Alembert*, p.145.

(37)　*Le Rêve de d'Alembert*, pp.145-146：「この触覚は，糸の各々から発展した器官によって分化してきます．耳を形成している糸は，われわれが響きとか音とか呼んでいる一種の触覚を生じ，舌を構成している他の一つは，われわれが味と呼んでいる第 2 の種類の触覚を生み，鼻および鼻粘膜を構成している第 3 のものは，われわれがにおいと呼んでいる第 3 の種類の触覚を生じ，眼を構成している第 4 のものは，われわれが色と呼んでいる第 4 の種類の触覚を生じます．」

(38)　*Le Rêve de d'Alembert*, p.146.

(39)　『百科全書』項目「両性具有」:「しかし，ほんとうの両性具有者 de véritables hermaphrodites は存在するのだろうか？　この問いは無知の時代においては取り扱うことができる．けれども啓蒙された世紀 des siècles éclairés においては，もはやその問いを提示するべきではない．」

(40)　*Le Rêve de d'Alembert*, p.149.

(41)　*Le Rêve de d'Alembert*, p.122.

(42)　*Le Rêve de d'Alembert*, p.141：「ボルドゥ：人間を生まれたときに呈している形のものでしか知っていないものには，人間というものは一向わかっていないわけです．」

(43)　*Le Rêve de d'Alembert*, p.161.

(44)　*Le Rêve de d'Alembert*, p.162.

(45)　*Le Rêve de d'Alembert*, p.162：「けれども人は自分の思想の眼鏡を通してすべてを眺めるものですし，私も規則に例外を設けたくありませんから……」(強調は引用者)

(46)　*Le Rêve de d'Alembert*, p.138.

(47)　*Le Rêve de d'Alembert*, p.201.

(48)　*Le Rêve de d'Alembert*, p.179：「[偉人は] この性質の運動を支配し，神経網の本源に全権力を保有するように努めるでしょう．」

(49)　*Le Rêve de d'Alembert*, p.157.

(50) *Le Rêve de d'Alembert*, p.157.
(51) *Le Rêve de d'Alembert*, pp.158-159.
(52) Annie Ibrahim, « Le Statut des anomalies dans la philosophie de Diderot », *DHS*, n.15, 1983, pp.311-327.
(53) ジョルジュ・カンギレム『生命の認識』杉山吉弘訳，法政大学出版局，2002 年，182 頁.
(54) カンギレム，前掲書，180-186 頁.
(55) *Le Rêve de d'Alembert*, p.195.
(56) *Le Rêve de d'Alembert*, p.196.
(57) *Le Rêve de d'Alembert*, p.197.
(58) *Le Rêve de d'Alembert*, p.199.
(59) *Le Rêve de d'Alembert*, p.198.
(60) 『ブーガンヴィル号航海記補遺』佐藤文樹訳，『ディドロ著作集』第 1 巻，法政大学出版局，1976 年，299 頁.
(61) *Le Rêve de d'Alembert*, pp.202-203.
(62) M. フーコー『異常者たち』慎改康之訳，筑摩書房，2002 年，221 頁.
(63) *Le Rêve de d'Alembert*, p.205.
(64) *Le Rêve de d'Alembert*, p.205.
(65) *Le Rêve de d'Alembert*, pp.203-204.
(66) *Éléments de physiologie*, p.310.
(67) *Éléments de physiologie*, pp.310-311.
(68) *Éléments de physiologie*, p.498.
(69) *Éléments de physiologie*, p.499：「各々の器官は固有の快苦を持ち，自らの位置や構成，肉体や機能，偶発的あるいは遺伝的な病，嫌悪，欲求，治癒，感覚，意志，運動，栄養摂取，刺激，適切な処方，誕生，発展を備えている．一匹の動物がこれ以上のものを持っているだろうか？」
(70) *Éléments de physiologie*, p.500.
(71) *Éléments de physiologie*, p.500.
(72) *Éléments de physiologie*, p.501.
(73) *Éléments de physiologie*, p.486.
(74) *Éléments de physiologie*, p.504.
(75) *De la poésie dramatique*, p.277.
(76) *Éléments de physiologie*, p.504.　なお器官の欠如が引き起こす奇形の存在とそうでない存在との道徳の相違という観点は，『盲人書簡』の頃からディドロによって着想されている．
(77) *Éléments de physiologie*, p.486.
(78) *Salon de 1767*, p.205-206.
(79) *Éléments de physiologie*, p.516.
(80) *Éléments de physiologie*, p.516.　こうした表現にはストア派的思考の影響が強く現れている．パオロ・クインティッリはこの文句をエピクテトスの文言に関連づけている．cf. *Éléments de physiologie*, éd. Paolo Quintili, Honoré Champion, Paris, 2004, p.361, n.106.

(81) *Le Rêve de d'Alembert*, pp.179-180.

(82) *Le Rêve de d'Alembert*, p.180.

(83) *Le Rêve de d'Alembert*, p.186.

(84) *Le Rêve de d'Alembert*, p.193.

結論

(1) スピノザとヘーゲルの対比については以下を参照．ピエール・マシュレ『ヘーゲルかスピノザか』鈴木一策ほか訳，新評論，1986 年，291-305 頁．

(2) M. フーコー『狂気の歴史』田村俶訳，新潮社，1975 年，367-376 頁．

補論　十八世紀自然史概念における一般性の領域
——ビュフォン『一般的個別的博物誌』より

(1) Buffon, Premier discours de l'*Histoire naturelle générale*（in *Buffon Œuvres*, éd. Stéphane Schmitt et Cédric Crémière, Gallimard, 2007, pp.45-46）.

(2) Buffon, Premier discours de l'*Histoire naturelle générale*, p.58：「今日においても，自然史の研究に際して，もっぱら精密な記述をなすにとどまり，個別の事実を確かめればよいだけだ，などと思うべきではない．事実これらのことも，今まで述べてきたように，第一に掲げなければならない本質的な目的ではある．けれども，もう少し偉大で，専念するに値する何ものかへと高めて行くべく努める必要がある．つまり，観察をつなげて，事実を一般化し，類比の力によって事実をつなげ，認識の高い次元まで至るよう努めねばならない．この高度の認識において，特殊な効果もより一般的な効果に依存していることが判断できるだろう．」

(3) Buffon, Premier discours de l'*Histoire naturelle générale*, p.58.

(4) Buffon, Premier discours de l'*Histoire naturelle générale*, p.58. なお，デカルトの『方法序説』の正式な題名は『理性をうまく導き諸学問の中に真理を求めるための方法序説』*Discours de la méthode pour bien conduire sa raison et chercher la vérité dans les sciences.*

(5) Buffon, Premier discours de l'*Histoire naturelle générale*, p.58.

(6) Buffon, Premier discours de l'*Histoire naturelle générale*, pp.61-62.

(7) Buffon, Premier discours de l'*Histoire naturelle générale*, p.60.

(8) Buffon, Premier discours de l'*Histoire naturelle générale*, p.61.

(9) Buffon, Premier discours de l'*Histoire naturelle générale*, p.61.

(10) Buffon, Premier discours de l'*Histoire naturelle générale*, p.61.

(11) Buffon, Premier discours de l'*Histoire naturelle générale*, p.62.

(12) Buffon, Premier discours de l'*Histoire naturelle générale*, pp.62-63.

(13) Buffon, Premier discours de l'*Histoire naturelle générale*, p.63.

(14) Buffon, Premier discours de l'*Histoire naturelle générale*, p.63.

(15)　Buffon, Premier discours de l'*Histoire naturelle générale*, p.64.
(16)　Buffon, Premier discours de l'*Histoire naturelle générale*, p.64.
(17)　『百科全書』項目「実験 Expérimentale」, t. IV, 1754, p.298.
(18)　Buffon, Premier discours de l'*Histoire naturelle générale*, pp.65-66.
(19)　Buffon, Premier discours de l'*Histoire naturelle générale*, p.46.
(20)　Thierry Hoquet, *Buffon : Histoire naturelle et philosophie*, Paris, Honoré Champion, 2005, p.197.
(21)　Buffon, Des sens en général, in l'*Histoire naturelle générale*, p.302.
(22)　Buffon, Premier discours de l'*Histoire naturelle générale*, p.47.
(23)　Buffon, Des sens en général, in l'*Histoire naturelle générale*, p.302.
(24)　Buffon, Des sens en général, in l'*Histoire naturelle générale*, p.302.
(25)　Buffon, Des sens en général, in l'*Histoire naturelle générale*, p.302.
(26)　ルラルジュ・ド・リニャックは，1751 年の『ビュフォン氏の博物誌に関して出されたあるアメリカ人への手紙』のなかで，ビュフォンの想定した原初の人間が聖書的なアダム像と異なり，創造された喜びを第一のものとして有していない点を批判している．*Lettre à un Américain*, Lettre I, t.1, p.9. cf. Buffon, Des sens en général, in l'*Histoire naturelle générale*, p.302., n.16 および Hoquet, *ibid.*, p.200, n.1.
(27)　Buffon, Des sens en général, in l'*Histoire naturelle générale*, p.303：「輝かしい多くのものを所有している自分を再び見出す，何と素晴らしい喜び！ Quelle joie de me retrouver en possession de tant d'objets brillants !」
(28)　Buffon, Des sens en général, in l'*Histoire naturelle générale*, p.303.
(29)　Buffon, Des sens en général, in l'*Histoire naturelle générale*, p.303.
(30)　Buffon, Des sens en général, in l'*Histoire naturelle générale*, p.303.
(31)　Buffon, Des sens en général, in l'*Histoire naturelle générale*, p.303.
(32)　Buffon, Des sens en général, in l'*Histoire naturelle générale*, p.303.
(33)　Buffon, Des sens en général, in l'*Histoire naturelle générale*, p.304.
(34)　Buffon, Des sens en général, in l'*Histoire naturelle générale*, p.305：「私は，自分が最初よりもいっそう繊細で，いっそう甘美な香りを所有したことを感覚した．そうして最後に私はそれを味わった．」
(35)　Buffon, Premier discours de l'*Histoire naturelle générale*, p.47.
(36)　Buffon, Des sens en général, in l'*Histoire naturelle générale*, p.303.
(37)　Buffon, Des la nature de l'homme, in l'*Histoire naturelle générale*, p.186.
(38)　J. ロジェはビュフォンにおけるこうした人間中心主義が人間の相対性と偉大さとの二つを同時に確信することに基づいていると述べている．J. Roger, *Les Sciences de la vie*, Albin Michel, 1993（1ère éd. 1963）, p.538.
(39)　Buffon, Des la nature de l'homme, in l'*Histoire naturelle générale*, p.187.
(40)　Buffon, Des la nature de l'homme, in l'*Histoire naturelle générale*, p.189.
(41)　Buffon, Histoire des animaux, I, in l'*Histoire naturelle générale*, pp.133-134.
(42)　Buffon, Histoire des animaux, I, in l'*Histoire naturelle générale*, p.134：「実際，動物の身体を構成する物質の小さな部分の内に，どれだけの生きた力や様々な力，機械や動きがあ

ることだろうか！　部分どうしにどれだけの関係と調和と照応とがあることだろうか！どれだけの数の結合や配置，原因，結果，原理があって，それらが同じ目的にむかって協働していることだろうか！　またそれらは，われわれは理解することが極めて困難な結果のみしか知らないので，それを熟考することのなかったわれわれの習慣によっては，驚異であることを止めなかった．」

(43) Buffon, Histoire des animaux, I, in l'*Histoire naturelle générale*, pp.136-138.

(44) Buffon, Histoire des animaux, I, in l'*Histoire naturelle générale*, p.138.

(45) Buffon, Histoire des animaux, I, in l'*Histoire naturelle générale*, p.138.

(46) Buffon, Histoire des animaux, I, in l'*Histoire naturelle générale*, p.134.

(47) Buffon, Histoire des animaux, I, in l'*Histoire naturelle générale*, p.143.

(48) この観点に従うならば，『動物誌』に先立って発表された地球の自然史，いわゆる『自然の諸事期』も例外的な著作ではない．

(49) Buffon, Histoire des animaux, I, in l'*Histoire naturelle générale*, p.145.

(50) ビュフォンがこうした方法を導入した理由は，彼が自然界に見出した類似性が，結局のところ生物の発生にすべて関係するものであるからにほかならない．生物の発生，あるいはそうしたものを可能にする種の規定は，造物主による超越的な創造によってではなく，生物間のエコノミーの間においてのみ解釈されねばならない．これは同時代において批判の対象ともなるビュフォンの無神論的態度の現れとも言えるが，ビュフォン自身は，「なぜ」を問うことをしないで事実の学の次元にのみとどまることによってこうした無神論的態度を回避したということもできるだろう．cf. Buffon, Histoire des animaux, I, in l'*Histoire naturelle générale*, p.152.

(51) Buffon, Histoire des animaux, I, in l'*Histoire naturelle générale*, p.153.

(52) Cherni, *Buffon, la nature et son histoire*, PUF, 1998, pp.71-72.

(53) Buffon, Histoire des animaux, I, in l'*Histoire naturelle générale*, p.153.

(54) Buffon, Histoire des animaux, I, in l'*Histoire naturelle générale*, p.153：「けれどもわれわれの感覚は外的な性質しか判断しないのであるが，それでも物体の中には内的な性質が存在し，そのうちいくつかは，重力のように，一般的なものであることを認めないわけにはいかない．」

(55) Buffon, Histoire des animaux, I, in l'*Histoire naturelle générale*, p.154.

(56) Buffon, Histoire des animaux, I, in l'*Histoire naturelle générale*, p.154.

(57) Buffon, Histoire des animaux, I, in l'*Histoire naturelle générale*, p.158.

(58) 1744年に報告された淡水ヒドラの発見は，有機体全体を自然発生的に存在させる力をその生体の部分に認める根拠とされた．ヒドラの存在は当時の唯物論者，モーペルチュイやディドロ，ビュフォンに大きな影響を与えている．cf. Clara Pinto-Correia, *The ovary of Eve*, Univ. of Chicago Press, 1997, Bentry Glass et al.（éd.), *Forerunners of Darwin 1745-1859*, The Johns Hopkins Press, 1968.

(59) 栄養摂取の詳細な仕組みについては以下を参照．Buffon, Histoire des animaux, I, in l'*Histoire naturelle générale*, pp.165-166.

(60) Buffon, Histoire des animaux, I, in l'*Histoire naturelle générale*, p.155.

(61) Buffon, Histoire des animaux, I, in l'*Histoire naturelle générale*, p.154.

(62) Buffon, Histoire des animaux, I, in l'*Histoire naturelle générale*, p.156.

(63) Buffon, Histoire des animaux, I, in l'*Histoire naturelle générale*, p.156：「……自然は自然のままの物質からではなく，有機的なものから何かを作り出す傾向がある……」

(64) Buffon, De la nature de l'homme, in l'*Histoire naturelle générale*, pp.187-188. ビュフォンの言語観は，それゆえ，デカルト的な言語観に基づきつつ，それに観念連合の能力と進歩の概念を加味したものだと見なすことができよう．

(65) Stéphane Schmitt, NOTICE sur le Discours sur le style, in l'*Histoire naturelle générale*, pp.1496-1498.

(66) Buffon, Discours sur le style, in l'*Histoire naturelle générale*, p.422.

(67) Buffon, Discours sur le style, in l'*Histoire naturelle générale*, p.422.

(68) Buffon, Discours sur le style, in l'*Histoire naturelle générale*, p.422.

(69) Buffon, Discours sur le style, in l'*Histoire naturelle générale*, pp.422-423.

(70) Buffon, Discours sur le style, in l'*Histoire naturelle générale*, p.423.

(71) Buffon, Discours sur le style, in l'*Histoire naturelle générale*, p.423.

(72) Buffon, Discours sur le style, in l'*Histoire naturelle générale*, p.423.

(73) Buffon, Discours sur le style, in l'*Histoire naturelle générale*, p.424.

(74) Buffon, Discours sur le style, in l'*Histoire naturelle générale*, p.424.

(75) Buffon, Discours sur le style, in l'*Histoire naturelle générale*, p.424.

(76) ビュフォンは鏡を組み合わせて集光することで熱源とし，金属などを溶かす実験を行っている．cf. W. E. Knowles Middleton, « Archimedes, Kircher, Buffon, and the Burning-Mirrors », *Isis*, vol.52, n.170, 1961, pp.533-543.

(77) Buffon, Discours sur le style, in l'*Histoire naturelle générale*, p.427.

(78) この文句自体は後代のロマン主義的文学観によって異なる解釈を受け，個性を極端に拡張することを許容する文人の原理とされた．cf. Otis E. Fellows and Stephen F. Milliken, *Buffon*, Twayne Publishers, Inc., New York, 1972, pp.148-170.

(79) Buffon, Discours sur le style, in l'*Histoire naturelle générale*, p.427.

(80) Buffon, Discours sur le style, in l'*Histoire naturelle générale*, p.426.

(81) Buffon, Discours sur le style, in l'*Histoire naturelle générale*, p.426.

(82) Buffon, Discours sur le style, in l'*Histoire naturelle générale*, p.426.

(83) Buffon, Discours sur le style, in l'*Histoire naturelle générale*, p.426.

(84) 本論で述べられたビュフォンにおける崇高（な文体）の概念は，同時代の崇高概念のなかでも位置づけが困難な，独自性の高いものと思われる．ビュフォンによる崇高の概念は，1757 年のバークの著作『崇高と美の観念の起源』において提唱され，後にカント美学への展開を見せる崇高概念とは異なっている．すなわちビュフォンの崇高は，対象が偉大であるがゆえに魂の動きを停止させ主体の判断を停止させてしまうようなものではない．